广视角·全方位·多品种

权威·前沿·原创

皮书系列为
"十二五"国家重点图书出版规划项目

中国基金会发展独立研究报告
（2014）

THE DEVELOPMENT OF CHINESE FOUNDATIONS:
AN INDEPENDENT RESEARCH REPORT (2014)

基金会中心网／编

社会科学文献出版社
SOCIAL SCIENCES ACADEMIC PRESS (CHINA)

图书在版编目(CIP)数据

中国基金会发展独立研究报告.2014/基金会中心网编.—北京：社会科学文献出版社，2014.8
（基金会绿皮书）
ISBN 978-7-5097-6235-6

Ⅰ.①中… Ⅱ.①基… Ⅲ.①基金会-发展-研究报告-中国-2014 Ⅳ.①D632.1

中国版本图书馆CIP数据核字（2014）第146812号

基金会绿皮书
中国基金会发展独立研究报告（2014）

编　　者 / 基金会中心网

出 版 人 / 谢寿光
出 版 者 / 社会科学文献出版社
地　　址 / 北京市西城区北三环中路甲29号院3号楼华龙大厦
邮政编码 / 100029

责任部门 / 社会政法分社（010）59367156　　责任编辑 / 李　响
电子信箱 / shekebu@ssap.cn　　　　　　　　责任校对 / 张文飞
项目统筹 / 王　绯　李　响　　　　　　　　责任印制 / 岳　阳
经　　销 / 社会科学文献出版社市场营销中心（010）59367081　59367089
读者服务 / 读者服务中心（010）59367028

印　　装 / 北京季蜂印刷有限公司
开　　本 / 787mm×1092mm　1/16　　　　　印　　张 / 21.75
版　　次 / 2014年8月第1版　　　　　　　　字　　数 / 348千字
印　　次 / 2014年8月第1次印刷
书　　号 / ISBN 978-7-5097-6235-6
定　　价 / 88.00元

本书如有破损、缺页、装订错误，请与本社读者服务中心联系更换
▲ 版权所有　翻印必究

感谢清华大学教育基金会资助

《中国基金会发展独立研究报告（2014）》编辑委员会

名誉主任　徐永光　何道峰

主任编委　程　刚　邓国胜

编　　委　耿和荪　陶　泽　王　君　郭长艳　陈昱彤
　　　　　　刘东启　何双平　韩红雨

基金会中心网介绍

基金会中心网由国内35家知名基金会联合发起,于2010年7月8日正式上线。基金会中心网的使命是建立基金会行业信息披露平台,提供行业发展所需的能力建设服务,促进行业自律机制形成和公信力提升,培育良性、透明的公益文化。

基金会中心网通过互联网披露全国基金会的联系方式、管理团队、财务状况、公益项目、捐款方、机构动态等信息,提升基金会的透明度和公信力。信息已广泛被政府、企业、媒体、公益组织、学术机构和公众采用,作为制定政策、寻找公益合作伙伴、新闻线索、研究数据和捐款对象的重要参考资源。

近年来,基金会中心网的发展受到了社会各界的广泛赞誉。基金会中心网的成立,入选了北京大学公民社会研究中心评定的"2010中国公民社会建设十大事件",以及《半月谈》评定的"中国社会建设十大新闻";2011年,基金会中心网入选《中国慈善家》评定的"推动中国慈善的十大组织",并被《南风窗》评为"为了公共利益年度组织";2012年,基金会中心网荣获中央编译局颁发的"中国社会创新奖"和《南方都市报》颁发的"公益行动奖"等奖项。2013年获《南方日报》"南方致敬公益组织奖"。

摘　要

中国的基金会发展正在步入一个全新的阶段。十八届三中全会提出创新社会治理，激发社会组织活力，为基金会发展注入新的活力。加之各地纷纷下放非公募基金会审批权限，进一步打开了基金会发展的闸门。基金会在迎来这个重大利好消息的同时，也不断完善自身发展，在经济社会发展的舞台上扮演着越来越重要的角色。尤其是芦山地震期间，基金会作为接收捐赠最多的一类民间组织，正以其良好的透明度逐渐赢得社会的信任与支持。

本书是中国基金会发展独立研究报告的第四卷，书中回顾了2013年度基金会的发展特点：基金会数量增长创历史新高，关注领域日渐增多，资产和收入也已初具规模。然而发展中也存在一些问题：地域分布的两极分化状态依然存在，人才供需失衡影响了基金会专业进程，项目创新能力也亟待提升。总之，在基金会大发展的同时，也要清醒地认识到我们与国际意义上的"基金会"仍存在一定差距。

在梳理2013年公募基金会的发展中，"转型"已成为一个重要的关键词。公募基金会纷纷开始了转型尝试，在专业化中寻找新的机遇。面对发展契机，非公募基金会则亮点颇多，尽管"二八态势"的不平衡现象依然存在，然而来自民间的力量已不容忽视：非公募基金会作为基金会的主要增长点，吸引了越来越多的社会关注，尤其是近几年企业家纷纷投身公益慈善事业，为非公募基金会发展注入了新的活力，使其逐渐走向多元发展的道路。

此外，针对2013年度的热点事件，我们总结了邓国胜教授关于基金会透明度变化及其理论解释、徐永光先生关于基金会与民间公益组织的合作共赢的阐述及基金会自律联盟的发展历程，力图从多视角展现2013年度基金会发展的最新趋势。

序　言
数据为慈善带来了什么？

基金会的工作每天都在产生大量的数据，这些数据可能是描述基金会价值的有效依据。但是，这些数据是否被有效利用了，是否为基金会的发展和受益方的不断扩展发挥了应有的作用，是否被基金会当作累赘和垃圾处理掉了，是否只是让基金会投入了大量人力财力而仅作为资料保存在电脑的硬盘存储中，基金会真的已经进入到了"大数据时代"吗？

从社会发展角度来看，我们确实已经进入到了"大数据时代"，这一点毫无疑问，不可回避。但是从基金会组织的发展来看，似乎离进入"大数据时代"尚有一段距离，可能是人们所说的"最后一公里"的距离，也可能差距较远。

慈善数据产生容易，天天都在被基金会制造出来，但慈善数据的采集就没那么容易了。原因很多也很零乱，主要有二：一是管理者的原因，即基金会及其监管者对数据的态度；二是专业的原因，数据管理是门专业性非常强的学科，需要具备一定的专业知识，需要科学的分析方法，还需要培养使用数据的习惯。

如果说数据的采集不容易，那么数据的处理要求就更高了。基金会往往从自身机构的利益出发来思考数据对自己发展的作用，这一点也无可置疑，但是略显狭隘。如果慈善数据能够由像基金会中心网这样的机构采集处理，那受益的将不止是基金会，可能更多的是那些待资助的受益群体。

那么慈善数据究竟能为基金会带来什么？这里有一个关于数据的例子。

基金会中心网通过对采集到的2013年的基金会年报数据的分析发现，非公募基金会这几年在数量上呈快速发展趋势，年增长率接近20%，仅用几年的时间数量便达到了近2200家，超过了公募基金会，呈欣欣向荣之势，令人振奋和瞩目。但是从数据分析来看，全国有300多家的大学教育基金会的总资产180亿元、捐赠收入90亿元、公益支出50亿元等重要财务指标占据了非公募基金会的40%，也就是说，其余的不到1900家非公募基金会的捐赠收入也就是92亿多元，公益支出50多亿元。还要细细来看，这不到1900家基金会中，资产规模超过5000万元的大型基金会有将近80家，这将近80家基金会的总资产达到了180亿元，占了60%，其余将近1800家基金会的资产总计仅占了40%，非公募基金会的资产规模普遍较小，低于1000万元的有1000多家，年度捐赠收入、公益支出均低于100万元的有近800家。从收入组成来看，非公募基金会的90%以上依赖于捐赠，依赖度甚至超过了80%的公募基金会，这似乎与非公募基金会的设立初衷不相吻合。由此，我们推算出大多数的非公募基金会更像是公益项目执行机构，而由于公益机构注册门槛等因素限制，以至于不得不转而注册为政策相对宽松的非公募基金会。这既凸显出了政策制定的弊端，又会对政府的监管、公众对基金会的理解产生误读。

数据是一种文化，慈善数据应该成为慈善文化的一部分。

多年来，我们适应了一种文化，面对和应对事件时盲目而冲动。即便是理性，也多习惯于从理论逻辑原则出发，而不习惯于用数据来说话，常常陷于被动，最终的判断和反应也难以达到目的。究其缘由，就是不会使用数据，不善于使用数据来解释、分析、应对危机，不能用坚硬的数据面对脆弱的慈善文化。

例如2012年底中华儿慈会的那场风波。原本并不复杂的一个低级错误，导致成一场公众问责。风波由数据而起，如果基金会能够充分运用数据来解释和说明，也不会发展成耸人听闻的"洗钱"行为；事实上，有许多的问责，用数据来澄清是最为智慧，也是最为有效的。

数据对基金会行业的作用，正处于启蒙期。基金会中心网成立3年多来，致力于用数据说话，试图用数据推动慈善文化的健康发展。

在基金会加入"大数据"行动的建议之下，存在着一个变革理论。就像其他所有有关慈善的变革理论一样，它的目标就是慈善工作的影响最大化。我们不鼓励以数据的名义甚至是以一种提高基金会工作效率的名义去收集和使用数据,尽管这些目标是极好的。事实上,提高慈善数据使用效率的最终受益者是基金会试图帮助的那些人。

数据是个好东西,认识数据的作用、接受数据的价值,实际上就是接受原则和规则,就是接受科学的存在。科学在中国转了近100年,我们最终还得要接受它,无论是为社会还是为慈善。

基金会中心网总裁

目录

GⅠ 总报告

G.1 2013年度基金会发展概况 ………………………………… 001
 一 基金会增量创历年新高，非公募基金会成主要增长点 …… 001
 二 基金会地域分布呈两极分化状态 ……………………… 005
 三 基金会资产初具规模，但仍存在差距 ………………… 014
 四 政府补助成基金会第二大收入来源 保值增值能力有待
  提升 ……………………………………………………… 024
 五 基金会人才供需失衡 …………………………………… 032
 六 传统项目集中 创新能力有待提升 …………………… 035

GⅡ 公募篇：转型·机遇·突破

G.2 转型中的公募基金会 ……………………………………… 037

GⅢ 非公募篇：成长的力量

G.3 非公募基金会不平衡现象 ………………………………… 068
G.4 企业家的慈善理念 ………………………………………… 080
G.5 基金会的"资助之道"
  ——资助型基金会发展分析 …………………………… 123

G.6 家族慈善初兴：家族基金会的中国实践 …………… 143
G.7 多样化：非公募基金会发展新趋势 ………………… 157

G Ⅳ 热点评析

G.8 基金会透明度的变化及其理论解释 ………………… 167
G.9 新趋势：基金会与民间公益组织的合作共赢 ……… 176
G.10 智库基金会的挑战及出路 …………………………… 204
G.11 行业自律：4.20自律救灾联盟 …………………… 223

G Ⅴ 附录

G.12 2013年基金会大事记 ……………………………… 236
G.13 新法摘录 …………………………………………… 242
G.14 基金会榜单 ………………………………………… 291

致　谢 …………………………………………………… 324
Abstract ………………………………………………… 325
Contents ………………………………………………… 327

皮书数据库阅读 使用指南

总报告

General Report

2013年度基金会发展概况

摘　要： 2013年是中国基金会稳步成长的一年。3月颁布的《国务院机构改革与智能转变方案》，破除了制约基金会发展的制度障碍，也拉开了非公募基金会审批权限下放的序幕。2013年全国基金会数量突破3600家，增量创历年新高。同时资产规模也全面增长，总资产突破1000亿元，总收入超过400亿元，再次创历史新高。当然，在现代慈善理念还未形成的今天，基金会仍存在许多需要完善之处：地域分布两极分化严重、资产保值增值机制缺乏、人才供需失衡等问题都制约了基金会的发展。

关键词：

基金会　发展　创新

一　基金会增量创历年新高，非公募基金会成主要增长点

1. 2013年基金会数量快速增长

过去的一年是非公募基金会数量快速增长的一年。截至2013年底，全国

共有 3610 家基金会。其中，公募基金会 1416 家，占 39%；非公募基金会 2194 家，占 61%。非公募基金会产生于 2004 年《基金会管理条例》颁布之后，2011 年非公募基金会数量首次超过公募基金会，而今基金会三分天下，非公募基金会数量已占其二。

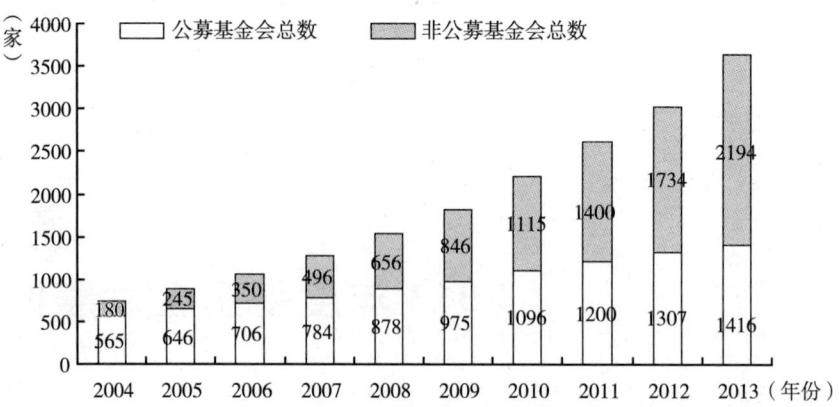

图 1　历年基金会数量变化，2004~2013 年

资料来源：基金会中心网，中基透明指数 FTI，截止日期：2013 年 12 月 31 日。

就数量增长来看，非公募基金会增长幅度遥遥领先于公募基金会。在 2004~2013 年的时间里，全国基金会以平均每年 20% 的速率稳步增长，而公募基金会在此期间增长率逐年下滑，年均增长率仅为 11%。与此相对，非公募基金会则经历了急速增长而后数量趋于平稳的过程。在《基金会管理条例》颁布后的四年里，成立了大量非公募基金会，即便近几年增势趋于平稳，其年均 31% 的增长率仍要高于公募基金会 20 个百分点。未来随着登记政策逐步放宽、民众参与公益的积极性将进一步提高，相信非公募基金会数量仍会有很大的上升空间。

此外，2013 年新成立了 569 家基金会①，平均每天就有 1.5 家基金会成立，数量上创历史新高。在 2013 年新成立的基金会中，公募基金会 109 家，占比 19%；非公募基金会有 460 家，占比 81%，在这一方面，公募与非公募

---

① 成立时间以民间组织管理局公布的成立时间为准。

基金会差距进一步加大。

2. 基金会数量变化的原因解析

①政策因素

提到政策因素对中国基金会发展的影响，就不得不说《基金会管理条例》（以下简称《条例》）。正是《条例》的颁布实施，结束了此前20多年基金会发展停滞不前的状态，打开了民间资本成立非公募基金会的大门。同年9月，党的十六届四中全会提出"社会建设"的概念，非公募基金会——这种全新的社会组织形式凭借其资金优势和自主性强的特点开始在社会建设中发挥作用。政策推动带来基金会始料未及的发展，2004年6月《条例》颁布后的半年内，就有16省36家非公募基金会成立，而同期成立的公募基金会仅为45家。从1981年第一家基金会成立起到条例颁布之前20多年的时间里，中国基金会仅增加了658家，而在2004~2013年不足十年中，全国基金会数量已经达到3610家，是《条例》颁布之初的5倍之多。

2007年通过的《企业所得税法》规定，"企业发生的公益性捐赠支出，在年度利润总额12%以内的部分，准予在计算应纳税所得额时扣除"，对企业捐赠进行了具体的实质性鼓励。这项政策直接带动了企业捐赠的热潮，同时也推动了企业基金会的大发展。当前全国490家企业基金会中，有427家成立于2007年之后。捐赠税前扣除政策使企业基金会如雨后春笋般涌现，也为公益行业吸收企业捐赠提供了有力保障。这些企业基金会不仅是非公募基金会的重要组成部分，也是整个中国基金会行业不可或缺的力量。

当然，应该看到的是，近年国家政策无论在成立标准还是税收优惠上都为非公募基金会提供了相当便利的条件，相应的，对公募基金会并没有这些鼓励措施，这也是近几年公募基金会数量变化缓慢、增幅下降的原因之一，可以说，从中国基金会数量的变化上能看出政策因素影响之重大。

地方政策对基金会数量变化也有影响。中共十八大进一步加快了社会体制改革的进度，旨在"形成政社分开、权责明确、依法自治的现代社会组织体制"。十八届三中全会进一步提出"创新社会治理体制"，从管理到治理的转变体现了政策对社会公益事业的大力支持。在中央政策的指导下，自2011年

以来,北京、上海、广东等20多个省市已经陆续在社会组织管理体制上先行先试,采取各种方式突破双重管理的障碍,大大降低了社会组织合法化的门槛。2012年民政部提出在全国范围内下放非公募基金会的登记审批权,广州、浙江、福建等地纷纷落实。同年26家市级基金会成立,2013年市级基金会增至158家,目前全国共有17个城市开放了市级基金会登记审批权。同时广州、广西两地试点,率先开放了区县级的基金会登记审批。随着基金会审批权限的进一步放宽,基金会的成立将更加便利,也将带来一轮新的基金会数量增长的高峰。

表1 基金会登记部门分布情况,2011~2013年

单位:家,%

登记部门	2013年数量	比例	2012年数量	比例	2011年数量	比例
民政部	190	5.3	178	5.9	163	6.3
省级民政部门	3257	90.2	2799	92.0	2412	92.7
市级民政部门	158	4.4	62	2.0	26	1
县级民政部门	5	0.1	2	0.1	—	—
合计	3610	100	3041	100.00	2601	100.00

资料来源:基金会中心网,中基透明指数FTI,截止日期:2013年12月31日。

②经济因素

政策鼓励是基金会发展的先决条件,而经济的进步则为基金会提供基础保障。改革开放与市场化带来国家经济的快速增长、财富不断积累和富人数量的增多。据波士顿咨询公司资料显示,2012年中国私人可投资资产总额将超73万亿人民币,较去年增长14%,而同期全球私人财富增长仅为1.9%。① 私人财富增加的背后是企业资本的壮大和家族财富的增长,在政策的鼓励引导下,越来越多的企业家成立基金会,参与到慈善事业中来。截至2013年底,全国490家企业基金会中,有77%是由民营企业(家)发起成立的。

市场发展创造的财富是基金会资源的主要提供者,从2000年后国内生产总值(GDP)的变化趋势来分析经济发展对历年新成立基金会数量的影响。

---

① 中国建设银行、波士顿咨询公司联合发布的《2012年中国财富报告》。

通过图2的比较可以看出，随着经济发展，国内生产总值增加，每年新成立基金会的数量也在不断上涨，两者在总体上趋势是一致的。特别值得关注的是2004年之后，每年新成立基金会数量的增幅要高于经济增长速度，尤其是2013年，新成立基金会数量呈大幅上升趋势。十八大以来深化社会体制改革，放缓经济增速，重点关注民生和社会建设，在这期间也新成立了大量基金会。

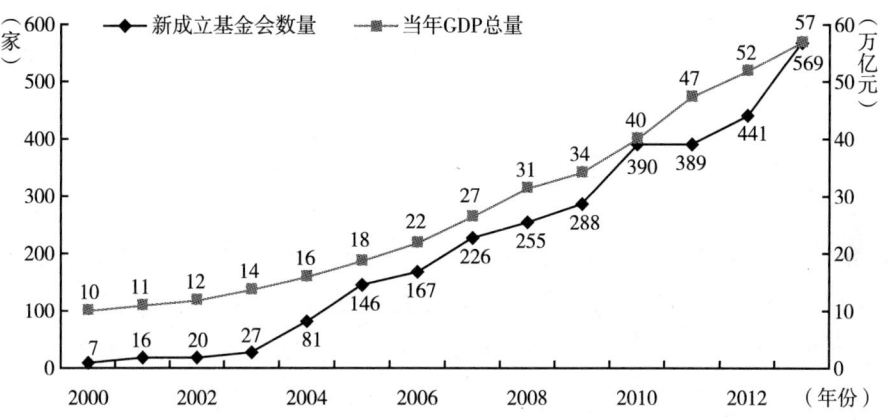

图2 历年新成立基金会数量与国内生产总值的关系，2000~2013年

资料来源：基金会中心网，中基透明指数FTI，截止日期：2013年12月31日。

二 基金会地域分布呈两极分化状态

1. 基金会注册地的两极分布

从地域分布上看，各省基金会数量存在很大差距，两极分化严重。在全国3610家基金会中，在江苏省注册的数量最多，达到442家，占全国总数的12%，其次为广东省，其省内注册的基金会数量为434家。有41%的基金会注册地集中于江苏、广东、浙江、北京4个地区，这些地区也是非公募基金会数量远远多于公募基金会数量的地区。而基金会数量最少的是西藏自治区，有13家基金会，约为广东省的1/34。

就基金会类型看，各地公募、非公募基金会比重也存在很大差异。在

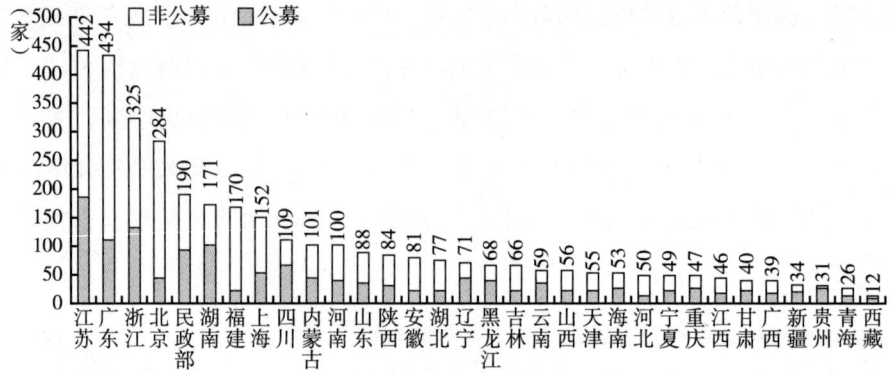

图 3 基金会注册地分布情况

资料来源：基金会中心网，中基透明指数 FTI，截止日期：2013 年 12 月 31 日。

全国 32 个注册地中，非公募基金会数量多于公募基金会数量的有 21 个。其中广东省非公募基金会与公募基金会差距最大，有 110 家公募基金会和 324 家非公募基金会，后者是前者的约 3 倍。其次为在北京和福建注册的基金会。福建基金会最大的特点是爱心企业家和华侨发起的基金会占大多数，如福建省黄仲咸教育基金会、华阳慈善基金会、福建新华都慈善基金会等都是资产规模过亿元的基金会。另有 11 个注册地的公募基金会数量多于非公募基金会，这些地区多集中于东北部和西部。其中包括贵州、西藏、新疆在内的 8 个西部注册地，辽宁和黑龙江 2 个位于东北部的注册地及位于中部的湖南。

从各地基金会密度上看，基金会密度两极分化严重。目前，基金会分布已覆盖全国 31 个地域。从各地域的具体情况来看，北京市基金会密度最大，平均每 5 万人就拥有 1 家基金会；而与北京紧挨的河北省则是基金会密度最低的省份，平均每 150 万人才能拥有 1 家基金会，与北京相差 29 倍之多。另外，基金会数量与基金会密度并不一定完全一致，以基金会数量最少的西藏自治区为例，其仅有 13 家基金会，而西藏的基金会密度与广东省相同，在全国排第九位。在西藏平均每 20 万人就能拥有一家基金会。可见数量多少并不能完全代表区域的基金会发展情况，而是需要综合考虑地方需求及供给能力等多方面因素。

表2 各注册地基金会数量及类型分布

单位：家，%

序号	注册地分布	基金会数量	比例	公募	公募占比	非公募	非公募占比
1	江苏	442	12.2	185	13.1	257	11.7
2	广东	434	12.0	110	7.8	324	14.8
3	浙江	325	9.0	134	9.5	191	8.7
4	北京	284	7.9	44	3.1	240	10.9
5	民政部	190	5.3	92	6.5	98	4.5
6	湖南	171	4.7	102	7.2	69	3.1
7	福建	170	4.7	23	1.6	147	6.7
8	上海	152	4.2	51	3.6	101	4.6
9	四川	109	3.0	67	4.7	42	1.9
10	内蒙古	101	2.8	46	3.2	55	2.5
11	河南	100	2.8	41	2.9	59	2.7
12	山东	88	2.4	36	2.5	52	2.4
13	陕西	84	2.3	33	2.3	51	2.3
14	安徽	81	2.2	22	1.6	59	2.7
15	湖北	77	2.1	23	1.6	54	2.5
16	辽宁	71	2.0	44	3.1	27	1.2
17	黑龙江	68	1.9	39	2.8	29	1.3
18	吉林	66	1.8	22	1.6	44	2.0
19	云南	59	1.6	36	2.5	23	1.0
20	山西	56	1.6	24	1.7	32	1.5
21	天津	55	1.5	20	1.4	35	1.6
22	海南	53	1.5	25	1.8	28	1.3
23	河北	50	1.4	15	1.1	35	1.6
24	宁夏	49	1.4	24	1.7	25	1.1
25	重庆	47	1.3	27	1.9	20	0.9
26	江西	46	1.3	18	1.3	28	1.3
27	甘肃	40	1.1	23	1.6	17	0.8
28	广西	39	1.1	17	1.2	22	1.0
29	新疆	34	0.9	23	1.6	11	0.5
30	贵州	31	0.9	27	1.9	4	0.2
31	青海	26	0.7	14	1.0	12	0.5
32	西藏	12	0.3	9	0.6	3	0.1
	合计	3610	100	1416	100	2194	100

资料来源：基金会中心网，中基透明指数FTI，截止日期：2013年12月31日。

从基金会登记地分布情况看，民政部登记基金会则高度集中于北京。2013年基金会的登记类型中，省级登记占全部基金会的77.5%，在全国分布情况相对分散，数量最多的江苏省省级基金会数量也仅占13.5%。与此相对应的，80%的民政部登记基金会高度集中于北京，其次为广东，占6.3%。除上述两地外，其他各地域民政部登记基金会占比均不足5%。

自2012年多地下放非公募基金会登记管理权限以来，市本级、区县级基金会也不断涌现。截至2013年底，市县级登记的基金会有166家，其中广东省有98家，占市县级基金会总数的59%；其次为浙江、安徽两地，数量均为18家；这三个省份已占市县级基金会的80%。2009年，民政部与深圳签订《推进民政事业综合改革配套协议》，将驻在深圳的涉外基金会的登记权限下放至深圳市。目前，深圳市有市本级基金会74家，占广东省市县级基金会总数的76%。

表3 各地域不同注册类型基金会数量

单位：家，%

地域分布	基金会数量	民政部登记	占比	省级民政部门登记	占比	市县级登记	占比
广 东	446	12	6.3	339	10.4	98	59.0
江 苏	445	3	1.6	441	13.5	1	0.6
北 京	436	152	80.0	284	8.7	—	—
浙 江	328	3	1.6	307	9.4	18	10.8
福 建	172	2	1.1	157	4.8	13	7.8
湖 南	172	1	0.5	171	5.3	—	—
上 海	156	4	2.1	152	4.7	—	—
四 川	110	1	0.5	109	3.4	—	—
河 南	102	2	1.1	100	3.1	—	—
内 蒙 古	101	—	—	101	3.1	—	—
山 东	89	1	0.5	85	2.6	3	1.8
陕 西	85	1	0.5	84	2.6	—	—
安 徽	81	—	—	63	1.9	18	10.8
湖 北	79	2	1.1	73	2.2	4	2.4
辽 宁	72	1	0.5	71	2.2	—	—
黑 龙 江	68	—	—	68	2.1	—	—
吉 林	66	—	—	66	2.0	—	—
云 南	59	—	—	59	1.8	—	—

续表

地域分布	基金会数量	民政部登记	占比	省级民政部门登记	占比	市县级登记	占比
山　西	56	—	—	56	1.7	—	—
天　津	55	—	—	55	1.7	—	—
海　南	53	—	—	53	1.6	—	—
河　北	51	1	0.5	50	1.5	—	—
宁　夏	49	—	—	49	1.5	—	—
重　庆	48	1	0.5	47	1.4	—	—
江　西	46	—	—	45	1.4	1	0.6
甘　肃	42	2	1.1	38	1.2	2	1.2
广　西	39	—	—	31	1.0	8	4.8
新　疆	34	—	—	34	1.0	—	—
贵　州	31	—	—	31	1.0	—	—
青　海	26	—	—	26	0.8	—	—
西　藏	13	1	0.5	12	0.4	—	—
合　计	3610	190	100.00	3257	100.00	166	100.00

资料来源：基金会中心网，中基透明指数 FTI，截止日期：2013 年 12 月 31 日。

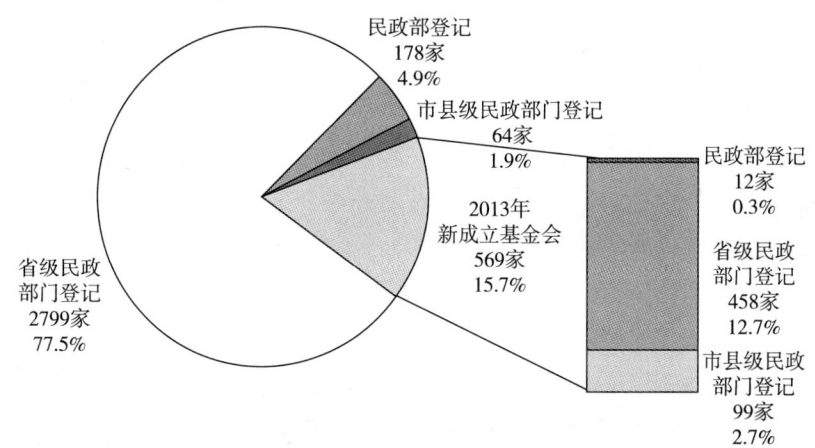

图 4　全国基金会登记部门分布

资料来源：基金会中心网，中基透明指数 FTI，截止日期：2013 年 12 月 31 日。

在 2013 年新成立的 569 家基金会中，广东省数量最多，达到 102 家，且新成立的基金会全部为非公募基金会。其次，北京、浙江、福建和江苏在 2013 年中分别成立了 62 家、62 家、32 家和 26 家。这些省份新成立基金会数量已接近全年总数的一半，这五个地区也是全国基金会高度集中的区域。

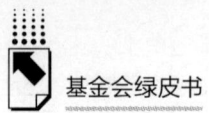

表4 2013年新成立基金会地域分布

单位：家，%

序号	注册地	基金会数量	全国占比	公募基金会数量	公募基金会占比	非公募基金会数量	非公募基金会占比
1	广东	102	17.9	—	—	102	22.2
2	北京	62	10.9	5	4.6	57	12.4
3	浙江	62	10.9	10	9.2	52	11.3
4	福建	32	5.6	2	1.8	30	6.5
5	江苏	26	4.6	6	5.5	20	4.3
6	安徽	24	4.2	4	3.7	20	4.3
7	湖南	22	3.9	10	9.2	12	2.6
8	河南	20	3.5	6	5.5	14	3.0
9	四川	18	3.2	12	11.0	6	1.3
10	河北	15	2.6	6	5.5	9	2.0
11	陕西	13	2.3	2	1.8	11	2.4
12	湖北	13	2.3	2	1.8	11	2.4
13	云南	13	2.3	3	2.8	10	2.2
14	江西	13	2.3	2	1.8	11	2.4
15	内蒙古	12	2.1	6	5.5	6	1.3
16	上海	12	2.1	2	1.8	10	2.2
17	山东	12	2.1	3	2.8	9	2.0
18	海南	12	2.1	6	5.5	6	1.3
19	民政部	12	2.1	2	1.8	10	2.2
20	甘肃	10	1.8	2	1.8	8	1.7
21	山西	10	1.8	2	1.8	8	1.7
22	黑龙江	8	1.4	3	2.8	5	1.1
23	广西	8	1.4	2	1.8	6	1.3
24	宁夏	8	1.4	1	0.9	7	1.5
25	重庆	8	1.4	5	4.6	3	0.7
26	吉林	7	1.2	—	—	7	1.5
27	青海	6	1.1	3	2.8	3	0.7
28	贵州	3	0.5	—	—	3	0.7
29	辽宁	2	0.4	1	0.9	1	0.2
30	天津	2	0.4	—	—	2	0.4
31	西藏	1	0.2	—	—	1	0.2
32	新疆	1	0.2	1	0.9	—	—
	合计	569	100	109	100	460	100

资料来源：基金会中心网，中基透明指数FTI，截止日期：2013年12月31日。

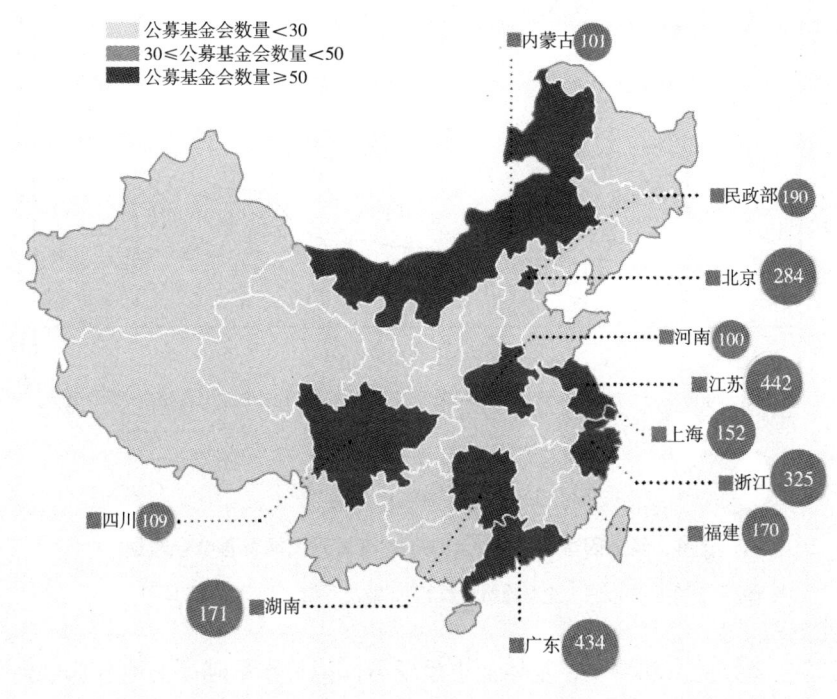

图 5　全国基金会注册地分布

2. 基金会地域分布失衡的原因解析

①经济因素

区域经济发展是影响基金会地域分布失衡的原因之一。地区人均 GDP 作为衡量区域经济发展标准，可以有效排除人口及经济发展水平的影响，同时居民消费水平也是重要经济衡量指标。人均 GDP 越高的地域，其创造的社会财富也就越多，通过图 6 的比较可以看出，随着人均 GDP 的增加，各地域每万人拥有基金会数量也呈总体上升趋势。

居民消费水平可以反映出地区居民在满足生存、发展和享受需要上达到的程度。居民消费水平越高的地域，其居民在保障基本生活之外可支配的财富也就越多，这为基金会的成立及捐赠收入提供了资金支持。近年来大量企业和家族背景的基金会的成立也离不开这一方面的影响。从全国分布来看，尽管个别

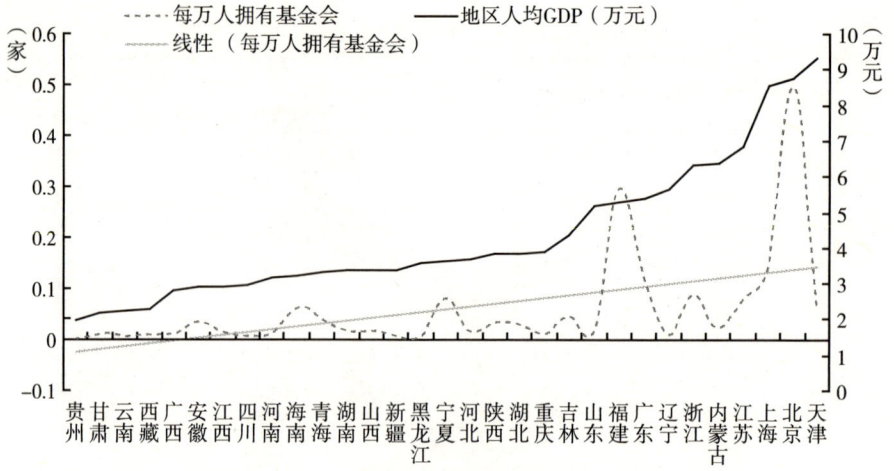

图 6　经济因素：区域人均 GDP 与每万人拥有基金会数量

资料来源：基金会中心网，中基透明指数 FTI，截止日期：2013 年 12 月 31 日。

省份基金会数量出现波动，整体上也呈现居民消费水平越高的地域基金会数量也相应增长的趋势，尤其在广东、福建、浙江、江苏等东部经济发达地区，这一特征尤为明显（见图7与表5）。

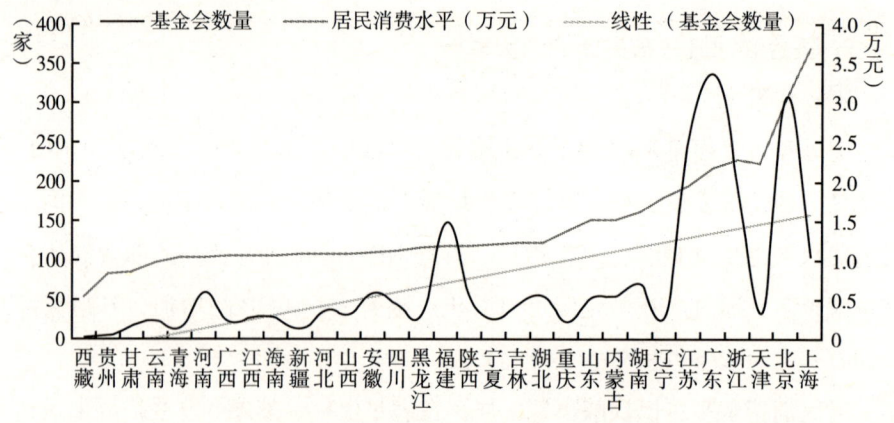

图 7　经济因素：区域居民消费水平与基金会分布

资料来源：基金会中心网，中基透明指数 FTI，截止日期：2013 年 12 月 31 日。

表5 经济因素与各地域基金会分布情况

地域	基金会数（家）	比例（%）	人均GDP（万元）	万人拥有基金会数（家）	居民消费水平（万元）
天津	55	1.52	9.32	0.04	2.3
北京	436	12.08	8.75	0.21	3.03
上海	156	4.32	8.54	0.07	3.69
江苏	445	12.33	6.83	0.06	1.95
内蒙古	101	2.8	6.39	0.04	1.52
浙江	328	9.09	6.34	0.06	2.28
辽宁	72	1.99	5.66	0.02	1.8
广东	446	12.35	5.41	0.04	2.18
湖南	172	4.76	5.28	0.05	1.61
山东	89	2.47	5.18	0.01	1.51
吉林	66	1.83	4.34	0.02	1.23
重庆	48	1.33	3.89	0.02	1.37
陕西	85	2.35	3.86	0.02	1.19
湖北	79	2.19	3.86	0.01	1.23
河北	51	1.41	3.66	0.01	1.07
宁夏	49	1.36	3.64	0.08	1.21
黑龙江	68	1.88	3.57	0.02	1.16
新疆	34	0.94	3.38	0.02	1.07
山西	56	1.55	3.36	0.02	1.08
福建	172	4.76	3.35	0.03	1.17
青海	26	0.72	3.32	0.05	1.03
海南	53	1.47	3.24	0.06	1.06
河南	102	2.83	3.15	0.01	1.04
四川	110	3.05	2.96	0.01	1.13
安徽	81	2.24	2.88	0.01	1.1
江西	46	1.27	2.88	0.01	1.06
广西	39	1.08	2.8	0.01	1.05
西藏	13	0.36	2.29	0.04	0.53
云南	59	1.63	2.22	0.01	0.98
甘肃	42	1.16	2.2	0.02	0.85
贵州	31	0.86	1.97	0.01	0.84

资料来源：基金会中心网，中基透明指数FTI，截止日期：2013年12月31日。

②政策因素

在图6和图7中,尽管各地基金会分布变化趋势与经济发展相关,但还是出现了个别地域与经济状况不一致的情况,如图6中的北京市,其万人拥有基金会数量要远远高于和其人均GDP相差不大的上海和天津两地;同样,图7中的广东、江苏和北京三地基金会数量变化趋势与经济状况也不一致。这一情况的出现与当地基金会发展政策有直接关系。2012年广东省将非公募基金会登记管理权限下放至广州市,非公募的市县级基金会增加。同时,北京政治中心的地位也决定了相当一部分基金会地域的选择。

三 基金会资产初具规模,但仍存在差距

基金会的资产规模直接影响了其慈善行为。截至2013年末,全国3610家基金会总资产已达1017亿元,这一数字仅相当于美国最大基金会——比尔与梅琳达·盖茨基金会资产的1/2,全美基金会总资产规模的1/40。尽管基金会资产规模保持每年两位数的高速增长态势,我们仍应清晰地看到它与其他国家存在的巨大差距。为了更清晰地把握基金会发展脉络,将从基金会资产规模历年变化情况(时间)和不同地域的比较(空间)两个维度分析基金会资产规模的变化及现状。

1. 净资产

从最近五年基金会净资产变化趋势来看,每年净资产规模都保持在两位数的快速增长,年均增长率高达14%。截至2012年末,全国基金会净资产规模已超850亿元。从净资产总量上看,虽然非公募基金会在基金会净资产所占比重上逐年上升,但仍略低于公募基金会4个百分点。公募基金会由于其资产基数已具规模,在净资产中仍占主导地位。在全国3610家基金会中,净资产规模最大的为河南省宋庆龄基金会,其净资产达28.7亿元;其次为清华大学教育基金会,其净资产为22.9亿元,居非公募基金会之首。

全国基金会净资产的地域分布有失平衡。就整体而言,基金会净资产在全国占比超过10%的只有在民政部、江苏、上海三地注册的基金会,它们的净资产占全国基金会的57%。仅就民政部而言,基金会净资产规模占全国总量

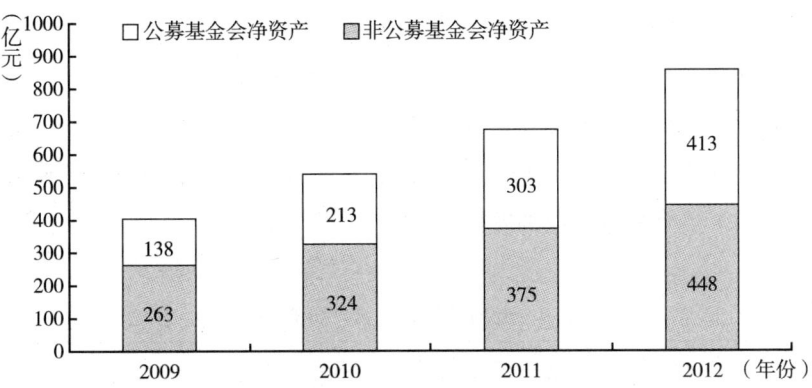

图8 基金会净资产历年分布情况，2009~2012年

资料来源：基金会中心网，中基透明指数FTI，截止日期：2012年12月31日。

的三分之一。

此外，有相当数量的大型基金会集中于北京、上海、江苏、广东、浙江五地，中西部净资产过亿元的基金会数量严重不足。在不同注册地的净资产规模比较中，民政部注册的净资产亿元以上的基金会最多，达59家，资产规模占全国总量的25%。在民政部注册的基金会净资产规模最大，占全国总量的32%；

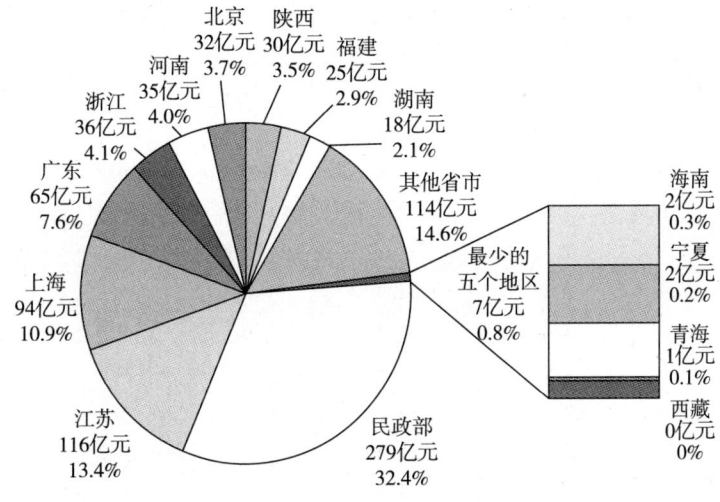

图9 基金会净资产的地域分布

资料来源：基金会中心网，中基透明指数FTI，截止日期：2012年12月31日。

其次为江苏注册的基金会，其净资产总量达116亿元，占全国的13%。在民政部、江苏和上海三地注册的基金会，其净资产量占全国的一半以上。另外，广东聚集了大量小型非公募基金会，将近1/4净资产小于100万元的基金会位于广东省，这些基金会中的80%为非公募基金会。大量小型非公募基金会的存在，影响了整个公益行业的发展。

表6　各地域基金会资产分布情况

地域	净资产规模					合计（亿元）	全国占比（%）
	净资产<100万元占比（%）	100万元≤净资产<1000万元占比（%）	1000万元≤净资产<5000万元占比（%）	5000万元≤净资产<1亿元占比（%）	净资产≥1亿元（%）		
民政部	—	1.2	13.0	20.2	45.5	279.3	32.4
江　苏	15.7	12.6	13.5	15.0	8.9	115.8	13.4
上　海	—	3.8	6.1	8.4	15.8	93.6	10.9
广　东	23.6	10.5	8.2	10.2	6.0	65.1	7.6
浙　江	18.0	10.5	10.6	7.3	1.5	36.5	4.2
河　南	3.6	2.2	2.0	1.1	6.0	34.8	4.0
北　京	7.8	8.4	9.2	5.7	1.8	32.2	3.7
陕　西	2.8	1.1	1.8	0.9	4.9	30.6	3.6
福　建	3.7	5.4	4.2	4.5	2.4	24.8	2.9
湖　南	2.2	6.5	6.2	1.5	0.8	17.5	2.0
内蒙古	3.0	3.1	1.1	1.8	2.2	16.7	1.9
四　川	0.7	4.0	2.8	2.6	1.1	15.9	1.8
山　东	—	3.1	2.6	3.4	0.2	12.1	1.4
湖　北	1.5	2.6	2.4	3.5	0.5	10.4	1.2
天　津	—	1.7	1.3	3.0	0.6	9.8	1.1
安　徽	—	2.1	1.4	2.5	0.4	9.8	1.1
黑龙江	6.5	3.0	1.4	0.9	0.5	7.8	0.9
辽　宁	—	2.9	1.8	0.7	0.3	7.1	0.8
云　南	3.6	—	1.3	2.5	—	5.9	0.7
重　庆	—	2.2	1.5	0.6	0.2	5.1	0.6
山　西	1.9	1.8	1.3	1.3	—	4.5	0.5
广　西	—	1.5	1.4	—	0.3	4.3	0.5
吉　林	3.7	2.0	1.8	—	—	3.8	0.4
江　西	1.2	1.2	0.7	0.9	0.2	3.6	0.4

续表

地 域	净资产规模					合计（亿元）	全国占比（%）
	净资产＜100万元占比（%）	100万元≤净资产＜1000万元占比（%）	1000万元≤净资产＜5000万元占比（%）	5000万元≤净资产＜1亿元占比（%）	净资产≥1亿元(%)		
贵 州	—	2.1	0.7	1.5	—	3.5	0.4
海 南	0.4	0.3	0.3	—	—	2.6	0.3
河 北	—	0.1	0.3	—	—	2.4	0.3
宁 夏	—	0.1	0.1	—	—	2.4	0.3
新 疆	—	0.5	0.8	—	—	1.7	0.2
甘 肃	—	0.1	—	—	—	0.8	0.1
青 海	—	0.9	0.1	—	—	0.8	0.1
西 藏	—	—	—	—	—	0.2	0.0
合 计	100	100	100	100	100	861.4	100

资料来源：基金会中心网，中基透明指数 FTI，截止日期：2012 年 12 月 31 日。

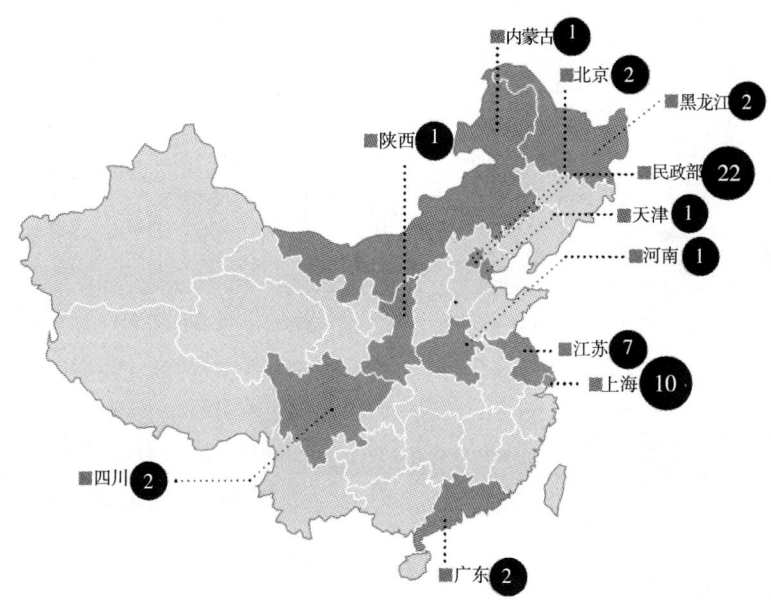

图 10 基金会净资产 Top 50 地域分布

截至 2013 年 12 月 31 日，全国 3610 家基金会中，亿元以上基金会 152 家，占比 4.2%，其中公募基金会 78 家，略多于非公募基金会。在净资产规模超过5亿元的20家基金会中，公募与非公募基金会平分秋色，各10家，其资产规模非公募基金会比公募基金会高5个百分点。

表7 净资产5亿元以上基金会名录

单位：亿元

排名	基金会名称	类型	成立时间	注册地	年末净资产
1	河南省宋庆龄基金会	公募	1992	河南	28.6
2	清华大学教育基金会	非公募	1994	民政部	22.9
3	陕西省神木县民生慈善基金会	非公募	2011	陕西	19.9
4	河仁慈善基金会	非公募	2010	民政部	18.6
5	上海市慈善基金会	公募	1994	上海	18.5
6	北京大学教育基金会	非公募	1995	民政部	16.8
7	中国教育发展基金会	公募	2003	民政部	11.8
8	浙江大学教育基金会	非公募	2006	民政部	9.7
9	神华公益基金会	非公募	2010	民政部	9.1
10	老牛基金会	非公募	2004	内蒙古	8.9
11	上海市大学生科技创业基金会	公募	2006	上海	8.4
12	中华全国体育基金会	公募	1994	民政部	7.8
13	中国残疾人福利基金会	公募	1984	民政部	7.7
14	南京大学教育发展基金会	非公募	2005	江苏	7.7
15	中国光华科技基金会	公募	1993	民政部	5.7
16	上海交通大学教育发展基金会	非公募	2005	上海	5.6
17	上海市拥军优属基金会	公募	1995	上海	5.6
18	中国青少年发展基金会	公募	1989	民政部	5.6
19	中国红十字基金会	公募	1994	民政部	5.5
20	中国海油海洋环境与生态保护公益基金会	非公募	2012	民政部	5.0

资料来源：基金会中心网，中基透明指数FTI，截止日期：2012年12月31日。

2. 捐赠收入

近五年来基金会捐赠收入总体呈上升趋势，并且亿元以上的捐赠收入是基金会收入增长的主力。其中2011年出现上涨波动、大幅高于前后两年的现象，这是由河仁慈善基金会接收35亿元股权捐赠、同年成立的陕西省神木县民生慈善基金会接收12亿元的捐赠收入这两大事件拉动的。这从另一方面也折射出企业家及民间群体在延续传统捐赠方式之余,也开始寻求更加专业化的公益模式。

截至2012年12月31日,全国基金会捐赠收入约为306亿元,其中境内机构是捐赠主力。2012年,基金会共接收境内机构捐赠217亿元,约占境内捐赠总量的71%。

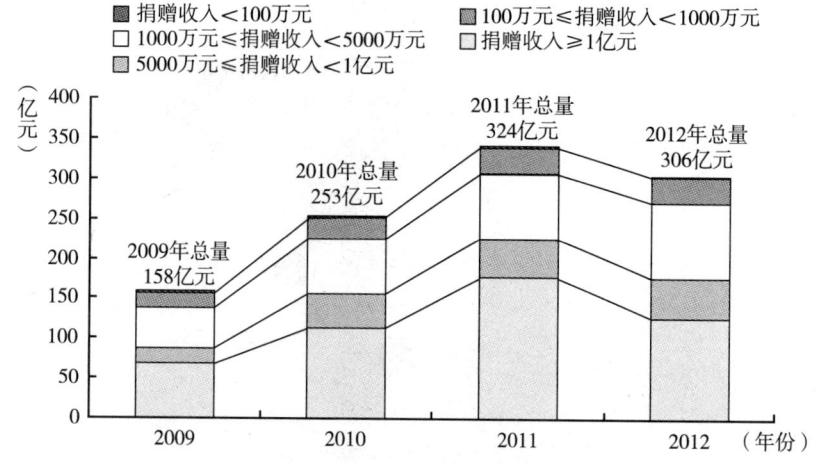

图11　捐赠收入历年分布情况,2009~2012年

资料来源:基金会中心网,中基透明指数FTI,截止日期:2012年12月31日。

当然,在捐赠收入大幅增加的同时,我们也应清醒地看到捐赠规模分布不均匀的现象。93%的捐赠收入来自境内,有超过一半的捐赠是来自境内机构,境内自然人的捐赠仅为22%,其中公募基金会捐赠收入占40.47%,低于非公募基金会捐赠收入。这一方面反映出基金会在加强国际合作、吸引海外捐赠上仍有非常大的上升空间;另一方面也说明公募基金会在调动社会各界参与热情、开展公众筹款上还大有可为。

在2012年度中,捐赠收入最多的基金会为中国癌症基金会,捐赠收入为14.2亿元,占全部基金会捐赠收入的5%;其次为清华大学教育基金会,捐赠收入8亿元,居非公募基金会之首。此外,民政部登记的基金会虽然数量不多,仅有173家,其捐赠收入占全国的56%,是基金会吸收捐款的主要力量。

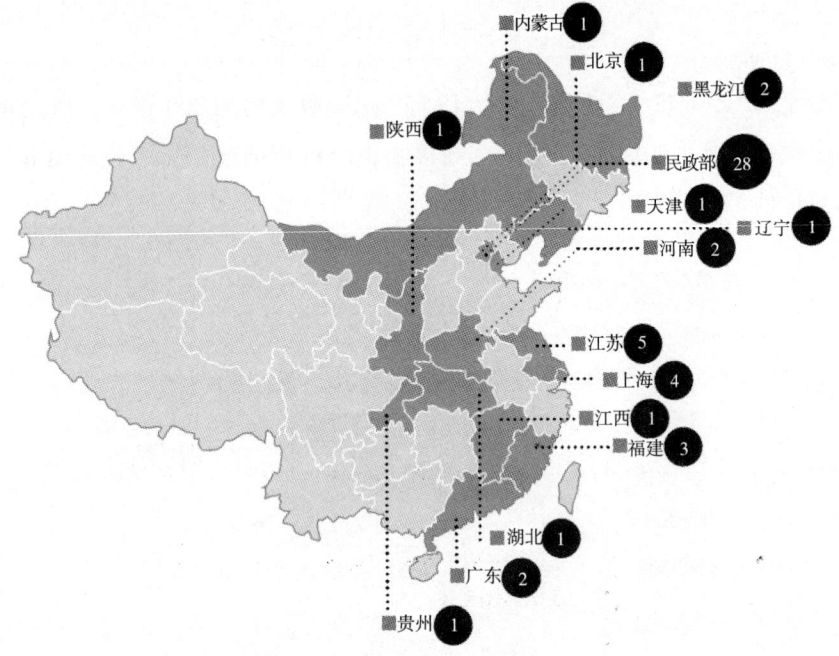

图 12　基金会捐赠收入 Top 50 地域分布

表 8　2012 年基金会捐赠收入构成

单位：亿元，%

捐赠收入	总量	比例
来自境内的捐赠	284	93
来自境内自然人	67	22
来自境内机构	217	71
来自境外的捐赠	22	7
来自境外自然人	9	40
来自境外机构	13	60
合　计	306	

资料来源：基金会中心网，中基透明指数 FTI，截止日期：2012 年 12 月 31 日。

3. 公益支出

基金会近五年公益支出的变化总体呈逐年上升趋势。2012 年全国基金会公益支出总额达 240 亿元，其中公募基金会占 66%。公募基金会仍是公益支出的主要力量，全国基金会一半以上的公益支出源于公募基金会。

表9 2013年基金会捐赠收入 Top 10

排名	基金会名称	基金会类型	成立时间	注册地	捐赠收入(亿)
1	中国癌症基金会	公募	1984	民政部	14.2
2	清华大学教育基金会	非公募	1994	民政部	8.0
3	中国光华科技基金会	公募	1993	民政部	6.2
4	上海市慈善基金会	公募	1994	上海	6.0
5	陕西省神木县民生慈善基金会	非公募	2011	民政部	4.1
6	北京大学教育基金会	非公募	1995	民政部	3.8
7	中国儿童少年基金会	公募	1981	民政部	3.7
8	北京航空航天大学教育基金会	非公募	2005	民政部	3.4
9	中国妇女发展基金会	公募	1988	民政部	3.4
10	神华公益基金会	非公募	2010	民政部	3.2

资料来源：基金会中心网，中基透明指数 FTI，截止日期：2012年12月31日。

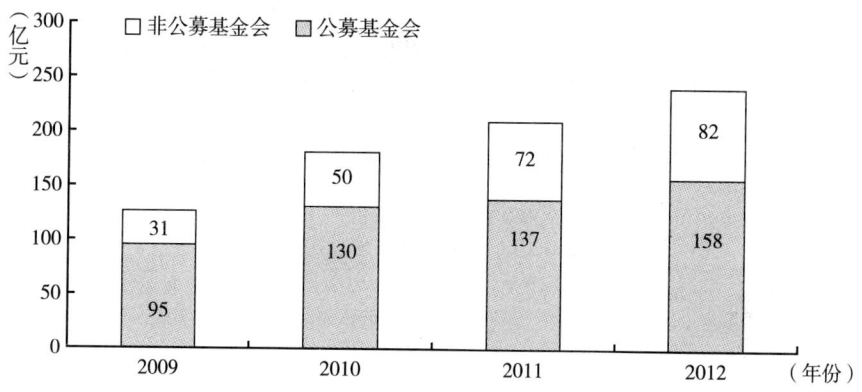

图13 基金会公益支出年度变化情况，2009～2012年

资料来源：基金会中心网，中基透明指数 FTI，截止日期：2012年12月31日。

从基金会近五年的公益支出结构看，公益支出在5000万元以上的基金会数量寥寥，仅占不足5%的比例。大部分基金会仍以公益支出在500万元以下为主，尤其是将近一半的基金会年公益支出小于100万元，这些基金会80%以非公募为主。这些基金会的大量存在，影响了公众对基金会的认同，不利于行业健康发展。

在2012年度中，公益支出最多的基金会为中国癌症基金会，支出金额达13.5亿元，占全部基金会公益支出的6%；其次为中国教育发展基金会，公益

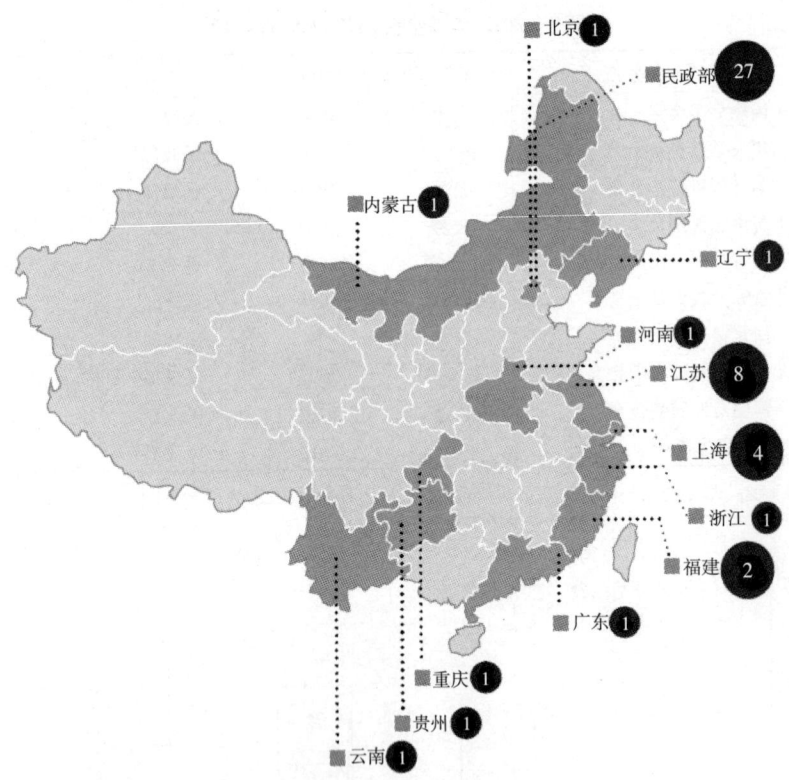

图 14　基金会公益支出 Top 50 地域分布

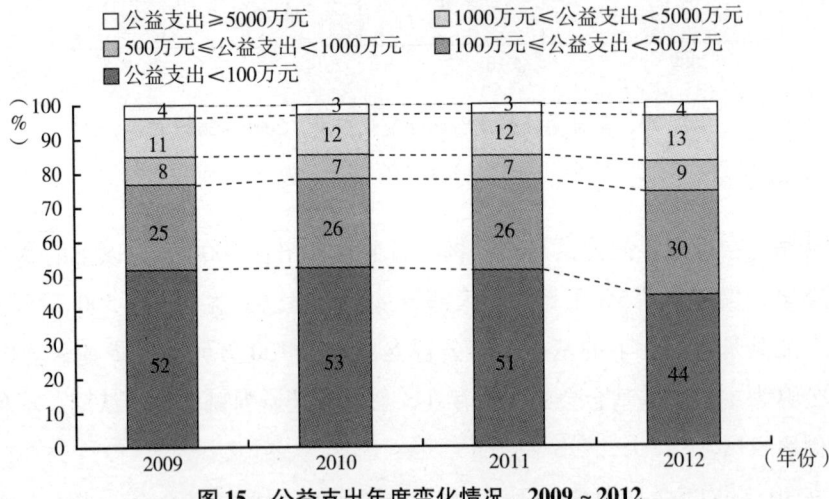

图 15　公益支出年度变化情况，2009～2012

资料来源：基金会中心网，中基透明指数 FTI，截止日期：2012 年 12 月 31 日。

支出为9.5亿元。在公益支出 Top 10 的榜单中，非公募基金会仅有清华大学教育基金会以6.1亿元的公益支出入榜，其余9家均为公募基金会。可见公募基金会在公益支出上的主导地位仍不可撼动。

表10　2012年基金会公益支出 Top 10

排名	基金会名称	基金会类型	成立时间	注册地	公益支出（亿元）
1	中国癌症基金会	公募	1984	民政部	13.5
2	中国教育发展基金会	公募	2003	民政部	9.5
3	中国博士后科学基金会	公募	1990	民政部	6.6
4	清华大学教育基金会	非公募	1994	民政部	6.1
5	中国光华科技基金会	公募	1993	民政部	5.3
6	上海市慈善基金会	公募	1994	上海	5.3
7	广东省扶贫基金会	公募	1994	广东	4.5
8	河南省宋庆龄基金会	公募	1992	河南	3.8
9	中国青少年发展基金会	公募	1989	民政部	3.3
10	中国儿童少年基金会	公募	1981	民政部	3.3

资料来源：基金会中心网，中基透明指数FTI，截止日期：2012年12月31日。

在对全国基金会资产规模（净资产、捐赠收入、公益支出）比较中发现，基金会资产规模表现出显著的差异性：152家净资产超过亿元的基金会，净资产之和占全国基金会的55%；50家捐赠收入超过亿元的基金会，捐赠收入之和占全国基金会的41%；30家公益支出超过亿元的基金会，其公益支出之和占全国基金会的42%。另外，在地区分布上，东部地区基金会资产规模是中西部地区的4倍多。中西部存在大量小型基金会，严重影响了基金会整体发展，这些基金会亟须自我提升，成为基金会行业发展的上升潜力。

另外，虽然非公募基金会数量远超公募基金会，在资产规模上公募基金会仍是主要力量。当然，从年度比较中可以清楚地看到，非公募基金会与公募基金会的资产规模差距在不断缩小，未来随着基金会行业整体的不断发展，非公募基金会也将不断完善，进一步迈向成为国际意义的基金会的目标。

四 政府补助成基金会第二大收入来源 保值增值能力有待提升

1. 政府补助收入逐年增加，已成基金会第二大收入来源

政府补助收入作为基金会收入的第二大来源，已成为越来越多基金会收入的主要来源。在历年的政府补助收入比较中，可以看到这项收入每年都在不断增加。其中2011年尤为突出，政府补助收入从前一年的19亿元增至26亿元，增幅高达37%。2012年，基金会政府补助收入达33亿元，占全部收入的10%。其中公募基金会接收政府补助金额约为非公募基金会的7倍，大量政府资源流入非民间背景的公募基金会中，显然有失公平。

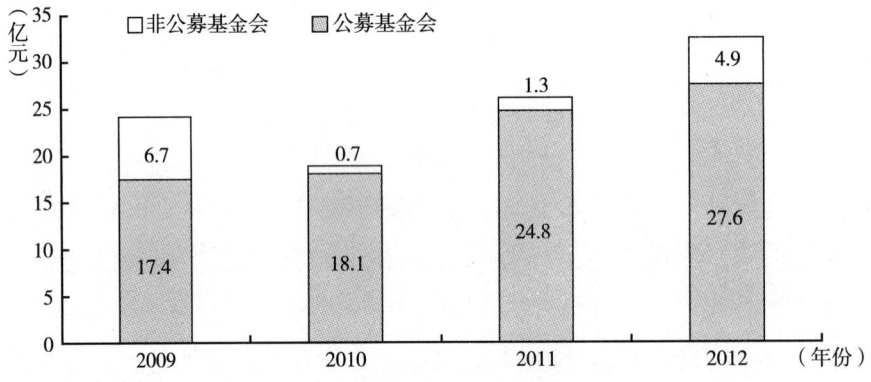

图16 基金会政府补助收入历年变化情况，2009~2012年

资料来源：基金会中心网，中基透明指数FTI，截止日期：2012年12月31日。

在政府补助的金额比较中，公募与非公募基金会的差距更为明显：在2009年至2012年间，90%以上的政府补助收入流入公募基金会。即便在这一现象有所改善的2012年，也仅有15%的政府补助收入提供于非公募基金会。当然，政府补助金额并不能否认逐年递增为基金会行业发展带来的积极作用，然而公益组织在接受政府补助时需要保持其存在价值的相对独立性，做到不与机构理念及使命价值相违背。

2013年度基金会发展概况

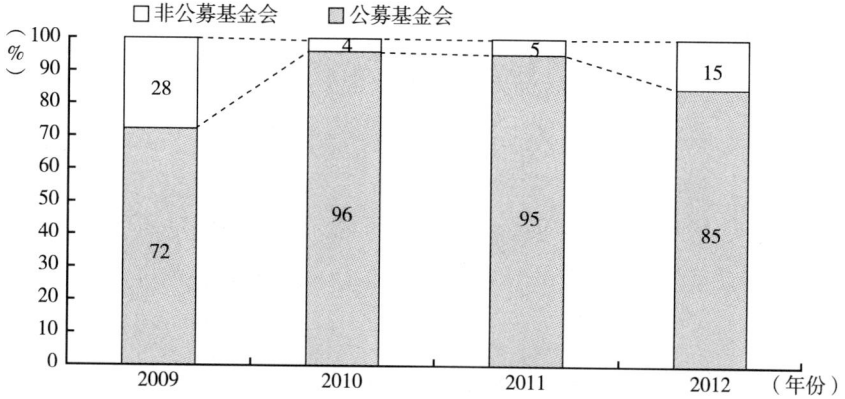

图17　公募基金会、非公募基金会政府补助收入比较

资料来源：基金会中心网，中基透明指数FTI，截止日期：2012年12月31日。

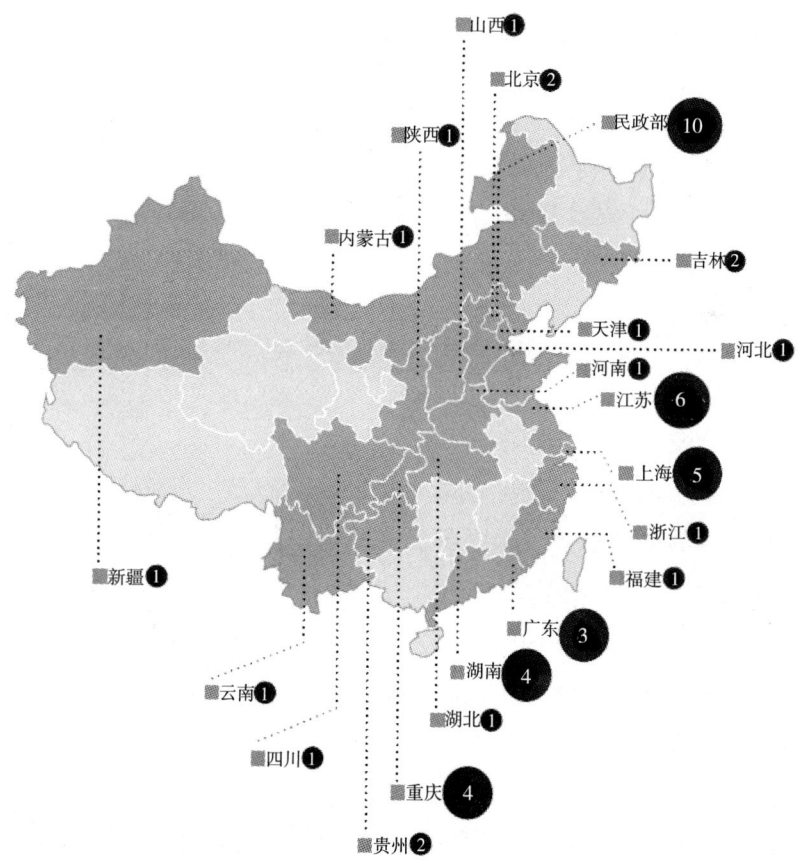

图18　基金会政府补助收入Top 50地域分布

在 2012 年接收政府补助 Top 10 的基金会中，8 家基金会的政府补助性收入大于或等于 1 亿元，其中中国教育发展基金会的此项收入达到了 8.3 亿元，居全国首位，另外中国博士后科学基金会和陕西省神木县民生慈善基金会的政府补助收入分别达到了 6.6 亿元和 3 亿元。政府补助收入前十名的基金会中，仅有 2 家为非公募基金会，其中仅有重庆大学教育基金会为真正意义上的民间背景基金会。

表 11　政府补助收入 Top 10

排名	基金会名称	类型	成立时间	注册地	政府补助收入（亿）
1	中国教育发展基金会	公募	2003	民政部	8.3
2	中国博士后科学基金会	公募	1990	民政部	6.6
3	陕西省神木县民生慈善基金会	非公募	2011	民政部	3.0
4	上海市大学生科技创业基金会	公募	2006	上海	1.2
5	上海文化发展基金会	公募	1992	上海	1.1
6	中国法律援助基金会	公募	1997	民政部	1.0
7	昆山市党员关爱暨帮扶困难群众基金会	公募	2012	江苏	1.0
8	张家港市党员关爱暨帮扶困难群众基金会	公募	2012	江苏	1.0
9	中国红十字基金会	公募	1994	民政部	0.9
10	重庆大学教育基金会	非公募	2007	民政部	0.8

资料来源：基金会中心网、中基透明指数 FTI，截止日期：2012 年 12 月 31 日。

2. 基金会资产保值增值能力有待提升

基金会保值增值能力不强，对社会捐赠仍有依赖性。近年来，随着公众与企业参与公益的热情高涨，全国基金会的数量和规模也在不断增加，截至 2012 年末，全国基金会的资产总额已经突破 900 亿元，收入总额超过 300 亿元。在 2012 年基金会的收入构成中，最主要的收入来源为捐赠收入，占全部收入的 84%，其次为政府补助性收入，占 9%，投资收益仅占基金会全部收入的 4%。

《基金会管理条例》指出，基金会保值增值须遵循"合法、安全、有效"的原则，但未就具体保值增值方式作出详细限定。然而在实际执行中，基金会在保值增值运作及提高基金收益方面渠道狭窄，大多是以存入银行获得利

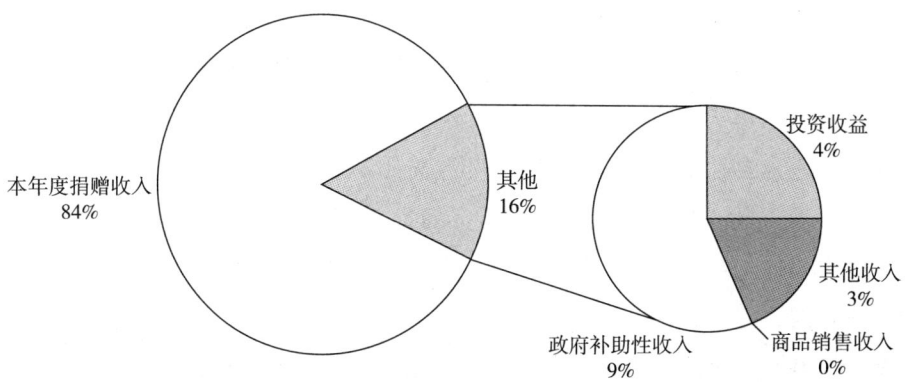

图19　2012年基金会收入构成

资料来源：基金会中心网，中基透明指数FTI，截止日期：2012年12月31日。

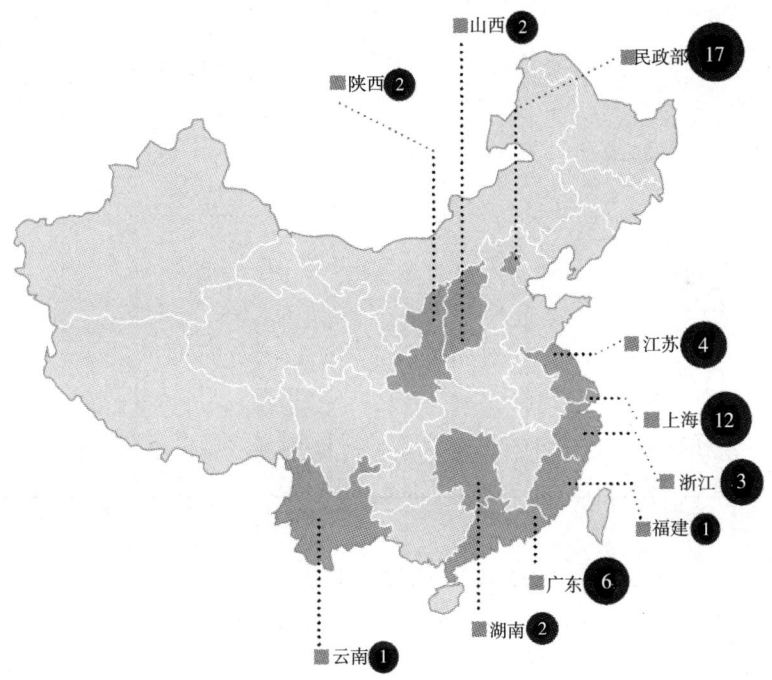

图20　基金会投资收入Top 50地域分布

息及购买国债为主。随着通货膨胀变得严重，基金会保值增值的压力也越来越大。

在英美两国，慈善组织以公益性投资来实现保值增值已是行业常态。美国基金会的投资范围相当广泛，包括购买股票、进行房地产投资，甚至可以开办信贷业务、投资实体等，以赚取大量免税资本收益。最典型的是颁发诺贝尔奖的诺贝尔基金会，最初成立时只有 980 万美元，在长达 100 多年的投资理财运作中，实现资金"滚雪球式"的增长。拥有超过 530 亿美元资本的全球最大慈善基金会比尔与梅琳达·盖茨基金会自成立以来，便制定了完整的资产投资与管理策略，并单独成立信托基金负责这笔巨额资产的运作，以保证在盖茨夫妇死后，基金会仍能持续运作。全球著名私人基金会福特基金会更是下设一个专门管理资产的投资机构，这使得基金会从 4 亿美元的原始基金发展到现今的 100 多亿美元，堪称基金会理财典范。

然而在中国，基金会保值增值远非主流。虽然 2009～2013 年有投资行为的基金会数量不断上升，然而其占全国基金会比重仍不高。超过 70% 的基金会不进行资产保值增值，仅以每年接收的固定捐赠为主要收入。

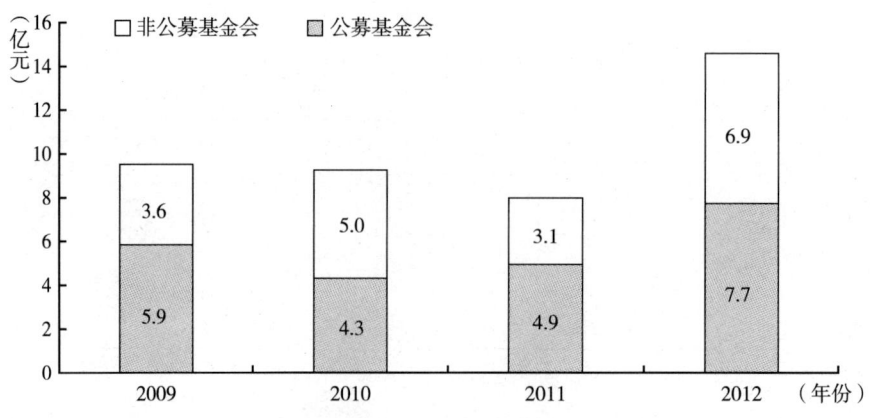

图 21　投资理财收入历年变化情况，2009～2012 年

资料来源：基金会中心网，中基透明指数 FTI，截止日期：2012 年 12 月 31 日。

与基金会保值增值数量相比，投资收入占总收入比重仍存在不足。在近四年基金会投资收入分析中，公募基金会投资收入占总收入比重总体高于非公募基金会，随着非公募基金会资产保值增值积极性的逐年提高，二者差距也在不断缩小，至 2012 年公募基金会保持 2 倍于非公募基金会的投资收益。

2013年度基金会发展概况

表12 历年保值增值收入占全部收入的比重

单位：亿元，%

年份	投资收入	总收入	投资收入占总收入比重	公募基金会投资收入	公募基金会占投资收入比重	非公募基金会投资收入	非公募基金会占投资收入比重
2012	14.6	364.2	4.0	7.7	52.7	6.9	47.3
2011	8.0	373.3	2.1	4.9	61.3	3.1	38.8
2010	9.3	288.7	3.2	4.3	46.2	5.0	53.8
2009	9.5	190.7	5.0	5.9	62.1	3.6	37.9

资料来源：基金会中心网，中基透明指数FTI，截止日期：2012年12月31日。

东部地区基金会是保值增值的主要力量。在不同注册地的比较中，民政部注册的基金会投资收入高达5.3亿元，占全国比重将近40%。保值增值前五的地区也是基金会投资收入的增长主力，它们的投资收入已接近全部投资行为会的五分之四。一方面，东部地区基金会基数大，保值增值比重大的地域也是基金会集中分布地域；另一方面，这些地域经济发达，社会对基金会保值增值行为普遍认同，加之人才集中，更有利于基金会保值增值活动开展。

表13 投资收入Top 10地域分布

单位：亿元，%

地域	投资金额	占比	地域	投资金额	占比
民政部	5.3	37.7	湖南	0.5	3.8
上海	2.3	16.6	福建	0.4	2.7
广东	1.5	10.5	陕西	0.3	2.4
江苏	1.2	8.9	北京	0.2	1.7
浙江	0.7	5.3	安徽	0.2	1.5

资料来源：基金会中心网，中基透明指数FTI，截止日期：2012年12月31日。

基金会保值增值积极性不高、投资收入占总收入比重低，究其原因可从内部因素及外部影响两个方面解释。

首先，从基金会本身看，保值增值行为受到了专业性和基金会积极性的制约。随着社会观念的逐渐转变，有相当数量的基金会有意于保值增值，皆因缺乏专业投资人才而止步。根据国家相关规定，非营利性组织从业人员的薪酬不得超过社会平均工资水平的两倍，这一限制导致基金会与投资行业的薪资水平

相去甚远,难以吸引专业人才的加入。《基金会管理条例》的"失误赔偿"条款,即"因决策不当导致基金会财产损失的,参与决策的理事应当承担相应责任",则大大限制了基金会理事们从事保值增值活动的热情。这种限制虽然在一定程度上能起到规避风险的作用,但简单的责任摊派同样可能导致理事放弃保值增值决策。

其次,从外部原因分析,一方面,社会大众对基金会公信力和保值增值行为仍存在很大质疑。层出不穷的公益丑闻将基金会公信力推向破产的边缘,商业性保值增值行为也因此受到质疑。同时,基金会的一些保值增值行为,如"关联交易"、"违规投资"等也颇受质疑。大部分公众难以接受基金会银行存款以外的保值增值方式。另一方面,现行政策法规缺乏对基金会保值增值行为的明确指导,地方上多采取谨慎政策。除《基金会管理条例》提到的基金会保值增值规定外,2012年民政部印发《关于规范基金会行为的若干规定(试行)》,对于基金会的保值增值行为作了相应指导:"基金会可用于保值增值的资产限于非限定性资产、在保值增值期间暂不需要拨付的限定性资产","基金会进行委托投资,应当委托银行或者其他金融机构进行。"地方上,2013年北京就首个《北京市慈善事业促进办法(草案)》向社会征求意见,其中明确提出:鼓励基金会按照规定开展资金募集和资金运作,实现资金的保值增值。综合来看,最新出台的几项政策仅从态度上对基金会保值增值行为给予承认,仍缺乏具体实施及监管细则,在这样的情况下基金会保值增值也成为一种谨慎的选择。

限制或钝化基金会的保值增值能力不利于行业的持续发展,对捐赠的过度依赖阻碍了基金会在资金上的自我良性循环。当然,一味地否定基金会保值增值行为固然片面,"一刀切"地完全放任也不正确。应有政策和规范的调节,但这样的调节首先要在《税法》中制定,其次才是在《组织法》中落实。

南都公益基金会理事长徐永光对基金会保值增值评价道:"现在公众不能理解基金会投资,更不能接受基金会做投资亏损,这种观念要转变,保值增值行为才能回归常态。"

在基金会保值增值行为中,以上海市慈善基金会和清华大学教育基金会案例最为典型,可以为公募和非公募两类基金会提供参考借鉴。

上海市慈善基金会

上海市慈善基金会成立于1994年,是上海市民政局主管的公募基金会。上海市慈善基金会在2007年成立独资企业,帮助基金会进行保值增值。基金会把资金分为两部分,一部分放在银行固定收取利息,另一部分资金投入企业运作,这样既保证了资产的安全性,又在投资收益上有所提升。基金会的公开年报显示,2008年该基金会的投资收入为4600万元,2009年为3200万元,至2012年投资收入已达4083万元,这些投资收入中绝大部分的收益来自企业盈利收入。1994年成立之初,基金会原始基金为4.6亿元,截至2012年末,基金会净资产已达18.5亿元,位列全国第五,在不足20年的时间里,资产增加了3倍。

清华大学教育基金会

清华大学教育基金会是1994年成立的高校基金会。清华大学教育基金会在股票、基金、债权上均有投资。其2012年年报显示,截至2012年底,基金会净资产为22.9亿元,居非公募基金会之首,相比于1994年注册资金2000万元,基金会实现了资产成百倍的增加。2012年基金会捐赠收入为4.08亿元。保值增值方面,长期股权投资2.92亿元,长期债权投资1000万元,短期投资约6.3亿元,投资收益9300万元。

表14 基金会投资收入Top 10

单位:万元

排名	基金会名称	类型	成立时间	注册地	政府补助收入
1	河仁慈善基金会	非公募	2010	民政部	11600
2	清华大学教育基金会	非公募	1994	民政部	10663
3	深圳市教育发展基金会	公募	1994	广东	7323
4	中国青少年发展基金会	公募	1989	民政部	4622
5	北京大学教育基金会	非公募	1995	民政部	4478
6	上海市慈善基金会	公募	1994	上海	4083
7	神华公益基金会	非公募	2010	民政部	3078
8	上海交通大学教育发展基金会	非公募	2005	民政部	2452
9	中国扶贫基金会	公募	1989	民政部	2222
10	上海宋庆龄基金会	公募	1993	上海	2126

资料来源:基金会中心网,中基透明指数FTI,截止日期:2012年12月31日。

五 基金会人才供需失衡

当前基金会职工数少,专业人才匮乏。截至2012年末,全国基金会共有职工18686人[1],平均每家基金会6名职工。具体分布上看,仍有24%的基金会没有职工,42%的基金会职工数为1～3人,仅有7%的基金会职工数超过10人。

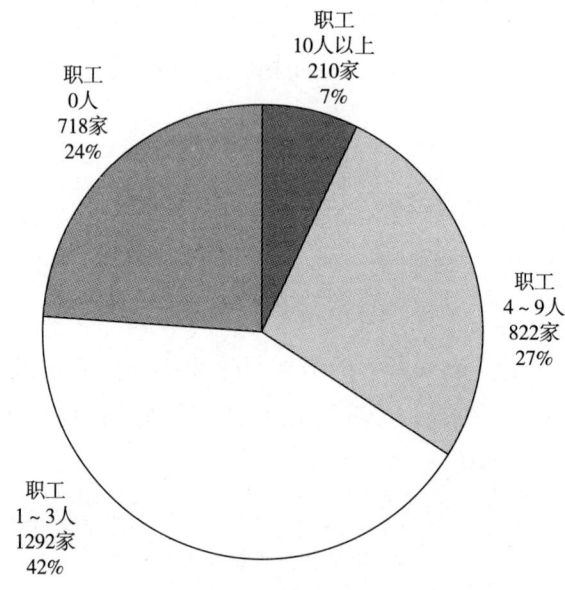

图22 基金会职工分布

资料来源:基金会中心网,中基透明指数FTI,截止日期:2012年12月31日。

在不同注册地的基金会职工数量比较中,民政部注册的基金会无论在职工总数还是在职工平均数上均为全国第一,其基金会发展与人员配置相对合理。与此相对,广东、江苏、浙江等地注册的基金会,其职工总数位于全国前列,然而其职工平均数远远低于全国平均水平,这些地区公益人才缺口大,制约了基金会的发展。

---

[1] 《中国统计年鉴2013》。

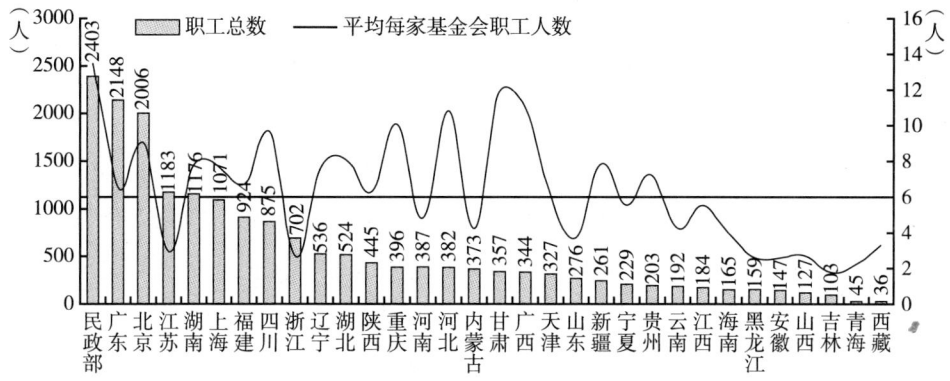

图 23　各注册地基金会职工总数与平均数比较

在非公募基金会中，人才匮乏现象更为严重。在全国基金会 18686 名职工分布上，公募基金会职工数 8913 人，平均每家基金会 6 人；而这一数据在非公募基金会中仅为 4 人。另外，75% 的非公募基金会职工数在 3 人或 3 人以下，仅有 4% 的非公募基金会职工数超过 10 人，这都远远低于公募基金会员工数量。

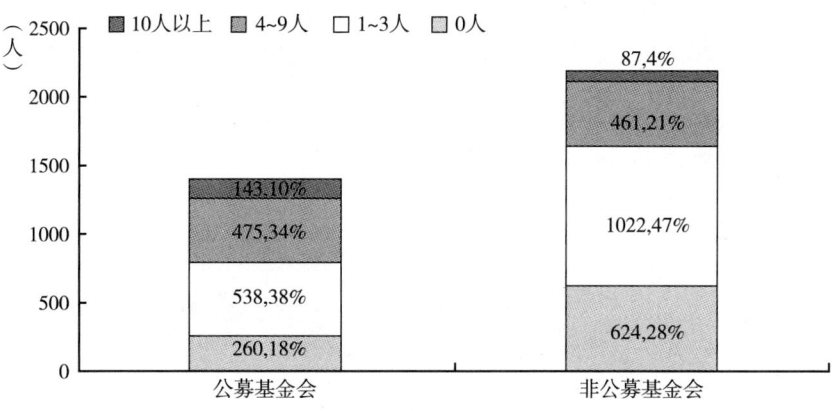

图 24　公募基金会、非公募基金会职工比较

资料来源：基金会中心网，中基透明指数 FTI，截止日期：2012 年 12 月 31 日。

尽管当前基金会从业人员数量少，但基金会在拉动就业、提高就业率上有非常大的发展空间。美国慈善统计中心（National Center for Charitable Statistics）2010 年数据显示，非营利组织从业人数占美国人口数的 11%。而在中国，社会组织所吸纳的就业人数远远低于美国。民政部《2012年社会组织发展统计公报》显示：截至2012年底，全国共有社会组织49.9万个，吸纳社会各类人员就业613.3万人，社会组织从业人数仅占全国人口数的0.05%。按照第三产业增加值和就业人口关系的比例来看，服务业增加值每提升7.4万元，就吸纳一名就业人员。2012年基金会净资产860亿元，理论上可以解决10万人就业，而实际上仅吸纳不到1/5的就业人数，基金会在提高就业率上仍有很大提升空间。

当然，基金会工资福利支出低也是一直以来限制基金会人员增加的原因之一。《基金会管理条例》规定，基金会工作人员工资福利和行政办公支出不得超过当年总支出的10%。

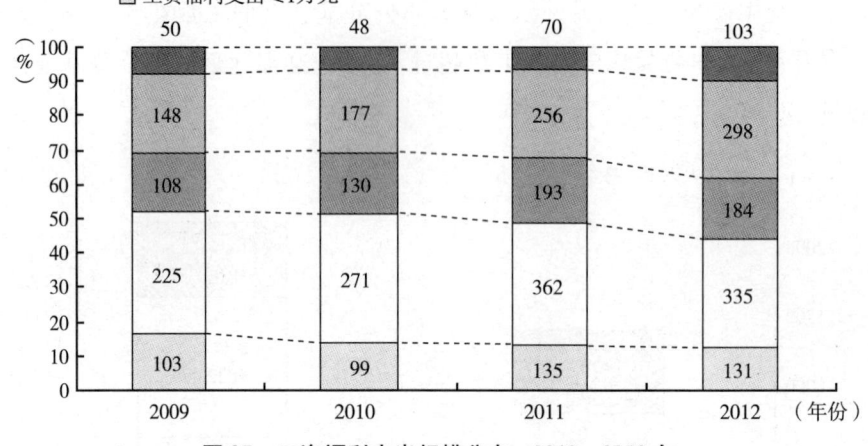

图25　工资福利支出规模分布，2010~2012年

资料来源：基金会中心网，中基透明指数FTI，截止日期：2012年12月31日。

根据近四年来基金会工资福利支出比较，2010~2012年基金会工资福利支出的规模基本一致，并未有太大提升。其中，2012年工资福利支出在1万~10万元的基金会数量最多，达到519家；而工资福利支出在50万元以下的基金会则占总数的90%以上。整个基金会行业普遍呈现人员工资福利低的现状。即便在工资福利支出50万元以上的103家基金会中，人均工资福利支出也只达到8.68万元。在人才竞争上，与其他行业比处于明显劣势状态。

基于以上原因，修改现有条例中关于人员工资福利支出的限制，可以大幅提升基金会对就业率的促进作用，也有利于基金会吸纳人才，建立公益组织高素质的专业人才队伍。

六 传统项目集中 创新能力有待提升

在 2012 年全国基金会中，有 2967 家基金会年开展了 9735 个项目，涉及文化、环境保护、医疗救助等 30 多个领域，项目支出总额 195.72 亿元。从关注最多的 10 个活动领域来看，教育仍是基金会项目的重点，无论公募基金会还是非公募基金会，教育领域项目支出都占全部项目支出将近一半的比重；而关注较少的社会科学、动物保护、宗教等 10 个活动领域，项目支出之和仅占全部的 3.15%，基金会在公益项目发展上仍有很大的可投入空间。

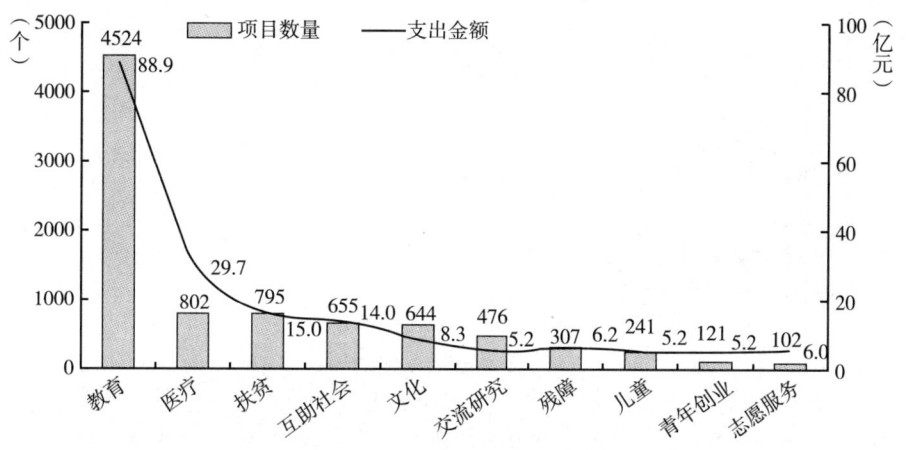

图 26 项目数量前十领域支出情况

资料来源：基金会中心网，中基透明指数 FTI，截止日期：2012 年 12 月 31 日。

项目地域分布集中于东部，西部地区项目有待开发。从地域上看，上海项目数量最多，占全国总数的 10.9%，项目数量分布最多的 5 个省市分别是上海、广东、北京、江苏和浙江，这些东部经济发达且基金会集中地域的项目数量占全国的 46.1%。而项目最少的 5 个地域总和仅为 277 个，占全国项目总数的 2.8%。

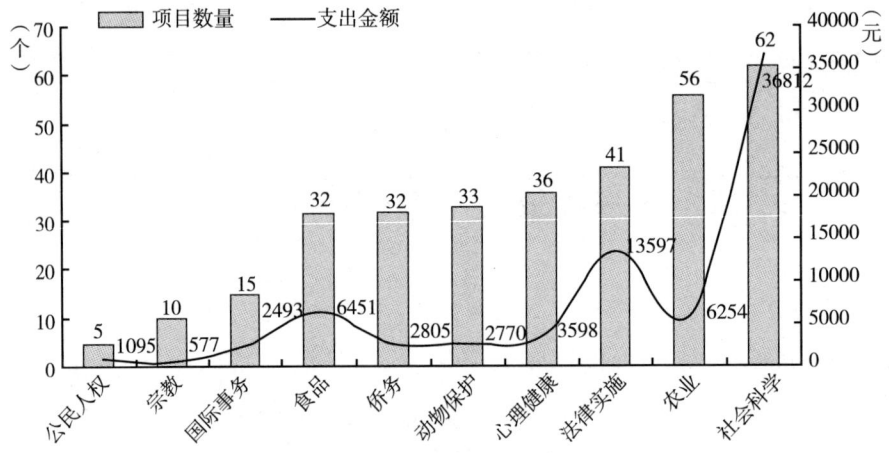

图 27 项目数量后十领域支出情况

资料来源：基金会中心网，中基透明指数 FTI，截止日期：2012 年 12 月 31 日。

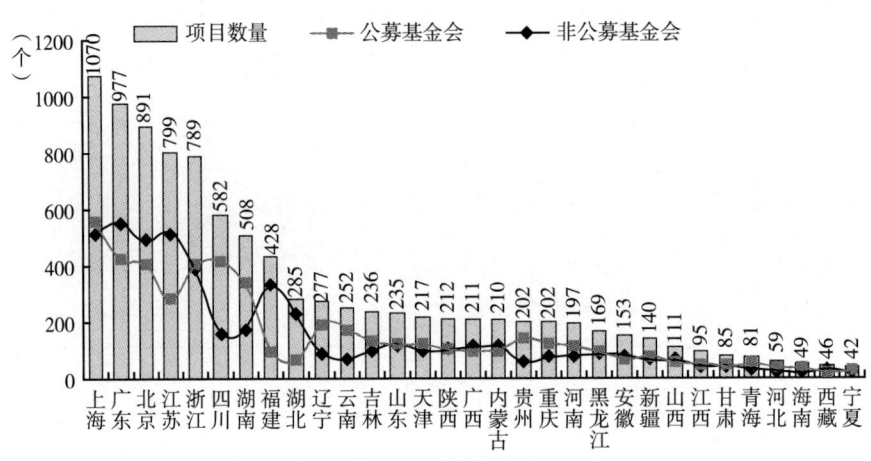

图 28 项目地域分布

资料来源：基金会中心网，中基透明指数 FTI，截止日期：2012 年 12 月 31 日。

大量项目集中于教育领域，必然有其社会的现实需求，各类学校基金会、人民教育基金会及以助学为宗旨的运作型基金会应把慈善资源不断投入教育领域。未来随着社会发展水平的不断提升，基金会的项目不仅能够满足人们的基本需求，也会出现更多具有创新性、关注人类发展的优秀项目。

公募篇：转型·机遇·突破

Public Foundations: Transformation · Opportunities · Breakthroughs

转型中的公募基金会

摘　要： 公募基金会是国内基金会行业的重要力量。30多年的发展，公募基金会掌握了整个行业50%以上的公益资源，在推动发展中起到了重要作用。公募基金会的存在，广泛吸引了社会大众对公益事业的积极参与，也开发了希望工程、爱心包裹等耳熟能详的公益项目。2008年汶川地震为公募基金会的发展增添了新的活力，志愿精神的高涨带来了更多社会资源的投入。但是，2011年以来的公益丑闻及问责风暴也凸显了公募基金会发展的诸多问题，在这样一种背景下，公募基金会开始了未来发展模式的新探索。转型，也成为公募基金会的一个热门话题。

关键词： 公募基金会　转型　改革

一　中国公募基金会发展现状

公募基金会的发展折射出中国基金会行业的发展变革。自1981年以来，公募基金会经历了从无到有、从中央到基层的发展特点。尽管目前全国非公募基金会数量已超过公募基金会，然而从净资产、捐赠收入和公益支出上看，公募基金会所占比例仍超过非公募基金会，公募基金会作为公益资源的主导力量仍发挥着巨大作用。目前，公募基金会发展呈以下几个特点。

1. 公募基金会数量稳步增长

自2005年开始，公募基金会的数量就一直保持稳步增长。截至2013年12月31日，全国共有1416家公募基金会，占基金会总数的39%。

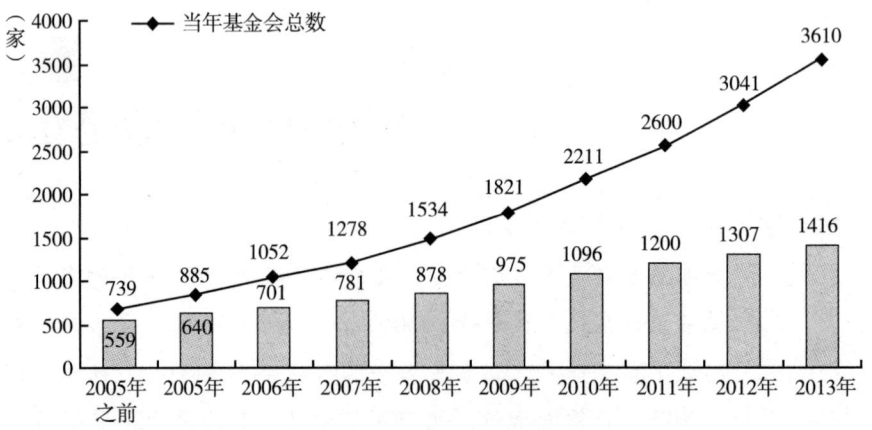

图1　公募基金会年度数量变化

数据来源：基金会中心网，中基透明指数FTI，截止时间：2013年12月31日。

2. 公募基金会分布集中于东部经济发达地区

公募基金会主要分布在江苏、浙江、北京（民政部）、广东、湖南等几个地区。其中，江苏省的公募基金会最多，有185家，浙江、北京民政部、广东、湖南等几个地区的组织数量也都超过了100家。前5名地区的公募基金会数量占全国总数的44%。

3. 资产仍为公益行业主力

2012年，公募基金会的资产达478亿元，占全国总量的52%，收入总量为214亿元，占全国基金会总收入的51%。公募基金会的资产总量及重大事件的募款能力仍处主导地位。

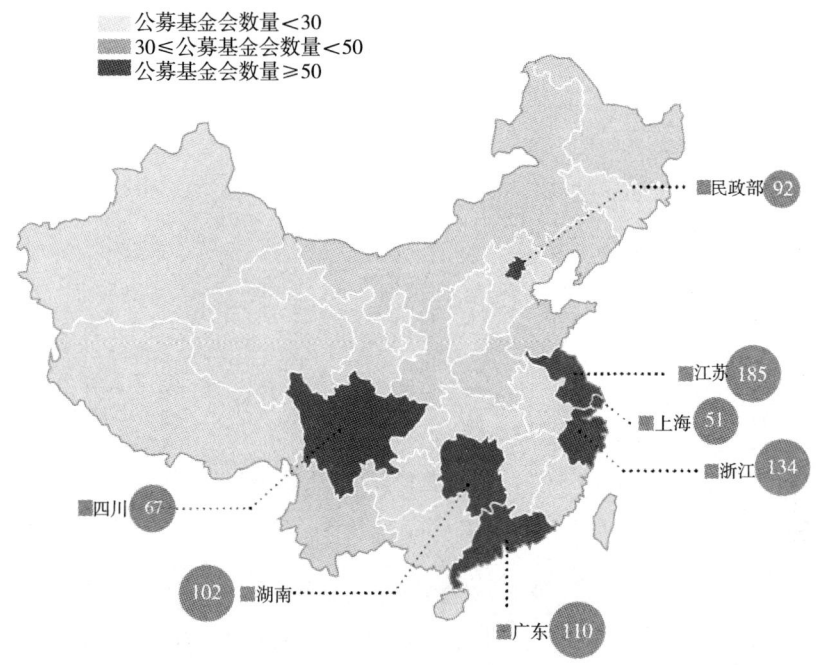

图 2　公募基金会注册地分布情况

在支出上，2012 年，公募基金会的总支出为 137 亿元，占全国支出总量的 53%。

目前，尽管公募基金会年度资产规模增幅在不断缩小，然而其在基金会中仍占主要部分，公募基金会的主力地位仍不可撼动。

表 1　公募基金会总资产，2009~2012 年

年份	总资产（亿元）	总量增长率（%）	总资产均值（万元）	均值增长率（%）
2012	478	13	1392	7
2011	324	21	1299	97
2010	230	36	659	4
2009	195	-10	633	-27

数据来源：基金会中心网，中基透明指数 FTI，截止时间：2012 年 12 月 31 日。

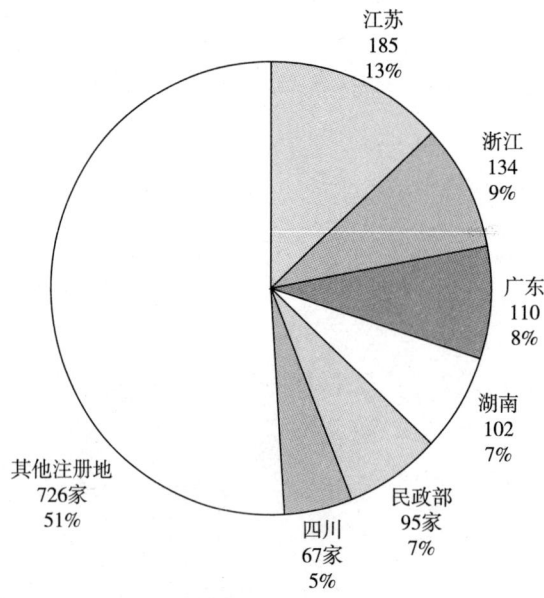

图3 公募基金会各地域分布

数据来源：基金会中心网，中基透明指数 FTI，截止时间：2013年12月31日。

表2 公募基金会总收入，2009~2012年

年份	总收入总量（亿元）	总量增长率（%）	总收入均值（万元）	均值增长率（%）
2012	214	11.7	1843	1
2011	188	3	1826	97
2010	182	47	925	13
2009	124	-27	821	-41

数据来源：基金会中心网，中基透明指数 FTI，截止时间：2012年12月31日。

表3 公募基金会总支出量，2009~2012年

年份	总支出总量（亿元）	总量增长率（%）	总支出均值（万元）	均值增长率（%）
2012	156	10	1450	6
2011	141	4	1366	99
2010	135	35	687	3
2009	100	-10	667	-27

数据来源：基金会中心网，中基透明指数 FTI，截止时间：2012年12月31日。

二 公募基金会的发展瓶颈

随着基金会行业的发展壮大,公募基金会受体制等因素的束缚,越来越不适应现代慈善的发展。面对非公募基金会和民间公益组织的兴起,公募基金会只有改变传统思路,通过转型来寻找发展的新途径。目前,公募基金会主要面临着发展与成本之间的矛盾及公信力建设的"瓶颈"。

首先,公募基金会拥有公募权的天然优势,相当一部分公募基金会在经过几十年的发展后,积累了良好的筹资能力和规模实力。"如何把钱花好"便成为公募基金会面临的最大问题,这促使公募基金会更好地思考未来定位。目前,公募基金会的项目大部分为自我运作型,持续的捐赠增长给基金会的管理能力带来了巨大的挑战。一方面,捐赠的增长带来了项目工作量的增加,这就需要公募基金会投入更多人力资源来执行项目;另一方面,这也会增加基金会信息披露的难度,因此,这种模式导致了运作成本的上升。对公募基金会项目内容进行分析发现,其活动领域集中于教育、见义勇为、医疗救助、文化等传统领域。其中,教育仍占绝对的主力。这一方面是由于社会对教育资源的需求量大,公募基金会在接收公众捐赠开展项目时需尊重捐赠意愿;同时,传统领

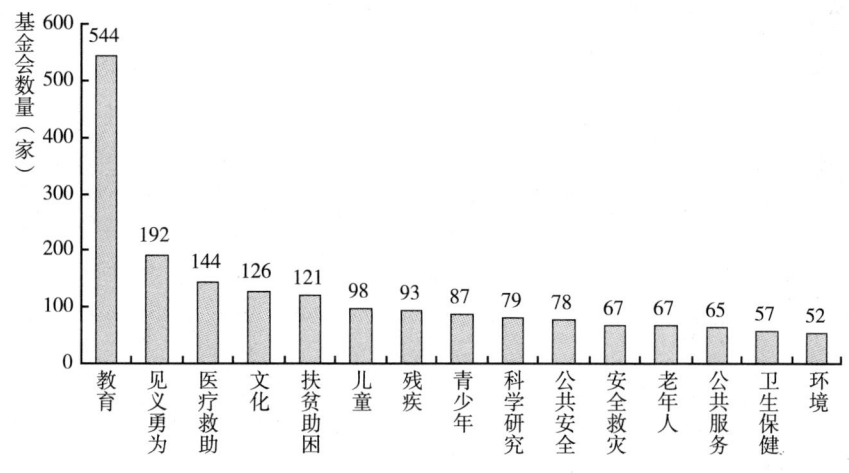

图4　公募基金会涉及项目领域分布 Top 15

数据来源:基金会中心网,中基透明指数,截止时间:2012年12月31日。

域长期开展已有成熟的运作模式,也是大部分非公募基金会活动方向的首选。因此,对公募基金会的项目创新能力提出了很大挑战,只有改变原有的运作模式才能解决发展壮大和项目创新之间的矛盾,保证捐款高效配置、用到实处。

其次,自从2011年的问责风暴以来,公益行业受到越来越多的质疑,也对基金会信息披露提出了更高的要求。这些公益丑闻不仅降低了公众参与的热情,更损害了公益行业的形象和公信力。尤其需要注意的是,这些公益丑闻多与公募基金会相关,公募基金会成为公众关注乃至质疑的焦点,这也在一定程度上导致了公众捐款数额的大幅下降。公募基金会要突破质疑困境,必须加强透明度和公信力建设。

三 公募基金会转型的尝试

1. 去行政化

在中国公益行业发展历史中,有一批公募基金会是自上而下设立的。这批公募基金会在成立初期有很强的行政力量支持,也获得了相应的资源动员能力,吸纳了绝大部分的民间捐赠。这批公募基金会的特点是扎根在政府行政系统内,按照政府行政模式运作。这种优势在一个时期内给这批公募基金会带来了很大的优势。但随着公益行业的发展,这种行政化的模式成为阻碍这些基金会发展的因素。官僚化的管理体制是造成很多公募基金会公信力缺失的重要原因。北京大学法学院非营利组织法研究中心主任金锦萍教授对这种情况作出如下评论:"官办非营利组织最受诟病的就是它的行政化,在决策、财务、人事、职能设定、组织目标等方面,都遵循着行政程序。改革的目标就是要去行政化,破除对政府的依附性,使之成为真正的社会主体。"[①]"去行政化"成为公募基金会转型的一个方向,这也是公募基金会回归民间、获得发展活力的主要途径。

中国扶贫基金会率先完成了"去行政化"的过程。从1996年开始,中国

[①] 《官办慈善,如何转身》,http://news.xinhuanet.com/politics/2013-02/21/c_124370908.htm。

扶贫基金会开始了去行政化,当时中国扶贫基金会主动向业务主管部门——国务院扶贫办提出取消行政级别。清华大学公共管理学院创新与社会责任研究中心主任邓国胜教授评价说:"10 年时间,中国扶贫基金会在管理、项目创新、透明度等方面,已成为了行业内的标杆。"这一"去行政化"的过程带来的改变主要体现在以下几个方面。

首先,建立新的人事管理制度。中国扶贫基金会实行了全员招聘制和干部竞争上岗制,取消行政级别。目前,中国扶贫基金会自秘书长以下实行全员招聘制和竞争上岗,在竞聘和年终评语中成绩不佳者即自动离职。这种市场化和公开竞争的人员管理制度给中国扶贫基金会积累了一批稳定的管理人才。

其次,建立了全面的财务预算管理机制。财务预算管理机制的主要原则是从机构的年度计划出发,以"收支平衡、略有结余"为目标,将机构所有部门、人员和活动的收入、支出均纳入预算,并作为各部门和每个员工的考核目标严格落实。如果整个预算完成不了,相关人员就会扣工资。① 这种财务预算管理机制推动了机构工作计划的制订和落实效率。在年初,各个部门就要对一年内要完成的工作目标和工作内容进行详细的规划,同时对每部分的投入、产出情况有准确的把握。只有这样才能完成考核目标,这给每个员工都提出了更高的工作要求,推动了他们能力的提升。

最后,建立市场化的募捐体系。中国扶贫基金会改变了过去依靠行政力量进行募款的方式,改为市场化的募捐方式。中国扶贫基金会就要在项目管理和公信力建设两个方面下苦功夫。中国扶贫基金会在设计项目的阶段就考虑到募捐的需求,根据活动领域情况和捐赠方的需求设计了一系列的特色项目,爱心包裹、母婴平安 120 行动、溪桥工程、小额信贷项目等都获得了广泛的社会关注和参与。同时,中国扶贫基金会加强项目管理,保证每个项目都高效执行、达到捐赠方的要求。2010 年曹德旺 2 亿元旱区善款项目充分展示了中国扶贫基金会卓越的项目管理能力。2 亿捐款项目共资助了 92150 户贫困家庭,这些家庭分布在 17 个县、120 个乡镇、5820 个自然村。项目意向确定阶段,曹德

---

① 《中国扶贫基金会转制之路:行政级别全部取消》,http://news.sina.com.cn/c/sd/2010 - 11 - 10/093221446556.shtml。

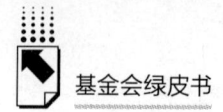

旺提出了"半年内必须将2亿元善款发放到近10万农户手中,差错率不得超过1%,管理费不超过3%"等一系列近乎苛刻的要求;项目执行过程中,中国扶贫基金会每个月都会发来关于项目进度的工作简报,并邀请它的代表前往西南五省现场监督;项目执行完毕之后,中国扶贫基金会提供了全部受助家庭的资料,保证受益差错率低于1%。出色的项目管理能力和信息披露制度为中国扶贫基金会积累了良好的公信力。

中国扶贫基金会的"去行政化"为其他公募基金会树立了良好的标杆。这一过程带给中国扶贫基金会的积极影响也是对其他公募基金会有借鉴意义的。"去行政化"必将是公募基金会的重要转型方向之一。

2. 公开募捐平台

公募权在中国仍然是稀缺资源,尤其是对社会组织来说。公募基金会转型的另一方向,就是和社会组织共享公募权。中国社会福利基金会(简称"福基会")的联合劝募平台就是如此,更多的是为其他社会组织提供公募资格。以美国的经验看,联合劝募是提高非营利组织筹款效率的重要途径。美国联合之路(United Way)已经成为一个具有全球影响力的组织。联合之路在41个国家和地区拥有将近1800个以社区为基础的联合之路分支机构,它的品牌价值预估将达到143亿美元,居全球第四位。目前,我国的公益链条不完整,更应该把联合劝募做好。当下,国内已经有一些公募基金会在作这方面的尝试。

上海公益事业发展基金会(简称"上海联劝")是民间联劝的探索者。它是恩派(NPI)公益组织发展中心2009年在上海创办的公募基金会。上海联劝成立之初就定义其机构目标为支持社会组织发展。上海联劝管理团队曾专门到国外向几家成功的基金会取经,最后发现United Way是一种可以尝试的方式。目前,它已经成为公众参与度高、社会影响大的公益募捐平台,从为农村儿童筹鸡蛋开始,发展为支持草根儿童教育、慈善组织的联合平台。

中华少年儿童慈善救助会(简称"儿慈会")在成立之初就确定了"民间性,资助型,合作办,全透明"的定位。儿慈会认识到基金会的价值在于捐赠资源、公募资格、品牌效应、社会资源动员能力和专业能力这五个方面,并决定把这些价值分享给其他社会组织,联合关注儿童领域的草根NGO来实现自己的目标。截至2013年底,"童缘"项目共提供3000万元用于公开招标,支持214家儿童慈善组织发展。这些儿童慈善组织在全国28个省份开展项目，覆盖了近20万儿童。"天使妈妈"便是其中的一个项目。"天使妈妈"项目运作规范，而且信息披露工作非常细致、及时。2013年12月，北京"天使妈妈"慈善基金会成立，这标志着这一项目有了正式的法人机构来运作。这是公募基金会和其他社会组织合作的成功案例，正是公募基金会的资源和支持，加上社会组织的规范运作、透明度，使它获得了顽强的生命力。

2013年9月27日，"上海市慈善基金会联合之路专项基金"成立。这是"全球联合之路"在中国成立的首个专项基金。在上海，全球联合之路与上海市慈善基金会将采用联合劝募模式，发挥各自优势，与政府机构、社会组织、企业和志愿者共同合作来创造长远的、可持续的社区影响。该基金的启动资金为76万元人民币，将关注上海地区教育、健康、扶贫帮困领域的慈善项目，首批推出2个项目，"萌芽学前教育计划——进城务工者学龄前子女看护点资助"项目和"关爱社区失智老人"项目。

3. 资助其他社会组织

资助型基金会在美国非常普遍。目前国内有一批非公募基金会也在做资助方面的工作。随着非公募基金会数量的快速增长，我国公益行业中有了更多的竞争者，这给公募基金会造成了一定压力。公募基金会为了解决成本上升的问题，也开始考虑资助社会组织来执行项目。

中国扶贫基金会在资助其他社会组织方面开展了很多工作。2005~2012年，中国扶贫基金会投入资金约5522万元，资助了133个公益项目，同时提供项目管理等能力培训。此外，中国扶贫基金会与欧盟合作举办4期"促进公民社会发展——中国NGO能力建设项目"，56家NGO的102人接受了培训。在2013年8月19日举办的"美丽乡村·首届乡村发展公益论坛"上，中国扶贫基金会刘文奎秘书长正式宣布，未来3年内，扶贫基金会将投入2500万元用于资助社会组织开展支持农村社区发展的项目。汶川地震以后，中国红十字基金会从14亿元捐款中拿出了2000万元公开招标，资助了17家社会组织，带来了良好的社会影响。2012年3月，中国青少年发展基金会的新工场协力中心（简称"新工场"）正式成立。中国青少年发展基金会提供1300万元，为初创的NGO提供办公场所、财务托管、资源链接和能力培训，到它们

成长到可以自立时,帮助其自立门户。现在"新工场"入住25家社会组织,给它们提供办公场所。

这些公募基金会的转型尝试都取得了很好的效果,也进一步扩大了基金会的社会影响。当然,这些公募基金会在转型过程中也遇到了很多方面的困难。但是,公募基金会的转型是必然趋势,每家公募基金会都要思考怎样提高自身的专业化水平,探索未来发展之路。我们相信,在这个过程中,必将显现出更多优秀的基金会。

四 中国扶贫基金会:"去行政化"和向资助型转变

中国扶贫基金会在基金会转型方面一直走在国内基金会的前列,而且取得了显著的成绩。1999年,中国扶贫基金会率先开始了"去行政化"的转型。中国扶贫基金会在机构管理、筹款和项目运作等方面进行了调整:机构内取消了事业编制,完全按照民间组织的编制形式自行进行人员设置和管理;不用行政的手段和行政力量去募捐,而是通过市场推广的手段等。这些举措为中国扶贫基金会带来了新的活力。进入2005年之后,中国扶贫基金会开始了资助型模式的尝试,又一次走在了行业前列。

(一)"去行政化"

中国公益环境和政策的转变过程中产生了很多所谓的官办非营利组织,其中有基金会,也有社团、民非等。这类机构享受了很多行政资源带来的优势,但也受到社会诟病。国内很多老牌公募基金会也有类似的问题,行政化逐渐成为束缚它们发展的制约因素,"去行政化"成为这些公募基金会获得新的活力的重要方法。

1. 行政化带来的发展困境

中国扶贫基金会(以下简称为"扶贫基金会")成立于1989年3月。当时政府在开展有计划、大规模的扶贫开发工作,鉴于政府自身的财政压力,海外一些慈善机构和企业表示愿意捐款支持中国扶贫事业。按照国际惯例,捐款要交给慈善机构或基金会运作,中国扶贫基金会应运而生。目前,它是一家在民政部登记的全国性公募基金会,旨在扶持贫困社区和人口改善生产条件、生活条件、健康条件,并提高其素质和能力,实现脱贫致富和持续发展。基于此,中国扶贫基金会主要在教育扶贫、救灾扶贫、卫生健康和生计扶贫四个方面开展项目活动。

扶贫基金会初创时期,机构的官办色彩较浓,角色定位带来了很多问题,如效率低下、管理粗放、瞄不准目标人群、难以创造品牌与特色等。当时扶贫基金会的决策出发点是:拿钱赚钱,赚钱买鸡,借鸡生蛋,蛋再生鸡,然后再换羊,羊再生小羊,满草原都是羊,然后这些羊就可以送给穷人了。可当时就没有考虑到说不定鸡死了,蛋坏了,这里面有太多太复杂的问题和不确定性。最后的结果就是,鸡死了,蛋打了,整个草原都是羊群的梦也破灭了。

由于当时扶贫基金会的事业编制仅有20多个人,额外用人只能按非在编人员招入,福利待遇存在巨大差异。"这就搞成了两拨人,人为地制造了不平等。而且,因为基金会的官方背景,许多人将此作为晋升的跳板",南京大学社会学系教授陈友华评论道,"官办非营利组织,往往都安排即将退休或者已经退休的官员进到里面去,变相地成了延续政治生命的场所。所以内部改革的动力不足"。

在1999年之前,扶贫基金会的财务完全是手工制作,做账的主体也不清楚,财务管理混乱。因此,无法对外公布财务信息。对此,国务院扶贫办想找昆百大董事长何道峰来做秘书长,让扶贫基金会走出困局。据业内人士透露,扶贫办的想法是,给何道峰一个局级干部,他会很高兴。但没想到,何道峰提出的接任要求是不要局级官位,把基金会改成民间组织,希望自己拿到真正的管理权。

2. "去行政化"需要应用市场管理机制

中国扶贫基金会执行会长何道峰曾说:"你的心必须是一颗公共的心,你的管理方法必须用企业的管理方法,因为企业的管理方法是迄今为止最能够接受市场挑战的。"

虽未面临一些官方慈善组织的尴尬,但很多新兴的快速成长的社会组织,也面临运行时间短、经验不足的问题。何道峰认为,无论民间还是官方,慈善公益组织都要"练内功,从自己开始,严于律己,宽以待人",可以运用全球已有的管理知识来进行机构运作。何道峰表示，除了有公益情怀之外，基金会领导人还要进行管理，用企业管理方式来推动组织系统的构建。举例而言，在美国，公益已经成为第三大产业，不仅提供了12%的就业，还创造了2万多亿美元的GDP。

对公募基金会来说，首先一条是从传统体制里走出来，转变成真正按照治理方式来进行运作。公益组织是在后工业文明时代出现的，这个形式由企业家推动产生，他们通过公益找到了自己悲悯情怀的落地方式，因此将公司管理的方法转移来管理这种志愿奉献的公益行动。卡内基如此，斯坦福也是如此。这是用企业管理方法运载公共之心，这种组织形式的创造是人类文明的一个结晶。

3. 扶贫基金会的"去行政化"历程

当谈及目前中国公益事业发展的瓶颈时，中国扶贫基金会执行会长何道峰指出："不是人们缺乏善心，也不是缺乏自愿，是缺乏用好资源的好的非政府组织。"

剖析造成这一现象的原因，何道峰认为主要还是政府对慈善组织完全进行行政化管理，就是把非政府组织当成政府来管理。因此，官方背景的基金会如果还想生存下去，拥有更好的发展空间，就要通过改革，让慈善组织"去行政化"。

2000年1月23日中国扶贫基金会三届理事会第四次会议上提出了继承、改革、发展、创新的方针，明确了中国扶贫基金会与各省扶贫基金会的兄弟关系，而非隶属关系，这在当时的公益界引起了强烈的反响，"把无数具有相同名字的独立组织搞成一个业务系统，形成表面隶属，实质却无关的系统，风险极大"。由此开展的一系列机构改革方针有如下几点。

（1）取消国家行政事业编制，推行人员竞聘上岗制

2000年，中国扶贫基金会向中央编办写报告，主动要求取消行政事业编制，改为民间社团编制，建立新的人事管理制度，实行全员招聘制和干部竞争上岗制，取消行政级别，打破"铁饭碗"。随后，基金会厘清了理事会、会长会议和秘书处的职责分工，三者相互制约，秘书长出任法人，在会长会议的领导下负责具体运营，秘书长以下实行全员招聘制和干部竞争上岗制，贯彻了公开、公平、竞争、择优的原则，引入竞争激励机制后，员工的工资水平也

得到适当提高,员工还参加了社会保险和医疗统筹,同时还建立了适合基金会特点的福利制度,加强了对干部的培训工作,注意提高员工的素质。扶贫基金会进行人才队伍建设,引进项目管理、法律、投资等多方面人才,注意加强培训,提高团队的专业性。员工的精神面貌发生了很大改变,积极性和凝聚力不断提高。

(2) 建立健全机构制度管理体系

基金会发展不仅需要公益热情和崇高的道德理念,健全的体系、完善的管理制度也是基金会生存发展必不可少的因素。中国扶贫基金会在人事制度改革的同时,还建立健全包括行政管理、财务管理、项目管理、品牌推广和文化建设在内的一系列制度,确保基金会高效、流畅地运转。

(3) 推行全面的财务预算管理

推行全面预算的意义是以机构运行的财务数据统计反映出机构运转的实际情况及风险,并以此为基础进行分析,采取相应的调整措施,使机构处于最佳运行状态。同时,又为公益机构财务的民主化、透明化打下基础。

全面预算管理的原则就是从机构的年度计划出发,以收支平衡、争取略有结余为目标,将机构所有部门、人员和活动的收入、支出均纳入预算,并作为各部门和每个员工的考核目标严格贯彻、落实。

实行全面财务预算管理后,由以前机构领导一人算账变为全体员工人人算账,达到开源节流、节约成本、限制浪费的目的。基金会推行全面预算管理以来,取得了很好的效果。以行政支出为例,近年来,每年年初行政支出的预算和年底核算的实际支出的预算相差无几,甚至有的部门的成本预算与实际支出相差不到几元钱,这一方面说明预算水平在不断提高,另一方面说明基金会预算执行得非常严格。

全面财务预算管理不但有效地控制了机构的管理成本,而且促进了机构业务的发展。从基金会近几年总收入的预算执行情况来看,收入在逐年增长,并且都是超额完成年度任务,同时机构扶贫项目投入也是逐年增加。而所有这一切,都是在机构管理成本基本保持稳定的情况下取得的。

(4) 推行品牌项目发展战略

在改革前,中国扶贫基金会并没有自己的主打项目,但凡与扶贫有关的内

容都有所参与，这种"泛扶贫"的公益模式使基金会缺乏公信力，难以对机构准确定位，脱离实际，成为国家扶贫开发的补充。自2000年以来，基金会引入品牌项目发展战略，逐步建立完整、系统、科学的项目管理制度和操作方法。目前，基金会下设11个业务部门，分别负责不同的项目，比较成熟的有爱心包裹、小额信贷、筑巢行动、善品网、母婴平安120行动、新长城大学生项目和紧急救援等知名公益品牌项目。随着这些项目的开展，中国扶贫基金会的社会知名度不断提高，良好的社会形象得到公众的广泛认同，现已成为我国扶贫公益领域最大的公益组织。

现在看来，扶贫基金会编制的"市场化"却为其发展注入了活力。在此基础上，又提出了"管理制度化，公益专业化经营"的运作理念，十几年来，一系列"颠覆"性的改革使扶贫基金会发展成为一个强大的基金会，其间，运作了许多具有良好口碑的项目。以2012年4月的芦山地震募捐为例，中办、国办和民政部门首次没有指定垄断的救灾组织，公募基金会可以在市场上公开募捐款并开展救援工作，捐赠不再受到政府强制。因而，面对完全不同的竞争状态，何道峰说："官方慈善组织首先要断奶，不要当官了，想当官肯定做不了公益，想当官到政府里去，想做公益到民间来。"

（二）向资助型转变

1. 契机：行业和自身需求

中国扶贫基金会向资助型基金会转变的动因来自内部和外部。

首先，中国扶贫基金会进一步做大做强必须进行资助。中国扶贫基金会的专业化水平受到捐赠方的认可和好评，其资源动员能力经过积累也越来越强。捐款的增长也对基金会的管理带来了新的挑战。中国扶贫基金会对项目有严格的要求和标准，从项目设计、资金到位、项目执行到项目评估等各个环节都有严格把控。中国扶贫基金会对每笔捐赠均实行标准化管理，要保证每个项目达到理想的效果，这就需要投入更多的人力资源。随着筹资规模扩大，无限制地招人肯定是不现实的，要解决这一问题就必须与其他机构合作执行项目。

另外，中国扶贫基金会对自身、对社会组织功能价值的认识上也有了提升。社会组织实现社会价值包括发现社会问题，发现需求，找到解决办法，然后筹集资金,动员资源来做试点,推广可行方案几个环节。推广是通过两个途径,一个是跟媒体合作,向社会推广,动员更多的资源介入;另一个是和专业研究机构合作,向决策部门提出建议。这些环节里面,中国扶贫基金会认识到,一家基金会或社会组织不能解决所有的问题,无论是发现需求,还是提出解决方案,一家机构的力量非常有限,必须要合作,才能更好地实现中国扶贫基金会的价值和使命,才能更好地发现问题、提出问题,不断提高效率。因此必须要真正把社会组织视为解决问题的伙伴,密切合作,才能实现解决社会问题这一公益组织的核心价值。

其次,我国公益行业发展需要一批基金会开展资助型项目。中国扶贫基金会作为行业的领头羊,也一直关注行业的发展。目前,国内公益行业产业链没有形成,很多社会组织缺少资金来源。中国扶贫基金会希望利用自己的平台为这些组织提供更多机会,促进它们的能力提升。中国扶贫基金会副理事长王行最对此有深刻体会,他说:"一花独放不是春,万紫千红才是春。若能有更多的机构成长起来,形成有效分工,整个公益行业才有发展前景。"①

2. 实践:向资助型过渡的尝试

2005年,中国扶贫基金会提出向资助型和国际化基金会发展的战略转型。培育和资助国内操作型社会组织是转型战略的重要步骤。同年,中国扶贫基金会开始进行项目公开招标的工作。在《中国扶贫基金会2009年年度报告》中,段应碧会长的致辞明确了基金会的转型目标。其中写道:"2010年,中国扶贫基金会将继续沿着资助型和国际化道路进行转轨探索,搭建公共捐赠的信息化平台,推动更多的公众卷入到全民公益的行动中来;探索招标和采购管理的规范化,扩大招标规模和范围,推动更多的草根NGO卷入公益领域和公民社会的建设中来。"同时,中国扶贫基金会也对自身进行了合理定位。基金会秘书长刘文奎说,"我们应该是一个混合型机构,既有操作,也有资助,两者结合,根据需要来定"。

2005~2012年,中国扶贫基金年会投入资金约5522万元,资助了133个公益项目,同时提供项目管理等能力培训。此外,与欧盟合作举办4期"促

---

① 摘自《社会创业家》(2010年9月号)。

进公民社会发展——中国NGO能力建设项目",56家社会组织的102人接受了培训。项目详情如下。

(1) 江西"非政府组织和政府合作进行村级扶贫规划试点项目"

2005~2007年,中国扶贫基金会在江西开展"NGO实施政府村级扶贫规划的试点项目",项目规模为2100多万元。通过2次公开招标,项目资助9家NGO在江西乐安、兴国和宁都3个贫困县的22个贫困村实施村级规划工作。

(2) 中国市场发展项目

2005~2007年,先后举办2期,资助总额约为1340万元。第一期从975家申请项目的社会组织中,筛选出31家进行资助,资助金额共计540万元;第二期从500多家社会组织中筛选50家,资助金额近800万元。这些项目内容涉及农村综合发展、少数民族、农民工子女教育、科技扶贫、环保、城市贫困、残障服务、卫生与艾滋病防控、灾后重建等多个领域。

(3) 中国慈善导航行动

2009年,中国扶贫基金会参与设立"2009中国慈善导航行动基金",共投入130万元资助2家公益组织(天津鹤童老年公益基金会、多背一公斤)在汶川地震灾区实施灾后重建项目。

(4) 恒大万人行——公益招标项目

2009年7月2日,中国扶贫基金会联手恒大地产集团共同启动了"中国扶贫基金会·恒大慈善万人行"大型公益活动,由恒大地产集团捐款3000万元,资助特困孤儿、老人、白内障患者、病患、农民、高中生、大学生、教师、农民工和下岗工人等10类特困人士,共10000余人。项目经恒大集团同意后,中国扶贫基金会从中拿出570万元进行公开招标,选择7家NGO执行特困白内障患者、特困农民工两类资助项目。

(5) 加油——在运动中成长项目

2009年底,为了推广积累的经验,发挥更大的社会效益,中国扶贫基金会投入100万元采取公开招标的方式,选择优秀机构来推动震后灾区的青少年获得心理的恢复和成长。最终确定北川心理卫生服务中心、西南科技大学、都江堰妈妈之家、德阳星雨心理咨询中心、甘肃文县灾后重建与扶贫开发促进会5家机构获得资助。

(6) 玉树招投标项目

2010~2011年，中国扶贫基金会投入1369万元，用于玉树地震灾后救援和重建项目。2010年确定了8家公益组织的9个项目予以资助，资助总规模为735万元，覆盖生计发展、公益需求调查、物资援助三大领域。2011年拨付项目资金634万元，目前6个项目（牧人之家供暖项目、玉树外来弱势群体发放生活补贴项目、贫困家庭生活物资发放项目、囊谦县学校帐篷发放项目、石渠县奔达乡太阳能户用电源发放项目、学校太阳能光伏电站项目）执行完毕；玉树残障人士调查项目及高原糌粑磨坊项目2个项目在进行决算；玉树共攀职业技能培训中心执行的项目被放弃。

(7) 四川招投标项目

2011年5月，中国扶贫基金会出资547万元，通过公益招投标支持NGO继续参与汶川地震灾区社区发展，主要集中为社区公共服务项目、社区发展项目、环境扶贫项目三类。经过专家评审，最终选定23个优秀项目。随着项目的深入，中国扶贫基金会先后对项目进行了一系列监测和评估，并发表了《中国扶贫基金会支持NGO参与汶川地震社区发展项目能力支持研究报告》、《中国扶贫基金会支持基层NGO参与汶川地震社区发展项目案例集（社区服务类）》、《"培育社工服务组织，推展社工服务项目"评估手册》和《"培育社工服务组织，推展社工服务项目"督导手册》等一系列报告和操作指导手册。

(8) 美丽乡村·公益同行项目

在2013年8月19日举办的"美丽乡村·首届乡村发展公益论坛"上，刘文奎秘书长正式宣布，未来3年内，基金会将投入2500万元用于支持农村社区发展，支持的内容包括社区项目支持、社区成长陪伴、社区人才培养、社区减灾防灾能力建设四个层面。

● 社区项目支持：为长期在乡村从事农村生计发展、社区服务的NGO组织提供社区发展项目全程支持，推动解决农村问题社会创新模式的探索。包括项目资金支持、社区创新中心、机构能力建设、信息网络支持、监测评估等。

● 社区成长陪伴：通过建立社会创新中心，提供社区项目助力计划，推动NGO组织能力发展及项目模式创新。包括分享沙龙及助力工坊等。

● 社区人才培养：通过所扶持的乡村社会创新中心，扶持、培养社区在地

农村社区工作人才,并通过项目参与为其提供实践的机会。

• 社区减灾防灾能力建设:组织社区灾害能力建设培训,开展社区、学校减灾、防灾项目。

表4 资金使用计划

实施区域	资金规模			项目内容
	总资金	2013~2014年	2014~2015年	
总 计	2500万元	1120万元	1380万元	
芦山地震灾区	2000万元	900万元	1100万元	社区项目支持 社区成长陪伴 社区人才培养 社区减防灾项目 活动支持
其他地区	500万元	220万元	280万元	社区项目支持 社区成长陪伴

数据来源:中国扶贫基金会。

3. 经验:深做内功,共同发展

资助型的尝试对中国扶贫基金会的专业能力提出了更高的要求。中国扶贫基金会一方面深做内功,提高机构的各项管理能力;另一方面创造条件提高合作的社会组织的能力。

第一,严格控制项目质量。

所有公益项目的核心都是项目效果。为了保证项目效果,扶贫基金会在选择合作伙伴时会优先选择有理念和使命感、专业能力强的机构。项目招标先由基金会根据招标内容设计项目,评定项目所应遵守的规矩和流程,再组成专家委员会针对投标的社会组织进行评选。一旦挑选出有相关项目执行经验、能力和人员的机构,中国扶贫基金会便会与这些机构签订协议,提供执行前的培训及执行后的结果审核。而在项目日常管理中,中国扶贫基金会为资助项目专门制定了具体、详细的项目管理制度,使每个项目执行人在项目操作时都有章可循。

项目管理制度包括项目管理办法、财务管理办法、项目援助协议及其附件(项目建议书、预算表)。在管理过程中,加强对关键点的控制,如合同审查流程、物资采购流程、补贴发放流程、项目调整审批流程、不可预见费申请流程等，提升风险防范能力。同时，定期编制项目简报，介绍每个项目的进展，搭建 23 家机构的互动平台，及时沟通，互相了解。

项目监测方面，中国扶贫基金会定期组织项目监测组（由资讯监测部、计划财务部、项目部人员组成）进行实地监测，分别与执行机构负责人、项目执行人员、财务人员进行座谈，查看项目资料及财务档案，并征求执行机构对中国扶贫基金会的建议和意见。

项目评估方面，为了确保项目目标的实现，会邀请第三方进行监测评估。以 2011 年启动的四川招投标项目为例，中国扶贫基金会选择了北京华夏经济社会发展研究中心及四川大学中国西部反贫困研究中心对项目进行全程监测、项目案例研究及项目评估工作。为了更清晰地展示项目实施情况，总结项目执行过程中遇到的问题和经验，还整理、编辑了《项目案例集》、《评估报告》、《灾后社区扶贫模式研究》、《执行机构能力支持研究》、《项目集锦》及《社工培训手册》等 11 本项目专集。

第二，提升机构管理能力，克服转型中遇到的难题。

中国扶贫基金会在进行资助型项目的过程中遇到的一大困难就是筹资问题。一般而言，捐赠人大都指定了项目方向，只有非定向捐赠可以用于资助。中国扶贫基金会在资助社会组织时强调形成合力、调动更多社会资源，就是把中国扶贫基金会的筹款能力、品牌效应和专业高效的社会组织结合起来。中国扶贫基金会筹集款项，而由社会组织执行项目。为了克服筹资问题，中国扶贫基金会做了两方面的努力：一是向捐赠人说明这一趋势，按照捐赠人的意愿使用；二是把社会组织的项目直接放在扶贫基金会的筹款平台进行筹款。

第三，推动社会组织能力提升。

社会组织有不同的需求，中国扶贫基金会灵活地把基金会的需求和公益组织的发展结合起来。从合作定位上来说，中国扶贫基金会将合作方定位为"伙伴"而不是"伙计"。中国扶贫基金会在投入资金、输出项目的同时，更关注项目背后的理念、制度和方法传递，将自己定位为"播种"；而执行机构对项目合作的定位为"契机"，在与不同机构的合作过程中，以项目实战为平台，提升机构的持续发展能力。

（1）实现社会组织的能力提升。中国扶贫基金会在给予公益项目支持的

同时，也提供项目管理等能力培训。主要包括项目执行经验分享、项目管理、财务管理等内容。培训采用参与式方式，通过案例分析、现场演练、互动问答等环节设计，形象生动地展示资助项目的运作特点，规范社会组织项目管理及财务管理流程。

以2011年启动的四川招投标项目为例，在支持组织项目的同时，中国扶贫基金会还选择了四川省社科院，以助力工坊、咨询服务的方式为执行机构提供能力支持；中国社会工作协会运用社工专业优势，为社区社工服务组织提供培训、督导；北京华夏经济社会发展研究中心、四川大学中国西部反贫困研究中心对项目进行跟踪，进行能力评估、项目案例研究及项目监测评估工作。

（2）积累资源，建立合作网络。招投标项目的实施过程，同时也为基金会和社会组织建立了相互了解、熟悉的平台，在项目实施过程中，建立了良好的合作伙伴关系。目前，中国扶贫基金会已初步建立NGO信息数据库，其中包含600多家社会组织信息，为积累招投标项目资源打下坚实基础。

（3）完善资助项目管理模式。在公益项目招投标的过程中，中国扶贫基金会及时对项目进展过程中出现的问题予以回应，不断细化、完善项目管理制度，形成"公开项目评审、组织参与式培训、持续跟进项目进展以及及时总结项目经验"的连续性管理，逐步形成以"公益项目"为支点撬动民间公益组织管理能力提升的资助型项目管理模式。

（4）开展外包项目信息平台建设，保证信息透明。在项目实施过程中，招标信息发布、项目评审、启动暨培训、项目执行进展情况等各环节，均向社会及时公布，接受公众及媒体监督，力求将项目做到高标准、严要求。

中国扶贫基金会目前资助的首要方面是资助项目的执行。根据这一板块的发展情况，中国扶贫基金会会对一些优秀合作伙伴提供培训等支持，并通过这种支持形成合作伙伴网络，最终从项目资助扩展到机构资助。

五 中国妇女发展基金会：走专业化发展道路

中国妇女发展基金会（以下简称"中国妇基会"）自1988年成立以来，在全面提高妇女素质、维护妇女合法权益、促进妇女和妇女事业发展中发挥了自身的社会职能。中国妇基会是机构运作透明、项目执行规范的典型。其品牌项目影响广泛，已经成为全国女性公益慈善组织的领跑者。在发展过程中，中国妇基会制定了《中国妇女发展基金会发展规划（2011~2015）》，积极寻求专业化水平提升和发展方向改革，卓越的筹款能力和一系列的品牌项目正是专业化发展带来的成果。妇基会作为公募基金会的典型，其专业化发展的经验也值得其他基金会参考。

从妇基会的财务情况看，近几年妇基会资产规模一直保持着增长趋势。从2009~2012年的增长势头更为明显。随着净资产持续增长，2012年净资产已达3.9亿元，是2009年的1.7倍，比2011年增长了5.17%。捐赠收入的增长趋势和净资产基本一致，2012年捐赠收入高达3.4亿元，是2009年的2倍。公益支出相比增长比较平缓，2009年和2010年基本持平，2012年有较大幅度的提升，一跃增长了50%，达到3.2亿元。

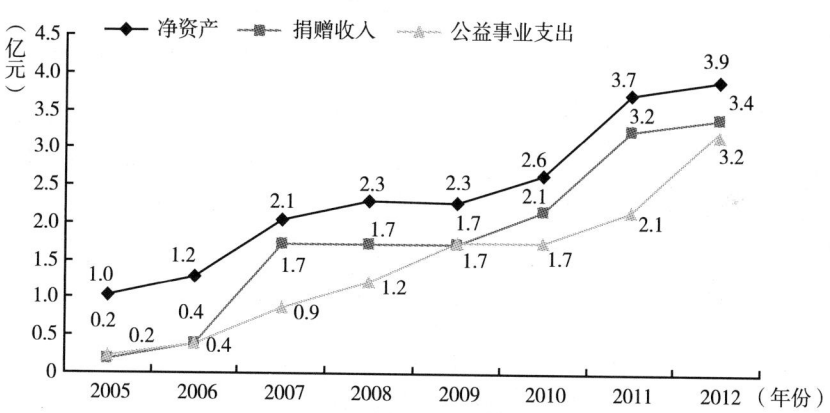

图5 中国妇女发展基金会主要财务数据，2005~2012年

数据来源：基金会中心网，中基透明指数，截止时间：2012年12月31日。

在近几年公募基金会增长放缓的情况下，妇基会仍能保持快速增长的势头，则是得益于其专业化的发展方向。妇基会从内部上加强自身建设，注重公信力和信息披露，树立了良好的品牌形象；发挥自身特点，针对女性群体开展公益倡导项目；同时维护外部资源，充分发挥基金会公募优势筹集资金，最终实现了基金会整体实力的全面提升。

（一）加强信息披露工作

中国妇基会一直重视公信力建设和信息披露工作。中国妇基会坚信："阳光是最好的消毒剂。"增加透明度、加强信息披露机制建设是公益组织生存和发展的必然要求。

中国妇基会依照民政部的要求，采取了强制性披露与自愿性披露相辅相成的披露方式，建立了"事前立规、依规披露、事后追究"的原则，制定了《中国妇女发展基金会信息披露制度》，实行定期披露、临时披露和救灾信息披露。其中定期披露的信息包括：基本信息、治理信息、管理信息、项目信息、财务信息、筹款信息、捐赠者信息、有关专项基金信息、重大事件及下一年度工作计划等。临时披露的信息包括：新闻和活动信息、项目动态信息、突发灾难紧急救助信息、重大事件及重大人事变动公告、临时财务信息等。救灾信息的披露内容：接收救灾的款物数量及来源、救灾款物的使用方向、救灾款物的接受单位等。

同时，中国妇基会建立健全捐赠查询系统和信息发布平台，公开捐赠流程、善款善物管理和使用落实、成效反馈等相关信息，依托官网相继公开和完善了基本信息、财务信息、项目信息和捐赠信息；严格执行并进一步修改完善了预算及资金审批、内外部审计制度；组织捐赠者和媒体记者多人次到项目实施地区进行现场检查监督。

《中国妇女发展基金会信息披露制度》明确了信息披露的原则、内容、时间、形式、流程，就各部门信息披露职责进行分工，并对紧急救灾捐赠及使用情况进行了细致的要求，各部门把信息披露工作纳入重要工作日程，责任到人，一级抓一级，层层抓落实，同时把信息披露工作情况纳入部门工作年终考核中，奖优罚劣。在信息披露工作中，中国妇基会也在不断进行总结和补充，推动信息披露工作的常态化和规范化。

为保证信息披露工作的有效进行，中国妇基会还出台了《宣传联络员制度》、《妇基会新闻宣传报道应急预案》、《关于规范基金会各网站及微博的规定》等一系列相关规定。

（二）加强品牌项目管理和升级

中国妇基会始终围绕着自己关注的妇女群体，把"维护妇女权益，提高妇女素质，促进妇女和妇女事业发展"作为根本任务。基于妇女群体和妇女事业发展的需求，中国妇基会开展了一系列的品牌项目，并对传统项目进行升级，探索从项目帮扶到综合帮扶、从服务妇女到服务家庭、从单一服务到多元服务的转变。

1. 品牌项目概况

中国妇女发展基金会开展了母亲水窖、母亲健康快车、母亲创业循环金、母亲邮包等一系列品牌项目。

（1）母亲水窖项目

母亲水窖是为解决偏远地区饮用水严重不足问题而开展的项目。干旱缺水是全球性的问题，中国西部是地球上主要干旱带之一，由于中国社会转型期和人员流动，妇女成为西部贫困干旱地区农村的主要劳动力，她们不得不每日往返几里、几十里山路找水。为了配合国家西部大开发战略和全国妇联提出"举全国妇女之力，建西部美好家园"的号召，帮助西部贫困干旱地区妇女和群众解决饮水困难，2000年全国妇联、北京市政府、中央电视台主办，中国妇女发展基金会承办了"情系西部·共享母爱"世纪爱心行动大型公益活动，募捐善款1.16亿元，设立了"母亲水窖"项目专项基金，并于2001年开始实施，深受社会各界的广泛赞誉。

"母亲水窖"项目在修建供水工程的同时，以水窖为龙头，整合资源，延伸开发配套扶贫项目，推广"1+5"模式，即"一眼'母亲水窖'，一个太阳灶或沼气池，一处卫生厕所，一棚蔬菜瓜果，一圈家禽家畜，一个美化的庭院"，使得项目系统化、组织化，受益更广泛。

截至2013年底，"母亲水窖"项目已向以西部为主的24个省（区、市）实施，修建集雨水窖13多万口，小型集中供水工程近1600处，直接受益人口近220万人。项目实施规模超过6亿元。

（2）母亲健康快车项目

为进一步改善贫困地区医疗条件，维护妇女健康权益，贯彻落实《中国

妇女发展纲要》，在全国妇联和国务院妇儿工委办的大力支持下，中国妇女发展基金会大型公益项目——"母亲健康快车"于2003年7月在北京正式启动，并专门成立母亲健康快车专家委员会进行项目专业指导。

母亲健康快车项目的宗旨是："送健康理念、送健康知识、送健康服务。"项目通过募集善款，购置母亲健康快车——救护车，免费捐赠给当地县级妇幼保健院，由当地基层妇联组织协同医院共同执行该项目。"母亲健康快车"项目以流动医疗车为载体，以"母亲健康快车"项目专家委员会为业务指导，力争使每辆车兼备培训与宣导、筛查与体检、预防与救助的功能，增加服务的半径，形成具有救治辐射效应的卫生健康服务平台。项目内容主要有：健康教育、妇科病检查、接转孕产妇、疾病救助、基层医师培训、妇幼服务能力建设、女性心理健康援助。

经过近10年的努力，中国妇女发展基金会凭借项目投放的持续增长、管理的规范透明、组织的科学严密、运作的创新务实，使"母亲健康快车"项目的实施规模和受益人群不断扩大。截至2013年底，项目共捐赠2023辆"母亲健康快车"及车载医疗设备，受益人次达3900万人次。项目全覆盖县级地区的省（区市）有宁夏、甘肃、新疆、青海、贵州等，超过100辆投放的省（区市）有甘肃、陕西、贵州、新疆等省区。

（3）母亲创业循环金项目

自1996年始，为响应国家"八七"扶贫攻坚计划，中国妇基会在边远和贫困地区的贫困妇女中开展小额循环借款入户扶贫活动。

母亲创业循环金项目在拓展资源合作方面取得了很大成功，目前已经设立了香港回归扶贫基金、玫琳凯女性创业基金、沃尔玛妇女发展基金、厦顺铝箔慈善基金等。其中，香港回归扶贫基金来自香港庆回归委员会的庆祝活动余款捐赠，用以落实母亲创业循环金项目，是项目设立以来的第一笔大额资金。截至2013年，循环金总额已达3000万元，项目分布在全国20余个省、自治区、直辖市的100多个县，循环金累计滚动投入1.6亿多元，使30余万贫困妇女姐妹实现了创业与就业，辐射带动近300万妇女受益。2011年，母亲创业循环金项目获得国家最高慈善奖项——中华慈善奖。2010年，为提升项目透明度和公信力，母亲创业循环金—德家创业循环金尝试以公开招标方式征集项目内容,并邀请专家组成评审小组,对申请资金项目予以评议。2011年起,项目全面采取公开招标模式。2013年,中国妇女发展基金会与中国社会科学院就"母亲创业循环金"项目监测与评估工作联手合作,正式在中国社会科学院农村发展研究所成立外挂管理监测办公室。母亲创业循环金项目的成功一方面是因为中国妇基会自身品牌美誉度和社会价值较高;另一方面也是通过长达18年扎实努力的工作奠定了坚实的基础。在基金会的努力和多方的支持下,母亲创业循环金项目不断凝聚越来越多的社会资源,通过整合公益项目服务价值链、提高服务质量提升了项目核心竞争力,吸引了更多伙伴的长期持续追加投入。中国妇基会真正了解企业需求,把公益项目当成商品设计,寻找到捐赠方的商业元素与公益诉求的平衡点,结合自身品牌的价值优势,个性化创意性地为企业设计公益项目,在符合规定的前提下,充分调动资源,最大限度满足企业的多方面需求。同时,也通过一些有针对性的、影响力范围广的活动,推动和引导企业的加入,加强企业对品牌项目的信任度,获得更多的支持伙伴。这些努力帮助中国妇基会搭建共享、共赢合作平台,为更多的参与方提供展示爱心的机会。

在2012年之后,母亲创业循环金项目创新了实施模式,集中力量对上年统一招标发放的创业循环金使用情况进行追踪落实和效果督查;借助联合国开发计划署等专业机构的优势,以云南、四川、广西3省为试点,进行了妇女创业及能力素质培训,进一步形成了项目特色。

(4)"母亲邮包"项目

"母亲邮包"项目是由中国妇女发展基金会发起,以中国邮政开启的邮政绿色通道为服务支撑,发动社会各界通过"一对一"的捐助模式,将主要由生活必需品组成的"母亲邮包"准确递送至贫困母亲手中,帮助贫困母亲解决生活中的一些实际困难。"母亲邮包"分"母亲贴心包"、"母亲暖心包"和"母亲家庭包"三种,依托分布全国的3.6万个邮政网点,各界爱心人士通过身边的邮政营业网点、有关网络和到妇基会直接捐赠等多种渠道即可捐购"母亲邮包",将自己的爱心传递给需要帮助的贫困母亲。

母亲邮包公益项目作为第一个以贫困妇女为主要服务对象的"一对一"自助式公益项目,经过近一年的调研论证、名址采集、内品招标、物流配送、

信息系统建设等前期筹备工作,于2012年5月正式启动。项目启动以来,得到了社会各界的充分认可和热情参与,到2013年底募集资金5000余万元,发放母亲邮包及家庭健康安全知识手册40多万份,为贫困母亲及家庭送去了实实在在的关爱。

"母亲邮包"联合百事公司和天猫共同发起"把乐带回家——母亲邮包·送给贫困母亲的新年礼物"公益合作活动,6万多人参与捐赠,活动共筹集项目善款280万元,150多家媒体参与宣传报道,活动期间百事天猫网站对项目进行重点推荐,最高浏览量达到每天100万人次,平均每天浏览量在5万人次左右。

2. 项目升级规划

在开展品牌项目的同时,中国妇基会积极寻求项目升级,进一步拓宽项目的服务领域。以"母亲水窖"项目为例,中国妇基会主要在以下几方面进行了升级。

第一,以水安全为龙头,着力改善"饮水安全"环境:优化工程形式,提高水资源利用水平及供水保证率,增加水质净化设施,加强水质保障措施,提升饮水安全建设管理水平。

第二,开展"母亲水窖"校园安全饮水计划。针对农村学生集中的寄宿制学校生活基础设施难以满足学生人数增长的需要,项目致力于解决安全卫生的饮用水和健康卫生设施,改善生活学习环境,消除或降低与水相关的健康风险。截至2013年底,共在河北、内蒙古、黑龙江、江苏、安徽、江西、湖北、湖南、广西、海南、重庆、四川、贵州、云南、西藏、陕西、甘肃、青海、宁夏、新疆等省、自治区的269所学校投放项目资金4400多万元,帮助学校新建、改造安全饮用水设施,建设饮水房和洗手房,配备净水设备,组织健康教育,受益师生近20.9万人。

第三,"母亲水窖"节水灌溉计划。中西部农村地区生产用水尤其是庭院经济生产用水的解决,对妇女参与生产和增收意义重大。项目将适度发展庭院灌溉水窖、果园灌溉水窖、滴灌设施等,补充生产用水需求。

第四,"母亲水窖"环境治理计划。试点开展小型集中式污水处理设施、垃圾处理设施、村容村貌改善等,是受益地区实现污水、垃圾减量化、环境无害化和资源化,探索农村与水相关的基础设施改善模式。

3. 项目检测与评估

中国妇基会坚持高标准的项目监测和第三方评估,做到资助立项事先论证、实施过程主动跟踪、项目效果全面评估。

公益项目的监测和第三方评估是现代慈善制度当中非常重要的一个方面,对于全面客观地衡量项目实施的绩效,探索项目规律、梳理项目思路、总结经验与教训,更好地向捐赠人、受助人、社会公众等相关利益群体汇报公示项目进展,进一步完善项目管理、提升公益品牌发挥着极其重要的作用。因此,中国妇女发展基金会一向重视使用第三方评估,在项目实施的不同阶段,邀请专业机构对项目进行客观、独立的评估,并将评估报告进行公示。

2013年是"母亲健康快车"项目十周年,中国妇基会委托清华大学创新和社会责任研究中心做了评估,本次评估是继项目实施五年评估后的第二次评估。本次评估采取了文献法、问卷调查法、访谈法及基于证据的专家打分法。评估初期评估组查阅了"母亲健康快车"项目十年来的管理文件和档案,全面了解项目的实施情况。随后,向全国27个项目执行省份分别发放了近万份《项目执行医疗机构问卷》、《卫生行政机构问卷》、《妇联机构问卷》和《受益人调查问卷》,项目执行医疗机构回收问卷779份,项目点妇联回收818份问卷,项目点卫生行政机构回收615份问卷,受益人回收190份问卷。同时,为保证项目评估的客观真实性,评估组还在全国东、中、西部随机抽取了甘肃、黑龙江、新疆、广西、四川和江西六个省进行实地现场评估。最终,根据评估数据和专家打分结果,母亲健康快车项目在价值、项目管理、透明度、项目产出与影响、创新与可持续维度方面的分值分别是96分、88分、86分、95分、83分。项目整体实施状况优秀。同时对项目管理方面提出了建议,例如车辆配置需根据不同地形要进一步差异化、项目数据管理要更精细化、项目点的遴选机制、项目信息披露的及时性等方面仍需进一步完善。

此次评估帮助中国妇基会很好地对项目作了梳理和总结,提炼出许多宝贵的经验,同时,也帮助中国妇基会找出了项目运作中的不足,为项目的进一步完善提供了准确依据。这次评估也是进一步顺利实施项目的重要指导,为科学地制定项目发展规划奠定了基础。

(三)开展女性公益慈善倡导

作为中国女性公益慈善组织的领跑者,中国妇基会一直强调在慈善行为中要纳入性别意识。围绕赋权妇女、服务妇女、促进妇女发展的目标,中国妇基会将性别意识纳入所有的项目之中,力图在改变贫困妇女及其家庭生活状态的同时,提高妇女的自主意识和能力建设。通过公益项目及大型活动,中国妇基会着力打造与女性公益协作联盟之间的合作平台,进一步形成了全国范围的协作网络。中国女性公益慈善论坛是中国妇基会主要的活动之一,是目前我国规模最大的以女性公益慈善为内容的论坛。自2010年开始,中国女性公益慈善论坛已经开展了四届。

2010年,首届中国女性公益慈善论坛在北京召开。论坛以慈善事业与女性发展为主题,探讨当前公益文化视角下两性平等、女性公益慈善事业的发展趋势和基本规律、公益慈善事业对当代女性的影响、女性社会组织在公益慈善事业中的作用、企业的社会责任与女性权益保护与发展。编辑出版《2010中国女性公益慈善事业发展蓝皮书》,发布了中国女性公益慈善发展总报告,填补了女性公益慈善研究领域的空白。

2011年,第二届中国女性公益慈善论坛在淮安召开。专家学者和实践者就慈善文化与女性发展进行了探讨,深入探讨了弘扬慈善文化、传播慈善理念在构建现代慈善事业过程中的重要意义和巨大作用。中国妇基会联合公益时报社、中民慈善捐助信息中心首次推出中华女性公益慈善典范评选活动。该活动每两年举办一次。首届推选"十大女性公益人物"、"十大女性公益品牌项目"、"十大关爱女性企业(机构)"。

为体现合作发展的理念,凝聚和扩大女性公益慈善力量,中国妇基会发起成立了中国女性公益慈善组织协作联盟,首批成员单位26个,包括各省妇联的妇女儿童基金会和各类女性公益组织,2012年组织开展了女性公益慈善组织协作联盟成员单位赴港专题培训,编辑出版了《2011中国女性公益慈善发展蓝皮书》。

2012年,第三届中国女性公益慈善论坛在北京召开。论坛主题为女性公益慈善组织的公信力和能力建设。这次论坛是在公益慈善界经历信任风暴洗礼、公益慈善组织更加注重公信力建设的形势下召开的,专家学者就信息透明、监督机制、风险防范、新媒体运用等同与会者进行深入的讨论。本次论坛上,中国妇基会决定拿出1000万元项目资金,面向妇女公益慈善组织协作联盟成员单位和其他女性公益组织进行公开招标,内容包括妇女健康、女性创业培训等6个方面,资金额度从30万~100万元不等,执行周期为一年。为体现公平公正原则,确保项目招标工作的顺利进行,中国妇基会聘请专家组成评标小组对上报的招标书进行审议。论坛结束后,召开了女性公益慈善组织协作联盟会议。会议总结了女性公益慈善组织协作联盟成立一年来的工作,研究部署了下步工作意见。会上还吸收了协作联盟新成员。

2013年,第四届中国女性公益慈善论坛在北京召开。论坛主题为"汇聚社会资源,壮大女性公益慈善力量"。其间,各界代表就女性慈善资源状况、资源动员策略等问题进行了深入的探讨。同时,举办了第二届"中华女性公益慈善典范"颁奖典礼,分别颁发了"十大女性公益人物"、"十大女性公益品牌项目"、"十大关爱女性企业(机构)"、"十大支持女性慈善传播典范"奖。

在历届论坛中,中国妇基会与各界代表分别以女性慈善公益事业的发展趋势和基本规律、慈善公益事业对当代女性的影响、女性社会组织在公益慈善事业中的作用等主题进行了探讨。定期举办论坛的目的在于总结女性公益慈善事业发展成就,探讨女性公益慈善事业的发展机遇和挑战,不断凝聚社会力量,共同推动女性公益慈善健康发展,这对公益慈善事业的发展必将产生深远影响。

(四)维护和开拓并重,做好募资工作

中国妇基会的筹资能力在近几年表现尤为突出。自2005年以来,中国妇基会捐赠收入一直保持上升势头。即使在公益行业受到丑闻影响的2011年,中国妇基会的捐赠收入较上一年仍然保持了50%的增长。在雅安地震灾后救援工作中,中国妇基会筹集的款物总额达到1.4亿元,在全国居第三位,其中个人捐款提升到67%,这一比例远远高于很多基金会。

中国妇基会把自身筹资能力的提升总结为以下几个方面。

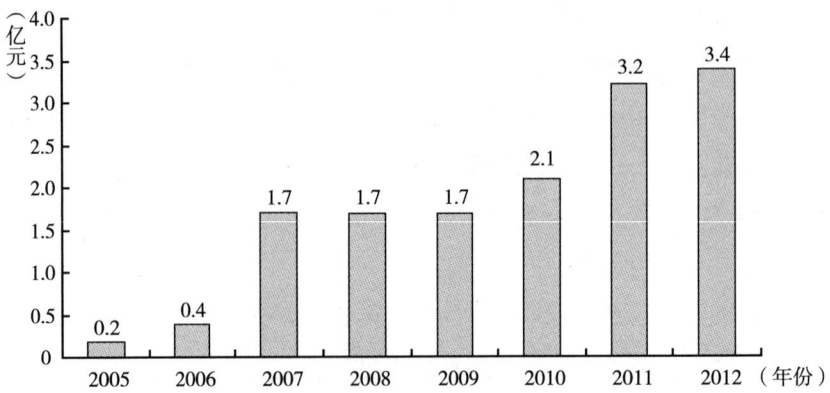

图6 中国妇女发展基金会捐赠收入状况，2005～2012年

数据来源：基金会中心网，中基透明指数，截止时间：2012年12月31日。

1. 巩固并加强与大型企业创新合作

中国妇基会与一批大型企业建立了良好的合作关系，同时也积极开拓创新的方式来进行合作。以中石油为例，中石油百万名党员及员工多次向"母亲健康快车"、"母亲水窖"公益项目捐款，总额达到4000多万元。雅安地震后，中国妇基会通过提供项目建议书，邀请中石油参与项目并认真听取意见，争取到中石油捐款6500万元人民币。此次合作，与以往中石油的单一捐款模式不同，直接捐赠项目，实现了资助模式创新。

2. 打造多形式募资平台，拓宽了公众参与渠道

为培育"人人可慈善，人人可参与"的公益氛围，中国妇基会加大对社会资源的动员力度，通过活动、论坛、拍卖等多种参与方式，打造银行、邮局、网络、手机为一体的多元捐赠平台，为公众提供便捷、高效透明的参与平台，提升公众捐款比例。

（1）举办"玩具再分享"公益活动，近300名儿童及家长参与，募集2.59万件玩具。11月中旬，经过回收、筛选和清洁的玩具已经由"玩具再分享"的各合作机构陆续送达前期已经调查确认的广西、青海、甘肃的部分农村学校。

（2）发起"点亮爱，母亲邮包万里行"微公益活动，共募集资金8.5万元和价值5万元的药品。4月20日开通的网易雅安爱心行动，通过建立每日统计公示网友捐款，公布捐款用途，共募集网友捐款 19.44 万元。11 月与网易 UGC 中心合作在水立方举行了 2013 年度网易英雄盛典颁奖活动，表彰了 2013 年度在公益、法律等 13 个领域 52 名对社会文明促进有卓越贡献的普通民众，共同促进弘扬社会正能量。

（3）继续争取政府资源，有效联合社会力量，募资渠道日趋多元，捐赠总额持续增长。例如，与人民网确定战略合作关系，推广了"中国妇女发展基金会项目"。

非公募篇：成长的力量

Non-Public Foundations: The Power of Growth

G.3
非公募基金会不平衡现象

摘　要： 2004年《基金会管理条例》颁布后，非公募基金会开始在中国出现，截至2013年末，全国共有非公募基金会2194家，数量达到公募基金会的1.5倍，在资产规模上与公募基金会的差距也越来越小。可以预期，在未来10年内，非公募基金会将以绝对的数量和资金规模彻底打破现状，形成以非公募为主体的现代慈善基金会发展格局。尽管非公募基金会在10年的发展历程中取得了瞩目的成绩，然而暴露出来的问题也不容忽视，非公募基金会发展的地域、活动领域和资产规模不平衡、两极分化严重，这些都大大影响了非公募基金会乃至整个公益行业的发展。

关键词： 非公募基金会　成长　不平衡

2014年《基金会管理条例》颁布之后，非公募基金会开始在国内出现。截至2013年末,全国共有2194家非公募基金会。非公募基金会在中国的历史不足10年,短期内取得了显著成果。一方面,非公募基金会数量增长速度快,在2010年非公募基金会总数超过了公募基金会;另一方面,这些非公募基金会仅以不足10年的发展达到了公募基金会30多年的发展水平,资产规模仅低于公募基金会不足5个百分点,并仍以每年上升的势头快速增长。

近几年的政策变化进一步促进了非公募基金会的发展。全国很多省份下放非公募基金会登记管理权限,在市县级民政部门就可以注册非公募基金会。十八届三中全会之后,政府鼓励民间组织的发展。中国非公募基金会进入了快速发展阶段,存在着广阔的成长空间。可以预期,伴随着中国经济的迅速崛起、社会发育程度的提升及基金会政策法规的完善,在未来10年内,非公募基金会在绝对数量及相对比重上将占据压倒性的优势,将彻底改变传统基金会格局,形成以非公募基金会为主体的现代慈善基金会格局。然而,非公募基金会发展过程中也出现了不平衡、两极分化严重的问题,大大影响了非公募基金会乃至整个公益行业的发展。非公募基金会的不平衡现象可以从以下几个方面分析。

一 不平衡现象的表现

(一)地域分布不平衡

非公募基金会发展呈现显著的区域不平衡特点。这和中国区域经济与社会发展差距较大关系密切。从表1中可以清晰地看出,东部沿海地区的非公募基金会在数量上远高于中西部非公募基金会。

截至2014年3月31日,东部沿海区域各省非公募基金会平均数量约为125个,占全国非公募基金会总数的71%;中部内陆地区各省非公募基金会平均数量约为50个,占全国非公募基金会总数的20%;而西部边远地区各省非公募基金会平均数量则仅为23个,占全国非公募基金会总量的9%。由此可见,东、中、西各省非公募基金会数量与相对比重差距悬殊。

表1　全国各地域非公募基金会数量分布

编号	地域	包含的省/直辖市/自治区	基金会总数(家)	占全国的比例(%)
1	东部沿海地区	北京、天津、河北、辽宁、上海、江苏、浙江、福建、山东、广东、广西、海南、重庆	1629	71
2	中部内陆地区	山西、内蒙古、吉林、黑龙江、安徽、江西、河南、湖北、湖南	451	20
3	西部边远地区	四川、贵州、云南、西藏、陕西、甘肃、青海、宁夏、新疆	206	9
	合计		2286	100

资料来源：基金会中心网，截止时间：2014年3月31日。

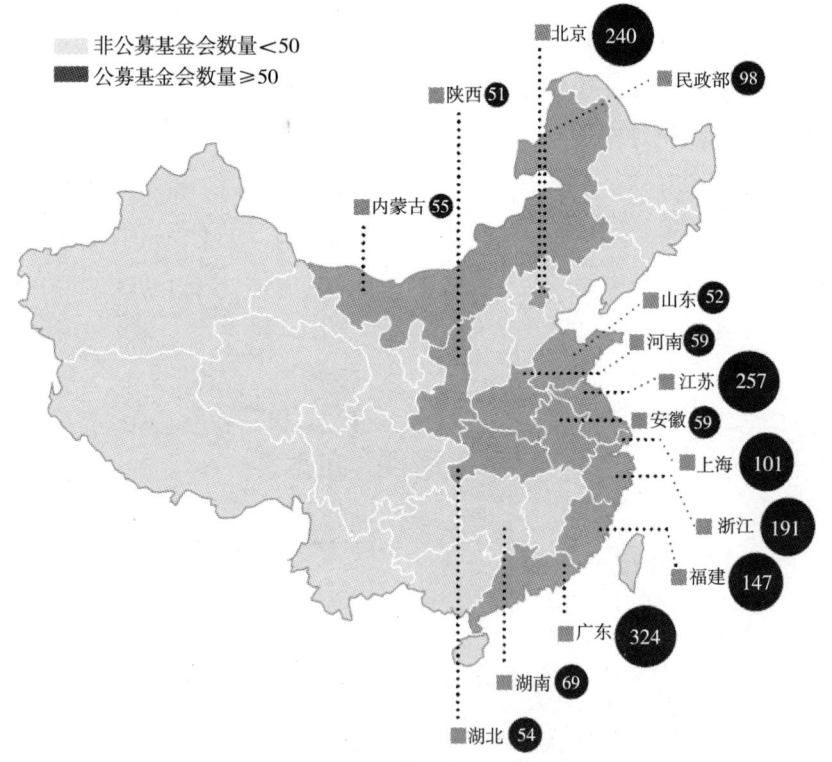

图1　全国非公募基金会注册地分布情况

在全国各省市区中，广东、北京、江苏、浙江、福建、上海6地注册的非公募基金会数量占非公募基金会总量的60%，净资产总量占非公募基金会总量的78%。这表明非公募基金会的增长和当地经济发展状况紧密相关。

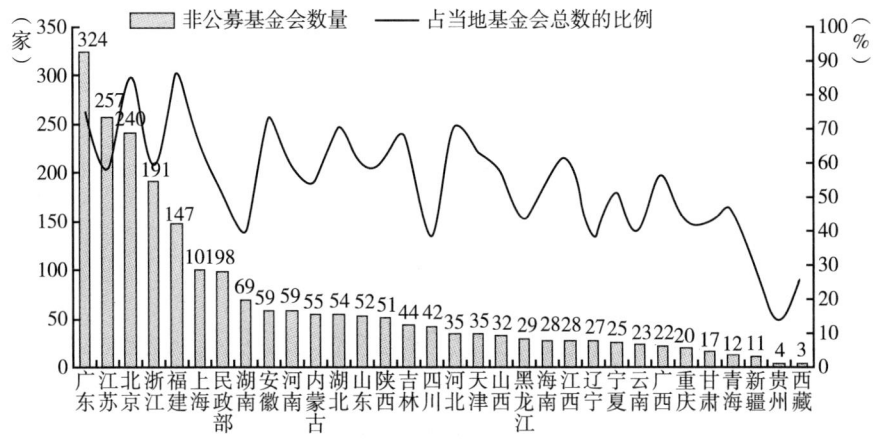

图2 各省市区非公募基金会数量分布

资料来源：基金会中心网，中基透明指数FTI，截止时间：2013年12月31日。

表2 基金会数量最多的省份 Top 6

省　份	基金会数量（家）	占比（%）	净资产总量（亿元）	占比（%）
广　东	328	15	24	5
北　京	276	13	164	37
江　苏	260	12	64	14
浙　江	193	9	30	7
福　建	149	7	25	6
上　海	103	5	40	9
其　他	885	40	100	22
合　计	2194	100	447	100

资料来源：基金会中心网，中基透明指数FTI，截止时间：2013年12月31日。

（二）活动领域发展不平衡

长期以来，我国基金会的活动领域大多集中在教育及传统的救灾济贫、扶弱助残、医疗救助、文化等方面，而致力于艺术、环境保护、公共服务、社区发展及公益支持等更为广阔的社会公共领域内的基金会则比较少。非公募基金会中，主要活动领域为教育、科学研究、扶贫助困、文化、医疗救助五大领域的非公募基金会数量占总数的65%，而旨在为环境保护、社区发展等领域提供资助的非公募基金会数量仅占14%。

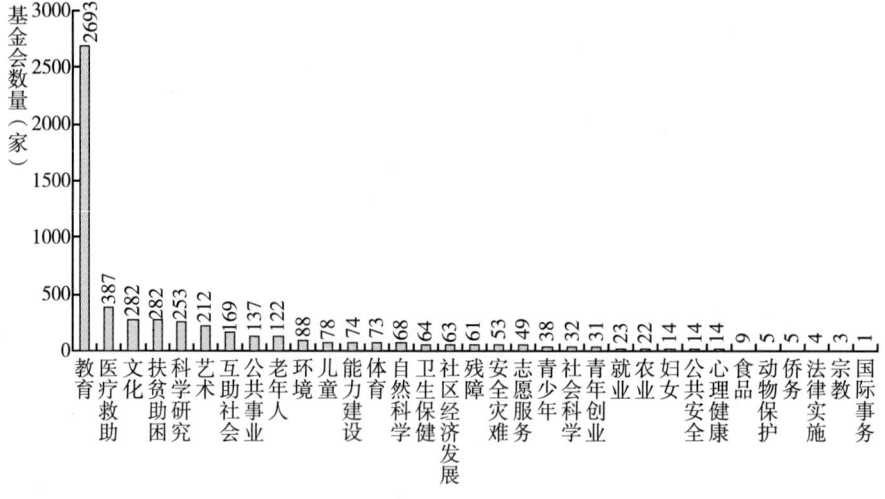

图 3 非公募基金会涉及项目领域分布 Top 15

资料来源：基金会中心网，中基透明指数 FTI，截止时间：2013 年 12 月 31 日。

（三）资产规模不平衡

非公募基金会的资金主要是由发起方提供的，根据《基金会管理条例》，非公募基金会原始基金必须在 200 万元以上。由于发起方的情况和基金会的宗旨、业务范围不同，非公募基金会的资产规模有很大差距。

根据 2012 年底的统计数据，净资产在 1 亿元及以上的非公募基金会数量占非公募基金会总数的 5%，净资产总量占非公募总量的 64%；70% 的非公募基金会净资产在 1000 万元以下。

表 3 非公募基金会净资产数额区间分布，2012 年

单位：%

区 间	数量占比	总量占比	区 间	数量占比	总量占比
净资产≥1 亿元	5	64	200 万元≤净资产＜1000 万元	66	8
5000 万元≤净资产＜1 亿元	4	10	净资产＜200 万元	4	1
1000 万元≤净资产＜5000 万元	21	17			

资料来源：基金会中心网，中基透明指数 FTI，截止时间：2012 年 12 月 31 日。

从数据分析的结果来看,极少量的基金会成为行业资源的主要占有者,这就会使基金会整体的活跃度看起来不够高。行业发展的不平衡,会导致行业规则更加难以形成。

(四)各类型非公募基金会发展情况不平衡

根据非公募基金会的发起方和治理结构的不同,非公募基金会可以分为不同的类型。统计数据显示,高校基金会、企业基金会在非公募基金会中是两类比较突出的基金会。

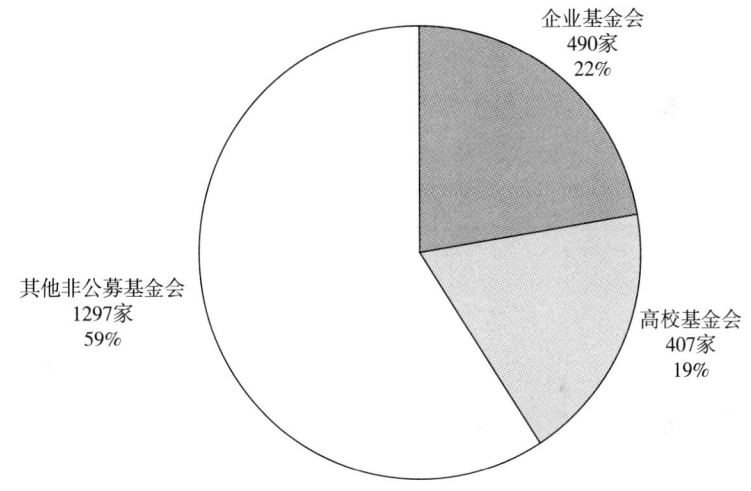

图 4　不同类型的非公募基金会构成

资料来源:基金会中心网,中基透明指数 FTI,截止时间:2013 年 12 月 31 日。

1. 高校基金会发展概况

自 1992 年第一家高校基金会出现之后,高校基金会发展迅速。高校基金会的发展有以下趋势:第一,2008~2013 年,高校基金会数量增长近 3 倍,年均增加 45 家;第二,高校基金会占有非公募基金会一半左右的资源,这一点在捐赠收入方面表现得尤为明显;第三,自 2008 年以来,高校基金会资金规模已经增长近 4 倍。

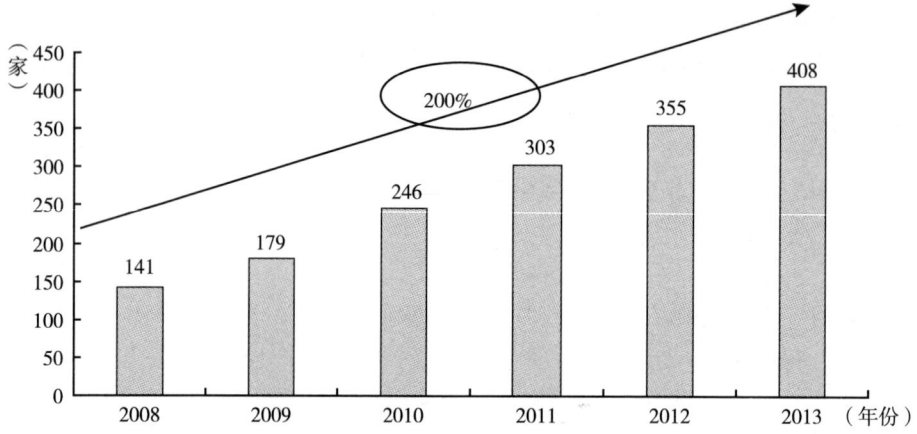

图5　高校基金会数量增长趋势，2008～2013年

资料来源：基金会中心网，中基透明指数FTI，截止时间：2013年12月31日。

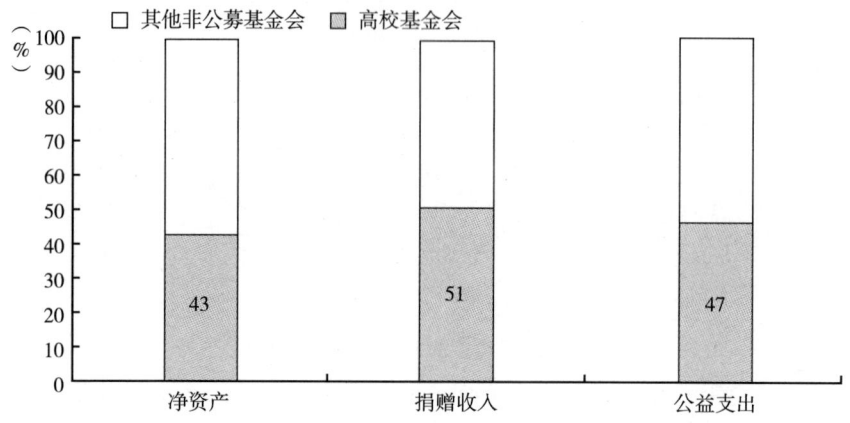

图6　高校基金会主要财务数据在非公募基金会中的占比

数据来源：基金会中心网，中基透明指数FTI，截止时间：2013年12月31日。

2. 企业基金会数量增长迅速

作为非公募基金会的主力之一，企业基金会的发展也存在不平衡问题。截至2013年末，全国共有490家企业基金会。企业基金会的发展有以下趋势：第一，2008年至2013年企业基金会数量增长2倍多，年均增加69家；

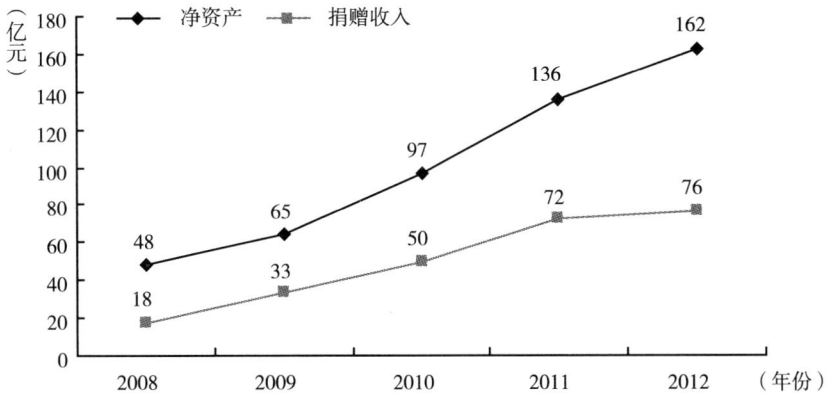

图 7　高校基金会主要财务数据变化趋势，2008～2012 年

资料来源：基金会中心网，中基透明指数 FTI，截止时间：2012 年 12 月 31 日。

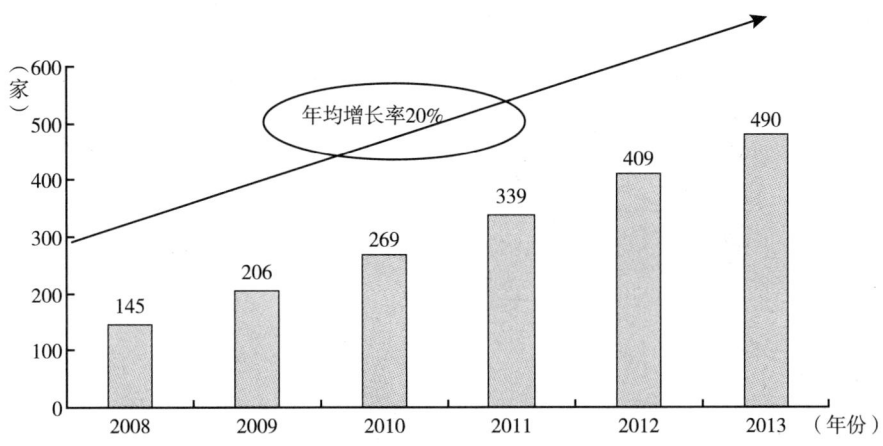

图 8　企业基金会数量增长趋势，2008～2013 年 3 月

资料来源：基金会中心网，中基透明指数 FTI，截止时间：2013 年 12 月 31 日。

第二，78% 的企业基金会是由民营企业发起的，15% 的企业基金会是由国有企业发起的；第三，企业基金会占有非公募基金会 1/5 的资源。近年来，企业基金会增长速度很快，尤其是很多国有企业成立的大型非公募基金会对整个行业的影响很大。

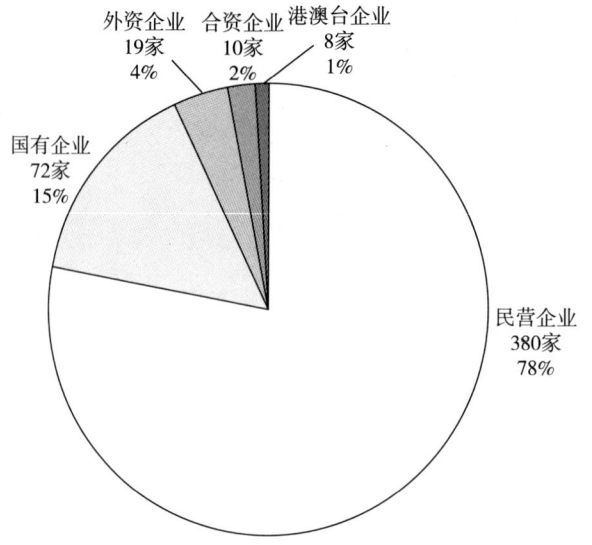

图 9　企业基金会发起方构成比例

数据来源：基金会中心网，中基透明指数 FTI，截止时间：2013 年 12 月 31 日。

二　不平衡现象凸显出的问题

非公募基金会发展的不平衡现象说明，一方面发起方和资金来源等面临着不同的问题；另一方面，一些共性的问题也阻碍着这个行业的发展。当前中国非公募基金会面临的突出困境有如下几个方面。

（一）内部治理结构不清晰

国内非公募基金会的发展历史只有 10 年，还处于起步阶段。虽然《基金会管理条例》对非公募基金会的内部治理作了一些规定，但在实际运行过程中非公募基金会缺少可以参考的经验和模式。许多非公募基金会出现了内部治理不完善、治理水平低等问题，这严重影响到非公募基金会的公益性与可持续发展。

1. 非公募基金会使命不清晰，缺乏合理的定位与规划。使命和愿景是非营利组织的灵魂所在,也是非营利组织存在的目的。这对非公募基金会也是一样。但是,我国很多非公募基金会使命不清晰,缺乏合理的定位和规划。机构定位不明确导致了非公募基金会开展活动很随意,没有形成独特的知名公益品牌。同时,非公募基金会对推动社会发展和社会创新方面的关注和投入少,对自身在公益行业中应该发挥的作用没有清醒的认识。

2. 非公募基金会在如何处理与发起方的关系方面存在困惑。很多非公募基金会独立性不足。非公募基金会虽然注册了,但决策权仍由出资人掌控。由于政府对行政管理成本的限制,非公募基金会办公人员严重依赖于出资企业,很多非公募基金会没有专职的工作人员,而由企业员工兼任。

3. 非公募基金会的理事会未能发挥真正的作用。在国外非营利组织发展的历程中,理事会发挥着非常重要的作用。理事会是非营利组织实现稳定发展的保障,发挥着制定使命宣言、任命秘书长、管理监督、筹资、维系机构公信力等多方面的职能。同时,理事会本身也会对成员进行管理,根据需要吸纳新的理事会成员,或者评估现有理事会和成员的工作绩效,根据状况进行调整。理事会成员拥有不同的特长和专业领域,根据机构的发展需要,拥有相关专业经验的理事会成员会和秘书长、工作人员组织专门委员会,为解决某些事项一起工作,之后形成成熟的建议书供理事会决策。这种模式保证理事会成员可以较多地参与到非营利组织运营当中,也可以更好发挥理事会的作用。目前,国内很多非公募基金会的理事会成员大多来自发起机构或者捐赠机构。对机构运作参与很少,甚至连参加理事会会议也不能保证。非公募基金会对理事会成员可以发挥的作用挖掘不足,没能从中争取更多的支持和帮助。同时,很少非公募基金会对理事会成员作绩效评估,这对非公募基金会的长远发展有很大影响。

4. 非公募基金会的管理制度仍然采用传统运作模式。非公募基金会和企业、政府机构有很大的不同,实现机构使命、改善关注群体的生活是非公募基金会的终极使命。非公募基金会需要关注捐赠的可持续性、项目的效率和社会影响、捐赠人/发起方的需求等,这些工作目标的实现需要更合理的运作模式来支持。非公募基金会的有效运作需要先进的人事管理制度、全面的财务预算管理机制、捐赠人管理体系和高效的项目管理制度等机制架构的支持。在很多

方面,非公募基金会都没有形成这样的架构,也就带来了项目效率低等问题。在我国,民间慈善应该是社会保障的一个很重要的补充。随着政府政策的改革,非公募基金会将成为民间慈善的重要力量,这必将对非公募基金会提出更高的要求。

(二)影响透明度及公信力建设

《基金会管理条例》第三十八条规定,基金会、境外基金会代表机构应当在通过登记管理机关的年度检查后,将年度工作报告在登记管理机关指定的媒体上公布,接受社会公众的查询、监督。基金会信息公开程度将直接影响到公信力建设,也是基金会主动承担社会问责的体现。非公募基金会除了根据政府规章要求公开必要信息和内容之外,也应通过多种途径向社会公开自己的相关信息。例如,设立、制作自己的网站或者网页,定期向社会发布公益项目进展情况、发生危机事件及时应对等。中国非公募基金会还不习惯将自己透明化,很多非公募基金会只是在发起机构的网站中设立了一个信息页面,根据中基透明指数 FTI 数据显示,目前仍有 54% 的非公募基金会没有网页。非公募基金会存在公开透明机制不健全、项目运作与资助活动不透明的问题,仅少数非公募基金会可以做到向社会公开自己的项目运作与资助活动事项。

(三)管理团队的专业化有待提升

非公募基金会面临着管理团队专业化与职业化的发展困境。中国非公募基金会历经十年的发展,专业化分工也开始提上议事日程。非公募基金会的专业化问题包含三个方面的内容:非公募基金会内部工作人员的专业化水平的提升及内部治理结构的专业化分工;非公募基金会类别上的功能分化与专业化协作;非公募基金会行业自律规范的形成、基础数据采集与信息披露机制的完善及行业服务性机构的大量产生等"基础设施"建设。而当前中国非公募基金会在上述三个方面都面临突出问题。[①] 非公募基金会的机构专业化意识还比较

---

① 高功敬:《中国非公募基金会发展现状、困境及政策思路》,《济南大学学报》(社会科学版) 2012 年第 3 期。

非公募基金会不平衡现象

低,不重视管理层的专业人才配备,导致机构管理程度低,机构发展战略定位、公益项目设计和品牌管理缺少章法,管理制度不健全,资金使用粗放的现象是当下不少非公募基金会的通病。① 同时,非公募基金会也面临着专业人才不足的问题,目前国内公益行业专业人才培养刚刚起步,很多非公募基金会都苦于很难找到合适的人才,大多聘请在相关方面的商业机构中有丰富经验的工作人员,专业人才的缺乏限制了非公募基金会的发展。

三 解决不平衡现象的建议

非公募基金会不平衡现象的解决需要从多方面着手。

首先,加强对现代慈善文化的倡导。现代慈善理念注重的是项目运作的有效性和创新性。很多美国私人基金会采取资助型的发展模式,把发起方捐赠的资金用于资助民间公益组织执行项目。这样可以保证项目效率和控制机构成本。同时,基金会在运作过程中与发起方、捐赠方之间形成了良好的互动关系,充分发挥发起方、捐赠方的作用。而多元化的关注领域也为美国社会带来了很多积极的社会影响。这些都是值得国内非公募基金会借鉴的。

其次,推进公益行业人才培养。公益行业人才培养是整个公益行业亟须关注的问题,也是一个需要各个机构联合起来解决的问题。美国非营利行业 10% 的就业人口是非常可观的。反观我国社会情况,这方面仍存在大量需求。因此,应该进一步推动公益行业人才培养。

最后,建立完整的公益行业产业链。目前,国内非公募基金会多选择自己运作项目,而不是资助其他社会组织执行项目。这和国内公益行业产业链不完整有很大关系。社会组织人员不稳定、项目执行效果难以确保等都是非公募基金会在考虑资助型道路时遇到的问题。只有建立起完整的公益行业产业链,形成基金会和其他社会组织间的互利共赢、共同发展的局面,才能从根本上解决这一问题。

---

① 刘洲鸿:《非公募基金会在中国的发展》,http://www.naradafoundation.org/sys/eweb/uploadfile/20101118113823540.pdf。

G.4 企业家的慈善理念

摘　要：

在美国，企业家参与慈善事业已有百年历史，他们通过创立基金会，以各种捐赠回馈社会，对美国公益发展起到了至关重要的作用。在中国，企业家做慈善仍处于起步阶段，经济的快速发展产生了各种社会问题，使中国的企业家开始意识到参与公益的社会意义。近年来，中国企业家纷纷成立基金会，实现从企业家到慈善家的身份转变，同时也将现代慈善的观点与企业管理制度相结合，形成中国特有的企业家慈善理念，为中国公益事业的发展注入了新的活力。

关键词：

企业家　慈善　非公募基金会

一　美国的企业家慈善

企业家做慈善的现象在美国已有数百年的历史。这些企业家不仅做了大量捐赠，而且对美国慈善行业的发展有至关重要的影响。设立基金会是美国企业家参与慈善事业的重要形式。20世纪初美国两大企业家捐出财产，成立了各自的基金会，这开创了美国私人基金会的先河。安德鲁·卡内基在1911年创立了卡内基基金会，其宗旨是"增进和传播知识"。在此之前，卡内基已经以个人名义做了很多捐赠，其中很多是用于建立公共图书馆。两年之后，约翰·D.洛克菲勒捐出近一半的财产，成立了洛克菲勒基金会。洛克菲勒基金会已成为世界上最有影响的基金会之一。它通过资助各种研究机构和社会团体，对美国政治、外交、军事和经济进行广泛的研究，对政府决策产生重大影响。美国企业家成立的基金会不仅关注美国国内社会发展,同时也有一批基金会很关注全球发展。"汽车大王"亨利·福特成立的福特基金会在中国开展了多项资助;盖茨基金会的一大宗旨是促进全球卫生和教育领域的平等。

美国企业家积极参与慈善是有多方面原因的,虽然与中国有不同,但也有很多可以参考之处。一是美国经济比较成熟,企业家完成了追求财富增长的积累阶段,开始探索和追求"资助之道"。美国富豪认为,在巨富中死去是一种耻辱,活着回馈社会脸上才有光彩。这些富豪几乎都会通过各种途径捐赠社会。二是美国对个人财富征收很高的遗产税,慈善成为更有意义的财富保存方式。比如洛克菲勒基金会已经有近百年的历史,而洛克菲勒家族中第三代成员也在参与基金会的运作。三是美国慈善法律政策比较成熟,政府支持慈善组织的发展和企业家的捐赠行为。美国基金会的注册和运作都有明确的法律可遵循,运作模式也比较成熟,企业家可以便利地成立基金会,同时还会为企业和自己带来免税的优惠。这些因素使企业家的慈善行为不仅满足个人的需求,同时也对社会整体发展产生更大的推动作用。

二 中国的企业家慈善

(一)处于起步阶段

与美国不同,中国企业家的慈善参与行为还处于起步阶段,企业家成立慈善基金会是近10年发展起来的。改革开放以来,中国经济发展迅速,目前已经成为全球第二大经济体。这也造就了大量的中国富豪。在2013年的财富报告显示,2012年底中国大陆身家千万元以上的企业家已达53万人。同时,自2004年《基金会管理条例》出台以来,中国慈善行业取得了很大的进步。慈善组织注册和运作更加规范化,免税政策也更加成熟。中国基金会数量由2003年底的640家增长到2013年底的3500多家,此外还有大量的民非等非营利组织。2008年汶川地震之后,慈善行业受到社会的广泛关注。另外,中国经济在取得巨大发展的同时,也带来了很多社会问题。环境污染、贫富差距等

问题不仅影响到百姓的日常生活,也对企业发展有一定影响。部分企业家认识到这些问题,希望通过参与慈善来解决。

2010年9月,比尔·盖茨和巴菲特在中国举行慈善晚宴,邀请50位中国富豪参加。晚宴主要是进行交流、学习,与关心慈善活动的中国富豪分析慈善经验。慈善晚宴从一个侧面说明了中国企业家的崛起和慈善活动吸引了世界的关注。《全球百万美元捐赠者报告》(Million Dollar Donors Report)显示,在2012年,中国内地的百万美元及以上捐赠者有172位,捐赠价值合计约11.8亿美元。① 这些因素和数据都说明了中国慈善环境的成熟带动了企业家的参与热情。

(二)慈善参与方式多元化

近几年,企业家向基金会进行捐赠的很多,这种方式对企业家来说是最简便的。企业家只要选择好可信、专业的基金会,对捐款用途和使用方式作好约定,就可以在项目结束后看到理想的效果。也有很多企业家对项目质量和执行过程提出比较严格的要求,比如曹德旺的"曹德旺2亿元扶贫善款项目"。2010年3月,西南地区出现严重旱灾,曹德旺决定向灾区捐款2亿元。曹德旺在决定捐款之后派出专业调研团队,对项目的可行性及成本进行了评估和测算,最终确定把捐款交给中国扶贫基金会,由对方发放给受灾群众。捐赠合同中明确要求,中国扶贫基金会必须在半年内,以每户2000元的标准发放到滇、桂、渝、黔、川的近10万农户手中。而且,管理费不超过3%,差错率不得超过1%,否则按超出部分的30倍赔偿。因此,这个项目被称为"史上最苛刻捐款"。

2004年之后,企业家成立基金会是一种更系统地开展慈善活动的方式。这既可以保证慈善活动遵循一定的规范展开,也可以保证企业家捐赠意愿的实现。王振滔慈善基金会就是一个典型例子。王振滔慈善基金会是由著名民营企业家、浙江奥康鞋业股份有限公司董事长王振滔先生出资2000万元人民币作

---

① 见北京师范大学中国公益研究院参与撰写的《全球百万美元捐赠者报告》,http://www.icixun.com/2013/1217/3117.html。

为注册资金，经中国国务院和民政部批准成立的中国第一个以民营企业家名字命名的个人非公募慈善基金会。王振滔先生在基金会启动时这样说："有些人喜欢做了好事不留名，但我做慈善就是要高调，不仅要留名，还要以我的名字成立基金会，影响更多的人参与到慈善事业中来。"[①] 自2007年成立以来，王振滔慈善基金会开展了资助贫困学生的"爱心接力计划"、"爱心厨房"等一系列公益活动。

除了直接以企业家命名的基金会，还有很多以企业命名的基金会。截至2013年底，全国已经有490家企业基金会，其净资产总量达到135亿元，占全国非公募基金会净资产总量的34%。其中民企是企业基金会的主力，占企业基金会的78%。这代表了中国慈善行业的一种新趋势，未来中国将涌现出更多以企业家个人或企业名义成立的非公募基金会。

另外，还有一种企业家成立基金会的特色模式。企业家出资成立基金会，但之后退出基金会的运作，给基金会独立发展的空间。河仁慈善基金会就是这种情况。河仁慈善基金会，是全国第一家也是唯一一家经由国务院审批、以金融资产（股票）创办的全国性非公募基金会。创办人是我国著名企业家、福耀玻璃工业集团股份有限公司董事长曹德旺先生。2011年5月5日，在河仁慈善基金会成立大会上，曹德旺先生与其妻子陈凤英女士，正式宣布向河仁慈善基金会捐赠所持福耀集团3亿股股权，总价值35.49亿元人民币。基金会的名称，来自曹德旺先生的父亲曹河仁，此名称中蕴藏"上善若水，厚德载物"之意。2009年3月，曹德旺先生提出捐赠股权设立慈善基金会，历经两年多的努力，中国股权第一捐终告成功。河仁慈善基金会章程显示，基金会成立后不直接面向贫困人群，而是委托慈善机构进行救助，符合条件的机构都可以向基金会申请款项，但要无条件接受河仁慈善基金会的监督。早在基金会成立之时，曹德旺便明确表示，在今后一到两年内，曹家和福耀方面三名代表——曹德旺、曹德旺之子曹晖和福耀集团财务主管，将会彻底与基金会脱离，而现任基金会理事长、曹德旺之兄曹德淦，四年任期期满后也将退出。在距离基金会

[①] 《散财有道，企业家开始行善留名》，http://zqb.cyol.com/content/2008-01/28/content_2048841.htm。

成立半年之后，在基金会的规章制度及运作团队确定后，曹德旺就选择退出基金会。河仁慈善基金会目前已向社会捐赠多个公益慈善项目，覆盖助学、扶贫、救灾、公益传播与研究等领域。

总的来说，中国慈善行业的发展为企业家参与慈善创造了更成熟的条件，企业家的捐赠和参与也推动了慈善的进一步发展。企业家的捐赠是基金会的重要生命源泉，企业家成立基金会既是名誉又是责任，而企业家慈善活动的动因更是各有不同。

第一，回报社会，切实承担起社会责任。

这是很多企业家参与慈善的初衷。企业家的成功离不开社会环境的土壤和员工、消费者的支持。在自身成功之后，很多企业家认识到回馈社会同样重要。这种回馈也可以改善社会环境，为企业的持续发展创造条件。企业家回报社会的行为形式比较多样，可以是通过基金会开展慈善活动，一些企业家选择向基金会捐赠，另一些企业家出资设立了自己的基金会。

第二，发挥管理特长，促进慈善专业化提升。

很多企业家在参与慈善活动的过程中认识到，企业家对社会尽责不应停留在捐多少钱，而是超越捐赠的层次。一些企业家或者在业余时间为基金会提供服务，或者退休后从事慈善。他们向基金会分享企业经营过程中积累起来的智慧和经验。慈善的专业性，更多的是体现在善用资金及对受益人负责方面。中国的慈善行业发展不够成熟，而国外的慈善理念和模式并不能完全适用于国内，这就对国内基金会的专业化水平提升造成了困扰。企业家的智慧和经验在很大程度上弥补了基金会在这方面的不足。企业家指导公益机构学习如何降低项目成本、提高资金使用效率、有效解决社会问题，同时把有限的力量放在最有效的地方。这种专业优势造就了一批企业家参与的优秀基金会。爱佑慈善基金会和友成企业家基金会就是2个典型例子。

第三，提高个人和企业知名度。

企业家在参与慈善的过程中可以对企业品牌和个人进行宣传。在竞争激烈的社会环境中，慈善活动可以为企业带来与众不同的魅力。企业家参与慈善活动可以产生很大的积极社会影响，包括改善生态环境、应对自然灾害、创造就业机会等。这些推动社会进步的效应也可以改善企业和政府、地方百姓的关系，提高员工的认可度。

第四，寻求财富传承和延续的渠道。

财富的传承是国内企业家面临的一个难题。古今中外大量家族兴衰史表明，无论某一家族通过什么途径发家致富，保持富裕状态的时间，很少有超过三代的，故被世人总结出一条经验，叫"富不过三代"。中国企业家经过第一代的打拼，积累了很多财富，逐渐进入交班阶段。怎样保证财富延续成为第一代企业家的难题。美国私人基金会的经验是很好的参考，洛克菲勒基金会就以家族基金会的形式延续了一百多年。家族慈善概念逐渐在中国形成，如何通过家族基金会的方式将家族财富和荣耀传承下去，已经成为越来越多慈善家族的重要选项。

现在国内也有一些类似的家族基金会。老牛基金会是其中的典型。老牛基金会成立于2004年12月28日，是由蒙牛乳业集团创始人、前董事长、总裁牛根生先生携家人将其持有的蒙牛乳业的全部股份及大部分红利捐出成立的。从事社会公益慈善活动的非公募基金会企业家捐出全部股份的，牛根生尚属全球首例，故被誉为"全球捐股第一人"。目前，创始人牛根生累计捐赠资产价值超过41亿元。

（三）渐趋成熟的企业家的慈善思想

在分析和总结企业家慈善活动的过程中，可以发现企业家的慈善思想有很多共同之处。企业家把持续创新的能力和激情带到慈善活动中来，为慈善行业的发展带来了积极的示范效应。

1. 重视效率与专业化

企业家不论捐赠或者成立自己的基金会，都要求资金有效使用。这一方面对基金会的专业化水平是一种挑战，只有专业化水平高的基金会才能吸收更多捐赠；另一方面，企业家成立基金会要更谨慎和认真。卡内基曾经说过："当今百万富翁的罪过不在于缺乏捐赠，而在于滥行布施。"怎样通过捐赠来促进社会问题的解决是一个需要认真思考的问题。

2. 以创新带动发展，努力改善慈善生态环境

一批有远见的企业家在开展慈善活动的过程中，了解到国内慈善环境中存在一些问题。慈善行业链条没有形成，慈善资源难以有效配置。例如，社会组织或缺少资金或专业化水平较低，无法有效开展项目；相对而言，很多有资源的基金会苦于找不到合适的项目执行机构，只能自己执行项目，这又带来行政成本增长的问题。这些企业家在运作基金会的过程中重视项目模式和方法创新，用商业运作理念来管理，同时努力通过建立平台或者政策传导进行改善。这是非常积极的策略性推动慈善的行为。这种策略性的方式可以保证项目订立明确目标并聚焦于所关心的公益领域。可以预见，随着中国基金会数量的与日俱增，以及公益行业从业人员全职化的趋势，中国慈善事业的发展将走向更加专业化、更具可持续性的道路。同时，社会投资影响力增强，很多企业家正试图通过成立社会企业解决社会问题。

3. 关注社会福祉，促进社会进步

目前企业家捐赠领域主要集中在教育、医疗、扶贫、赈灾等领域。这些资金通过慈善机构的运作改善了弱势群体的生活，在很大程度上促进了社会进步。同时，企业家捐赠是慈善行业大额捐赠的主要来源，这些捐赠对基金会、草根组织有很大影响。大额捐赠一方面是对基金会的认可，接收方会获得额外的附加价值，比如吸引更多企业家向其捐赠；另一方面，大额捐赠会给社会组织带来变革性的影响，基金会可以更稳定地发展，在可持续的范围内谋求创新和改革。

综上所述，参与慈善公益事业对企业家来说是一种双赢，既带来了积极的社会影响，也丰富了企业文化内容。这种慈善行为不仅是企业家的社会责任，也是企业家应该承担的一种经营成本，可以促进企业品牌的塑造和传播。我国政府应该为企业家慈善行为创造更好的政策和社会环境，促进企业家、慈善机构和社会之间的良性互动。

三　王兵的慈善坚持和爱佑的运作模式

爱佑慈善基金会（下文中简称"爱佑"）是国内第一家注册的非公募基金会，也是由企业家发起成立的专业基金会。理事会中聚集了国内企业家精英等一批领军人物。近10年的发展历程中，王兵理事长带领爱佑团队形成了独特的专业运作模式，同时也为基金会行业注入了新的思路和活力。进入2014年，爱佑慈善基金会将迎来成立10周年的庆典。爱佑慈善基金会不仅已经发展成为中国最大的民间儿童医疗救助机构，还形成了可供公益组织借鉴的企业化管理模式。同时，爱佑开始尝试资助NGO，目前爱佑正处在平台型基金会的建设阶段，下一步将向社区型基金会发展。

（一）企业化的基金会管理模式

王兵理事长把经营企业的经验用在基金会的运作当中，坚持企业化理念，探索了一条独特的基金会发展道路。作为一个成功的企业家，王兵的实践把企业家慈善活动带到了一个新的水平。他的慈善实践已经远远脱离了低绩效的"支票簿慈善活动"，进入了高绩效的专业慈善阶段。

作为一个成功的企业家，王兵积累了丰富的企业运作理念。在运作爱佑的过程中，王兵继续实践着商业化的管理模式，把高效运作、数字化管理和突破创新的能力带到了基金会中。商业理念的应用把爱佑打造成了一家全能型的慈善基金会。在2012年爱佑慈善夜活动中，王兵说道："是爱佑8年坚持了6个关键点才完成了自身的成长和蜕变，这6个关键点也即爱佑方法论：良好的愿景和价值观、清晰的战略定位、优质可行的项目、多元的渠道与布局、专业化的人才，以及良好的品牌建设。"以这套方法论为指导，爱佑发展成为一家卓越的基金会。高效项目、多元渠道和可持续筹款构成了基金会的三个支点，清晰的战略定位、良好的品牌建设和专业化人才组成了外围框架，而良好的愿景、价值观和机构文化则把机构紧紧地凝聚在一起。

爱佑慈善基金会的运作模式从一开始就非常明确，公开透明、管理费用另筹、最终结果可度量。王兵理事长对这种模式寄予厚望："我们希望我们这个模式在现阶段慈善行业中是最合适的。"随着爱佑慈善基金会的发展，这种模式更加成熟。

1. 高效的企业化项目管理模式

根据爱佑慈善基金会的战略规划，在第一个发展阶段，爱佑的目标是打造产品型基金会。这一阶段已经基本完成，每个项目则都是爱佑慈善基金会的核心"产品"。爱佑在成立之初就决定要专注于儿童医疗救助，其最终目标是

"做世界上最好的儿童医疗救助基金会"。因此,爱佑一方面积极探索新的慈善模式,另一方面也在根据最新情况不断延伸慈善项目领域。这也体现了王兵的企业家思维:"做项目一开始要聚焦,之后再把战略分步实施,一步一步做大。"目前,爱佑慈善基金会开展了一系列专注于孤贫儿童的医疗救助项目。

截至 2013 年底,"爱佑童心"——孤贫先天性心脏病患儿手术治疗项目救助的患儿数量已达到 20750 名,年救助患儿近 5000 名,继续保持着世界上规模最大的孤贫先天性心脏病患儿手术治疗项目的地位。"爱佑天使"——孤贫白血病患儿医疗救治项目截至 2013 年底,已累计资助 939 人次接受治疗。"爱佑新生"——病患孤儿医疗养护项目首家独立的养护中心,"爱佑·一汽-大众奥迪上海宝贝之家"在上海儿童医学中心内落成运营。2013 年 7 月,第二家独立式的养护中心"爱佑·银泰北京小婴儿之家"在北京冠名设立。截至 2013 年底,已累计救助近千名病患孤儿。"爱佑和康"残障儿童康复项目首个连锁康复中心——深圳市爱佑和康儿童康复中心于 2012 年 9 月正式建成并投入运营,第二家连锁康复中心——北京爱佑和康儿童康复中心于 2013 年 8 月 27 日建成,爱佑成为了第一家全资发起成立社会企业的国内基金会。这些项目的成功有赖于爱佑成熟的商业化项目运作模式,也集中体现了这种模式的特点。

(1) 严格的项目选择标准

王兵在成立基金会之前就认识到,"怎么去花钱,花好、花得有艺术"是一个更大的难题。爱佑确定了专注于儿童医疗救助的方向,具体做什么项目也经过了一段摸索阶段。在摸索过程中,王兵确立了选择项目的三大标准:第一要可复制,能做大;第二要可监控;第三要可度量。详细来说,首先考虑病种需要资助的程度,政府医疗没有覆盖的大病、难病,他们会重点关注;其次是病种的治疗需要可评估,有通行的治疗方案且成功率高;最后是病种的治疗价格可控。经过了解,爱佑决定把先心病救治作为项目方向。

(2) 标准化的项目运作

王兵一直坚持"做正确的事,正确地做事,把事做到极致",在爱佑项目运作这套标准仍然适用。基于精细、高效的项目管理系统,爱佑童心项目形成了一道慈善"流水线"。每个患儿的救治会经过这样的"流水线"过程:申请资助→实时审核→批量入院治疗→批量出院。同时，爱佑使用量化的指标来对项目进行考核，对每个时间点项目应该做到什么结果都有规定，全部用数字来说话。

  为了提高效率和项目管理标准化，2008年，爱佑启用了网络业务平台系统。项目管理和日常办公都在网络数据库中进行。工作人员在网络业务平台系统中办公，用数据库实时监控受助人申请、审批、核准和手术、钱款结清，形成"闭环"管理系统。项目系统以孩子为单位，以时间点为标准，形成项目的标准化流水作业。网络业务平台系统也让医院对项目操作便捷，不需占用很多人力。医院和基金会共享网络平台。全国50余家合作医院可以通过基金会的网络业务平台完成患儿资料填报。患儿申请上传平台后，爱佑工作人员对申请筛选、核实，3个工作日内给出反馈。基金会完成审核后，可一键生成与医院的协议，节约大量的时间和沟通成本。医院得到审核信息后通知患儿治疗，也会在平台上提供治疗过程的进度。手术结束后费用会在网上显示，第三方财务收到基金会提供的信息后付款，医院收到款后再开具发票。每个环节严格遵循这样一套闭环的系统流程，进一步推动了项目管理的精益求精。基金会工作人员通过数据库实时监控受助人申请、审批、核准和钱款结清的过程，对各个环节进行有效的管理和监控，保证救助款项精准高效的使用。

  针对项目实施的各个环节，爱佑还会开展评估监测和抽样回访，确保项目成果有效、可度量。比如，总结出对医院精细化考量的标准，每3个月通过后台数据对合作医院进行评估。爱佑根据术前检查准确率、手术成功率、费用控制情况、项目执行配合度等各方面情况，划分定点医院等级，按一定比例每年与排名最低的几家医院终止合作，以确保"爱佑童心"项目的定点医院良性循环。

  这套标准化项目运作模式推动了爱佑童心项目的规模化发展。2006~2009年，爱佑童心项目共完成5000例；而2010~2011年，一年半的时间就完成5000例。2011年6月，爱佑童心项目救助的第10000例患儿顺利康复。在2011年底，爱佑提出计划，在三年内爱佑童心项目每年救助残疾儿童1万例。

  （3）公开透明的项目准则

  王兵把公开、透明当作爱佑的生存法则，一直坚持这一原则。自成立伊始,爱佑就在网站上每月发布善款收支信息及受助患儿信息,每月向捐赠人发送善款使用情况信息。网络业务平台系统使项目实现流程闭环控制,提高了项目流程和结果的透明度。同时,网络业务系统会开放给捐赠人,捐赠人可以通过账号和密码登录后,根据使用权限的不同,实时查询善款使用情况及所资助儿童的详细信息。爱佑财务独立于任何发起人或发起人企业,保证善款管理、使用过程的安全、高效、透明。在2013年5月,爱佑将2012年年报在网上进行了公布,召开年报网络发布会。爱佑成为国内首家参照上市公司标准进行年报发布的全国性非公募慈善基金会。爱佑通过这种"零距离"公开的形式,向捐赠人、媒体及社会大众全面、客观地披露爱佑2012年度整体审计报告及运营情况,主动接受公众的审视和监督。

2. 多元的渠道建设

理清项目标准帮助爱佑确定了救助的方向,而大规模地实施项目就需要整合更多外部资源。管理费用另筹模式和爱佑发展需要理事的支持,大规模救助患儿需要与医院进行合作,而在贫困地区铺开也需要政府部门的支持。

其中,医疗资源尤其重要,只有和一批医院建立合作关系,才能实现项目的规模化。爱佑的第一家定点合作医院是西安市西京医院。合作之初,爱佑与西京医院选取陕西省的一个贫困县,救助了百余位孩子。规范的操作、快速结款赢得了西京医院的信任,医疗资源渠道建设更加稳定。近几年来,爱佑的定点合作医院不断调整,合作范围持续扩大,目前共有50余家遍布全国,继续保持行业内独有的领先渠道资源优势。

爱佑的发展也离不开理事会的支持。爱佑由企业家发起成立,理事会中聚集了企业家中的精英及领军人物。这些理事不仅投入巨额资金,还将自己成功的商业经验运用于基金会的运作。这些理事为爱佑"管理费用另筹"的模式提供支持,捐赠办公室、办公设备、家具等,同时也参与到项目运作中来。冯仑、马云、史玉柱、马化腾、沈国军、郁亮等理事都在"流水线"上找到接口,爱佑提供标准化的流程和救助对接,他们按照兴趣和所长去做拓展。

2008年,在民政部的支持下,爱佑转型为全国性非公募基金会。2012年,"爱佑新生"病患孤儿医疗养护项目获中央财政专项资金支持共计150万元。同时,爱佑救治先心病的经验给政府提供了参考。一些地方政府开始开展规模化救助心脏病儿童的工作。2010年6月,卫生部、民政部联合下发了《关于开展提高农村儿童重大疾病医疗保障水平试点工作的意见》,新型农村合作医疗(以下简称"新农合")将患有先天性心脏病等四种简单病种的参保儿童手术治疗总费用的报销比例提高至70%。爱佑的工作起到了杠杆作用,撬动了政府的投入力度。

3. 可持续的筹款能力

爱佑慈善基金会主要是向企业家筹款。初期捐赠全凭王兵的个人信誉,捐款数额也不庞大。随着爱佑的发展成熟,爱佑吸引了一批企业家成为理事,也吸引了很多大额捐赠。捐赠增长有赖于企业家们对爱佑和王兵的信任,也是因为爱佑有可持续的项目做支撑。信任来源于以下几个方面:一是对王兵本人的信任及对他以商业逻辑管理基金会的认同;二是爱佑坚持项目管理费用另筹,爱佑坚持所募善款100%地用于救治项目,基金会的运作费用由部分理事另行出资支付;三是爱佑企业化的项目运作模式可以保证善款得到最大效率的使用,产生更大的社会价值。

爱佑实现了自己的更大价值,也为中国公益行业提供了借鉴范本。这也是王兵所定义的创新慈善的实践:"如果传统慈善是指用资金扶助社会组织发展,创新慈善将彻底改变整个行业。中国的慈善业最缺的不是钱,而是正确的方法,十年间摸索的一整套运营公益组织的方法,移植到更多社会组织上。在这一过程里,爱佑是催化剂,是发动机,是保姆,是导师,也是在财富和权力的森严等差序列中的连接环。"

(二)推动整个公益行业发展

王兵对中国公益生态系统有深刻的理解。他认为:"中国基金会行业现状处于转型期,很多基金会在做相关探索。中国不能照搬美国的经验,因为两国社会、制度环境有很多不同。只有税收、社会体制改变之后,中国公益行业的积极发展才能真正腾飞。现在公益行业的努力是为后人探路,10年之后的发展值得期待。2004年是公益行业发展元年,社会对公益行业的关注越来越多。但公益行业发展仍不成熟,现在有很多乱象。国内公益行业没有形成完整的产业链,很多基金会手里有钱,但很难找到合适的社会组织和项目,很多组织苦

于找钱、面临生存难题。现在公益行业最需要的是通过社会创新来推动进步。"在展望公益行业未来时，王兵指出："民间基金会将成为基金会行业的主流，筹资能力强的公募基金会可以成为行业专业筹款机构。"基于这些认识，爱佑开始做很多工作来推动整个公益行业的发展。

1. 目标：打造爱佑系

王兵希望爱佑成为公益生态系统的最高价值整合者。在这个系统里，不仅有基金会，还有其他利益相关方，像医院、福利机构、政府职能部门、捐助企业、受捐人、志愿者及社会组织等，各个部分充分发挥自己的作用，实现最优效率的资源配置。在爱佑2009年年报中，爱佑的战略规划把带领公益行业发展作为一个重要内容："未来5～10年，我们则致力发展为平台型基金会，爱佑如同一个大插座，令更多的慈善组织都能通过爱佑的平台找到适合的插孔，共同点亮中国慈善之光。而未来10年，我们的目标是把爱佑打造为社区型基金会，我们将为实现这一美好愿景而不断努力求索。"王兵给自己20年时间来打造"爱佑系"，创造条件使公益行业内很多机构间实现资源自动对接。这不仅是爱佑为社会组织做点事，而且是要把系统、资源、时间、人脉等所有资源贡献给这些社会组织。

上海宝贝之家是爱佑输出管理的试水。宝贝之家原是一家专门救助病残弃婴的民间组织，主要是依靠热心的爱心妈妈维持运转。宝贝之家的关注点和爱佑是一致的，爱佑决定支持宝贝之家。爱佑把统一的标准、流程和管理运营嫁接到宝贝之家，并帮助他们学习如何与捐款人对接。现在，宝贝之家有一本非常厚的规范操作手册，从接收患儿到患儿离开整个过程中每一个步骤、每一个环节的操作都有严格的规范。宝贝之家工作人员经过了一个痛苦的过程来学习量化管理、引入绩效管理，事实证明这些辛苦是非常值得的。宝贝之家之前一年只能救助几十名儿童，如今的救助能力达到每年250名，得到爱佑支持后，内部治理的改善和管理能力的提高带来了救助能力的提升。

在成功资助宝贝之家后，爱佑拓展了对更多社会组织的支持，在做影响力投资、资助组织方面系统地开展工作，希望可以通过打造"爱佑系"把公益生态系统建设得更好。

2. 尝试：创新地开展资助

爱佑创新性地提出用移动互联网精神支持民间公益组织，完善行业生态，推动整个公益慈善领域的发展。同时，王兵热切地想把风险投资领域的成功经验应用于创新慈善，并遵循风险投资的理念寻找和扶助社会组织。爱佑形成了独特的模式。

（1）按照严格的标准选择社会组织

爱佑遵循一套严格的标准来筛选合作方，这种模式是对商业投资选择方式在慈善领域的改良。首先，选择有改变行业潜力的机构。发现组织的内在价值、预测其未来发展潜力是最关键的选择标准。爱佑重点资助那些行业领军机构、有带动效应的新兴机构和联盟机构。爱佑希望通过找到行业转变的关键支点，通过资助设立行业标杆，以一家机构的提升带动整个行业的转变。爱佑相信，行业转变需要有更新的力量去推动，非常看好移动互联网对行业的推动作用，认为移动互联网将成为社会创新的趋势。现在资助的机构都是有互联网平台，应用互联网技术，可以吸引更多人参与进来，而且通过自己的联盟可以影响一批民间组织。其次，备选机构的主营业务要做得不错。这一点和商业领域的投资是共通的。最后，选择有优秀领导团队的机构。"投资就是投人"，对于王兵来说，寻找爱佑的扶助对象，他看重的同样是领导者的能力，这也是慈善和商业投资的共通之处。

（2）建立造血功能的资助模式

爱佑对社会组织的资助继续坚持帮助它们建立造血功能的模式。这种模式和过去输血式的资助有很大不同，建立造血功能的模式可以为社会组织带来可持续的发展能力。爱佑会提供各方面的资源支持，推动对方进入新的发展平台。具体操作主要看对方的情况和需求。资金投入不是爱佑的首要方式。爱佑会把这些年积累的经验和能力提供给对方借鉴，这里面可能涉及爱佑在移动互联方面的思路和想法，外部可以嫁接的资源，财务、人力资源等后台平台支持，分享爱佑的理念和心得。

爱佑支持的首家社会组织是公众环境研究中心（Institute of Public & Environmental Affairs, IPE）。IPE 是一家在北京注册的非营利环境保护机构。自 2006 年 5 月成立以来，IPE 开发并运行中国污染地图数据库，推动环境信息公开和公众参与，促进环境治理机制的完善。中心主任马军曾获得环保界的诺贝尔奖戈德曼国际环保奖。IPE是一家面临快速成长的社会组织，其支撑系统亟待完善。爱佑不仅加入其理事会、分享自身经验，还将引入各种外部资源、匹配资金，并提供一整套的能力建设支持。

IPE已经取得了一些成果，完成了"中国水污染地图"公益数据库，并在数据库的基础上开展培训活动、撰写中国污染报告。IPE分享未来发展目标和战略之后，爱佑发现IPE继续发展可能遇到几个"瓶颈"：一是资金方面，IPE继续发展需要的资金规模会比现在大很多；二是战略规划方面，一个机构在起步阶段可以比较自由地选择做哪些业务，不需要做很多规划，但当机构积累了一定的能力之后，可以做的事情增多，面临的机会和诱惑也变多。爱佑在接触IPE的时候，IPE想做很多事情，但机构的结构、人才队伍和能力是不能支持这么多事情的，所以爱佑认为战略参与很必要。机构能力能不能支持IPE实现跨台阶式的发展，这是一大挑战。IPE团队原来在10人以内，要实现IPE的设想，要增加到二三十人。不论是机构架构设计、管理者能力提升、员工能力培养，还是机构文化建设、核心价值观的统一，这些对IPE都是比较大的挑战，所以机构能力建设方面也需要支持。

之后，爱佑就这些问题与IPE进行了探讨。爱佑可以为IPE整合更多外部资源，比如引起更多企业家的关注、吸纳更多社会资源的投入，可以体现在资金方面，也可以体现在战略合作方面，这些对IPE都是很有价值的。另外，在战略规划、整体布局和未来发展模式设计上，IPE认为爱佑也可以贡献很多力量，因此邀请爱佑加入理事会，从上层参与IPE的治理，这样爱佑就可以深入参与。加入理事会后，爱佑对IPE重大事项都可以表达意见，也会进行规划和设计。

IPE主营业务比较突出，开发监测污染的App可以带动公众关注和参与。但要真正地做好开发，需要把个人、机构信誉全都搭进去，而不是去夸耀、去抱怨。爱佑把外部资源和机构能力建设搭上去，这样对IPE的发展肯定可以起到更好的推动作用。爱佑对马军的资助带动了机构能力的提升，爱佑的背书保证了机构筹款能力的提升。IPE可以更专心地做自己的主营业务，打造自己的核心竞争力。同时，IPE对国内其他环保组织也有很强的示范作用，这种效应在未来肯定会越来越大。这也是爱佑资助 NGO 的最大影响力之所在。

爱佑支持的第二家社会组织是重庆两江志愿服务发展中心（简称两江中心）。两江中心创始于 2010 年 2 月，2011 年 8 月在重庆市民政局登记注册。它是由环保组织项目人员，环境保护技术人员，法律、媒体等方面的人士组成的非营利性环境保护组织。他们在大数据、云计算、物联网的虚拟环境里，为蓝天白云、碧水青山、食品安全的现实环境而努力着。两江中心关注工业污染、水质问题和环评问题，同时团结了当地一些小的社会组织。两江中心依托重庆 V 空间 - 南坪基地（重庆民间公益组织公共空间）开展能力建设、多层次交流、政策倡导等活动，促进政府、企业、志愿服务组织多元合作，促进重庆本地民间公益事业发展。爱佑对两江中心的资助可以辐射重庆附近的环保组织。

爱佑支持的第三家社会组织是善淘网。善淘网是中国第一家在线的慈善商店，它将个人和企业捐赠的闲置物品进行再次义卖，为公益项目筹集资金。现在爱佑已经进入善淘网的理事会，并且从外部资源、内部战略规划和能力提升等方面下手支持它的发展。爱佑把自己在上海的捐赠人资源嫁接给善淘网，把双方的需求对接起来。在这个过程中，爱佑的品牌在其中起很重要的作用，爱佑的支持增加了善淘网的可信度。

2014 年，爱佑理事会批准了 1000 万元用于资助，开展"火种计划"。目前爱佑看了更多发展中的民间机构，希望在机构发展中给予资助。在 2014 年，爱佑还会继续支持现在支持的 3 家机构，同时也会继续评审其他机构。

四 友成：以社会创新为旗帜的倡导和实践

友成企业家扶贫基金会（下文中简称友成基金会）是以发现和支持"新公益"领袖人才，建立跨界合作的"新公益"网络和平台为使命，以参与式资助为主要运作模式的创新型非公募基金会。基金会的成立源于王平理事长在参与公益活动的过程中认识到中国公益领域存在一些问题，这些问题对企业家参与公益活动有一定影响。因此，王平理事长希望建立一个连接企业家与受助者的桥梁，帮助企业家更有效地从事慈善活动。

2007年5月12日，在友成基金会的成立大会上，王平理事长在关于基金会战略构想的报告中，明确提出"友成基金会最大的特点就是创新"，基金会确定了"通过社会创新推动社会进步"的目标。之所以提出这样的目标，这和王平理事长对社会问题解决方法的认识密不可分。王平理事长指出："很多成功的企业家都是从模仿开始的，在早期阶段通过学别人、模仿再创自己的品牌，这的确是一个捷径。这也是公益领域可以学习的一个方法，但是不能只停留在模仿阶段。友成基金会一直在学习国际的很多理念，但友成是兼容并蓄的。友成基金会在学习这些东西之后，都会结合中国的国情、自己的情况形成自己独特的模式，这种模式一定要是独一无二的。"

此后，友成基金会一直践行着自己的公益理念，坚持以社会创新为旗帜，这在理念和实践两个方面都得到了很好的诠释。2010年，友成首次提出在新的社会、经济、技术条件下的新公益七大趋势，倡导回归以人为本、跨界合作的社会创新。2013年，友成将新公益理念推广到投资领域，成为社会价值投资的倡导者和引领者。

经过7年的发展，友成基金会已经具备了从侧重实验实操的运作型基金会转向支持型、平台型基金会的条件。友成基金会不仅可以通过这个平台吸收更多企业家资源用于扶贫事业，也可以创造"友成新公益价值链"来推动整个社会的发展。

（一）新公益理念

俗话说，思想是行动的指南。友成基金会成立之后，王平理事长投入大量时间开展战略规划工作。2007年8月份，在学习和总结国内外先进理念，并对中国公益现状进行了准确诊断的基础上，友成基金会提出了独特的一套新公益理念，并把"倡导和推动新的公益理念的普及"作为首要任务。

"新公益理念"的具体内容包括三方面：第一，强调精神扶贫与物质扶贫并举；第二，强调将天人合一的系统性思维方式用于发展与减贫；第三，强调"爱心传递"、"授人以渔"是永恒的慈善主题。[①] 同时，友成基金会将新公益

---

① 摘自友成企业家扶贫基金会2009年报。

的趋势和特点归纳为:"推动新理念,探索新领域,发现新动力,整合新平台,试验新方法,采取新科技,吸纳新人才。"友成基金会第一次提出精神扶贫与物质扶贫相结合的概念,强调扶贫工作的可持续性,重视志愿精神与社会企业家精神的倡导。

2010年,王平提出"新公益发展趋势":倡导新理念——提出新公益要建立以人为本、天人合一、多维度、可持续的社会价值评价体系;指出新公益发展将掀开跨界合作的新篇章——开拓新领域、发现新动力、整合新资源、尝试新方法、采用新技术、成就新人才。

自成立至2013年底,友成基金会以推动社会创新为目的,以类似于天使投资的方式发现和支持新公益领袖,搭建社会创新的网络支持平台,累计公益支出1.52亿元,资助各类社会组织和社会企业共148个,自主研发平台型创新项目11个,受益人群分布于全国21个省市。友成率先资助的创新型组织和创新性项目对被资助组织的生存与发展起到了类似天使投资或风险投资的决定性作用。捐助人的资金得到了高效率的使用,这些资金的社会绩效不但体现在对社会公众生存和生活状态的具体改善上,更加体现在对中国第三部门发展和对社会变革的推动上。

(二)新公益创投实践

在新公益理念的指导下,友成从多个角度全面地推动和实践着社会创新。新公益创投实践取得了丰硕的成果。

1. 新公益创投特点

新公益创投的提出源于王平理事长对中国社会现实、公益发展现状和友成战略定位的理性思考。

友成的公益运作模式是通过资金支持和资源配置等多种方式与其他社会公益组织合作,共同实施友成主导的公益项目,或者指导和资助其他社会公益组织独立实施符合友成理念的公益项目。这种模式可以用更低的管理成本,实现更广泛的目标并达到更深入的实效。这既有利于友成最大限度地开放自己的资源,又有助于扶助中国本土的社会组织健康成长。友成希望以开放互动的方式整合社会各方资源来满足共同的需求,并以此推动公益事业在中国的发展。

另外,友成的新公益创投使自己的团队也在接受教育和激励。友成尝试的新公益创投将简单的资助和被资助关系,发展为包括多方利益相关者在内的社会力量广泛参与的"爱心接力",成为更广泛深入的互动式多赢关系。这其中既包括公益组织,还包括企业、学术机构,甚至政府部门,从而最大限度地调动跨部门多方的资源。

新公益创投具有这样几个特点。

(1) 公益创投借鉴了商业领域天使投资的方式。除了投入资金外,还会进行智力等非资金支持,不同的是,公益天使的回报强调解决社会问题的社会组织的财务可持续和社会影响力可持续,而不是商业天使倍增的财务回报。

(2) 公益创投方式与手段的多样化。除了单一的项目、人员经费等资金投入之外,友成通过整合社会资源搭建跨界平台,综合运用多种方式,例如理念传递、模式输出、战略咨询、项目设计、资源注入、渠道引进、专业培训、评估服务、传播支持、关系协调等予以支持,而不是仅仅局限在"给钱"和"做项目"两个单一的传统动作上。

(3) 资助时效上具有长期性。友成的"新公益"理念把人的发展作为最大的公益,强调"爱心传递"和"授人以渔"是永恒的慈善主题。友成希望其资助能够提高被资助方自我成长和可持续发展的能力,着力避免造成被资助方的依赖性,而不是仅仅解决被资助组织一时的生存,或者被资助项目短期的运行所需。友成更愿意以更多更深入的参与式的方法来和更多的公益组织达成目标的一致。因此,友成的新公益创投通常具有长期性和耐心性,或者是支持到被资助方可以获得更多其他来源的资助,并且基本具备自我良性发展能力的时候才选择退出。

(4) 资助形式的个性化。友成将根据被资助方和被资助项目的特点提供不同程度的资助。一般来说,受资助项目根据发起方及发展阶段的不同,分为四类,并且基金会参与的程度有所差异。

第一类,友成自身提出和发起的公益项目。针对此类项目,友成会通过公开或非公开招标比选等方式邀请符合资质的公益组织陈述及展示项目实施方案,经评审后确定项目实施合作伙伴。在资助此类项目时,友成的参与程度较高。

第二类，支持其他社会公益组织独立实施公益项目。对于这类资助，在符合友成公益理念和发展领域的前提下，友成通过公开招标等方式予以资金、物资的支持，友成的参与程度较低。

第三类，尚处于种子期或初创期的公益组织及项目。在资助此类项目时，友成的角色类似于商业领域中的风险投资或创业投资。公益组织或项目创始人提出申请，友成将结合实际，协助项目创始人及公益组织进行项目的深度研发；协助整合包括政府、企业、传媒、民间组织及社会各行业专家的信息资源和物质资源；协助项目孵化，在可能的情况下，资助并组织专家和民间组织进行小规模项目试点的运作，验证假设，发现问题，尝试创新，总结经验。在资助此类项目时，友成的参与程度比较高。

第四类，具备一定运作规模和清晰的运营模式，并已形成稳定社会影响力，处于快速发展期或扩展期的公益组织及项目。在资助此类项目时，友成不持有任何被资助组织的权益，期望收获的是具有重大示范意义的社会问题的解决方案及/或实际影响。在资助此类项目时，友成的参与程度较低。

2. 新公益创投案例

（1）2008年，1万元——汶川地震后，中国第一家民间志愿者自发组织的服务平台得以成立，成为中国志愿服务元年的标志性事件。

"5·12"民间救助服务中心成立于2008年5月15日，在汶川大地震突发状态下创立，初创时缺乏行政费用支持，王平理事长在抗震前线决策，在无任何财务手续的情况下资助第一笔"活命"资金1万元，使之得以存续。该中心成立不到一个月，参与志愿者30余人，签署合作机构21家，先后支持近百家民间公益组织，奔赴救灾一线开展抗震救灾工作，对于2008年成为公益元年这一历史性的转变具有重要意义。

（2）2007年，2万元——资助初出茅庐的年轻导演拍摄处女作公益纪录片，一举获得蒙特利尔纪录片大奖。

老炅，友成资深志愿者。2009年获友成资助2万元，拍摄反映农民工题材的纪录片《过年》，获得蒙特利尔国际电影节大奖，成为央视贺岁电影导演，片约不断。

（3）2009~2011年，平均每家5万元——最早支持社会企业创业，培育

中国第一批社会企业家。

友成通过设立"友成优秀社会企业奖"奖励资助26家社会企业,帮助有理想有创意的社会企业实现它们的梦想。它们大多在初创期得到友成的资助后获得持续的资金来源,有的还受到风投的青睐。这26家获奖机构分别是:Ourworkers、自然之友、采桑子、花旦工作室、多背一公斤、一加一、乐龄合作社、仪陇乡村发展协会、青翼社工训练营、科学松鼠会、乐创意、笃挚、欣耕工坊、金羽翼、山魂、闲衣库、扬爱、绿色传递基金、残友、善淘网、重庆血友病康复协会、城乡社区NPO发展中心(益众)、鹤童、乐朗乐读、歌路营和润灵。

(4) 2009年,10万元——常青义教,试点造血式支教项目,孵化平衡城乡教育资源的创新模式。

友成常青义教组织城市优秀退休教师志愿服务提升贫困地区学校教师教学水平的造血型公益支教项目。截至2012年,扩展到7省16县,招募志愿者2118人,定点33所乡村学校,共提供志愿服务10.5万小时,受益教师12273人次,受益学生147399人次,覆盖受益学校375所。2013年,衍生出利用网络技术共享城市优质教学资源的前沿项目"双师教学",新增志愿者722人,新增68所定点乡镇学校,增加志愿服务2.5万小时,新增驻点学校4所,增加受益教师15887人次、受益学生141416人次,新覆盖受益学校180所。

(5) 2011年,50万元——创业咖啡,开发大学生社会企业家精神创业启蒙课程。

友成创业咖啡与北大合作社会企业创业学分课,启蒙大学生的社会企业家精神,在培养创业能力的基础上,倡导关注和解决社会问题。2013年已有64个高校授课点和20个基层社会组织,除北大外,有36个高校将创业咖啡课程纳入学分课。授课点直接覆盖学员4000人。网络MOOC拥有超过11000名在线注册用户。

(6) 2011年,100万——友成小鹰计划,培养具公益视角的跨界领袖型人才。

2011年友成基金会发起的青年发展与培养项目,鼓励青年走进基层,亲自参与社区发展项目,并在服务中学习成长。该计划旨在让青年在一年全职的基层实践中磨砺意志、发现自我、增强公益及社会企业家精神，并培养基层工作与社会协作能力，成长为具公益视角的跨界领袖型人才。三届小鹰计划共计60人，深入中国农村，了解基层社会发展。

（7）2008~2013年，平均每年400万元——友成扶贫志愿者行动计划，形成覆盖全国的"扶贫最后一公里"的公益渠道网络，成功倡导国家社会扶贫创新模式。

友成在5年间，投入2000万元支持友成扶贫志愿者行动计划，累计建设驿站百余个，覆盖21个省市，这个网络将在今后很长时间持续发挥作用；组织和招募长期、短期及专业志愿者15000多人，为贫困地区提供了超过75万小时的志愿服务，执行公益项目覆盖教育扶贫、科技扶贫、信息扶贫、卫生及医疗扶贫、金融扶贫、社区发展等8大领域。志愿者驿站对社会资源的杠杆撬动效应明显，吸引了松下电器、埃森哲、中国卫星通信公司、上饶春华科技有限公司、包商银行、宜信、农业银行等国际国内知名大型企业和数十家中小型企业的合作及参与。2011年，友成扶贫志愿者行动计划被写入国家新十年扶贫开发纲要。

（三）社会价值投资

友成基金会成立之初就在中国首倡"社会创新"和"社会企业"，如今在全球"社会影响力"投资逐步兴起的情况下，友成总结了国际上关于社会影响力投资、社会责任投资、绿色信贷等概念和模式，并结合中国社会企业发展现状，大胆尝试将社会企业的理念及其交叉补贴的业务模式引入到商业投资领域，提出成立"社会价值投资基金"（Social Impact Fund，SIF）的设想。

2013年11月16日，友成基金会、气候组织（the Climate Group）与绿色创新实验室（Green China Lab）在投资领域倡导社会创新，倡导建立社会价值投资基金及其社会价值投资联盟，倡导资本市场中有远见的投资者从战略性公益的视角，发现有长远社会价值的投资机会，通过所投资企业的产品和服务，创新地应对转型期中国社会可持续发展的需求和挑战。

这一设想的提出，是基于对国际趋势的学习研究和对中国现实国情的认知，以及友成历年的"新公益创投"实践经验。

1. 国际背景：社会价值投资已是时代潮流

社会价值投资的英文是 Impact Investment，指义利并举、公益与商业相融合的投资，在追求一定的商业回报之外，在社会和环境影响力方面也有量化的回报指标。之前人们普遍按其字面意思将其直译为"影响力投资"，但这容易被误解为投资主体的影响力，而不是在社会公共价值方面的影响力，从而窄化了这一概念本身的内涵。也有人将其译成"公益创投"，虽然突出了公益色彩，但这似乎同样不能全面诠释其含义。因此，友成基金会主张将其译为"社会价值投资"。

2007 年，美国洛克菲勒基金会最先提出这一创新的理念，力图创造资本与公益的非典型牵手。简单地说，社会价值投资是资本界和公益界的"跨界"，各种传统理念的"混搭"，倡导资本通过有经济效益的投资来做公益。

2010 年，摩根斯坦利（Morgan Stanley）与洛克菲勒基金会联合发布研究报告，把价值投资界定为一种新的资产类别（Asset Class）。该报告估计，未来十年，价值投资者在普惠商业（inclusive business）领域的潜在利润在 1830 亿美元到 6670 亿美元之间，而投入到普惠商业的资本在 4000 亿美元到 1 万亿美元。

瑞银（UBS）在实践中，提出了基于价值观的投资哲学和理念（values-based investing, VBI），即在选择投资机会时，除了经济回报外，还考虑社会和环境价值的标准。这种投资哲学可以将投资决策和（投资理财）客户的可持续价值观和想法协同起来。VBI 的价值观包括了个人价值观，以及在投资目标形成过程中，对道德行为和可持续发展的看法。这些价值观可能是基于宗教信仰，同样可以是对个人原则和对道德、社会和环境优先秩序的观点。对什么是"基于价值观的"或"社会责任投资"的解释和个人价值观和看法一样是多种多样的。因此，VBI 对之进行了宽泛的解释，用四种不同的战略将投资决策中的道德、环境或社会标准加以整合，即：负面筛选、正面筛选、社区投资或社会价值投资，以及股东参与（engagement）。

2. 融于中国：三组织联手倡导建立社会价值投资基金

在我国，"市场在资源配置中的决定性作用"需要两大前提：一是社会价值的回归，即配置资源的方向；二是法制的完善，即配置资源的制度保障。经济的转型和改革的深化,都需要从理念的改变开始;而理念的改变来自社会目标的选择。社会价值就是人的价值及人与社会、自然和谐的价值,后者是实现人的幸福不可割裂的要素。社会价值投资的目标正是社会价值的最大化。

对比其他国家的价值投资,尤其从政策和公共关注的角度看,中国当前社会价值投资的切入点多在于绿色经济方面,此类项目关注点常常在于经济和环境的双重指标。但社会价值投资基金认为,这个还远远不够,必须加上"社会"也就是"人"的因素来考量。例如,一个垃圾处理场不仅要考量它的经济收益和环保价值,还需要同时在选址等方面照顾到"人的社区"的因素,才是更具"社会价值"的投资。

2013年11月16日,友成基金会、气候组织、绿色创新实验室在第十五届中国国际高新技术成果交易会现场联合宣布,共同倡导筹备国内以社会价值为导向的股权投资基金——社会价值投资基金。同年12月13日,在"投资未来"论坛上,友成继续提出社会价值投资理念,把投资未来和投资社会价值联系起来,倡导投资人要投资青年、投资环境、投资社会、投资创新等,共同创造更大的社会价值。

3. 投资理念:社会价值投资基金强调以人为本

传统的商业投资,是以投资收益单一最大化为导向,导致了资本的异化,表现出"见物不见人"、"把人和环境、经济发展割裂开来"、"用制造新的问题来解决眼前的问题"等一系列问题。

而社会价值投资基金强调"以人为本",如果脱离了人,任何组织和个人都无法单一地解决任何社会问题。在投资的途径方法上,要强调各个社会利益相关方的参与,强调发现和满足超越物质需求的对人的尊严和情感需求,强调所有的技术创新、发明、实现、采纳都要求人的参与和对人的需求的考虑。这其中,人既是目标也是方法。

从社会价值投资的理念看来,经济、社会和环境是可持续发展的三大支柱,不能偏废任何一方,实现经济效益、社会效益和生态效益的有机统一,是全面协调可持续发展的基本要求。社会价值投资是投资领域的社会创新,通过培育、投资、支持真正应对最严峻的社会挑战、解决最迫切社会问题的社会企业，达到经济、社会和环境价值的统一，实现人类社会的可持续发展。社会价值投资倡导和实践的过程，同时也是发现真正具有社会使命的投资人和企业家，重新定义和倡导社会企业、社会企业家等理念的过程。

在王平的设想中，社会价值投资基金（SIF）是包括公益创投基金和商业性产业投资基金的组合基金群。其公益部分在基金会范围内运作，致力于做不追求商业回报的社会创新的天使投资。资金来源于商业性产业投资基金部分的捐赠及其他捐赠资源，资助方向是对种子期社会创新组织和社会企业的孵化，目的在于解决中国社会创新动力不足和商业性天使投资不足的恶性循环问题，鼓励更多有创新能力的人创业，形成被投项目库。

SIF 的商业部分，以"社会价值"引领投资理念，遵循社会价值投资的正面清单和负面清单，通过借鉴社会企业交叉补贴的模式在投资中对周期长短不同和风险程度不同的项目或基金序列进行组合，就像商业投资领域类似于通过投资组合、资产配置等，把不是明显高回报和暴利的、但是明显具有的社会效益的一些项目和友成其他的投资项目结合起来，使整个基金或基金序列总体上在满足社会价值相关部分之后仍然能满足投资回报。

SIF 在运作中，涉及如何保障社会价值回报和经济价值回报两个核心要素。对第一个核心要素，亦即如何保障社会价值方面是社会利益相关方参与投资决策以保证其社会价值属性；对第二个核心要素，即经济回报的保障方面，则是通过交叉补贴机制保障商业性投资的价值的实现。

由此可见，SIF 不仅是影响力投资不同版本的翻译，而且在前者基础上发展了自己独特的定义和模式。它是新公益理念的"非牺牲"原则和新投资理念的"非暴利"原则结合的产物。其核心精神是回归以人为本——平衡人作为社会人和经济人的双重追求，兼顾公平与效率，实现社会、经济与环境的可持续发展。

4. 行业影响：推动行业发展

（1）推动行业从传统慈善到社会价值投资

王平认为，公益组织是社会创新的重要力量。做公益必须有大视野，这就需要跳出公益圈来看公益。慈善是什么？公益是什么？新公益是什么？社会创新是什么？社会价值投资又是什么？这些概念的普及和理清，无论对公益人还是社会大众都非常重要。中国公益人需要更新理念，打开眼界，走出公益"圈"。

所谓慈善就是企业家、慈善家自己出钱，包括帮助弱势群体、救危救难、救急救困，它是出于一种个人的爱心，是一种人道情感的表达和自我存在价值的彰显。

传统公益是什么呢？它的本质和慈善并没有区别，只是更组织化、更专业化。虽然选择的议题更具有社会公共性，但仍然是救助模式，只不过成立了基金会，成立了某一个专项机构，专业化地去做慈善。

友成认为，真正的创新产生在"新公益"，或者叫社会创新。因为造成中国城乡社会全面、均衡、可持续发展的最大障碍不是资金问题而是资源配置的有效性问题。社会创新就是发现深层次的社会需求和未被利用的资源，通过资源要素的重组和优化配置，更有效率、更可持续地解决社会问题。创新在本质上不同于革旧，创新是通过多赢而非零和，通过价值创造而非价值摧毁，通过模式改变而非利益重组来解决社会问题。新公益主张的是基于公共社会议题的价值创造而不是简单的第三次分配。

（2）对公益慈善领域资源的影响

从公益慈善领域存量资源的角度来看，社会价值投资的理念用于公益项目设计，在保证公益性的前提下，保证财务的可持续，增强其杠杆效益，将可以使存量资源得到最有效的利用。

从增量资源的角度看，如果引入更多的企业家和投资家，让他们认同社会价值投资理念，通过社会价值投资产生的利润，一部分拿来去做研究，做一种价值倡导，友成的思想界就会更有前瞻性和引领性；如果友成拿出其中一部分钱用来孵化社会型的企业，而这些社会型企业有创新的办法去解决社会问题，并且有可持续的商业模式，社会将会更有活力。

（3）对于公益慈善项目设计的示范性

社会企业的基本定义是用企业的方式解决社会问题。公益创投作为社会价值投资基金的公益部分，从投资人的角度看，友成认为被投社会企业应符合以下3A标准，即目标（Aim）——创业者以解决社会问题为目标；方法

（Approach）——创新的务实的和财务可持续的解决方案，兼顾社会、环境、经济；行动（Action）——务实操作的能力和坚持不懈的精神，也就是要求企业具有社会目标、盈利模式和团队执行力。与传统慈善相比，用社会企业解决社会问题会更加公平、更有效率、更可持续，对公益慈善项目有示范性和借鉴意义。

2013年11月16日发布会后，SIF立即获得各方的高度认同。深圳市市长许勤称，"这是目前投向的一个创新点"，给予了积极的评价，并热情邀请该基金落户深圳。深创投董事长靳海涛从投资家的视角对社会价值投资基金给予了极大的肯定和积极的建议，强调"着眼于长远的社会价值才更有可能获得长远的巨大的商业价值"。友成基金会理事、著名财经评论员、社会价值投资基金筹委会发言人吴伯凡先生强调，"社会价值投资是真正的智慧投资"。

社会价值投资基金的探索和实践，对于推动商业与公益的融合必将具有示范的意义；对于推动政府、企业和社会各界对价值投资的关注和重视，必将起到倡导的作用。更重要的是，它对于整个社会建立以人为本的多维度的价值评价体系，有着更为积极和重大的价值。目前已有多支商业基金在模式形成阶段。

除了传统的基金形式投资，友成还与新晋的互联网众筹平台在进行积极洽谈，共建新公益－社会价值众筹平台，发布展示符合新公益理念的社会价值筹资项目，开设"新公益"品类，提供网络平台和筹资项目编辑展示、筹资技术支持、资金划转等服务；对需要重点推广的新公益筹资项目，投入专项市场推广力量加大推广力度。

五　从资本精神到走向共享——
卢德之的现代慈善理念

（一）资本精神

改革开放以来，中国用30多年的时间完成了西方资本主义将近三百年的发展任务，取得了巨大成就。同时，西方国家近百年的社会问题也集中在了这快速发展的几十年中。企业家是社会财富的创造者，同时也是社会责任的承担者，面对时代的发展，需要更多企业家联合实现中华文化的成功转型，使国民的思想道德素质和社会价值观适应社会经济发展。资本精神就是这一转变的有力方式。

资本精神是华民慈善基金会理事长卢德之从自身成功的商业实践出发，博览群书又深刻思考后总结的一整套理论体系。阐述的是资本增长背后的道德精神和这种精神动力。资本精神鼓励更多的人通过合法劳动成为富人，鼓励更多的富人通过慈善捐赠成为好人，实现精神上的升华。

资本精神与资本主义精神不同，它是一个用于分析市场经济条件下企业成长精神思想基础的专门概念，特指资本形成、发展的各种行为动机和这些动机背后的道德精神。从最本质的意义上讲，资本就是增长，就是发展，发展的愿望就是资本精神。资本精神的基本要义是发展。资本精神是引导企业健康持续发展的灵魂。获取和积累财富是一种需要创造力和专业精神的活动，企业和企业家是用商业智慧和商业精神追求效率和利润。一个没有使命感、没有精神追求的企业是不大可能有长久生命力的。对财富的不断追求，是人类客观不灭的人性。资本具有天然的扩张本性，如果不加以约束，它就可能像一头闯进瓷器店的野猪，造成自然资源日益枯竭、生态环境日益恶化、人际关系日趋紧张，最终导致经济衰退和社会危机。转型经济时期，我们必须寻找经济发展与社会和谐的道德支柱，找到使中国企业成长壮大、推动财富不断涌流的精神源泉，而资本精神正是推动社会和谐的不竭动力。资本精神有两种作用：一种是能推动经济的发展，推动社会的发展；另一种作用就是保持社会平衡，即发展与和谐。资本精神所提到的资本，既包括物质资本，也包括人力资本和精神资本。因此，资本精神既是一种富人的财富观点，也是一种全民共同拥有的、对财富积极追求和合理使用的道德精神。

资本精神是湖湘文化在现代社会的集中体现与延伸。以屈原思想和楚文化发轫的湖湘文化源远流长，是一种具有悠久历史和深厚蕴涵的区域文化，独具湖南地域特色。近百年来，宋明理学成为湖湘文化的重要组成部分，丰富了湖湘文化的内涵。湖湘文化有两大特点，一是先天下之忧而忧的博大胸怀；二是

格物致知、实事求是的实践精神。从战国时期爱国诗人屈原到湘军创立者曾国藩再到无产阶级革命家、国家主席毛泽东，湖湘文化孕育了一代又一代的杰出人物。卢德之作为在这片土地上成长起来的湖湘人，天然有着"敢为天下先"的气魄、对社会有担当的时代精神，同时兼具吃苦耐劳和满怀理想的激情。他提出的资本精神从经济大发展的层面丰富了湖湘文化的内涵，为企业家提供了财富积累的动力和精神支柱。资本精神崇尚创新与发展的财富观，不仅可以作为湖湘文化从革命文化向发展文化转型的工具，还可以为培养湘籍企业家的企业文化精神树立正确的财富观、义利观和文化观。资本精神把企业家的致富实干精神与民族振兴精神结合起来，通过资本创新精神努力去完成湖湘文化的现代转型，对于湖湘文化在当代全球化和市场经济中的崛起具有重要意义。

资本精神强调的是财富发展的内在动因及其背后的道德精神。卢德之在提出资本精神之时，就赋予企业家在创造财富能力外的使命感、责任感和良心。使命是出自对于远大理想的一种自觉的承担，与信念密不可分。责任是使命的一种实践，它是人们把使命付诸行动的职责和任务。良心是人们实现使命、承担责任的出发点。三者是一个整体，只有使命感的企业家是空想的；只有责任感的企业家注定是短命的；只有良心的企业家，却会走向平庸。企业家的责任首先是追求企业的发展，培育出世界级的大企业。中国现在的发展阶段也需要大量的企业和企业家积累物质财富。企业家的能力是一种稀缺资源，是民族振兴所必不可少的要素。在发展企业的同时，企业家还需要承担社会责任，没有内在精神追求的企业家不可能成为真正的企业家。

资本精神是经济发展和社会发展的内在动力。资本精神作为经济发展的支柱，对经济有规范和推动的作用。一方面，如果缺乏资本精神的支撑，追求财富的欲望最后必然沦为纯利欲的冲动，导致人们动物性的膨胀、人性的泯灭、财富的浪费和社会秩序的混乱，财富的积累就难以成为社会和谐发展的动力。另一方面，如果没有资本精神的支撑，作为社会事业之一的社会慈善事业也难以健康发展。社会慈善事业的发展一定是以社会财富的增长为前提的。资本精神以终极关怀为核心，包括经营哲学、行为准则、人格追求等内容。建立以资本精神为核心的经济伦理规范，使浮躁飘荡的人心有所皈依，使茫然无措的行为有所参照，使穷人变成富人，使社会和谐发展。这无论是对一个国家、对一个社会，还是对一个民族来说，都是一种根本意义上的建设。

资本精神是引导富人做慈善的动力源泉。资本精神鼓励企业家成为通过商业价值去创造生命意义最大化的人。正如改革开放鼓励一部分人先富起来一样，30多年的实践以及政策的支持，造就了一大批有财富的人。然而以先富带动后富，走向共同富裕才是最终目的。最先富有的一批人有义务帮助其他人走向共同富裕，这是一个成功的企业家走向伟大所必须经历的一步；而一个伟大的企业家走向崇高，其必然归属就是"慈善"。以"资本精神"为理念创办的华民慈善基金会传递爱心、为共同富裕添砖加瓦，正是资本精神生动的实践表现。

（二）资本精神与现代慈善事业

资本精神作为一种思想形态，并不是某一种社会形态的产物，而是一种与整个人类历史的财富增长方式、速度、规模密切相连的道德精神。华民慈善基金会就是以资本精神作为立会之本，企业家在现代社会从事慈善实践的成功尝试。华民慈善基金会成立于2008年5月，成立时正值汶川大地震，因此基金会刚一成立就确定了抗震救灾额紧急援助主题。基金会与灾区签订了3000万元的捐赠协议，致力于灾区养老院和学校的重建。在汶川地震一周年之际，华民又发起"灾区安居志愿者公民行动"作为灾区重建主题的一个延续。在百年不遇的大灾面前，只有充分协调和整合各种民间资源和公益力量，才能探索出一个可持续的"公民参与"的社会机制。在基金会筹建之初确定的专业领域是教育和老年服务，在教育领域，基金会推出了大学生就业扶助项目。目前，该项目已经顺利开展6年，累计出资11580万元，资助了25160名、培训了55000余名合作高校应届毕业生，共83320名学生申请。根据项目评估统计，受扶助学生的就业率超过合作院校的平均就业率10个百分点。从汶川地震的援助建设到大学生就业扶助项目，这一系列过程无不体现了资本精神与中国特色现代慈善事业的内涵。

在华民慈善基金会的墙上，写着这样一句话"拼命挣钱，拼命省钱，拼

命为慈善事业花钱",华民慈善基金会就是根据资本精神理念构想设计的。不同于其他基金会,华民基金会的章程中明确写道:"慈善,作为一种思想观念、道德行为和社会事业,是人类自身发展和社会进步的必然产物。慈善事业既是国家倡导的一种光荣的公益事业,也是社会道德建设的一种高尚行为。慈善体现的是一种超越性的大爱,本质上是人人参与、人人享受的权利及义务。"企业家的使命、责任与良心赋予其承担一定的社会责任,而慈善事业就是企业家在取得一定成就后继续发展事业的动力。

华民慈善基金会从成立伊始就高举中国特色现代慈善事业大旗。因此,不断深化对这一概念的理解也一直是基金会的追求。那么,究竟什么是慈善?在卢德之看来,慈善作为一种思想观念、道德行为和社会事业,是人类自身发展和社会进步的产物,更是人类传递超越性大爱的至善之举。慈善事业既是国家倡导的一种光荣的公益事业,也是社会道德建设的一种高尚行为。慈善事业的发展,不只是寄希望于社会上先富起来的人,更重要的是植根于最广大的民众之中。人人皆可慈善,慈善是大众行为。在西方发达国家,慈善的捐款,绝大部分也是来自民众,来自公司、企业和机构的捐款只是少部分,可以说慈善是"散户"的天下。从社会道德层面来说,慈善是为了帮助人们摆脱困难而不附加任何其他目的和条件的社会公德行为,任何人都有权利享有,而任何附有其他目的和条件的施舍、救助、资助行为,都不能说是完整意义上的慈善活动。慈善也是人们的一种社会道德责任,任何有能力的人都应当参与和付出。这种权利和义务,是出于人的内在的道德要求,是自觉的行为,是一种自律,不是法律要求,不是外在强制力。总之,慈善事业既是人们共同参与,又是人们共同享用的社会公益事业。

华民慈善基金会是一个由企业家出资建立的慈善基金会,投身慈善事业不仅显现了企业家的社会责任,更彰显了一种现代乃至后现代的财富观和企业家价值观。从市场层面分析,企业家应该是通过商业价值创造去追求生命意义最大化的人,这种意义既可能是为人类也可能是为自己。而随着财富的积聚,过于沉溺于自我、没有道德信仰和理想的生活方式必将会带来发展上的迷茫。从发达国家的市场经济的发展史看,几乎所有伟大的企业家最终都成了慈善家,这说明财富的归宿最终在于返还和回报社会,在于与他人分享。这种"富而优则善"的社会良性循环证明了财富创造的原动力之所以生生不息,正是因为有一个伟大的信念上的目标。老洛克菲勒曾经在80岁时说过,"我一直财源滚滚、如有天助,这是因为神知道我会把钱返还社会的"。

然而,慈善终究是一种民间行为和自发的社会行动,是社会大众的自主选择。在卢德之看来,慈善的定位应该是对政府所设立的国家制度——社会保障制度的必要补充。其立足点和着眼点应该是在政府的政策视线和财政能力一时无暇顾及的领域中发挥自己的光和热。

当代中国的企业家做慈善应是与传统的慈善相区别的现代慈善事业,建立非公募基金会是他们投身慈善事业的最好选择。慈善基金会不再是单纯的个人的善心和自发行为,在花钱和散财的理念上可以有长远的规划,可以做一些诊治社会痼疾的本源的努力和尝试,而非单纯发钱发物。清醒地认识慈善基金会的运作特性和运营模式,可以保证企业公民投身慈善之路结出社会和谐之果。

在基金会的运营和项目运作的过程中,华民慈善基金会探索出了纯粹慈善、阳光慈善、科学慈善和高效慈善的经验,这正是慈善基金会实现承诺——"把最好的事情做到最好"的基石。

纯粹慈善 在市场经济条件下,特别是在市场经济体制还不完善的背景下,慈善也要警惕各种污染和侵蚀。一旦慈善被污染,成了社会潜规则的俘虏,就会给社会的良心造成莫大的损害。中国现代慈善事业刚刚起步,为了保证它的可持续性,必须要保持它的纯粹性。特别是作为企业公民,在参与慈善活动时,要力戒功利心,避免让慈善与作秀、商业推广、品牌营销甚至是"人脉"上的感情投资扯上关系,要把商业行为与慈善行为两者截然分开,如此才能赢得社会和公众的信任与认可。这条原则也是慈善事业健康发展的根本保证。

阳光慈善 阳光慈善就是基金运作一定要全程公开和全面公开,有绝对的透明度,让政府和社会一目了然。正如当下慈善领域问责一样,问责的核心就是解决慈善机构的公信力问题,只不过它是试图通过一套指标体系来对慈善机构进行考评,比如考评组织本身的结构和能力,利益相关方的评价,目标、使命和责任的达成等。问责是对公信力的监督、检验和评估,更多的

是操作层面的问题。慈善机构如果要经得起时间的考验，一定要将自己置身于阳光之下，充分接受政府和社会的监督，这有助于杜绝内部舞弊，也给了政府对慈善机构的信心和公众对慈善机构的知情权，体现了慈善基金会运作本身的社会义务。

科学慈善 如果说纯粹慈善和阳光慈善是为了消除在运作非公募慈善基金会时的"别有用心"，那么科学慈善所倡导的专业性则是为了避免在运行项目时的心血来潮。慈善基金会并不是万能的，它只能在其力所能及的情境下处世和处事，所以慈善基金会应该选择和确定擅长的专业工作领域，不能追求做一个大而全的"巨无霸"。在组织内部对项目选择、签订协议、项目运行、项目评估等都有一整套的规范化运作程序和管理机制。本着既定的运行原则运营慈善项目，在项目操作上也应该有极强的程序和规则意识，这是基金会可持续发展的必要条件。

高效慈善 慈善不是坐而议，慈善是动而行。华民主张慈善项目应该本着最快、最直接的方式让受助者得到切实的援助。华民慈善基金会的"大学生就业扶助项目"，每一笔扶助款都是直接拨付到受助学生个人的银行账户上，尽可能地剔除中间环节，最大限度地追求项目的运行速率，也最大限度地保证了受助者的社会权益。在"灾区安居志愿者公民行动"项目中，基金会与搜狐等单位合作，利用互联网的特性试图打造一个能够高效地发出慈善需求信息和沟通"捐款方"与"受助方"双方的网络平台。在灾区实地考察调研基础上，为公众提供一个受灾家庭重建需求的明细，为爱心人士和企业直接参与受灾家庭对接互动提供便利，最终实现慈善需求与资助的直接对接。

当前，在许多国家和地区，慈善事业已经发展成为一个具有自我生存和自我发展能力的社会生态系统，而广泛的、坚实的公益性支持平台是保障慈善事业运作的基石。要在中国建立这样一个社会生态系统任重而道远。发展非公募慈善基金会是企业家践行资本精神最有效、最直接的方式。在有一定社会经济资源和话语权的企业家的带头参与下，慈善有可能发展成为一种体现中华民族核心价值和精神力量的软实力，同时也是一种成功地从营利走向非营利的市场模式和一种真正从物质富有到精神富有的生活方式，中国公益慈善事业需要更多的企业和个人参与进来。

（三）从资本精神走向共享

在卢德之看来，他从官员到商人身份的成功转变是时代给予的机遇；从商人到慈善家身份的成功转变是基于既往的职业背景而作出的选择。他在对人生和世界思考的基础上在三个职业身份间切换，从而提出资本精神的概念，回答了商人赚钱的精神动力：财富越多责任越大。而共享则是其从事五年多的慈善事业之后，基于时代转型和慈善基金会公益实践提出的一种解决东西方社会问题的有效途径。人创造财富是凭借资本精神，资本精神相当于给人提供了一种信仰。如果用一句话概括资本精神那就是"拼命挣钱，拼命花钱，拼命为慈善事业花钱"；而共享则是资本精神内涵的延伸和发展，亦即"慈善是一种超越性的大爱"。

1. 提出"走向共享"

共享的提出，是卢德之在经历了政府行政工作、企业管理工作、伦理学研究及长期从事慈善活动实践的一种理性思考和学术提升的结晶。从倡导有道德地获取财富的资本精神到超越财富的共享观，卢德之系统总结了其财富观的思考，并于2013年出版《走向共享》一书，详细阐述了现代慈善事业之路的发展的最新成果。

在《走向共享》中，卢德之提出共享是人与人之间及人与自然之间追求共生、共存、共同发展的过程，这就决定了共享的内容必然是全面的，既包括物质层面的共享，也有精神层面的共享。在共享的过程中，物质是作为一个哲学的概念而存在的，并不能简单地理解为金钱。精神层面的共享则可以使人获得生活的幸福与快乐。显然，共享的内容是一个丰富的体系，包含了人类生活与生存发展的全部需要与追求，以及人与自然、社会的关系。在当前经济社会发展的基础与条件下，面对未来，狭义的财富共享和权力共享，则是最应该重点关注的内容。卢德之还系统总结了共享具有相对性、平等性、持续性和层次性的特点，站在新的历史起点上，中华民族应当探索出一种大多数人认同和接受，并有利于全人类和平发展的共享模式。

共享与共产不同，共享强调富人对穷人的责任。共产是穷人的革命，其后果可能是颠覆性的，会造成生产效率的低下和权力腐败。而共享是富人革命，强调改良，要通过制度保障所有人的尊严。现代社会难以用共产的方式实现有效的共享。走向共享是人类历史的必然，是人类文明的主题，也是当代中国的呼唤。正确把握共享所要求的核心价值观——财富观、治理观、信念观是走向共享的关键。创造财富是值得鼓励的，合法创造财富的人也应该受到社会的尊重和重视。财富共享是基础性的共享，我们的社会应该突破传统的财富观念，实现超越的创造，从追求个体需求转向满足他人的需求，从追求物质需求向实现精神需求飞跃。现代治理的观念，包括了政治、经济和社会三个层面的治理。强调要从国家层面尊重和维护宪法的最高权威；提倡法治精神对公平和正义的崇拜；坚持以契约精神为基础的市场经济和以谈判妥协为特征的社会博弈机制。信仰观要寻找一个全社会都认同的"共同价值"，并能得到长期的遵循。比如西方的民主、自由、平等、博爱、公平、正义等；比如东方的仁、义、礼、智、信和天人合一、中庸之道等，当然共享也是一种共同的价值，它既要求共享发展资源、发展机会，也要求共享发展过程、发展成果；既要求共享财富，也要求共享权力等。这些东西方共同追求的价值也是共享的基础。

卢德之亲历了中国30多年来的社会巨变之后，发现东西方都面临各种问题。在一次讲话中，卢德之总结认为，我们当前处在一个大反思、大学习、大转型、大超越的时代。二战后，东西方社会都按照各自的路径向前发展，而经过半个多世纪的进程，现在无论西方还是东方，我们都处在一个需要大反思的时代。我们都深刻认识到社会出现了很多的危机。一方面，学习前人的智慧，比如东方的孔孟之道，西方的亚里士多德、柏拉图哲学，以及东西方都有的宗教思想等。另一方面，东西方要相互比较学习。在人类社会几千年的发展过程中，东西方都沿着不同的路径在前行，东西方都有着各自的优势和特点。同时，社会快速发展，适应时代最好的方法就是寻找共同价值，也就是共享。

共享就是我们转型的目标和方向。当然，转型是需要动力的，也就是资本精神。人类发展到今天，已经是互相依存的。不仅人与人之间、国与国之间相互联系、相互促进，而且人与自然之间也需要建立起一种共享机制。实现共享目标是一套复杂的体系，有过程共享，也有结果共享；有物质共享，也有精神共享；有国内共享，也有国际共享等多种形式。

2. 实现共享的有效途径

在提出共享概念的同时，卢德之还提出了实现共享的实践路线图，即明确从"共识"、"共治"到"共享"的战略路径。在走向共享的过程中，首先要精英形成共识，包括政治、职业、思想在内的各界精英形成共识，对社会经济发展的根本问题达成基本认识。共治是政府的社会治理和公民的自治的一种有力结合。十八届三中全会提出社会治理模式的创新，专门论述了激发社会组织活力，这种社会治理模式的转变，从管理到治理的方式就是共治。共识是基础，共治是方式和路径，共享是目标。通过精英层面达成共识，政府与民间形成共治，最终实现多数人的主动共享。

要实现共享，还要具备一种超越的精神，必须清晰地认识到这是一个大超越的时代。不超越就没法转型，甚至会落后、会倒退。超越就是既要超越自己，也要超越别人。要认识到只有先超越自己才能超越别人。为了实现人类共同的理想和目标，我们必须要超越自己，也要超越彼此不同的经验，以这种精神去"超越左右，追求共享"。①

慈善作为一种超越创造、超越财富的存在，是一种平等、互助共享的方式，是所有人都能参与的社会事业。随着中国经济社会的不断发展，个人拥有财富不断增多，中国现代慈善发展也有了现实的物质基础和政治法律条件。在这样的一种情况下，富人和企业家应该成为慈善的主力，具备资本精神。富人从事慈善事业实际上是一个"主动革命"的过程，能有效缓解社会矛盾、贫富差距，避免穷人"共产"式的革命。卢德之曾提到，"不共享就可能被共产"，以慈善方式主动共享成了企业家和富人的必然选择。主动共享是避免中国发展成果毁于一旦的选择，中国正慢慢走入中等收入国家行列，为了避免中等收入陷阱、国家停滞不前、贫富差距过大，慈善发挥了重要的作用。

3. 共享国际化与现代慈善事业

在卢德之看来，在当前经济社会转型的背景下，中国慈善事业必须旗帜

---

① 卢德之在哈佛大学的演讲主题。

鲜明地走向世界，实现中国慈善事业的现代转型。而这种转型就是要建立中国特色现代慈善事业，它既不是传统的，也不是美国的，而是在坚持民族性基础上的一种中西合璧型的中国现代慈善事业。当前我们在大反思、大学习、大转型、大超越的时代背景下，中西方企业家存在很大的差异。西方历史悠久的家族已传承百年，如洛克菲勒家族从老洛克菲勒到现在已经是第五代企业家了；而中国改革开放以后的企业家实际上还属于第一代企业家，虽然大家都在追求企业的发展，追求企业和企业家应该承担的社会责任。西方企业家是在一个比较成熟的社会规则下经营和发展企业，他们相对比较成熟，有较高的素养，有丰厚的财富积累；中国第一代企业家是在一个不成型的环境里头野蛮成长起来的。这使得中国企业家对财富较之西方企业家有不同的认识。西方企业家对财富的认识基本上定调在洛克菲勒、卡内基那样的一种财富观认识上，而中国企业家却把新的时代精神更多地融入了进去。卢德之所倡导的"资本精神"实际上就是一种既符合现实但又超越现实的财富观。这些年来卢德之的实践就是依据资本精神不断赚钱、不断省钱、不断花钱的一个逻辑过程。作为中国第一代企业家，新的时代精神也赋予了他们后来居上的条件，无论从理论上还是从行动上，都能取得后发优势，创造中国传奇。在这样背景下成长起来的企业家，他们的慈善事业完全按照西方的模式是走不通的。

　　中国企业家当前所面临的问题繁多，在发展道路上各种矛盾关系尤为复杂。党的新一届领导人深刻地认识到了这一点，强调以民为本，强调党必须与民结盟，代表人民利益。当然，这种结盟是建立在规则基础上的，或者说是建立在民主与法治基础上的一种结盟。这样的结盟才会使得中国真正走向现代化，才能使得中国企业家避免与特殊利益集团在经济市场化背景下的不公平竞争。当然经济发展需要市场化，但社会则不应一味强调市场化，而应允许充分多元化。在经济领域我们要尽可能按市场规则办事，通过市场手段实现经济效益最大化；而社会是一个多元的系统，如果社会建设与治理处处充满着市场化，则可能有违公平正义之价值。所以经济的方法在社会领域只可能是社会建设与治理的一种方法而已。企业家可以按照市场规则发展企业，而在缓和社会矛盾解决社会问题上，按照完全传统的模式也是走不通的。共享是中国现代慈善事业的特色,也是中国现代慈善的最终选择。

为了实现中国慈善事业的现代化转型,加强国际交流与合作是重点方向。一方面要加强慈善理念的交流与学习,即通过交流学习西方先进的慈善理念,做到先从理念上实现转型与超越。二是要加强公益慈善项目的合作。重点要积极与西方的一些著名家族基金会或社区基金会合作,通过合作做具体公益慈善项目,使我们不断亮相国际舞台。当然,公益慈善项目合作不同于经济领域里的合作,经济领域的合作是以互补性为前提,以各方的最大利益为目的;而公益慈善项目的最大效益在于社会评价。由于各个慈善机构的理念不同,慈善家的目标不一,合作起来更显得困难。因此,合作过程中必须强调平等性。在慈善领域,同样应该反对"慈善霸权主义",只有平等的合作才是有生命力的合作。

共享是人类社会发展的一个重要方向与目标。随着全球化浪潮的发展,全世界的基金会包括中国的基金会一直走在追求共同发展的前列。世界各地都在为解决人类面对的发展问题、疾病问题、抗灾救灾问题等而解囊相助,付出辛勤劳动。尽管人类仍然面临战争的威胁与考验,但追求共享无疑是发展的基本方向与重要主题。

人类共享是一个循序渐进的过程,首先要从自己做起,做最好的自己,同时要拥有全球视野,从区域共享直至追求和实现全球共享,那才是一个更加和谐的世界,那也可能就是接近早期人类就开始憧憬和追求的世界大同了。

这样一来,以资本精神为核心的财富论,以现代慈善为核心的慈善论和以社会共享为核心的共享论,逐渐构成三位一体,形成了一个基本的理论框架。最后,将卢德之博士的一首诗摘于此,与大家共享:"世间法则本难寻,千求万索贯古今。惟有一理堪根本,百姓即是父母亲。"

(四)传递爱心的火炬——大学生就业扶助项目

1. 项目背景

大学生就业扶助项目是华民慈善基金会的首推项目。目前,我国的大学生就业形势仍趋紧张。统计显示，2013年中国高校毕业生已达699万，2014年高达727万，众多大学毕业生面临毕业后找不到工作的风险，大学生就业问题，尤其是家庭经济困难的大学生就业问题已经成为一个家长揪心、学校担心、学生忧心、社会关心的严峻社会问题。对于贫困大学生来说，在校就读期间有助学贷款、奖学金、助学金等各类资助，可以顺利完成学业。然而对于大四即将毕业的学生，一方面面临就业的压力，另一方面各项就业费用也无形中增加了其支出成本，尤其是困难家庭的大学生一旦无法顺利找到工作，将给整个家庭带来沉重的负担。这个问题既关系到千万贫困生个人和家庭的切身利益，也关系到学校与教育的未来发展，更关系到社会的和谐与国家的未来。华民慈善基金会在对全国11所大学1443个应届毕业生的综合调研的基础上，了解家庭经济困难应届毕业生存在经济条件、能力建设、相关信息等就业相关的社会性支持需求，推出"大学生就业扶助项目"，扶助家庭经济困难的大学毕业生，奉献一把融冰化雪的薪火，坚定他们的自信，照亮他们的前程。

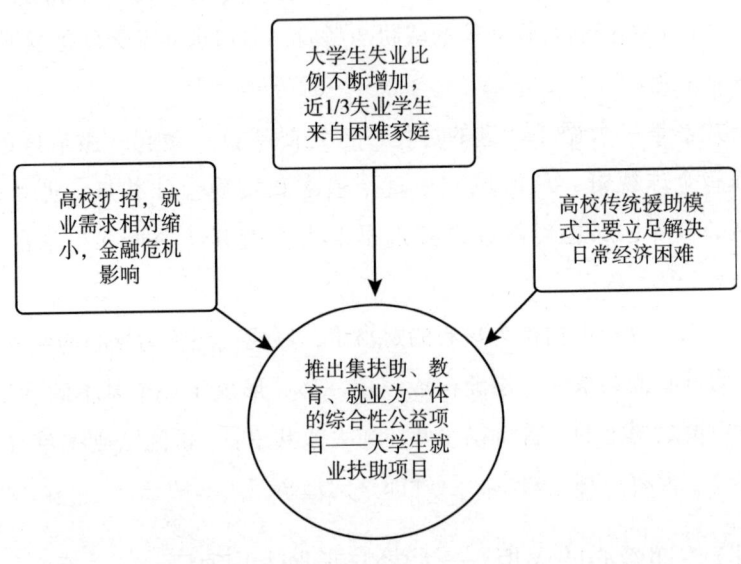

图1　项目背景示意

资料来源：华民慈善基金会。

2. 项目理念

对于大学生就业扶助项目，华民慈善基金会理事长卢德之博士曾提出"他们站起来，可能会比别人更高"。贫困生找工作过程中缺少信息和资金支持，如果能够在此时帮助他们，这将会为社会带来更大的效应。得到扶助的学生会怀着一颗感恩的心回报社会，以今天富有的人帮助明天可能会富有的人，以此形成良性循环，也是践行资本精神的一种方式。基金会的资助过程中并没有把这些学生当成贫困人群，而是未来能够带来社会财富的人。在这样的定位下，也有利于扶助学生从心理上摆脱贫困阴影，更好地踏入社会。

自 2008 年第一期项目起，基金会理事长卢德之博士就提出"我们都是爱心传递火炬手"的理念。通过对受助者的帮助，把企业家的爱心、慈善基金会的爱心传递给帮助对象。在这个过程中，所有参与者都是平等的项目合作伙伴，都是爱心传递的火炬手，未来受助者也将回馈社会，把爱心火炬不断传递下去。这一理念的提出，明晰了参与项目各方的角色定位，引发学生开始思考"我们是谁"的人生命题。2009 年基金会理事长卢德之博士又提出"把爱心火炬传递到老百姓最需要的地方去"。基金会希望通过项目合作，把这样一种爱的精神传递到社会最需要的地方，传递到老百姓最需要的地方。理念继续为大学生就业提出"我们往哪里去"的思考。2010 年理事长卢德之博士又进一步提出，用爱心火炬点燃老百姓的幸福之火，启发学生进一步思考"我们去那里做什么"的问题。通过这一系列启发思考，为解决大学生就业提供指引。

3. 项目发展历程

华民慈善基金会大学生就业扶助项目开始于 2008 年，基金会与 20 所合作高校签订就业扶助合同，面向毕业生开放扶助申请。基金会为合作大四毕业学生每年提供 4000 元的就业资助及 1000 元就业培训。为避免对外招就业标培训机构质量难以把控的问题，在项目开展后的 2～3 年间基金会逐渐建立起自己的就业培训团队，目前基金会培训团队已有六名专职培训教师。同时基金会也不断增加合作高校的数量及资助学生人数。目前大学生就业扶助项目每年与 50 所高校合作，对 5000 名应届毕业生提供就业扶助。（详见下表）

往届项目资助情况

年份	高校数量(所)	网申人数(人)	资助人数(人)	投入资金(万元)
2008	20	2846	1965	982.5
2009	30	9011	2957	1478.5
2010	50	13958	5396	2698
2011	50	18529	4844	2422
2012	50	19353	4998	1999.2
2013	50	19623	5000	2000
合计	—	83320	25160	11580.2

资料来源：华民慈善基金会。

在项目实施的过程中，基金会不断对项目进行完善。通过大量扶助学生反馈的信息及综合评估，基金会还搭建了个性化就业服务平台，通过招聘长江商学院学员、职业HR、招聘机构及往期合作同学作为志愿者担任就业导师的方式，为一部分有需要的合作对象提供个性化的就业指导，包括简历修改、面试辅导及推荐面试机会等内容，从而提高学生就业率。这种以慈善公益的模式整合社会资源推进大学生就业的做法，为缓解大学生就业压力提供了新思路。

另外，为了最大限度满足更多学校就业学生的需求，实现慈善资源的有效配置，基金会对合作高校实行轮换制度。对资助满五年的学校实行轮换，以期为更多的高校大学毕业生提供服务。

4. 运作机制

大学生就业扶助项目每年一期，每期与全国50所高校合作。（见附图）符合条件的学生可以通过华民慈善基金会官网直接申请。华民慈善基金会在接到申请后，遵循公平、公正、公开的原则，按照公布的评定程序由第三方对申请材料进行独立评审。

扶助对象是合作高校全日制应届大学本科毕业生（不包括硕士和博士生），资助额度是每人3000元人民币，资助款分两次（在大四第一学期和第二学期）拨付至受助学生个人账户，第一次1000元人民币，第二次2000元人民币。扶助方式为现金资助、就业能力提升的专项培训，以及为一部分有需要的扶助对象提供实习就业信息和个性化就业指导。

5. 执行流程

项目实施分为项目启动、网上申报、材料打印、院系审核、材料邮寄、项目评审、学校复核、名单确定、就业培训、就业服务、首期拨款、中期评估、二期拨款、结项评估14个流程，如图2所示。

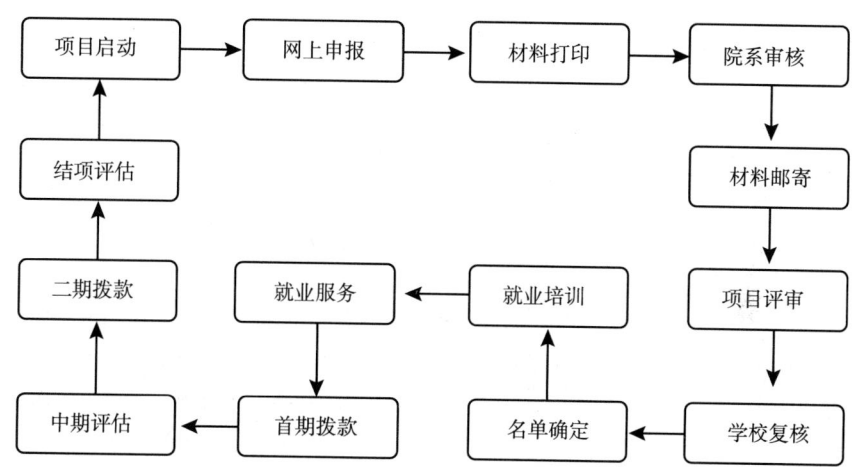

图2 项目流程

资料来源：华民慈善基金会。

为保证项目执行过程的公开、公平、公正，基金会设计了一套完善的评审指标体系。指标包括主观与客观两部分，其中一级指标按重要程度依次为经济指标、愿望指标、品行指标、学习指标，总分150分，其中经济指标85分，愿望指标45分，品行指标15分，学习指标5分。客观性指标由系统自动评分，主观性指标由基金会邀请的第三方评审实行独立评分，最终累计两类指标总分，并依据分数由高到低排名确定资助学生名单。

截至2013年，大学生就业扶助项目已经进展到第六期。从统计到的前五年的数据，可以看出基金会采取现金资助、能力提升、推荐实习或就业的方式，累计出资11580万元，资助了25160名、培训了55000余名合作高校应届毕业生，共83320名学生申请。根据项目评估统计，受扶助学生的就业率超过合作院校的平均就业率10个百分点，项目已经初步形成了独具特色的项目品牌和项目操作模式。

宁夏大学　河北农业大学　长春中医药大学　哈尔滨工业大学
宁夏师范学院　内蒙古大学　中国政法大学　吉林财经大学
陕西师范大学　太原城市职业技术学院　北京第二外国语学院　辽宁大学
江西中医药大学　天津财经大学　华北电力大学　大连理工大学
陕西中医学院　黄淮学院　河北师范大学　山东大学
青海大学　河南大学　　中国海洋大学
青海师范大学
兰州商学院　　　　　　山东科技大学
　　　　　　　　　　　河海大学
电子科技大学　　　　　东南大学
西南科技大学　　　　　浙江工业大学
西南政法大学　中南财经政法大学　上海理工大学
云南农业大学　广西大学　武汉大学　华东政法大学
云南大学　广西师范大学　中山大学　安徽师范大学
贵州师范大学　湖南第一师范学院　广东工业大学　福建工程学院
贵州民族学院　长沙理工大学　海南大学　南京信息工程大学

附图　签约高校分布情况

资料来源：华民慈善基金会。

基金会的"资助之道"

——资助型基金会发展分析

摘　要： 一直以来，中国基金会多以筹资运作为主，基金会既要开展筹资，又要实施公益项目，这种做法既与真正意义上的基金会背道而驰，也不利于其专业化的发展。基金会作为公益产业链的资源端，应当定位于社会资源的提供者，打破传统的自我运作模式，积极实施"走出去"战略，以资助为纽带，与民间公益组织合作，实现多方共赢。

关键词： 基金会　资助　公益组织

自2004年《基金会管理条例》（以下简称《条例》）颁布的十年以来，中国基金会如雨后春笋般蓬勃发展。截至2013年12月31日，全国基金会已有3610家，是《条例》颁布之初的5倍。尤其是非公募基金会的发展势头迅猛，2010年底数量首超公募基金会，并以每年31%的速度增长，超过公募基金会20个百分点。

一　美国资助型基金会的发展

资中筠教授曾将美国基金会的功能传神地概括为"散财之道"，在一定程度上美国基金会的确是美国富豪们为多余的财富找到的合理归宿，通过建立基金会，富人们完成了"散财"行为。美国90%以上的私人基金会（Private Foundation）都是资助型基金会，它们专门为公益慈善机构提供项目资助。根

据美国基金会中心显示，2011年全美共有8万余家基金会，其中前1000名的资助型基金会全年共开展了15万个资助项目，资助总额达245.92亿美元。其中规模最大的比尔及梅琳达·盖茨基金会2011年支出32.39亿美元，占全美基金会支出的7%。[①]

美国大量资助型基金会的存在有其历史原因。美国在19世纪末20世纪初，一方面经济增长不断加速，资本和财富高度集中；另一方面贫富差距不断加大，社会矛盾日益尖锐。在包括遗产税、捐赠减免税等优惠政策的激励下，美国社会出现了一个持续近半个世纪的基金会发展高潮，涌现出一大批至今影响深远的公益基金会，如塞奇基金会、卡内基基金会、洛克菲勒基金会、福特基金会等。可以说美国基金会从一开始就源于富人的慈善。相对于传统的社会慈善，美国现代基金会并非直接通过捐赠解决社会问题，而是努力探寻各种社会问题的根源，试图从制度层面构建缩减贫富差距、缓解社会矛盾的再分配模式。同时，大多数美国基金会有专门的投资机构和代理人，可以通过股票、债券、房地产等获得收益。基金会的主要任务并不是"聚财"，而是为了"资助"——通过资助使捐助发挥更大的效用。

二 中国基金会的资助现状

不同于美国基金会的发展，中国基金会大多以筹资运作为主，基金会一方面要通过全民动员型的公益慈善行动筹资；另一方面通过品牌项目宣传扩大影响并实施公益救助。例如，中国儿童少年基金会开展的救助贫困女童复学的"春蕾计划"，中国青少年发展基金会开展的救助贫困地区失学儿童重返校园的"希望工程"，中国人口福利基金会开展的救助贫困母亲的"幸福工程"，中国妇女发展基金会开展的资助贫困山区饮水设施建设的"母亲水窖工程"，中国扶贫基金会开展的关爱贫困学生的"爱心包裹"等。这些项目在全国乃至全球范围内开展，产生了深远的影响。然而每年筹资金额存在很大的不确定性，也一定程度影响了公益项目的开展情况，不利于基金会的可持续发展。

---

① 美国基金会中心，http://data.foundationcenter.org/#/fc1000/subject：all/all/total/list/2011。

截至 2013 年末，全国共有基金会 3610 家。在三千多家基金会中①，资助型基金会可谓凤毛麟角，仅占 1.71%，其中，65% 的资助型基金会为非公募性质。从地域分布上来看，43% 的资助型基金会集中于北京，另有 22% 的位于广东省，加上上海和浙江各有 10% 的资助型基金会，可以说经济发达的北上广浙四地聚集了超过 85% 的资助型基金会。在成立时间上，80% 的资助型基金会成立于 2004 年《基金会管理条例》颁布之后，有 1/3 的资助型基金会是近三年成立的。

虽然资助型基金会的数量不多，其资产规模却不容小觑。数量占全国基金会 1.71% 的资助型基金会，其净资产规模达到全国总规模的 9.41%，2013 年度的公益支出则高达全国总支出的 12.7%，资助型基金会已成为国内公益行业的一股不可忽视的力量。

特别是以资助为主要业务形态的机构，刚刚开始摸索。行业里，十余年来，也有很多国际资助型机构，给了中国民间公益组织发展很大的支持，但同时也会给业界对于基金会的认知带来一些错觉。公益领域经常会把基金会定义成做各类公益项目管理或者支持其他社会组织的机构，也就是单一任务的机构。但事实上，基金会在行业生态链里的位置还是需要仔细推敲的。国际机构之所以容易给大家这种错觉，是因为一方面国际机构已经到了成熟期，无论是捐赠人还是机构战略和工作人员，相对都比较成熟和稳定；另一方面，对这类机构大家常接触的是它们的中国代表处，从机构的全球视角看，其项目办公室的职能更多是执行既定项目策略，而面对捐赠人、媒体等方面的工作则是在总部进行的。

20 世纪 80 年代，国内基金会成立之初都定位在自己筹款、自己做事，如今想要转变资助社会组织，"习惯很难转变"，而且社会组织自身的公信力和能力弱，让基金会有所顾虑其能否承担项目之责。此外，捐款人的认知也需转变。公众不认同基金会支持社会组织来做项目的方式。

2013 年，5 家民间公益组织共同发起了一次基金会评价行动。它们耗时两

---

① 由于高校基金会筹款目标的项目受益群体为特定人群，基本不参与社会公益活动，故本篇章统计数据不包含高校基金会。

个多月发放、回收"百家 NGO 眼中的基金会"评价问卷,从民间公益组织角度出发,以平等合作、行政支持、资源共建、权变管理、恰当干预五个维度评价基金会对草根公益组织资助的情况,并最终形成一份评价报告及榜单。调查显示,全国基金会中仅有1.5%曾资助草根组织。

清华大学公共管理学院创新与社会责任中心主任邓国胜认为:这是本土草根组织第一次给基金会打分和排名,意义重大。不过他也表达了担心,如最终的基金会评价榜单出来,"过于负面,则倡导的效果会适得其反"。

列评价榜前5名的广东千禾、北京西部阳光、南都公益、中国扶贫和心平基金会得到了草根组织颁发的"金桔奖"。这个被称为"草根'逆袭'基金会"的奖项,强烈表达了草根组织呼唤合作、共谋发展的意愿,也对基金会行业的服务理念、专业能力提出挑战。草根话语权的提升,反映了中国民间公益的基本面正在壮大。

未来,基金会的发展将定位于如何"把钱花好"。

三 招商局慈善基金会的理性公益之路

只有当慈善成为一种理性,它才是可持续的。

——招商局慈善基金会理事长 胡政

招商局慈善基金会是由招商局集团有限公司于2009年发起成立的全国性非公募基金会。基金会以"关注民生、扶贫济困、热心公益、和谐发展"为宗旨,在扶贫、助医、赈灾等多领域开展活动,鼓励以创新而有效率的方式,解决中国贫困地区群众的基本生活困难,提高贫困人口自我实现的能力,实现贫困地区的可持续发展。基金会在贵州威宁县打造"幸福小镇",尝试以公益投资扶贫脱困。通过"幸福小镇"项目,推动农村社区扶贫工作,以建设促进农村经济的持续发展和贫困人口的脱贫致富。

(一)组织架构

招商局慈善基金会的决策治理机构是理事会,由15名理事组成,现任理事长为招商集团副总裁胡政,理事会负责基金会的决策及重大预算的管理。理事会下设投资评审委员会,由 6 名理事组成。投资评审委员会在理事会的授权下,决定金额在人民币 100 万~500 万元的业务活动计划。

招商局慈善基金会执行团队包括秘书处、财务处和法务处 3 个办事机构,负责基金会项目执行和管理等日常工作,执行团队共有 8 名工作人员。

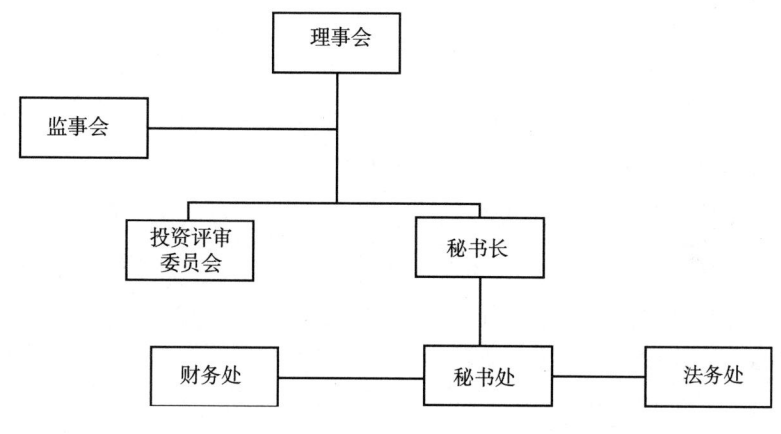

图 1　招商局慈善基金会组织架构

资料来源:招商局慈善基金会。

(二)发展历程及资助型方向的确立

招商局慈善基金会从成立到发展为资助型基金会经历了一系列的探索。基金会的初衷是搭建一个统一的公益慈善平台,整合招商局集团下属企业各方向的捐助,增强公益项目间的关联度和可持续性,确保慈善资源效用最大化。初创期,招商局慈善基金会侧重于救灾、扶助贫困等领域的慈善,一方面继承招商局集团 140 余年的公益传统,另一方面也在把握传统慈善的基础上探索未来的公益发展方向。

2010 年招商局慈善基金会举办首届"扶贫创新奖",面向社会公开征集创新、有效、可复制、可持续的扶贫项目和模式,提供奖金、专家指导、专业志愿者咨询等关键支持。"扶贫创新奖"吸引了来自全国 181 家机构的 276 个项目,涵盖制度促进、生计发展、教育发展、就业发展、医疗卫生等多个领域。通过评奖一方面遴选出优秀的民间公益项目,形成从学界研究到公益资助再到项目执行的良性循环；另一方面，也开阔了基金会的视野，通过与包括真爱梦想、四川海惠（国际小母牛）等大量从事农村扶贫和社区建设的机构接触，让基金会看到民间组织在公益领域的尝试和成绩，加强了对民间公益资源的发展方向及运作方法的全面了解。最终消除对资助条件及环境方面的顾虑，为基金会向资助型发展提供有效借鉴。后期，基金会同部分获奖机构合作，三年累计资助总额已超过1300万元，有效推动了农村扶贫发展。

经过两年的探索和思考，基金会意识到作为一个负责任的捐赠者，应具备专业的资助及管理能力。为了使资金效用达到最大化，基金会确立了资助型的发展模式。招商局慈善基金会定位于公益链上游的资源提供者，希望通过各方面的资源支持改善公益链下游的社会组织发展，进而促进整个行业的进步。

基金会秘书长黄奕认为："资助型的基金会，如果下游没有发展好，那么基金会存在的合理性就要被质疑了。所以，下游是我们非常关注的，整个生态好了，自己才能好。"

表1 "扶贫创新奖"获奖机构资助详情

序号	机构名称	所获奖项	资助项目	累积资助（万元）
1	真爱梦想公益基金会	行动奖	真爱梦想乡村儿童素质教育计划	541
2	四川海惠（国际小母牛）	行动奖	滇西贫困乡社区综合发展	284.5
3	四川海惠（国际小母牛）	行动奖	乌蒙山区贫困乡村社区综合发展	500
4	陕西西乡妇女发展协会	行动奖	乡村贫困人口小额信贷扶贫	100
5	胜利果乡农民合作社	行动奖入围	三项公益基金支持	10

注：对陕西西乡妇女发展协会提供了为期两年的无息借款，指定用作小额信贷资本金。借款现已归还。

资料来源：招商局慈善基金会。

首先，招商局集团每年为基金会提供定向捐赠，以确保公益项目的持续开展，因此，如何进行有效公益，使善款效用最大化便成为基金会工作的重点；其次，作为非公募基金会，在体现捐赠者意愿与选择战略方向上有更大的自由度，可以更好地整合不同领域的民间公益组织；最后，招商局慈善基金会是央企基金会，有充分的政府信任与合作基础，能够在更大程度上发挥项目的影响力。这些天然的比较优势为招商局慈善基金会确立资助型的发展方向提供了有利条件。

基金会的"资助之道"

自成立以来,招商局慈善基金会公益支出除 2011 年有所下降外,其余几年均呈翻倍增长,年均增长率达 50.2%。在 2013 年的公益支出中,有 3419 万元用于资助公益组织,占全年公益支出的 77.2%。其中,社区综合发展项目是基金会资助的重点,在四川、贵州等地与北京农家女文化服务中心、仪陇乡村发展协会、四川海惠助贫服务中心等多家公益组织合作,项目支出达 2628 万元。目前,除重大灾害外,基金会将不再进行一次性的救助捐赠,更多的是通过资助与合作伙伴共同开展价值推广类项目。

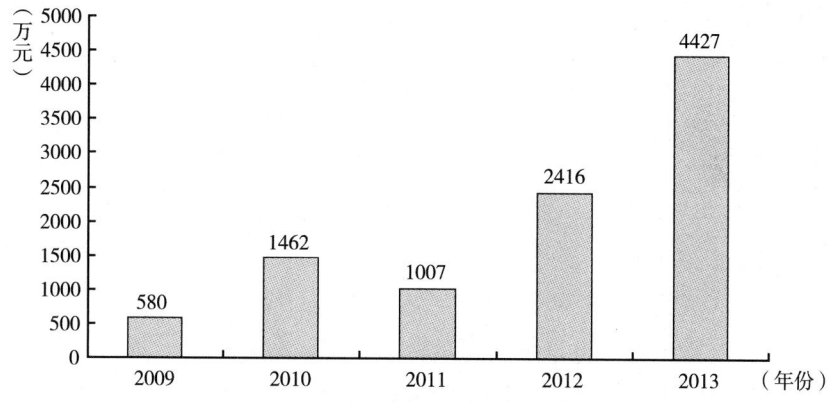

图 2　招商局慈善基金会历年公益支出

资料来源:招商局慈善基金会,截止日期:2013 年 12 月 13 日。

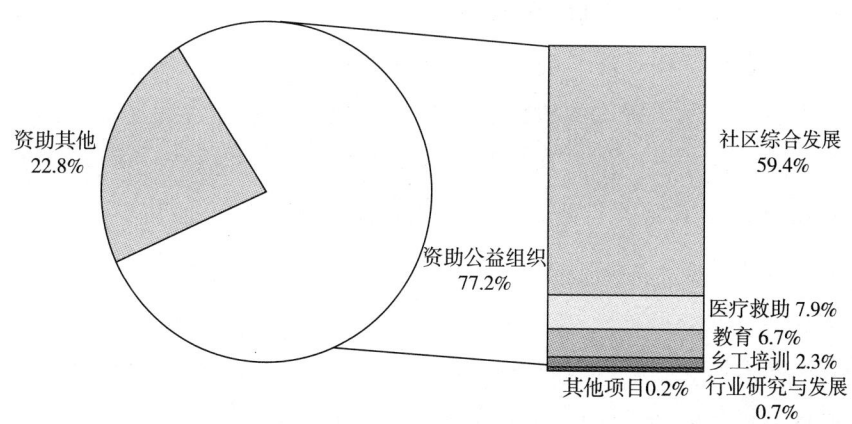

图 3　招商局慈善基金会 2013 年公益支出构成

资料来源:招商局慈善基金会,截止日期:2013 年 12 月 31 日。

（三）招商局慈善基金会的资助之道

1. 共同成长的资助理念

给有动力的人提供向上的阶梯，通过平等合作，推动建设更加富强、公正、美好的社会，是招商局慈善基金会的核心价值观。在基金会看来，资助机构是公益道路上的伙伴，是彼此互惠的关系。在与公益组织的合作中搭建平等的沟通平台，增进双方的了解与认同。在资助中，基金会不仅为合作伙伴提供项目执行的费用，也对其团队管理和运营提供资助，通过合作形成自助—助人的价值认同。

2. 基于项目确定资助伙伴

基金会理事长胡政认为，公益资助需要有明确的方向。"如果一个基金会过度分散了注意力及资源，很快就会背离自己的捐赠事业。相反，如果他们能把自己的注意力集中在理性选择的领域，长期对这个领域给予持久耐心的支持，整合必要的资源，基金会由此造成的影响比方向不明晰的情况会大许多倍。"招商局慈善基金会将自身定位为规定型的资助基金会，基金会根据项目内容的不同要求，定向寻找与基金会的战略方向契合度高的公益组织进行资助。目前，基金会的项目聚焦于农村扶贫等领域，鼓励以创新而有效的方式探索农村发展的有效路径。这种基于项目寻找合作伙伴的资助方式，可以快速地建立起基金会与公益组织间的合作基础。

基金会在设计项目时，会考虑提升社区的物质资本、人力资本和社会资本三个目标。物质资本的投入在于为项目地提供基础建设及基本的生存保障；人力资本建设则提升居民自我发展的能力，丰富其社会网络；社会资本的构建是为了促进当地与政府、周边环境的互动，加强项目地经济、社会与环境的综合发展。在具体实施中，这三个层面的建设逐层递升又彼此交叉，物质资本是基础，人力资本和社会资本是发展的重点，通过三者的结合共同促进社区的可持续发展。如在"威宁小镇"项目的妇女扫盲班中，通过扫盲班的学习提高了农村妇女的文化水平，同时也增强学员们的社交网络，鼓励妇女参与村庄建设，促进社会性别平等，这样也丰富了她们的人力和社会资本。因此，基金会资助的公益组织不仅限于某一特定领

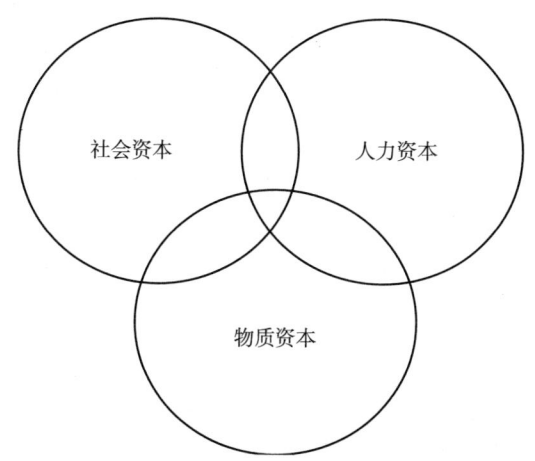

图 4　招商局慈善基金会项目目标

资料来源：基金会中心网，招商局慈善基金会。

域，而是涉及妇女发展、社区管理、产业建设等多个方面。例如，教育类项目与真爱梦想公益基金会合作；人道资助类项目与爱佑华夏基金会合作；农村社区综合发展的项目与四川海惠助贫服务中心（国际小母牛）和绿十字合作。另外，基金会还与深圳的彩虹花合作开展亲子阅读的项目；与慈卫公益合作资助儿童合唱团；同启爱合作开展乡村探访活动等。通过评估组织的项目与基金会三大资本提升的契合度，预判其持续性和影响力，最终确定合作的民间组织。

从项目类型上看，招商局慈善基金会的项目以价值推广类[①]为主，这类项目不仅解决人们基本的生存问题，更多关注的是人们生活质量的提高。因此基金会在项目合作伙伴的选择上，不仅考察项目本身的合作情况，更多注重的是项目团队整理的执行能力和领导力评价。

对此，黄奕指出："价值推广类项目的产出更多以定性的方式来考量。因此，项目团队的内在逻辑很重要，整个团队是否构成一个可被信任的逻辑模型和逻辑框架是我们重点考量的内容。"

---

① 价值推广类项目：关注其可持续的发展，关注受益人的成长和能力的提升，在项目执行的过程中强调理性的研究和思考，注重执行团队的能力。对于这一类项目，招商局慈善基金会更看重的是其执行的"方法"。

从地域上看,基金会的合作伙伴以东部地区的公益组织为主,这些机构有丰富的项目经验和成熟的逻辑模式,能够保证合作项目的有效开展。同时,基金会也在致力于挖掘中、西部民间资源,发展当地的社会组织。自 2013 年起,招商局慈善基金会与农禾之家合作,以本土化的方式在全国范围内培训"乡村社区工作者",并在未来形成一套完整的培养、考评体系,为农村发展提供在地服务的组织。

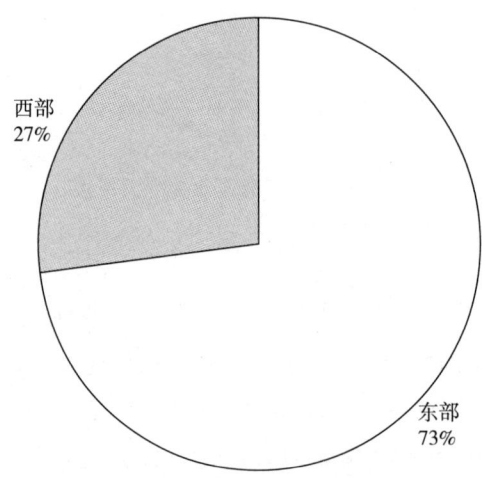

图 5　招商局慈善基金会 2013 年资助伙伴地域分布

数据来源:基金会中心网,招商局慈善基金会。

在申请资助过程中,公益组织会填写一份《项目建议书》,涉及组织的项目经验、执行团队情况等多方面内容。基金会以项目本身的设计和执行为基础,根据组织之前的经验和团队状况等信息综合考量。

基金会项目总监李海提出:"我们在农村社区综合发展过程中,希望看到合作伙伴有一套自己的方法论,而且这个方法论是可以跟我们对话的,我们可以一起来谈这个事情。假如合作伙伴运作模式非常单一,大概就不是我们很欣赏的类型。"

以四川海惠助贫服务中心(国际小母牛)为例,招商局慈善基金会在云南滇西及乌蒙山区的 6 个项目县区 30 余个项目点与四川海惠合作开展农村社区综合发展项目。四川海惠有一套基本原则,即小母牛项目"公正、可持续发展的 12 条基石"①，从村民互助组成立到礼品传递到畜牧培训及支持社区管理等，都有一套专业的服务模式。无论在关注领域、理念还是工作方法上都与招商局慈善基金会的战略方向高度契合，确保基金会与公益组织能够在彼此认同的前提下合作开展项目。截至 2013 年底，招商局慈善基金会持续资助项目区县配比资金超过 1000 万元。

3. 以资助撬动社会资源，搭建互动平台

招商局慈善基金会秉承"宜大则大，宜小则小，量力而行、尽力而为"的原则，合理确定资助规模。面对巨大的社会需求，基金会所能提供的资源非常有限。因此需要在基金会的理念、能力与社会需求间寻找平衡，鼓励创新模式，以小范围的资助撬动更多社会资源。现在，基金会并不是给政府提供资助来开展农村扶贫，而是撬动政府资源共同参与，其中最常见的方式就是政府资金配比，这也为多地政府所采纳。例如，贵州威宁的志愿者支教项目，就是由基金会、威宁县政府和牛棚镇政府三方共同资助。另外，基金会在多地的项目得到政府政策及人员的关注，也为项目的顺利执行提供了有力支持。基金会在威宁的贫困先天性心脏病患儿救助项目中，有效运用了政府的现有网络体系查找病员，其效率远远高于志愿者的自行排查。

基金会在资助过程中，不仅带动政府支持项目执行，同时也整合各方资源，积极搭建政府与社会组织、政府与村民、社会组织与村民间的交流平台。其中，基金会更多发挥了枢纽的作用，一方面让政府对公益项目有所了解并逐渐接受，确保了项目稳定持续地开展；另一方面也为政府参与农村建设提供借鉴与参考。

"之前我们观察到，很多社会组织在做事情的时候，政府不知道它们在做什么，对此，基金会秘书长黄奕指出，它们与政府的联系少，这样就导致项目结项后，它们的影响力迅速消减，最后有可能几年后项目点好像什么都没发生过。"

基金会早期与"免费午餐"合作，在农村贫困地区小学建设食堂供应午

---

① 小母牛项目"公正、可持续发展的 12 条基石"包括：礼品传递（Passing on the Gift）、诚信负责（Accountability）、分享与关心（Sharing and Caring）、自力更生可持续发展（Sustainability and Self-reliance）、改进畜牧管理（Improved Animal Management）、营养和收入（Nutrition and Income）、性别平等关注家庭（Gender and Family Focus）、真诚需要公平扶持（Genuine Need and Justice）、改善环境（Improving the Environment）、共同参与（Full Participation）、培训和教育（Training and Education）、精神风貌（Spirituality）。

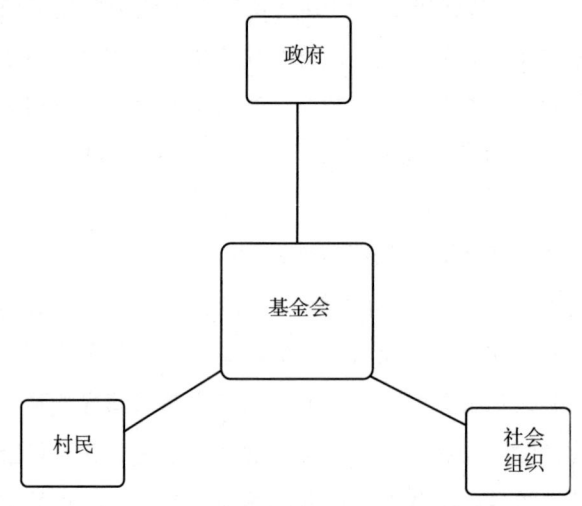

图6 招商局慈善基金会枢纽模式

资料来源:基金会中心网,招商局慈善基金会。

餐。后来政府校餐补助覆盖该地区时,成功地沿用了现有的校餐供应模式,确保试点学校的学生没有发生从吃冷餐过渡到食堂供餐及卫生安全事故。学校在基金会的早期资助下,已形成完善的食堂运营模式,为政府资源的介入提供前期准备,实现民间与政府项目的平稳衔接。

当然,这一过程也带来当地政府角色和观念的改变,它们在基金会的带动下,从最初的旁观者逐渐参与到农村的社区建设,进一步融洽了与村民的关系。

"我们有个项目点,是基督教的社区,之前跟当地政府沟通很少。但是,现在政府基金总监李海指出,通过项目了解当地村民在做产业、社区治理方面的发展,政府对他们也很放心,也会给他们提供很多支持,比如我们帮当地修了一个篮球场后,政府资助他们一对篮球架。村民跟政府的关系也缓和很多,双方信任度也明显增加。"

而民间组织与当地村民的互动则贯穿项目的整个过程,从最初项目设立的物质资本、人力资本和社会资本的三大目标到项目执行过程中村民参与的社区建设,既体现了这一互动过程,也促进了当地村民社区参与的积极性。

李海曾提到:"在项目地,除项目本身提供的资源外,基金会还会为村民配套篮球场、活动室等设施。这些都是由村民提出计划方案、预算并开展社区动员,基金会给予资金支持,共同完成配套设施建设。在这个过程中,村民间更加团结,也增加了他们的组织能力和社区影响力。"

4. 资助中的风险防控

公益资助同样存在风险,规避道德风险、管理风险始终为基金会所关注。公益资助的风险往往是源于对资助方、资助项目了解不到位。因此,基金会自身的专业化管理是确保公益资助理性、持久、健康发展的首要条件。招商局慈善基金会从项目设计、过程管理和评估三个方面综合考量,将可能的风险降到最低。

(1) 项目设计

项目前期的设计和准备是项目实施的基础。在项目开展前,基金会将对项目地区开展基线调查,了解项目地的社会情况及需求,然后根据调查结果设计配套项目。在项目设计中,基金会也将与合作伙伴一起预期需求、预判困难、预料机会,从而确保项目的逻辑可行性。

黄奕认为:"规避风险最大的事情,是看项目是否有一个可信的逻辑模型。如果项目能够做到逻辑自洽的话,那么在执行过程中我们可以预见不会有太大的问题。如果逻辑不明确,那么事实检验中就会出现偏差,这是可能出现风险的。所以我们在跟伙伴设计项目中,这个是特别强调的,逻辑的框架是否经得起考验和推敲。"

(2) 过程管理

为确保项目运作过程的合法、合规,基金会制定了《招商局慈善基金会项目管理办法》,同时定期到项目地点考察项目执行的情况,做到对项目的整体把握。合作伙伴每季度以书面形式反馈项目执行的情况。通过一整套严密的管理机制保证公益项目的严谨、规范、高效。

(3) 评估:社会报表

公益资助的效果反映在项目的社会影响力上,优秀的公益资助不仅解决受助方当前的问题,更能促进社会的良性发展。通过评估,可以清晰反映项目的执行情况及效果。在招商局慈善基金会看来,评估并不是用标尺来衡量合作伙伴的方式,更多意义上是一个学习的过程,在评估中加强合作双方的沟通交流,站在对方的角度思考,最终使双方都有所收获。

目前招商局慈善基金会的项目多为长期、持续进行的项目。在农村社区发展项目中，基金会采取了学习网络的评估方式。整合同一领域且同质性强的机构，通过彼此的交流，在共同平台上互动，互相取长补短，互相学习。这种评估方式比量化考核评估更有效。未来，基金会希望搭建一个同行业组织交流合作平台，将同质性强的项目整合到平台中互相交流学习，其效果要远远大于单纯的项目评估。

（四）主要合作伙伴

北京农家女文化发展中心

北京农家女文化发展中心是一个以促进中国农村妇女发展为目标的社会公益组织，致力于开发农家女潜能，维护农家女权益，培育农家女人才。2001年成立至今，"农家女"始终坚持以农村妇女的需求为导向，紧紧围绕农村妇女发展这个主题，以社会性别意识为切入点，运用参与式的组织手法，开展了一系列的项目活动；所有项目的受益人累计超过100万人。

2012年，招商局慈善基金会将资助"农家女"实施"第四届百位女村官论坛"项目。项目以"破解农村养老"为主题，向全国女村官公开征求论文，收集案例和意见，形成论文集；11月，在北京举办"第四届百位女村官论坛"，100多名女村官及政府官员、专家学者、媒体参加论坛，分别就社区养老相关政策、理论和经验进行培训，并组织现场交流。

四川海惠助贫服务中心

四川海惠助贫服务中心是在四川省民政厅注册、主管单位为四川省科学技术协会的民办非营利机构，2008年11月26日在成都正式挂牌成立，其前身是国际小母牛项目中国办公室。中心以消除贫困、推动公正、建设和谐为宗旨，以公平正义、自尊自强、诚实守信、分享关爱、民主和谐为基本价值观。

国际小母牛组织是一家全球著名的从事扶贫和乡村发展的非营利机构，1944年创立，总部现设在美国阿肯色州小石城，已经在全球126个国家扶持基金会的"资助之道"

小母牛 大改变

了 1300 多万个家庭。由于富有成效的扶贫公益模式和出色的项目影响，其在 2004 年获得希尔顿人道主义奖。机构负责人乔洛克女士则因为领导小母牛组织取得的突出成就而获得 2010 年度世界粮食奖。机构创始人丹·威斯特提出的理念"赠人牛奶，不如助人养牛"和中国"授人以鱼，不如授人以渔"的传统理念可谓异语同意。小母牛在中国的项目 1985 年开始，与政府和非政府伙伴及乡村社区紧密合作，以独特的"礼品传递"方式和以价值为基础的综合社区发展模式，通过提供牲畜和培训，帮助贫困家庭自力更生，推动社区的可持续发展。项目现遍及东西南北，分布在全国 16 个省市自治区的 122 个县，扶持农户 8 万多户。小母牛项目带给贫困农户的不仅仅是过去难以得到的营养食品，更让整个家庭显著增收，摆脱贫困，走上自尊、自立、自强之路，所在社区实现互助合作、和谐团结和可持续发展。

四川海惠助贫服务中心是国际小母牛组织在中国的机构延续，全权代表国际小母牛组织计划、实施和管理其在华农村扶贫项目，并享有国际小母牛组织香港分会专门的项目筹款。

四川尚明公益发展研究中心

四川尚明公益发展研究中心于 2012 年 3 月 6 日在四川省民政厅正式登记注册，属于民办社科研究机构。其前身是成立于 2008 年 5 月 15 日的"四川 512 民间救助服务中心"，由参与"5·12"地震救援的四川本地公益组织和来自全国各地的公益组织共同组建，是中国公益界在重大公共事务中建立的第一个跨地区、跨行业、跨领域的联合体。

中心成立后，不仅成为参与救援的民间和公益界信息交流、资源共享、合作学习的公共平台，也为公益界在地震救援和灾后重建中的"有序参与、有

效服务"奠定了基础。中心通过为公益组织提供多种形式的服务，为公益组织特别是草根组织提供了大量资源信息，成为四川最具公信力的公益信息平台。中心的宗旨是推动四川公益事业发展。中心的使命是研究公益发展问题、服务社会公益组织、建立公益信息平台。

2013年，招商局慈善基金会资助尚明公益发展研究中心实施"420联合救援信息分析研究"项目，开展救灾信息的收集、整理和分析，提供灾情数据信息库建设等相关工作和服务，并协助支持"420联合救援清仁乡仁加村工作站建设"项目。

为中国而教

为中国而教（Teach Future China）成立于2008年，隶属于联合国教科文组织国际农村教育研究与培训中心。项目输送优秀大学毕业生到农村学校或城市打工子弟学校任教两年，提供持续而系统的培训，培养和集结关心教育的优秀人才，以此促进中国社会的进步。

项目将支教与青年成长相结合，通过招募、安置和培训优秀大学毕业生在农村学校任教两年，在应对农村工作和生活的挑战中，辅以项目组织的培训、专人跟踪指导等，使他们了解真实的农村教育现状和问题，并思考解决途径，锻炼优秀的品质和能力，增强使命感，将来无论走上怎样的工作岗位，都会关注社会公平，成为影响中国社会的领导人才；当项目发展到一定规模，项目志愿者老师和经过项目两年培训的毕业者可以形成一股力量，促进中国教育公平及社会的和谐发展。

2013年8月，招商局慈善基金会资助"为中国而教"招募、培训、派遣首批18名应届毕业大学生志愿者，在贵州省威宁县牛棚镇五间山区中小学开展为期两年的支教活动，帮助当地改善基础教育。

仪陇县乡村发展协会

仪陇县乡村发展协会是1996年在四川仪陇县民政局注册成立的非营利性民间社团组织。其宗旨为"以人为本的乡村扶贫与可持续发展"，协会目前在当地社区主要开展以下工作：扶贫小额信贷；贫困社区组织建设、产业发展推动；社区志愿服务组织、倡导与推动；农村特困儿童救助项目活动。

在十几年的发展历程中，协会积累了丰富的农村一线扶贫工作经验，通过建立可持续的金融扶贫发展模式，以资金互助为纽带，帮助贫困农民建立合作组织，并在此基础上实现综合发展。

招商局慈善基金会于2011年向仪陇县乡村发展协会提供了总额100万元的三年期无息借款，资助其运作扶贫小额信贷。2012年，基金会资助协会运作为期三年的"仪陇乡村社区综合发展项目"，将借鉴国际小母牛"礼品传递"的运作思路，帮助当地村庄建立产业互助组，引导农户进行社区环境保护与社区文化活动开展，建立和培育社区组织自我管理，走上共同发展之路。

北京农禾之家咨询服务中心

北京农禾之家咨询服务中心是在北京市民政局注册的民办非企业单位。2010年由中国社会科学院社会政策研究中心农村合作组织课题组全体成员发起成立,意在倡导和指导农民合作组织走向集金融、供销、推广、教育、社会服务于一体的综合发展方向,并致力于为农民合作组织与社会各界进行资源链接,同时协同地方政府进行综合农协的政策试点探索。农禾之家咨询服务中心同时是农禾之家联盟的秘书处,为农禾之家会员提供组织能力建设、人才培养、信息化建设等多样化服务。

(五)禾力计划——培养乡村自己的工作者

我们不能为农民组织提供人才,但能将现有工作人员培育成行业精英;我们不能替农民组织开展业务,但能教给业务拓展的实践方法和思路;我们不能给农民组织大量资金,但能匹配组织发展的实践导师和伙伴。

——禾力计划

乡村是哺育中国的母亲，乡村文明需要传承和发扬。长期实践表明，外部的输血和支持方式难以长期维持农村发展，本土人才特别是中青年人才的培养才是乡村可持续发展的保证。现今返乡青年大潮在全国涌动，乡村发展急需本土人才，禾力计划便是在这样一种背景下应运而生。

禾力计划是招商局慈善基金会2013年开展的、旨在全国范围内培养乡村社区工作者（简称"乡工"）的项目。基金会每年提供100万元资金支持，由北京农禾之家咨询服务中心策划，与山西永济蒲韩乡村社区共同执行。项目致力于推动农村社区组织综合发展并为其提供智力支持、探寻乡村人才职业化道路。"禾力计划"以农村社区人才培养为主要目标，遵照社会工作的理念，结合本土乡村工作的方法，将机构建设、活动组织、推广教育、经济发展等有机连接起来，从服务的角度来增强村民凝聚力、社区公共参与能力，促进农民参与机构事业的发展。

为确保培训体系的科学性，农禾之家前期对项目课程进行了长达两年的研发，具体分为乡工理念、乡工服务和乡工技能三大板块。其中，乡工理念注重对工作员自我意识和服务理念的培养，引导工作员澄清自我价值，树立服务农村的信心；乡工服务强调开阔工作员的视野，开发工作员的多元服务思维，培养乡工的综合性服务思想；乡工技能侧重工作方法的掌握，培养工作员运用网络及发现各种资源，学习规范性管理、组建团队、项目设计等方法。

表2　禾力计划课程结构

模版	A(3门)	B(6门)	C(5门)
课程	乡工理念	乡工服务	乡工技能
	综合农协 乡工定位 乡工素质	我们的乡村 农村推广 经营服务 金融服务 财务分析 社区服务与文化	农户工作 团队建设 资源整合 乡工文档 沟通与情绪管理

资料来源：北京农禾之家咨询服务中心。

禾力计划的培训团队由两部分组成：一是在农村发展、社会政策、财务管理等方面有一定影响力的专家和学者，他们为学员提供理论指导、政策解答，

从宏观角度帮助学员掌握农村社区发展、组织发展的方向；二是来自永济蒲韩社区有丰富乡村工作经验的教师团队，他们向学员分享成功经验，解答困惑，交流工作技巧。

"禾力计划"自 2013 年开展以来，已举办两期"乡土培训师培训"和"乡村社区工作者培训"，项目惠及全国 32 家农村合作组织及涉农 NGO 和 53 名学员。培训结束后，项目将为学员颁发结业证明，并为部分学员及机构提供两年的跟踪辅导，纳入"乡村工作者"认证体系。"禾力计划"为乡村社区组织发展提供了操作型人才，充分发挥村民主动性和社区参与度，培养当地人服务自己的社区、做身边的公益的精神。项目为农村社区带来人的改变、观点乃至做事方法的改变，通过自身能力的提升丰富他们的社会网络，促进中西部地区民间组织的发展。这种改变体现了基金会人力资本和社会资本提升的目标，也正是基金会项目设立的初衷。

招商局慈善基金会从确立资助型的发展方向，经历了几年的发展与探索。在农村社区综合发展中，基金会充分整合民间组织、政府等多方资源，通过社区参与、社区建设，不仅提升了村民们自我发展的能力，也促进了民间组织的发展，这一系列的变化都将给改革中的社会带来新的活力。

G.6 家族慈善初兴：家族基金会的中国实践

摘　要： 经济快速发展的机遇为许多中国家庭带来了前所未有的财富。随着公益行业的渐趋成熟，部分企业家以成立非公募基金会的方式回馈社会，实现家族财富的传递，这便形成了中国家族基金会的雏形。不同于欧美国家家族基金会几十年甚至几百年的发展历史，中国的家族基金会仍处于萌芽阶段。第一代的经济创业者同时也是家族基金会的发起者仍活跃于公益领域，随着更多家族成员参与基金会的运营及政策法规的不断完善，未来中国家族基金会将在公益行业中发挥越来越重要的作用。

关键词： 基金会　家族　慈善

　　家族基金会（Family Foundation）目前并没有统一的定义，根据美国基金会委员会的定义，指那些由个人或家族捐资设立并参与管理、运作的基金会，家族基金会的创办者或其家族成员通常会出任理事会的领导职务，而且至少有一名家族的成员一直在理事会任职，捐赠者或其亲属在基金会的管理和运作中起到重要作用。[①] 目前世界上许多国家都已成立家族基金会，在美国，大多数的基金会也从家族基金会起步。20世纪初期，包括洛克菲勒和卡内基在内的许多工业家拿出一部分财富开始建立基金会。到2000年，最富有的美国人中

---

① Council on Foundations, Glossary of Philanthropic Terms, 2013.11.20, http://www.cof.org/whoweserve/terms/#f.

有3/4拥有自己的基金会。目前世界上最大的家族基金会是比尔与梅琳达·盖茨基金会。美国的家族基金会中大部分没有雇员，主要由家族成员来管理拨款和行政事务，只有大型家族基金会雇佣职员管理拨款，其家族成员则组成董事会从而起到监督作用。在中国，改革开放的经济机遇为许多家庭带来了巨大的财富。据统计，中国富人的数量已居世界第二位。这些富人如何传递他们的财富，他们的后人又该如何处理这些财富，已成为关系整个社会的问题。可以看到的是，他们中有相当一部分人选择通过慈善方式把财富回馈给社会，这也就形成了中国的家族基金会。

一 萌芽：中国的家族基金会

1. 中国家族基金会概况

在中国，现代意义上的家族基金会仍处在起步阶段。截至2013年底，全国共有家族基金会44家，这些基金会全部为非公募类型。从成立时间上分析，中国家族基金会呈缓慢增长趋势。2004年《基金会管理条例》的颁布实施及近几年社会组织登记管理权限放宽后，家族基金会的数量有了一定的提升（见图1）。

从发起人背景看，41%的家族基金会是由企业家发起的，其中绝大多数为

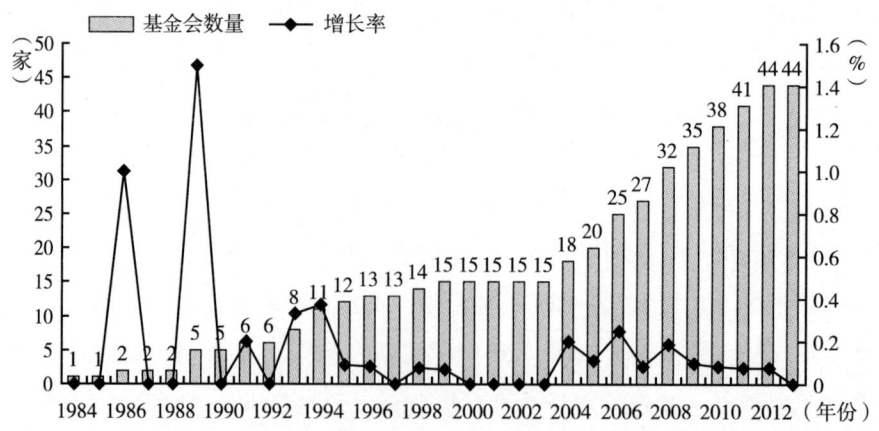

图1 家族基金会数量变化情况（1984~2013）

资料来源：基金会中心网，中基透明指数FTI，截止日期：2013年12月31日。

民营企业家。其次为海外华侨，占比约为28%。其余均为各领域名人，尤以人文艺术领域为主（见图2）。资产规模前十名的家族基金会中，多由在第二产业中表现突出的成功企业家创立（见表1）。与此对比，美国净资产前十的家族基金会发起人背景中，4家为高科技信息产业，3家为金融投资业背景。

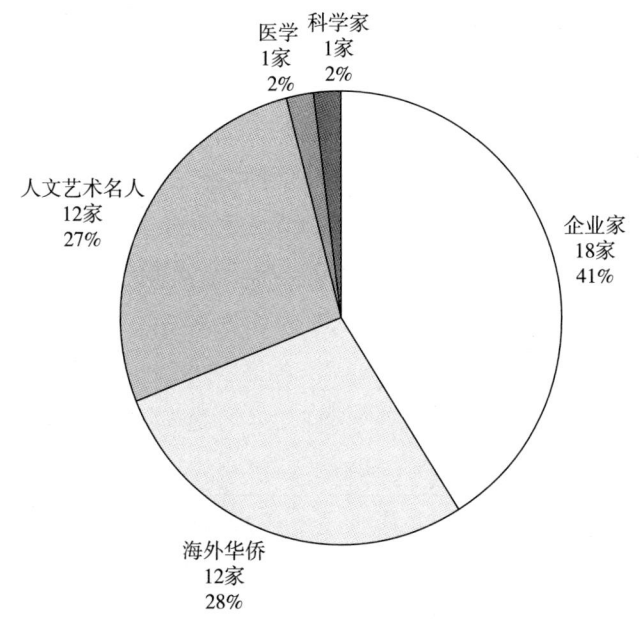

图2 中国家族基金会发起人背景

资料来源：基金会中心网，中基透明指数FTI，截止日期：2013年12月31日。

表1 中国净资产前十的家族基金会发起人背景情况

基金会名称	发起人背景	净资产（亿元）
老牛基金会	乳制品制造业	8.9
福建省黄仲咸教育基金会	银行业等	2.0
上海唐君远教育基金会	纺织业	1.8
华民慈善基金会	金融业	1.0
刘彪慈善基金会	采矿业	1.0
福建江夏慈善基金会	建筑业等	5.1
德康博爱基金会	纺织业	5.0
上海市建国社会公益基金会	汽车制造业	4.1
福建省潘振东教育基金会	地产建筑业等	3.2
余彭年慈善基金会	地产建筑业等	2.2

资料来源：基金会中心网，中基透明指数FTI，截止日期：2012年12月31日。

从地域分布来看，有14家家族基金会位于福建省，占总数的1/3，这些家族基金会多为海外华侨发起成立的。此外，在北京的家族基金会有8家，广东和浙江分别有4家（见图3）。从这一分布特点可以看出，中国的家族基金会多分布于经济较发达地区，这也与财富聚集处的富豪家族多有成立家族基金会的国际特征相一致。

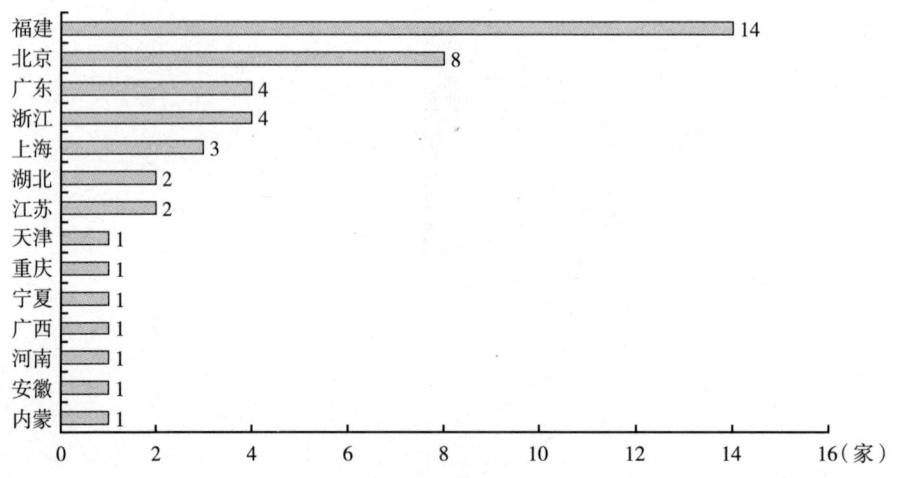

图3 中国家族基金会地域分布

资料来源：基金会中心网数据中心，截止日期：2013年12月31日。

就中国家族基金会的活动领域而言，将近40%的家族基金会开展教育相关的公益项目，这与全国基金会的总体趋势一致。此外，家族基金会的创立者多为各界名人、艺术家不等，所以接近30%的家族基金会还关注书法、绘画、民间艺术等活动领域。

2. 中国家族基金会财务状况与发展趋势

（1）净资产

中国家族基金会的净资产年经历了急速增长至渐趋平稳的发展过程。尤其是2009~2010年的一年时间里，家族基金会的净资产从8.4亿元上升到19.4亿元，增加了1.3倍。这主要是源于老牛基金会净资产增加的11亿元。

家族慈善初兴：家族基金会的中国实践

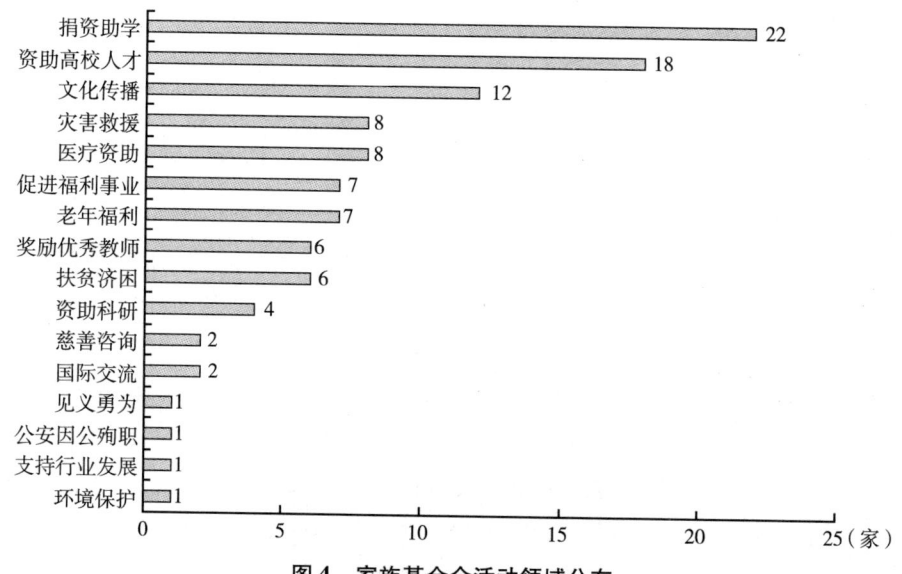

图4　家族基金会活动领域分布

资料来源：基金会中心网，中基透明指数FTI，截止日期：2013年12月31日。

表2　家族基金会净资产总量分布，2009~2012年

年度	净资产（亿元）	净资产在非公募基金会占比(%)	年度	净资产（亿元）	净资产在非公募基金会占比(%)
2009	8.4	6.1	2011	18.5	6.1
2010	19.4	9.1	2012	18.3	4.1

资料来源：基金会中心网，中基透明指数FTI，截止日期：2012年12月31日。

（2）总收入

分析近五年来中国家族基金会总收入的变化情况（见表3），可以看出，随着家族基金会数量的缓慢增加，除2012年外，其收入总量逐渐上涨（见图6）。探究原因，还是由于在2010年底牛根生先生将股份一次性投入后，2012年与2011年度所有家族基金会的总共收入相比，就出现了巨大的落差。

（3）总支出

中国家族基金会支出呈逐年波动上涨趋势。特别是在2008~2009年，总支出年增长率为360%（见图7）。这主要源于老牛基金会、华民慈善基金会、北京市黄胄美术基金会、上海市建国社会公益基金会等基金会大幅提升了其公益支出金额，导致中国家族基金会整体总支出成倍增长的现象。

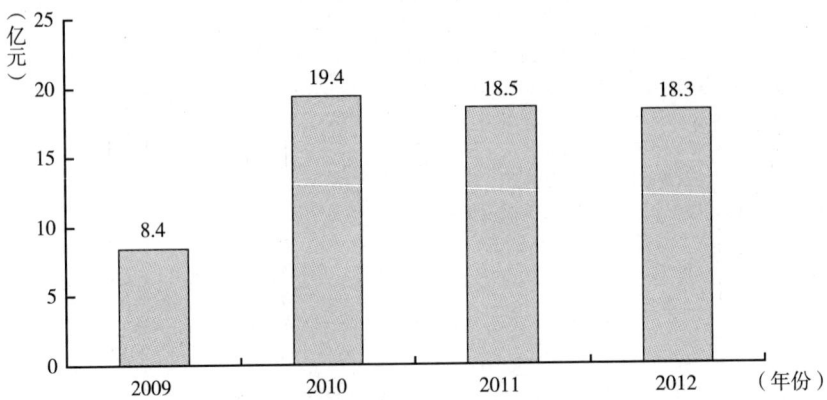

图 5　家族基金会净资产总量年变化趋势，2009~2012 年

资料来源：基金会中心网，中基透明指数 FTI，截止日期：2012 年 12 月 31 日。

表 3　家族基金会总收入总量分布，2009~2012 年

年度	捐赠收入（亿元）	捐赠收入在非公募基金会占比(%)	年度	捐赠收入（亿元）	捐赠收入在非公募基金会占比(%)
2009	3.8	6.2	2011	8.1	4.3
2010	4.4	4.5	2012	2.3	1.6

资料来源：基金会中心网，中基透明指数 FTI，截止日期：2012 年 12 月 31 日。

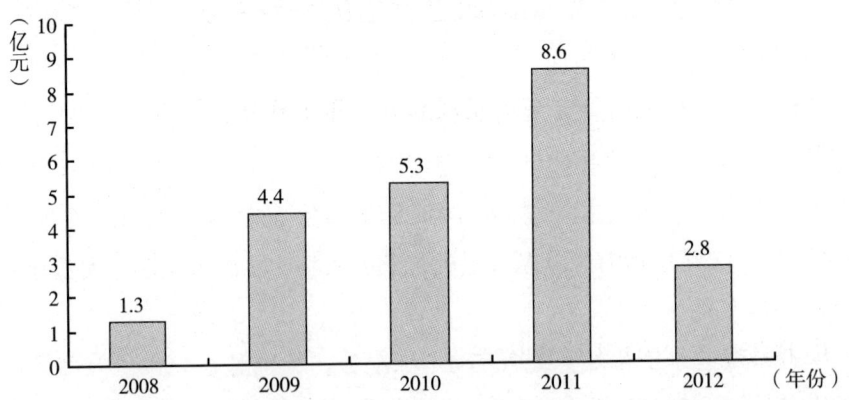

图 6　家族基金会总收入年变化趋势，2008~2012 年

资料来源：基金会中心网，中基透明指数 FTI，截止日期：2012 年 12 月 31 日。

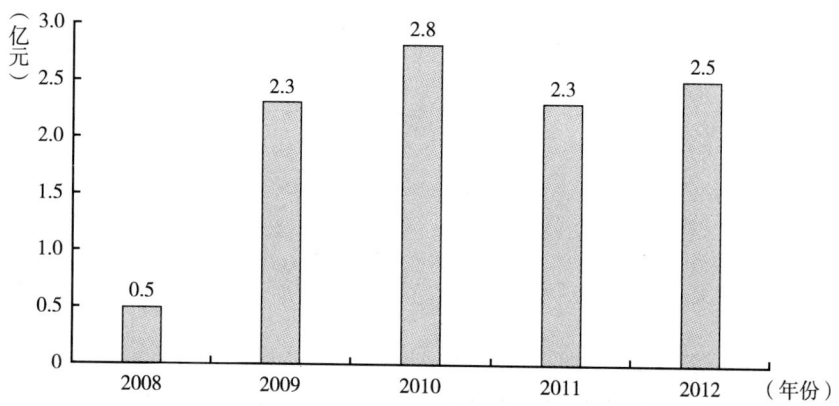

图7 家族基金会公益支出年变化趋势，2008~2012年

资料来源：基金会中心网，中基透明指数FTI，截止日期：2012年12月31日。

表4 家族基金会公益支出总量分布，2009~2012年

年度	公益支出（亿元）	公益支出在非公募基金会占比占比（%）	年度	公益支出（亿元）	公益支出在非公募基金会占比占比（%）
2009	2.3	7.4	2011	2.3	3.2
2010	2.8	5.6	2012	2.5	3.0

资料来源：基金会中心网，中基透明指数FTI，截止日期：2012年12月31日。

二 中国家族基金会的发展瓶颈

政策的支持对家族基金会的发展起到了重要作用。从2004年颁布《基金会管理条例》，允许个人成立非公募基金会，到近几年简化基金会注册登记的程序，非公募基金会的登记权限的下放，家族基金会的数量也不断增加。然而，一些现行配套法律、政策仍有待完善，也影响了家族基金会的健康发展。

1. 税收及支出政策的限制因素

2009年11月，财政部、国家税务总局发出的关于非营利组织免税收入和免税资格认定的两个《通知》，让富人慈善从"柳暗花明"重新折回"山重水复"。按照免税收入的通知，家族基金会资产增值收入需要交纳25%的企业所

得税。此外,根据《基金会管理条例》的规定,家族基金会年度支出还不得低于上年基金余额的8%。

在美国,基金会的资产增值基本给予免税的优惠,投资收益只需缴纳1%~2%的消费税即可。同时,美国法律规定基金会年度支出仅占上一年度资产的5%。在中国,刚性的税收加公益支出,导致要么家族基金会面临巨大的保值增值压力,否则捐赠人持续追加捐赠,否则基金会就可能面临萎缩乃至消失的局面。

2. 行政开支困局

按照《基金会管理条例》的规定,家族基金会行政管理经费支出不得超过总支出的10%。同时,基金会免税资格认定的通知中规定了家族基金会工作人员平均工资不得超过当地职工平均工资的两倍。这种对家族基金会人力成本支出的限制,制约了优秀人才的引进,不利于基金会专业化的发展。

当然,政策的改变需要一个过程。在社会各界对家族基金会的认同进一步加深及现代慈善理念进一步深入时,对政策改革的呼声也越来越高,未来,家族基金会的限制因素也将得到改善。

三 国际家族基金会的实践探索

2011年瑞银和欧洲工商管理学院共同发布的《亚洲家族慈善调研报告》中曾提到:"亚洲地区家族慈善的专业化和体制化起步较晚,发展步伐还没赶上该地区慈善的增长速度。总体来看,利用专门的法人实体或专业人士专责管理亚洲地区的家族慈善活动,还是很新的现象。中国更是如此。例如,一位金融界专业人士介绍,他们越来越多的中国客户选择在香港成立慈善基金会,然后捐赠到内地,这样可以缓解在内地成立难、运作难的问题。为此,很多专家提出慈善专业化来解决这一问题。由此,徐永光先生呼吁道:"专业化的管理模式将使慈善事业如虎添翼,创造出更大的价值。"

早在2001年实施的《中华人民共和国信托法》第六章,已经对"公益信托"作了专门规定。但是,迄今尚无一个标准的公益信托实际操作案例出现。以国际经验来看,专业化手段管理基金会和慈善财产,是不少发达国家的成功经验和定律。在美国，公益信托已有百年历史，小至几千美元，大至数百亿美元，都有类型不同的公益信托管理模式与运作经验。拥有近600亿美元资产的比尔与梅琳达·盖茨基金会，就是采取比尔与梅琳达·盖茨基金会信托、比尔与梅琳达·盖茨基金会的"双治理"模式，前者负责赚钱，后者负责花钱。因而，慈善信托模式，对于由企业家创办的家族基金会来说，在基金会保值增值方面应该充分发挥自己独特的优势。

四 家族慈善的先行者：老牛基金会

（一）基金会介绍

老牛基金会（前身为内蒙古老牛公益事业发展促进会）成立于2004年，是由蒙牛乳业集团创始人、前董事长、总裁牛根生先生携家人将其持有蒙牛乳业的全部股份及大部分红利捐出成立的，从事社会公益慈善活动的非公募基金会；基金会以"发展公益事业，构建和谐社会"为宗旨，业务活动面向环境保护、文化教育、医疗卫生及救灾帮困等公益慈善领域。

老牛基金会理事会由7名理事组成，设监事1名，理事会成员来自全国各

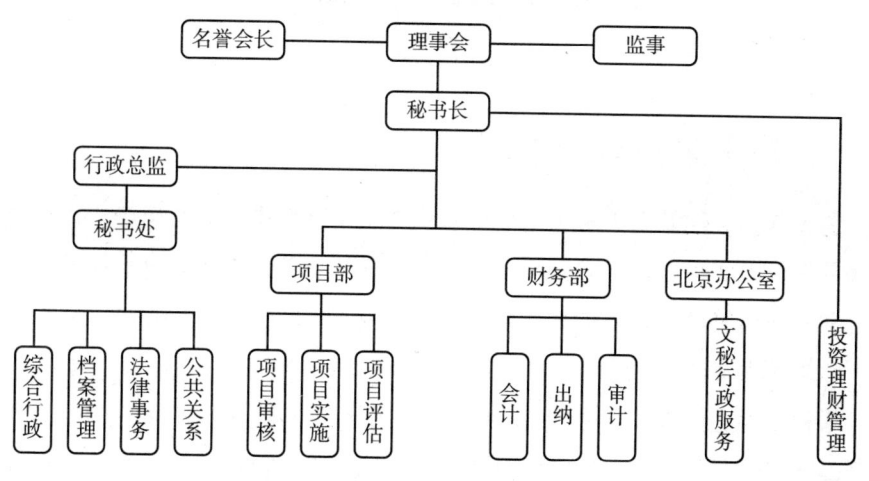

图8 老牛基金会组织架构

资料来源：老牛基金会官方网站。

地不同行业的热心公益人士。基金会执行团队设秘书长,下设行政总监、项目部、财务部、北京办公室和投资理财管理五大部门。

截至2013年底,老牛基金会净资产达7.1亿元人民币,基金会的收入一方面来源于牛根生捐赠的境内蒙牛集团股份红利,另一方面来源于投资收益。2010年,牛根生完成全部股份捐赠后,基金会收入已达3亿元,为收入最多的一年。同时,自基金会成立以来,每年公益支出均有增加,年均增长率达48.25%。2011年公益支出首次超过1亿元,其后每年均有不同幅度增加。(见图9)老牛基金会自成立以来,已累计支出将近6亿元。

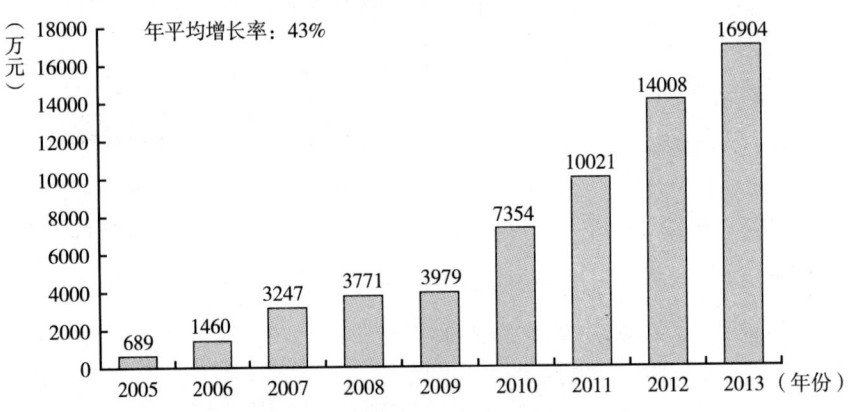

图9 老牛基金会历年支出情况

资料来源：基金会中心网,中基透明指数FTI,截止日期：2012年12月31日。

(二)中国最大的家族基金会

老牛基金会创始人牛根生先生及家人捐出全部股份成立基金会,这在全球尚属首例,因此牛根生也被誉为"全球捐股第一人"。基金会创始资金包括股票红利、境内股份及境外信托三部分,总价值41.2亿元人民币。

1. 牛根生的家族慈善观

牛根生在总结企业成功之道时,曾引用《世说新语》上的"小胜凭智,大胜靠德",同样,在牛根生成立家族基金会之时,依旧秉承以德处世和分享为本的思想。在投身公益事业中,牛根生坚持快乐的慈善观,"从无到有,满足个人,只是小快乐;从有到无,回馈社会,才是大快乐"。牛根生也以实际

家族慈善初兴：家族基金会的中国实践

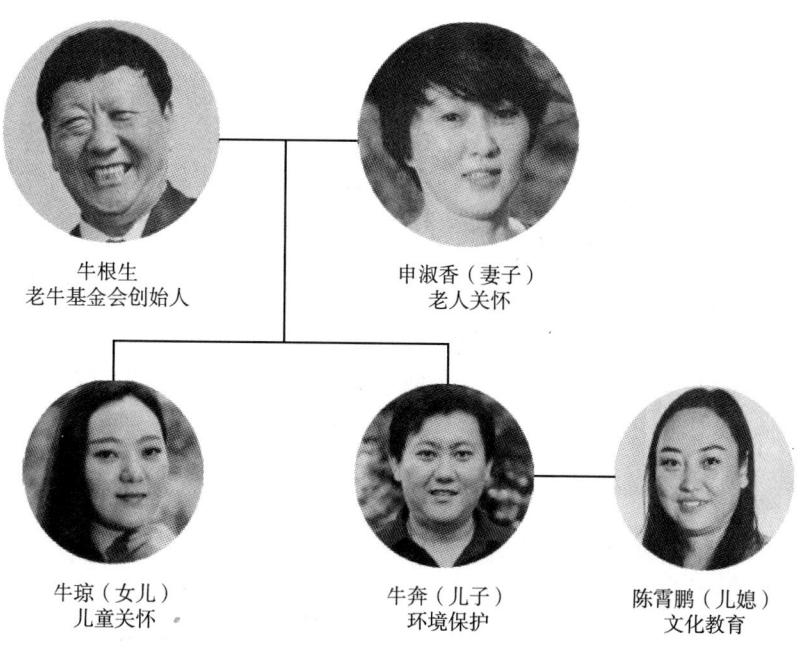

图 10　牛根生的家族慈善

资料来源：基金会中心网。

行动兑现了自己的诺言，他和家人所持有的蒙牛集团的股份，全部捐赠给老牛基金会。在帮助受助者的过程中，他自己内心也感到愉快。牛根生曾多次提出，"施者一定要感恩受者，没有受者提供机会，我们也就不能表现公益慈善了"，这正如商业中的客户至上原则一样，公益行业中的受助者就是我们的客户。因此，在公益慈善中，他始终秉承一颗感恩的心。

在牛根生的慈善观影响下，他的家人也积极投身慈善事业：牛根生的妻子申淑香关注老人关怀，参与开展"贫困白内障患者救治"项目，设立"少数民族地区癌症防治老牛专项基金"项目；女儿牛琼关注儿童关怀，参与设立"心基金"开展贫困地区孤儿救助、贫困聋儿救助行动，成立"全国贫困家庭儿童重大疾病救助老牛专项基金"；儿子牛奔侧重于环境保护，参与建立"内蒙古盛乐国际示范区"，发起成立"四川西部自然保护基金会"，开展生物多样性保护工作，设立"老牛生态修复与保护专项基金"；儿媳陈霄鹏注重文化教育，参与开展"老牛儿童博物馆"项目、"内蒙古师范大学附属盛乐试验学

校"项目和"老牛生命学堂"项目。

2. 成为"中国的洛克菲勒基金会"

对于自己成立家族基金会,牛根生戏称要在慈善行业打造一家"赔钱"企业,成为"中国的洛克菲勒基金会"。牛根生作为家族慈善事业的开创者和引领者,也得到了基金会中心网名誉理事长、南都公益基金会理事长徐永光的认同,称赞他为"中国家族慈善第一人"。

在老牛基金会成立之前,牛根生曾多次到访洛克菲勒基金会,学习国际家族慈善基金会的先进经验。老牛基金会的档案馆就是在参观洛克菲勒档案馆后建立的。在档案室里,有专门的档案材料消毒柜、电子档案防磁柜等。每一个项目从立项到完成,整个的卷宗都保留纸质文件和数字化文档。

(三)老牛基金会慈善项目

老牛基金会的公益项目集中于文化教育、环境保护、救灾帮困和医疗卫生四大领域。其中以环境保护和文化教育为基金会的工作重点。这两大领域一是中国经济高速发展而产生的环境问题;二是传统教育体制对儿童青少年成长的影响,即人类的生存问题和中华民族的未来发展。目前针对这两大领域,基金会开展了以下项目。

1. 内蒙古盛乐国际生态示范区项目

地处中国北部边疆的内蒙古自治区,是保障我国生态安全的一道重要屏障。数十年来,由于气候变化和人为干扰的双重影响,植被退化严重,生态系统愈加脆弱,屏障功能日渐削弱,已严重威胁到了我国的生态安全和可持续发展。为此,老牛基金会与大自然保护协会(TNC)、中国绿色碳汇基金会及内蒙古地方合作伙伴紧密合作,共同设计并启动了内蒙古盛乐国际生态示范区项目,在内蒙古和林格尔进行 3.88 万亩的生态修复与保护工作,致力于探索适应气候变化的内蒙古干旱半干旱区关键生态系统的修复方案,打造一套"生态修复保障经济发展,经济发展支撑生态修复"的可持续修复模式。该项目将投入数亿元人民币,历时数十年,从气候适应、植被恢复、水资源管理、绿色产业四个方面进行生态修复的探索和示范。

内蒙古和林格尔县是项目选择的第一个生态修复和示范保护点,该地属于

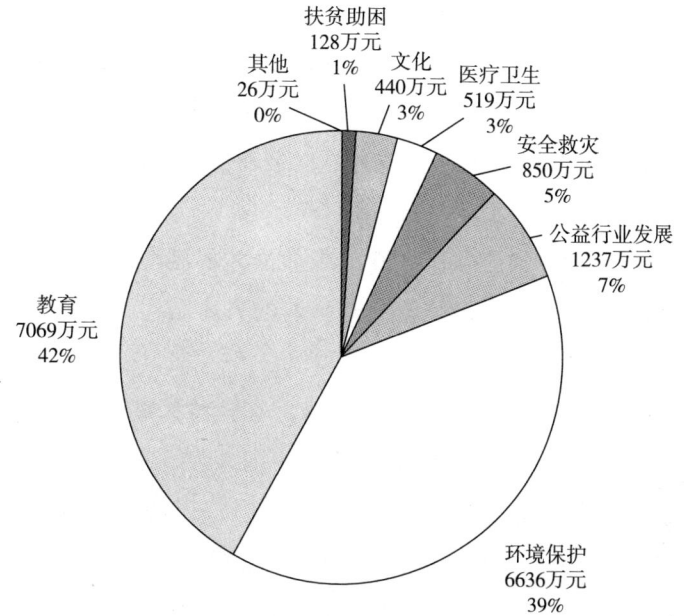

图 11　老牛基金会项目支出分布，2013

资料来源：基金会中心网，中基透明指数 FTI，截止日期：2013年 12 月 31 日。

生态系统类型较为复杂的农牧交错带，也是森林和草原的过渡带，属于生态脆弱区，发展和保护的需求都很突出。项目针对和林格尔的气候变化和生态规划，制订修复方案，进行 2500 公顷的"乔、灌、草"相结合的植被修复工程。目前和林格尔生态修复项目已完成设计并开始施工，并启动了盛乐植被修复实验示范点生态监测工程。同时根据当地植被特点，项目探索出以生物碳为核心的绿色循环产业模式，实现柠条等灌木林地的可持续经营，促成"生态保护保障经济发展，以经济发展支撑生态保护"的健康发展模式。

2. 儿童博物馆项目

"儿童博物馆概念"诞生于美国，是一个透过各种互动式和体验式项目、节目及活动去引发儿童的好奇、探索和学习兴趣，满足儿童成长需要的活动中心。2011 年牛根生在美国考察期间，发现了这种体验式、互动式的教育模式。目前国内在这方面的建设仍为空白，因此基金会设计了儿童博物馆项目，通过建设儿童博物馆以惠及更广大的中国儿童。

中国儿童博物馆定位于公益性、互动式、创新型、示范性特点,通过引进国外先进教育理念与方式,结合中国优秀传统教育方法,致力于提高中国学前教育质量,提升中国儿童整体素质,最终提升民族素质。项目计划北京市、呼和浩特市同时建设儿童博物馆,开发儿童的创新精神和实践能力。

3. 老牛学院

为了进一步应对中国公益事业缺乏专业人才的困境,提高人才的专业素质,蓄积领袖人才,改善中国公益慈善行业的人才结构。2013年老牛基金会启动了慈善千人计划——"老牛学院"项目。

"老牛学院"以培养行业领袖为出发点,在公益慈善行业内播撒种子,进而从根本上改善行业的"人才生态",推动中国慈善行业的人才专业化和公益事业可持续发展。项目计划投入1000万元,通过三年的培训,挖掘200位公益精英,推出30个典范公益项目,为30家公益机构进行全方位指导。

G.7
多样化：非公募基金会发展新趋势

摘　要： 当前，多样化已成为非公募基金会发展的新方向。一方面，非公募基金会发起主体类型多样，各界知名人士纷纷发起成立基金会，参与公益事业；另一方面，非公募基金会关注的范围也不断扩大，从传统的医疗救助到文艺发展、环境保护、能力建设等多个领域。

关键词： 基金会　多样化　活动领域

一　基金会多样化综述

2004年《基金会管理条例》的颁布，拉开了非公募基金会快速发展的序幕。截至2013年底，全国共有非公募基金会2194家，年均增长率达30%，高于全国9个百分点。在非公募基金会快速发展的背后，也呈现多样化的特点。

从发起主体看，非公募的发起主体类型渐趋多样。除传统企业和高校为主要发起方外，也出现了个人，如文艺大家、归国华侨、各界名人和寺院、博物馆等多种主体发起成立的基金会，如著名画家吴作人发起成立吴作人国际美术基金会、爱国华侨吴庆星发起仰恩基金会、崔永元等发起成立的永源基金会、长沙洗心禅寺发起成立湖南省长沙洗心禅寺慈善基金会。

基金会的多元发起主体在极大程度上丰富了基金会的活动领域。从基金会的不同活动领域来看，尽管教育仍为主要方向，但同时也出现了涉及文化、艺术、环境等多个领域的基金会（见图1）。尤其是近几年非公募基金会多样化

的趋势明显,志愿服务、公益行业发展、动物保护、法律援助等领域的基金会经历了从无到有、日益增多的变化。

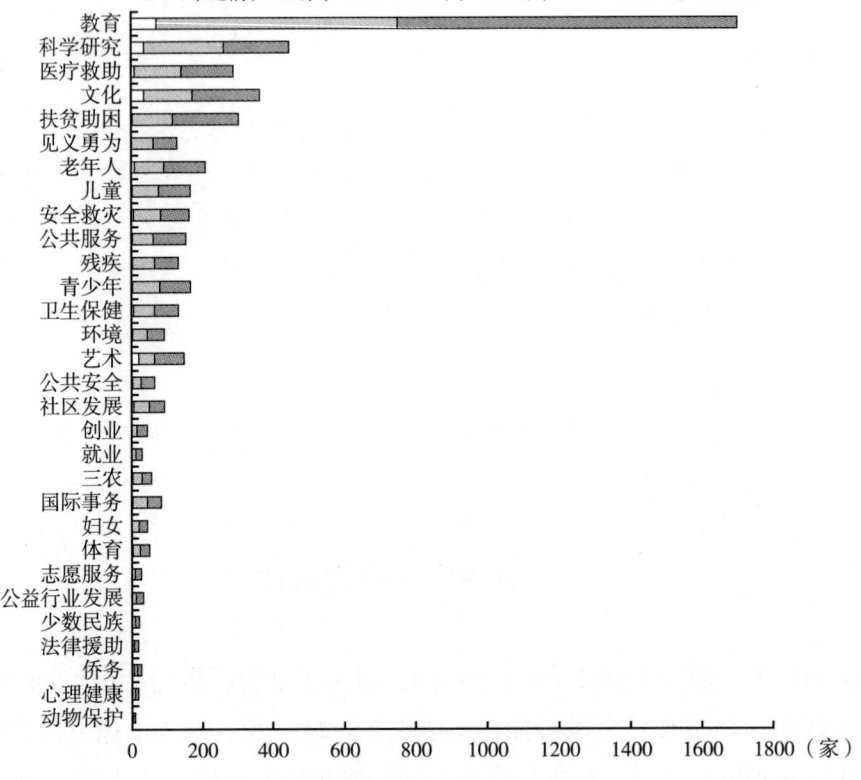

图1 不同时期基金会行业领域情况

资料来源:基金会中心网,中基透明指数FTI,截止日期:2013年12月31日。

二 安忠魂、唤民魂、铸国魂——云南三益文化国防基金会

云南三益文化国防基金会是经云南省民政厅批准注册,于2010年正式成立的。基金会是由文山军区原政委刘志和大校发起,以一批具有"忠爱祖国,献身国防"的军队老同志为主体,并积极吸纳有志于文化国防事业、富有奉

献精神的青年大学生和各方面专家参与的基金会。

"三益"之意是指：精神文化效益、国防安全效益、社会公益效益。"三益"是基金会一切工作的检验标准。基金会创始人刘志和曾说过："一个国家发展源源不竭的动力来自人民，国防力量的源泉在于民众、在于社会。政府资源的再生能力和潜力有限，但如果将政府的领导作用与广泛的民众基础相结合，社会方方面面的发展才能获得源源不断的力量源泉。坚持走群众路线自始便是中国共产党一直以来执政的生命线，同样国防建设也离不开人民。依靠广大人民群众建设国防是文化国防的一个最基本思想。"基于这一想法，刘志和与他的战友们想创办个基金会，一个支持国家国防建设、培养公民文化国防素养的基金会。

三益文化国防基金会的建立，标志着社会民间力量第一次有组织地进入国防建设领域，意味着有志支持国防事业的零星个体拥有了一个相互联系和互动的平台，这其中也包含了中国国防人坚定的奉献精神和责任意识。

三益文化国防基金会最核心的思想是推动文化国防的建设，唤起全社会上下对文化国防的重视。国善公益是一个重要的创新概念。它不仅对公益理论进行了丰富发展，而且填补了公益慈善事业的一个空白。国善是善举而又不是一般的慈善，它是国家层面的慈善。国善的思想精神是"爱国爱人"。即："以褒善忠，以事益国。""以褒善忠"主要是从褒扬牺牲精神出发，善待为国尽忠的英烈，对烈属、英模、战残人员给予关爱、安抚；"以事益国"主要是从文化国防力生成需要出发，以各种形式的公益之事开发精神资源、提炼精神产品、传递精神滋养、创造精神财富、体现国家价值。

围绕国善公益，基金会已经和正在开展的公益项目有五项。一是改进和创新国防教育。针对现在国防教育方面的问题，基金会在北京组织专家组，历时两年多，编辑出版了《国防读本》。读本从小学到大学共九册，采取社会购买赠送给青年学生阅读的方式运作。同时依托读本在全国启动"红树林·爱国防公益读书计划"，由国防大学政委刘亚洲上将为活动题名并担任总顾问。二是组织"忠魂祭"烈士纪念活动。于每年清明期间组织由烈士亲属及社会青年学生共同参与的大规模祭扫活动。从2010年起，已连续四年组织了全国12个省市590余名烈士亲属扫墓，并为烈属解决往返路费、食宿安排。三是开展

关爱烈属志愿服务活动。通过发展国善志愿者，在烈属住地附近，以每户2~3名志愿者对口烈属进行关爱服务，主要是对烈属开展精神慰藉和困难帮扶，对年老多病的烈属进行护理。四是为在乡困难民兵英模建房。以每户20万元的标准为生活在农村的民兵英模建盖一栋英模楼，以褒扬英雄业绩，弘扬英雄精神，宣扬英雄价值。目前已完成9户的建设任务。五是支持国防潜力建设，救助100名"先心病"儿童。项目2012年10月在曲靖市会泽县启动，目前已完成了69名儿童的救治，均痊愈出院。此外，在文化国防理论的研究与推广方面也做了大量的工作。文化国防已被广泛认同和接受。

文化国防是一种软实力的体现。如今，国家在国防建设投入的重点是物质层面的建设，仍缺少对国防建设软实力——"文化层面"的重视。文化，作为一种国防建设力量，并非国防建设的附属品，而是其最不可或缺的一环。文化是基于其对国防的积极作用力，坚持以国家防务为需求对其加以发挥、发展和整合，进而形成与硬实力相协调的国防软实力。

回顾历史，我们可以选择宽容，但是不应忘却，感谢三益文化国防基金会这样的一个特殊存在，"安忠魂、唤民魂、铸国魂"，倡导理性文化爱国，成为有文化素养的爱国者。

三　人本·慈悲·奉献——湖南长沙洗心禅寺慈善基金会

湖南省长沙洗心禅寺慈善基金会是由洗心禅寺常住发起，由中国佛教协会名誉会长、洗心禅寺座元一诚老和尚任名誉理事长、首座妙华法师任导师，于2012年成立的非公募基金会。

洗心禅寺慈善基金会作为湖南省首家由寺院创办的非公募基金会，其主要职责主要包括四个方面：一是开展捐资助学。关注教育成长事业及相关教育发展项目。二是弘扬传统文化。通过开展慈善文化论坛等形式，推广慈善事业，传播佛教教义，弘扬传统文化。三是保护生态环境。倡导合理利用自然资源，保护自然环境，防止生态破坏，引导更多爱心人放生护生。四是积极扶贫济困。秉承佛教"无缘大慈、同体大悲"的精神，为最困难的人洒上慈爱甘露，向最需要帮助的人伸出温暖的援手。

洗心禅寺慈善基金会有着鲜明的特色：其一，基金会提倡"存善心，行善事，快乐行善"，注重保护和培养大家的爱心，倡导快乐行善，鼓励大家选择适宜自己的行善方式，把行善作为一种过程来享受，避免行善成为负担。其二，基金会"零成本"运作，基金会不从善款中扣除任何费用，日常运作费用通过参与者自愿、慈善义卖、洗心禅寺注资等多种渠道补充，做到财务透明，确保所有捐赠都用于慈善事业。

2012年8月6日，洗心基金成立之时，正值高考录取将结束之际，洗心基金迅速组建了助学团队，制定了助学活动相关管理制度，明确了工作流程，在短短一个月的时间内完成了信息发布、信息收集、信息核实和善款发放等工作，做到了助学活动各工作环节规范有序。基金会通过湖南省残联、长沙市慈善总会、益阳市慈善总会、岳阳市慈善总会等政府慈善机构及报纸、电视等多种媒体渠道，发布了2012年助学计划，共收到了400多名学子的助学申请资料。由基金会发起理事和近百名义工组成了50个审核小组，对长沙、望城、浏阳、宁乡、益阳、怀化、岳阳、常德、湘西自治州等地区的400多名学子家庭情况逐一进行详尽的核实。最后根据贫困程度，确定了300名资助学生名单，并于9月9日公开举行了"洗心基金首届助学捐赠仪式"，发放助学善款120万元。

在开展捐资助学的同时，基金会积极地投入环保与济贫事业。长期进行的放生活动是中国汉传佛教的一种重要表现形式，主旨是宣扬"众生平等"、"无缘大慈"、"同体大悲"的佛教思想。腊八期间，基金会开展施粥活动，传达善意，充分体现了国人传统文化中慈悲、善意的情怀。

洗心基金会作为新生的慈善组织，以"人本、慈悲、奉献"为宗旨，秉着"存善心，行善事，快乐行善"的发心，全心全意践行慈悲济世的精神。爱出者爱返，福往者福来，相信在未来的路上，洗心禅寺基金会一定可以将更多的善念带到人间。

四　吴作人国际美术基金会

吴作人国际美术基金会于1989年8月由吴作人先生亲自创建成立，是中国最早、影响力最广泛、规模最大的名人艺术类非公募基金会。自成立以来，基金会一直致力于推动中国美术事业发展和当代艺术繁荣，不断弘扬中国传统文化，并积极对话世界艺术风尚，如今已经成为国内影响力广泛、规模较大的名人艺术类非公募基金会，是探索我国文化复兴的强有力的社会力量。

艺术作为时代的缩影与升华，伴随着中国改革开放与社会变迁的步伐，吴作人国际美术基金会在过去的20年中摸索前进，经历了四个不同的发展阶段。（见图2）

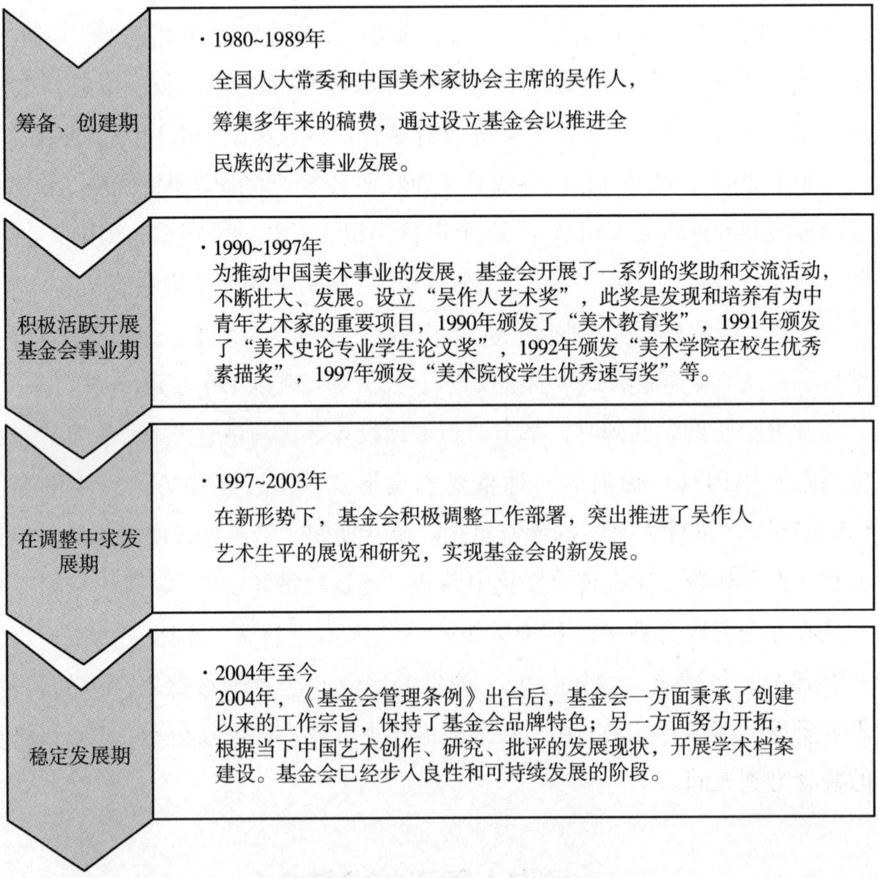

筹备、创建期
· 1980~1989年
全国人大常委和中国美术家协会主席的吴作人，筹集多年来的稿费，通过设立基金会以推进全民族的艺术事业发展。

积极活跃开展基金会事业期
· 1990~1997年
为推动中国美术事业的发展，基金会开展了一系列的奖助和交流活动，不断壮大、发展。设立"吴作人艺术奖"，此奖是发现和培养有为中青年艺术家的重要项目，1990年颁发了"美术教育奖"，1991年颁发了"美术史论专业学生论文奖"，1992年颁发"美术学院在校生优秀素描奖"，1997年颁发"美术院校学生优秀速写奖"等。

在调整中求发展期
· 1997~2003年
在新形势下，基金会积极调整工作部署，突出推进了吴作人艺术生平的展览和研究，实现基金会的新发展。

稳定发展期
· 2004年至今
2004年，《基金会管理条例》出台后，基金会一方面秉承了创建以来的工作宗旨，保持了基金会品牌特色；另一方面努力开拓，根据当下中国艺术创作、研究、批评的发展现状，开展学术档案建设。基金会已经步入良性和可持续发展的阶段。

图2 吴作人国际美术基金会发展历程

资料来源：吴作人国际美术基金会。

吴作人国际美术基金会一共有 25 名理事，设理事长 1 名，由中国美术馆馆长范迪安担任；副理事长 3 名；监事会设监事 1 名。理事会下设秘书处，秘书处下设行政管理、项目管理、专项基金三大执行部门（见图 3）。

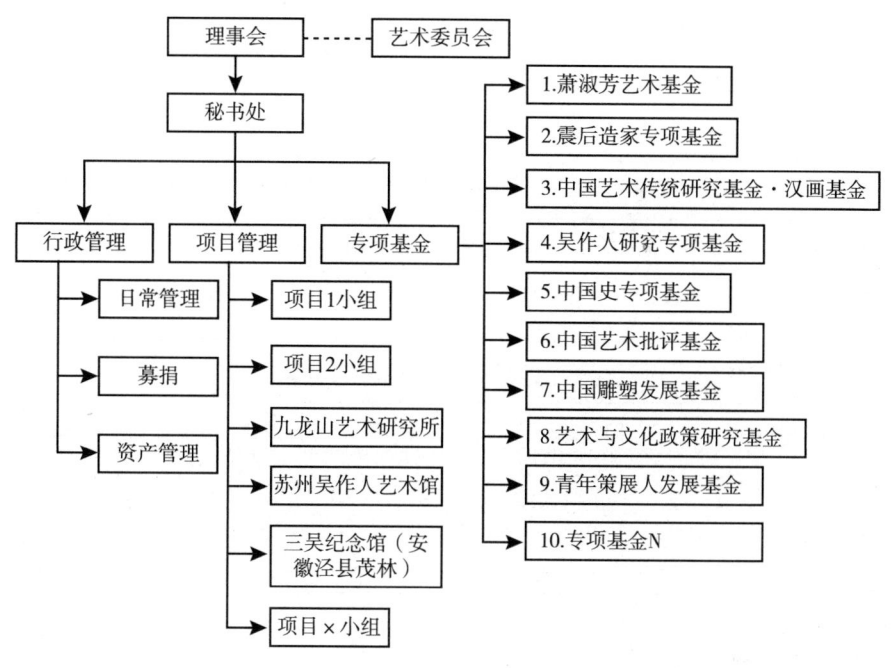

图 3 吴作人国际美术基金会治理结构

资料来源：吴作人国际美术基金会。

吴作人国际美术基金会原始基金为 300 万元人民币。自 2000 年以来的 10 年中，基金会总资产从 225 万元上升到 1400 万元，增长了 5 倍多。特别是从 2007 年起，基金会进入了快速发展阶段，运作项目增多，2011 年的公益事业支出达到 460 万元，是 2010 年公益支出的两倍。（见表 1）吴作人基金会严格遵守《基金会管理条例》的规定，保证每年的公益事业支出不低于上一年资产总值的 8%，并将行政支出控制在总支出的 10% 以内。

吴作人国际美术基金会的常规项目包括"萧淑芳艺术基金"、"中国艺术传统研究基金"、"中国史专项基金"、"中国艺术批评基金"等几个类别。（见图 4）

表1 基金会财务状况

单位：万元

年份	净资产	总收入	总支出
2010	1377	194	231
2011	1078	161	460
2012	1251	365	193

资料来源：基金会中心网，中基透明指数FTI，截止日期：2012年12月31日。

萧淑芳艺术基金
- 支持华人女艺术家和艺术院校女学生的艺术创作与史论研究，并颁发"萧淑芳艺术奖"，授予在艺术创作及艺术史论研究上有突出贡献的华人女艺术家。
- 在关注女性艺术家之外，2009年增加了对女性问题及其与艺术的关系的研究，于2009年下半年开始展开"女性艺术研究计划"。

中国艺术传统研究基金·汉画研究
- 2009年3月，"中国艺术传统研究基金·汉画专项基金"正式建立，其资助方向为汉画研究。该基金在随后的半年中资助召开了"汉画与建筑暨中国汉画学会理事大会"；协助国家项目完成了对淮北地区所有汉画的调查并编入数据库；启动了南阳、嘉祥两个地区及山东石刻馆藏汉画的综合调查，并开展了"汉代与建筑"专项研究等；资助建造了"汉画研究所临时仓库"用以保存汉代文物与拓片、资料等。

中国史专项基金
- 促成2016年第34届世界艺术史大会在中国的召开，筹办与大会有关的各项活动，支持中国学者准备和申报与大会有关的各项学术工作。主要通过中国艺术史学会筹委会实施资助。
- 资助在中国境内建立编辑部，编辑国际艺术史学会学刊《艺术史》，同时编辑《中国艺术史研究年鉴》。
- 进一步开展分门别类的艺术史项目的资助计划。

中国艺术批评基金
- 中国艺术批评专项基金是由吴作人国际美术基金会与资深艺术批评家共同发起组建的一项非营利性的公益基金。其宗旨是致力于推动中国艺术的发展，为艺术批评家的各项学术活动（包括批评家网站、批评家年会、批评家文集、批评家杂志及与批评相关的各项活动）提供无偿资金支持，以使批评远离研究和活动经费困难导致的困扰，从而保持批评的独立性和学术的严肃性。

图4 项目介绍

除常规项目外，基金会近年来还开展了一系列重大项目，包括"吴作人百年诞辰纪念活动"、"徐悲鸿档案及研究"、"中国申办世界艺术史大会项目"、"欧洲文化年吴作人展"、"十张纸斋（1953～1957）展"、"5·12震后造家"、"美术学院的历史与问题——国际学术研讨会"等活动,并开展多项当代艺术项目,如在北京举办"2010 艺术基金会国际论坛"、"2016 第 34 届世界艺术史大会"、"中国评价世界—世界艺术史培训项目",以及在比利时皇家美术学院成立 300 周年之际举办"西方与中国美学与艺术的差异——国际学术研讨会"等。

美,是艺术的目的,更是推动力。相信本着对至美与至善的真挚追求,吴作人国际美术基金会将在未来的道路上愈加芬芳。

五 环球公益,乐善有恒——环球时报公益基金会

环球时报公益基金会(Global Times Foundation)是由环球时报社发起设立的公益组织,经北京市民政局登记注册,于 2012 年 11 月 27 日正式成立。

环球时报公益基金会秉承"汇聚各界爱心,承担社会责任,促进社会和谐"的宗旨,通过运作各项公益项目,全心全意致力于丰富以爱国为核心的北京精神的时代内涵,弘扬以爱国主义为核心的民族精神和以改革创新为核心的时代精神,宣传社会主义核心价值体系,倡导最大限度地弘扬主流价值,寻找社会共识,推进思想共鸣,促进社会稳定,实践媒体在社会责任领域的积极探索及创新贡献。

目前,基金会已经开展"环球大讲堂"、"希望英才青年学者培养计划"、"'让边疆不再遥远'大型主题公益活动"、"高校奖助学金项目"、"资助成立环球日报希望小学"等多个公益项目,在公益的范围内实现多元发展。

其中,"环球大讲堂"系列公益讲座创立于 2011 年,旨在加强《环球时报》与各个读者群体之间的联系与沟通,通过公益讲座的形式与《环球时报》的广大读者形成互动,通过《环球时报》的独特视野,搭建一个通往世界的平台。目前,"环球大讲堂"与多个著名高校、企业、政府部门及国家部委进行合作,已成功举办了 28 场系列公益讲座活动,受到热烈欢迎,产生了良好的社会效应。讲堂主题涵盖内容丰富,从近年热门的利比亚、叙利亚等国际局势,到战地记者讲述自己的职业生涯、分享自己如何在不断努力中靠近梦想等;主讲人均为《环球时报》的资深记者、编辑。环球大讲堂的创办,给了

更多的年轻人关心、思考、讨论现实的机会与平台，是很好的青年社会化的路径。

"希望英才"青年学者培养计划是环球时报公益基金会在教育领域运作的公益项目，项目给予国内从事人文社科类研究和教学的优秀青年学者经济支持，保护和培养青年学者的专注精神和恬淡之气。以品格塑成学风，以学风推动学术，以学术凝聚共识，表达了当下浮躁社会中难得的对学术与真理的追求。

"让边疆不再遥远"主题公益活动，通过大型论坛、评选、竞赛等形式让内地民众多层面、多角度地了解边疆、走近边疆。迄今已成功举办了"中国十大边疆重镇"评选、"中国边疆重镇"高峰论坛、"边疆之星"年度人物评选、"我与边疆"主题摄影比赛及征文比赛等活动。活动得到了社会各界的支持和积极参与，《人民日报》、《环球时报》、国务院法制办公室网站、新华网、新浪网、《文汇报》等数十家媒体对活动进行了报道，弘扬了中国边疆文化，提升了国民对边疆的关注，重塑了国民大国意识。

环球公益，乐善有恒，在善的施与中，基金会将越走越远，越走越好。

热点评析

Hot Issue Analysis

G.8
基金会透明度的变化及其理论解释

摘　要： 透明度一直是基金会行业热议的话题，尤其是在一系列公益问责事件之后，透明度更成为关系整个基金会行业发展的重大问题，引起了社会各界的关注。2013年，清华大学创新与社会责任研究中心主任邓国胜教授的《从汶川到雅安：基金会透明度的变化及其理论解释》一文，通过比较汶川和雅安地震中基金会透明的表现来分析基金会透明程度的变化，并力图探究变化背后的规律及其真正原因，为基金会公信力建设提供了有益借鉴。

关键词： 基金会　透明度　信息披露

本篇通过阐述邓国胜教授的报告，探解当前基金会透明度变化背后的真正原因。

《从汶川到雅安：基金会透明度的变化及其理论解释》（以下简称《从》文）的总体框架（见图1），以中国公益慈善行业透明度这一热点话题的背景入手，阐明了写作目的及意图，并解析了文中所使用样本的选择。文章以时间为跨度，即从2008年汶川地震到2013年雅安地震比较分析中国基金会救灾捐赠收入和支出的情况。经由比较信息披露的完整程度、披露频率及披露渠道三个指标，对参与两次地震捐赠基金会的收支状况进一步作出评估。得到中国基金会透明度确有提高的结论后，邓教授作出了原因分析，提出了三个理论假设：政策推动、丑闻驱动和平台压力。最终经过周密的因果解析，得出了以基金会中心网为主的独立第三方平台的推动作用才是推动中国基金会透明度有所进步的主动力的结论，并在文末对社会、政府各方提出建议，以期基金会透明度在未来日臻提升。

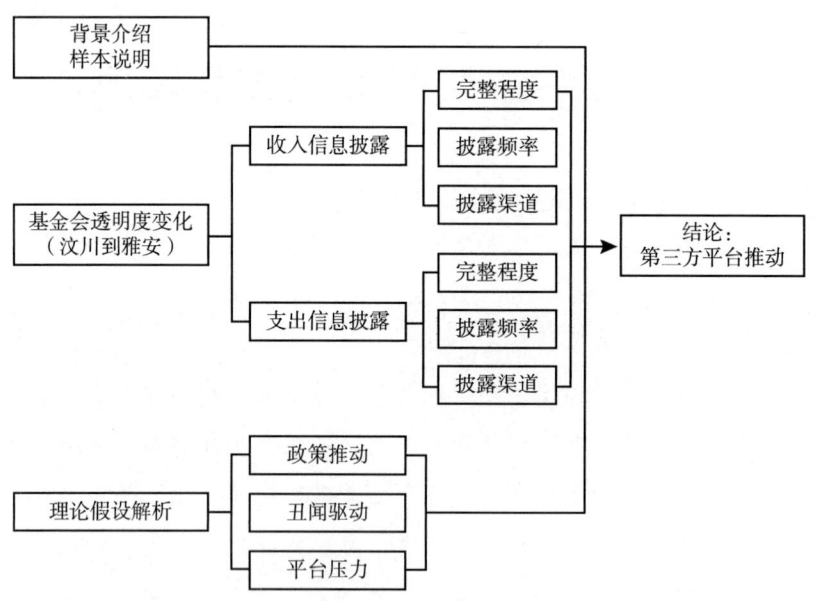

图1 《从汶川到雅安：基金会透明度的变化及其理论解释》逻辑框架

资料来源：基金会中心网，中基透明指数FTI。

一 研究背景介绍及样本选择说明

《从》文的选题背景是2011年"郭美美"事件之后，公益慈善的透明受到公众与舆论前所未有的关注，它意欲探讨以下几个问题："当下中国的基金会公开透明情况到底如何？这些年又有什么进展与变化？如果有变化，其原因又是什么？"由于衡量整个行业的透明度变化情况显得过于庞大，令研究难以入手，因而邓教授发现，比较而言，救灾捐赠的透明最能凸显基金会的透明程度。所以，在《从》文中，借由比较汶川和雅安地震中基金会透明的表现来分析基金会透明程度的变化，并力图探究变化背后的规律及其理论解释。

针对研究样本的选择，由于是根据时间跨度作对比研究，所以《从》文选取的是同时参加了汶川抗震救灾和雅安抗震救灾的基金会。具体而言，包括汶川地震中允许开展救灾募捐的所有17家全国性公募基金会、3家地方性公募基金会和2家非公募基金会为案例进行分析。选择这些基金会的原因在于，全国性基金会是中国基金会透明的风向标，具有代表性。

二 基于两次地震灾难，中国基金会透明度的变化

（一）救灾捐赠收入信息披露情况

1. 信息完整程度

首先，邓国胜教授总结道："从接受救灾捐赠的信息披露内容看，从汶川到雅安，在救灾的前三个月，有59%的基金会信息披露内容更完整，有23%的基金会几乎没有变化，有9%的基金会有退步，另有9%的基金会由于没有提供汶川时期的数据或当时数据已被替换，无法确定。"（见表1）

表1 从汶川到雅安22家基金会接受救灾捐赠信息披露的变化[①]

单位：%

	有提升	没有变化	有退步	不确定
信息披露内容的完整性	59	23	9	9
信息披露的频率	64	18	9	9
信息披露的渠道	59	23	9	9

资料来源：基金会中心网，中基透明指数FTI，截止日期：2013年12月31日。

---

① 根据22家基金会官网、官微和基金会中心网资料统计。

继而,"从汶川到雅安,基金会接受救灾捐赠的信息披露内容更完整"这一状况在《从》文中得到了肯定。汶川地震时大多数基金会所披露的捐赠明细信息属于最基本的接受捐赠信息,它只是帮助公众了解什么时间、什么人捐了多少资金,而雅安地震中部分基金会信息披露更为完整。为了作论据支撑,文中列举了中国扶贫基金会和中华思源工程扶贫基金会在汶川地震和雅安地震披露信息的类型,以证明在雅安地震期间,相较于汶川地震,中国基金会救灾捐赠收入信息的披露更加完整。

如此一来,《从》文得出信息披露更完整对于公众参与更加有益的结论。这不仅有助于公众了解零散的接受捐赠信息,而且有助于公众从总体上把握捐赠总额、定向捐赠与非定向捐赠信息。同时,也可以为公众监督捐赠资金的使用提供基础信息。

2. 信息披露频率

首先,邓国胜教授总结道:"从披露的频率看,尽管汶川地震的震级和灾害受损程度要远高于雅安,捐赠数量也要远远高于雅安,但总体而言,雅安地震时基金会的信息披露比汶川地震更及时。根据对22家基金会数据的分析,在救灾的前三个月中,有64%的基金会信息披露的频率更高,有18%的基金会没有变化,有9%的基金会有退步,还有9%的基金会不确定。"

继而,《从》文认定"从汶川到雅安,在救灾前三个月,基金会接受救灾捐赠的信息披露频率更高"。为了作论据支撑,文中列举了中国青少年发展基金会、中国妇女发展基金会、壹基金、上海市慈善基金会和友成企业家扶贫基金会5家基金会在汶川地震和雅安地震披露信息的频率次数,以证明在雅安地震期间,相较于汶川地震,中国基金会救灾捐赠收入信息的披露频率更高,也更加及时。

3. 信息披露渠道

首先,邓教授总结道:"在雅安地震期间,有59%的基金会信息披露的渠道更多样化,只有9%的基金会有退步。汶川地震时,各个基金会主要通过官方网站、传统媒体披露接受捐赠的信息,而雅安地震,除官方网站与传统媒体外,还增加了官方微博、基金会中心网等信息披露渠道。"因此,《从》文进一步得出了"从披露渠道看,从汶川到雅安,各个基金会信息披露的渠道更多元"这一结论。

（二）救灾捐赠支出信息披露情况

1. 信息完整程度

首先，《从》文中对信息完整程度加以概括："从披露内容看，从汶川到雅安，在救灾的前三个月，有68%的基金会救灾捐赠资金使用信息披露的内容更完整，只有5%的基金会没有变化，也有18%的基金会有所退步，另有9%的基金会不确定。"（见表2）

表2　从汶川到雅安22家基金会救灾捐赠资金使用信息披露的变化①

单位：%

	有提升	没有变化	有退步	不确定
信息披露内容的完整性	68	5	18	9
信息披露的频率	68	5	18	9
信息披露的渠道	59	18	14	9

资料来源：基金会中心网，中基透明指数FTI，截止日期：2013年12月31日。

为了说明中国基金会捐赠资金支出的信息披露完整程度，邓教授提出了"信息披露的三个层次"理论，即第一个层次——救灾捐赠资金的使用流向信息及受益群体；第二个层次——救灾捐赠资金的过程信息：使用程序、使用原因、需求评估、灾后重建的项目规划；第三个层次——救灾捐赠资金的使用效果：资金使用的效率、效果和社会影响。

对比汶川和雅安，可以看出汶川地震前三个月，大多基金会只是披露了第一个层次的基本信息，而雅安地震时，部分基金会救灾捐赠资金的使用信息披露明显上了新的台阶，除发布第一个层次的信息外，还开始发布第二个层次，甚至第三个层次的信息。为了作论据支撑，《从》文列举了中国妇女发展基金会、爱德基金会、中国扶贫基金会、壹基金、中国青少年发展基金会在汶川地震和雅安地震中披露信息的类型，以证明从汶川到雅安，大多数基金会在救灾捐赠资金使用信息披露内容的完整性方面，有较大程度的提高。不仅披露

---

① 根据22家基金会官网、官微和基金会中心网资料统计。

了救灾捐赠资金的流向信息,而且开始披露需求评估信息、未来项目规划信息,甚至部分项目的效果信息,从而满足公众对基金会透明的更高层次的需求。

2. 信息披露频率

首先,对于信息披露频率情况,《从》文概括道:"有68%的基金会信息披露的频率提高了,有5%的基金会披露的频率没有变化,也有18%的基金会披露的频率更少,另有9%的基金会不确定。"

继而,邓教授肯定了"尽管雅安地震的震级和捐赠数量远远低于汶川地震,但基金会救灾捐赠资金使用信息的披露频率比汶川地震还高"这一情况。为了作论据支撑,《从》文列举了中国青少年发展基金会、中国妇女发展基金会、中华思源工程扶贫基金会、壹基金在汶川地震和雅安地震中披露信息的频率次数,以证明在雅安地震期间,相较于汶川地震,中国基金会救灾捐赠收入信息的披露频率更高,也更加及时。

3. 信息披露渠道

首先,针对信息披露的渠道,《从》文评价道:"在救灾前三个月,从汶川到雅安,有59%的基金会信息披露的渠道更多元,有18%的基金会没有变化,有14%的基金会有退步,另有9%的基金会不确定。"具体来说,参与地震捐款的中国基金会在资金支出的信息披露方面,汶川地震时,基金会救灾捐赠资金使用信息主要通过各自的官方网站、传统媒体披露,而雅安地震时,它们已经不仅通过各自的官方网站、传统媒体披露,而且更频繁通过官方微博、简报或基金会中心网等平台发布。

三 理论假设解析

(一)政策推动公益行业透明

首先,邓国胜教授肯定了政府在基金会信息披露方面连续出台的一系列规章制度,为雅安地震中基金会救灾捐赠信息的披露起到了规范与指引作用,然而这些新制度的出台并不足以解释从汶川到雅安基金会信息披露的提升。

基金会透明度的变化及其理论解释

可以说，汶川地震之后，中央政府、民政部发布的救灾捐赠信息公开办法不可谓不严格，其行政约束力不可谓不高。但是，汶川地震之后，基金会信息披露的程度仍然偏低，远远没有达到中央政府和民政部门规定的要求。而雅安地震之后，仅仅只是民政部颁布了少数部门规章，对救灾捐赠信息披露的要求也只是作出了原则性的规定，反而雅安地震之后，基金会信息披露的程度大幅度提升。

因此，邓教授认为"政策推动说"并不足以解释雅安地震之后基金会信息披露程度的提升。

（二）公益丑闻驱动公益行业透明

首先，《从》文在公益丑闻是否能驱动公益行业透明方面引述了国外经验。但是，由于历史文化社会民情迥异，国外的经验不可照搬于中国。2011年"郭美美"事件引发了公众对中国公益行业的集体不信任。在媒体持续不断的报道下，在公众、舆论要求公益机构增加公开透明度的诉求下，虽然公益机构管理人员的透明意识有所提升，但是，透明的意识并不等于透明的行动，更多公益丑闻的曝光，不断引发公众对中国公益组织透明度和公信力的质疑。

因此，在目前的环境下，邓教授认为"公益丑闻驱动说"也不足以解释从汶川到雅安中国基金会透明度的大幅提升。

（三）平台压力驱动公益行业透明

为了对比专业独立的第三方平台——基金会中心网成立之后为推动公益行业透明所作出的贡献，邓国胜教授首先评述了政府主办的信息披露平台对于推动公益慈善机构救灾捐赠信息透明的作用，认为其"影响较小、作用有限"。

由此，邓教授又剖析了基金会中心网能在推动透明方面发挥作用的原因是"不依附于任何行政体系，有活力，并形成了以行动为抓手、以排行榜为压力、以媒体报道为策略的独特的运作模式。不仅仅倡导，更注重以实际行动；通过制作各类透明排行榜，吸引媒体与公众眼球，对不透明的基金会形成巨大压力；通过与媒体合作或媒体报道，扩大活动的影响力"。为了进行佐证，邓

国胜教授从基金会中心网对整个行业普遍透明的影响入手，通过对"点亮中国、传递大爱"活动，与权威知名媒体合作逼迫不透明的基金会披露信息，最终通过"中国基金会透明指数"（中基透明指数FTI）的研发和上线，阐明了基金会中心网为推动行业透明所采取手段的有效性。

继而，在推动基金会救灾捐赠信息透明方面，基金会中心网也采取了类似的运作模式。一方面，基金会中心网在雅安地震72小时后，即与多家基金会共同发起成立"中国基金会4.20救灾行动自律联盟"。另一方面，基金会中心网每天在网站上发布各个基金会接受捐赠的数额和捐赠资金使用的数额，将180多家基金会救灾捐赠信息放在一张表中，哪个基金会披露的内容更完整、哪个基金会披露的信息更及时，一目了然，便于公众的对比，从而对各个基金会形成了一定的压力，推动了各个基金会不断披露和更新接受救灾捐赠与资金使用方面的信息。

最后，邓教授对于基金会中心网有更高的期许，希望基金会中心网可以将参与雅安救灾的基金会的所有信息都纳入进来，推出明确的基金会救灾捐赠透明榜单。

四 结论与建议

（一）结论

在文末结论处，《从》文认为，从汶川到雅安，在救灾捐赠的前三个月中，中国基金会无论是接受救灾捐赠资金的信息，还是救灾捐赠资金使用的信息，披露的内容都更完整、质量与层次更高，信息披露更及时，信息披露的渠道更多元。总体而言，中国基金会救灾捐赠信息披露的程度有较大程度的提升。

对文中提出的三个理论假设，邓教授表示："'政策推动说'与'公益丑闻驱动说'虽然可以在一定程度上部分解释基金会救灾捐赠透明度的提升，但不足以完全解释从汶川到雅安基金会透明度的变化。显然，以基金会中心网为代表的信息披露平台是影响中国基金会透明度提升的重要原因之一。而基金会中心网之所以能够发挥作用，原因在于机构的自主性。由于不依附于行政体系，基金会中心网才有活力，才能够形成以行动为抓手、以排行榜为压力、以媒体报道为策略的独特运作模式。"

（二）建议

邓国胜教授最后针对独立第三方的平台性或支持性机构在推动行业的进步与发展方面有着不可替代的作用这一事实，对全社会作倡导，认为社会各界应加大对这类平台性或支持性机构的扶持力度。其中，最重要的是，政府应该促进和扶持这类平台性或支持性组织的发展，而不应该由政府自己成立类似的民间机构，与民争利，挤压空间。同时，政府部门不应该垄断公共信息，而应当更及时地公开不涉及保密的数据，给民间的支持性组织或平台性组织更大的发展空间。

G.9
新趋势：基金会与民间公益组织的合作共赢

摘　要： 基金会作为公益产业的资源端，民间公益组织作为服务端，双方合作已经是一个必然的趋势。然而，长期以来，民间公益组织能力欠缺、资助型非公募基金会数量不足、公募基金会的创新性缺乏导致双方合作困难重重，影响整个公益行业的发展。对此，南都基金会理事长徐永光认为，应当对民间公益组织与基金会有清晰的定位，一方面优化升级，全面提升公益组织专业化能力，另一方面基金会需进行改革创新，最终建立相互依存、共同发展的公益生态系统。

关键词： 基金会　公益组织　合作

　　早在汶川地震之后第二年的2009年初，基金会中心网名誉理事长、南都公益基金会理事长徐永光先生就提出了"迎接基金会与民间公益组织的合作时代的到来"的论题，时至今日，对于民间公益组织来说，资源困境依旧突破不了，基金会与草根组织的合作力度依然欠缺，如此二者无法共同建设中国的公益行业。面对这一现象，徐永光认为，这样的行业是没有前途的。

　　总体概括当下中国基金会与民间公益组织合作的状况，徐永光将其定义为"缺乏良好的公益生态链"。基金会中心网的数据显示，中国基金会2012年接收的总捐款数额为306亿元，据徐永光分析，当年基金会和草根组织合作或者支持草根组织的项目所投入的资金还不及其总收入的1%。究其原因，可以概括为民间公益组织能力欠缺，资助型非公募基金会数量稀少，以及公募基金会创新乏力。由此,针对这三方面原因,徐永光在深刻剖析现有"行业先行基金会"优秀例子的同时,也提出了相应的应对策略。

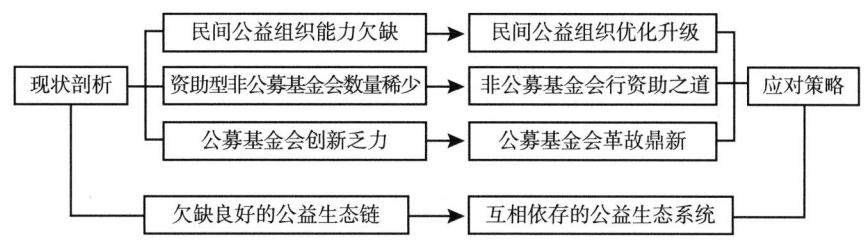

图1 关于基金会与民间公益组织合作共赢问题的逻辑框架

资料来源:基金会中心网,中基透明指数 FTI。

一 民间公益组织与基金会缺乏合作之解析

总体而言,中国公益行业中,基金会与民间公益组织合作基础薄弱,其中既有本土社会组织面临的内外双重制约的因素,又兼基金会主体的客观致因与主观宿愿。

(一)民间公益组织能力欠缺

究寻民间公益组织能力不足的原因,除了客观方面,资助型的非公募基金会数量有限造成的竞争激烈和公募基金会不愿意面向民间公益组织开放资源之外,自身的主观因素也不容忽视。

首先,就组织内部管理而言,基金会对其进行的评估,结果往往不是很好,原因在于社会组织的财务不规范。这是因为它们有的是在工商部门登记的,有的甚至还没有登记,因而财务标准很难达到统一。此外,社会组织多数存在队伍不稳定、人员能力不足等问题。另外,最重要的原因之一就是在项目实施过程当中在和政府合作方面缺乏经验,有时到处碰壁,沟通能力差。由于不善于和政府对话、合作,不懂得"假公(公共资源)济公(公益)",也就难以获取政府的资源支持。其实,民间组织的社会理想和政府构建和谐社会的目标是完全一致的;同样,没有社会的健康发展,只有政府和市场,构建和谐

社会也会成为一句空话。

以"5·12"汶川地震为例,中国本土社会组织面临着资源供应断裂问题。一方面,有的公募机构一度出现了捐款"堰塞湖";另一方面,许多从事专业服务的社会组织无法获得社会捐款的支持。中国民间公益组织本来数量就少,能力强的更少,能力大到已无生存之忧的更是少之又少。不少机构正在透支自己的能力,自觉担当责任,以极低的成本坚持参加救灾重建。如果没有本土资源的持续支持,指望它们长期坚守是很困难的。在"5·12"紧急救援阶段,上百万志愿者发挥了积极作用,在灾后恢复重建的今天,志愿者迅速退潮,主要原因也是缺少接纳志愿者的民间公益服务机构。此外,社会组织在积极参与"5·12"救灾重建的同时,对于行业内的资源合理配置与合作,也在进行反思和创新。上海慈善基金会理事长袁采深感基金会没有公益服务机构来消化资源的风险。

(二)民间公益组织优化升级

谈及如何让中国的民间公益组织提升能力和更好地为社会作出贡献,徐永光首先定义民间公益组织应该做"公益慈善的服务终端"。他还引用了美国的例子来阐明这一观点:美国本土的社会组织不仅消化了大部分的社会资源,还提供了美国10%的就业岗位,因此有大量的人在做服务。对比来说,在中国,公益服务部门是微乎其微的。但是徐永光预言,中国社会组织的未来发展趋势一定是越来越大,这个"大"需要让它们能够很方便地注册,获得合法性身份。还有,必须要给它们一定的资金支持。这些资金来自基金会和政府购买服务。

其次,徐永光认为民间公益组织还应找准自身定位。例如,在灾害救援中,以"5·12"汶川地震为例,"政府主导,社会参与"是党中央提出的抗震救灾、灾后重建的基本原则。在"社会参与"中,民间公益组织就其资源获取的数量与服务效率比较,也应给予高度评价。由于灾后社会心理、心灵的重建是比硬件建设更为复杂和长期的课题,仅靠数量有限的公募基金会和一些非公募基金会,或者是企业的捐款是难以实现的。因此,民间公益组织应恪守使命,不畏艰难,本着专业化、长期化、本土化的目标,努力为灾区群众提供他们所需要而政府难以完全满足的差异性服务，这些服务对于灾区和谐社会的建设是必不可少的。民间公益组织在灾后重建中未来的表现如何，能否以自己的出色项目获得基金会和企业的资金支持，能否以优异的管理、服务绩效和自律精神赢得灾区群众的拥护和政府的信任，对于整个行业的发展将产生至关重要的影响。

二　非公募基金会与民间公益组织缺乏合作之解析

（一）资助型非公募数量薄弱

截止到2013年底，中国非公募基金会总量为2194家，约占全部基金会总数的60%，而在这其中，资助型非公募基金会的数量仅占1.7%。这反映了中国基金会的发展还处于初级阶段，但同时也表示其中蕴藏着巨大的创新空间。

（二）非公募行资助之道

非公募基金会定位为资助型或运作型，或在两型之间转换，完全自主决定。如南都公益基金会、敦和慈善基金会，成立时就定位为资助型基金会；SEE企业家环保基金会则从运作型向资助型转变。从这几家资助型基金会对民间公益的投入产出效率分析，资金杠杆作用可谓"一本万利"。

例如，南都基金会2010年开始的银杏伙伴计划，截至2013年底，共评选出49名公益伙伴。他们每个人会直接得到30万元现金的资助。同时他们还会参加一些国内、国际的培训活动。

又如，成立于2012年，以叶庆均先生为首的来自杭州、宁波、上海、苏州等地的13位投资界人士出资创办的敦和慈善基金会，定位是资助型，宗旨是做民间公益和社会创新的资源提供者。风格是创新、低调、出手高。资助项目：公益人才培养、民间公益透明指数开发、社会平台创新资助、社会创新资助。此外，还有女童教育项目、崔永元口述历史、北京大学2012十大公民事件评选、"梦想中心"员工发展基金、大爱清尘行政经费支持及中国非公募基金会发展论坛。

三　公募基金会与民间公益组织缺乏合作之解析

（一）公募基金会创新乏力

中国的公募基金会发轫于改革开放后的20世纪80年代，出现的原因，既是给民间资源开放空间、实现政府由全能向服务型的转变，也是为了动员民间资源来弥补政府公共产品和社会服务的供应不足。总之，中国的公募基金会是在当时历史条件下自上而下产生的，在筹款特别是资金使用上，也就自然而然地依托原有的政府系统。借助政府系统来落实捐款，确有成本低、风险小的巨大优势，这也是过去20年来公募基金会资金使用效率比较高的重要原因。

但在这种优势的背后，也存在民间捐赠资源过度垄断的弊端。长期以来，第三部门内部缺乏分工，特别是基金会与公益服务类组织之间缺乏分工，各自的比较优势没有形成，也缺乏合作，各自为战，不能收获优势互补的系统效应。其结果是，公募基金会与民间公益服务组织很难实现资源对接，民间公益组织几乎无法获取本土资源的支持，不得不依赖外援。

因而，针对公募基金会的这种现状，徐永光先生首先总结了公募基金改革比较难的原因，认为是由于存在"利益铁三角"，公募基金会被捆绑其中而造成的。企业捐款往往要捐给有政府背景的红会、慈善总会、公募基金会。这些机构项目多数是和政府合作。希望给有政府背景的机构捐款，政府给企业有一些回报，或者企业和政府搞好关系，就形成"利益铁三角"（见图2）。徐永光给公募基金会的建议是，要多考虑和民间草根组织合作，把自己的脚踩在民间，把自己的根扎在民间，而不是在政府身上。如果公募基金会一直绑在政府这棵树上，最终将失去公众的支持，逃脱不了被淘汰的命运。

徐永光分析公募基金会不愿意与民间公益组织分享公募权的原因还有以下几点。

首先，捐款通过政府来使用，可以获得政府财力和人力资源的匹配。不用为人力资源付费，基本上可以零成本地完成项目，当然效率很高。还有项目的政府背景和硬件导向。企业捐款普遍重硬件、轻软件，见物不见人，也不情愿

新趋势：基金会与民间公益组织的合作共赢

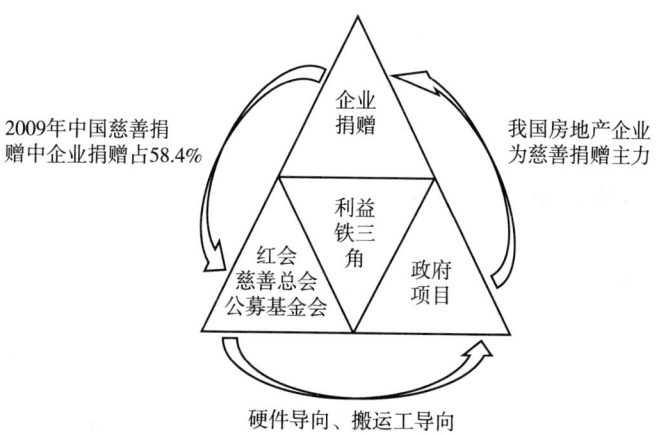

图2 阻碍公募基金会改革的"利益铁三角"

资料来源：徐永光《大趋势：基金会与民间公益组织合作共赢》。

为服务项目捐赠款项和支付必要的项目管理成本。在这样的路径依赖下，要让企业捐款从硬件导向转为服务导向，转为面向很多社会组织的导向非常困难。

其次，同民间公益组织合作成本高、风险大。凡是跟社会组织合作比较多的机构都有此体会，存在风险。南都基金会在"5·12"地震支持了70多家草根机构，最后评估的时候，大多数不及格。

再次，"去垄断化"意味着政府部门要放弃每年千亿元慈善资源的支配权。

最后，"去行政化"机构内在动力不足，同时外部压力不够。

（二）公募基金会革故鼎新

基于以上事实，徐永光认为对于公募基金会来讲，资助型或向资助型转型，取决于对外部环境关系的调整，当然也包括内部的适应、改变。在中国，"公募权"仍系稀缺资源，属于公益慈善界的"特权"，资助型公募基金会具有巨大的资源整合优势，也有责任为民间公益组织发展作出举足轻重的贡献。

因此，徐永光认为，由于公募基金会的创新对公益行业生态环境的改变意义重大，特别是拥有公众支持才能拥有未来。个人自愿捐款，是为公益项目穿透心灵的力量所打动，心之所系，自然乐善好施。常态下的企业捐款，往往也是看到公益机构和项目支持者众，得人心，有人气，跟着人心走。个人捐资少了，企业就不跟，这是常态下，但现在还存在一些权钱交易，那另当别论。所

以公募基金会的可持续发展，最根本的标准是看它是否获得了普遍大众的支持，是否形成了自己忠实的拥护群。

进一步，根据2012年个人捐款的数额，徐永光对其认为表现优秀的公募基金会做了排名："中国社会福利基金会成立时间不长，运作只有两三年的时间，个人捐款超过50%；壹基金2012年个人捐款达48%，2013年芦山地震，这一比重还在上升；中华少年儿童慈善救助基金会个人捐赠占46%；中国红十字基金会占41%；中国扶贫基金会占32%，这些基金会未来都会有非常好的发展。"

举例来说，比如中国红基会在汶川地震发生后，从14亿元捐款中拿出2000万元公开招标"5·12"灾后重建项目。这是中国公募基金会首次面向民间公益组织公开招标资助项目，体现了捐款使用的公开、公平、竞争、高效原则，社会好评如潮，被民政部推为"2008年中国社会组织十大事件"之一。时任红基会秘书长王汝鹏说，2000万元招标资金使用的社会影响超出了另外投入灾区的14个亿。

再如壹基金，徐永光认为其是还慈善权于民转折期的代表。慈善权原来被政府控制，芦山地震政府退出后，在这次转折中脱颖而出的代表，显然是壹基金。基金会成立到现在，已经和450多家民间公益组织建立了合作和服务关系。芦山地震以来捐款3亿元，捐款人数百万。这标志着社会捐赠由权力主导到民间主导，公众可以"用脚投票"。

另外还有中国扶贫基金会，是由官办走向民办的成功典范。1999年开始，执行会长何道峰主导的扶贫基金会的体制改革，取消行政级别和国家事业编制，变"官方"为"民间"机构，同时努力向资助型机构转型。到现在统计已经投入近5000万元支持民间公益组织项目和能力建设，芦山地震捐款名列第二。扶贫基金会有很多家喻户晓的项目，比如说爱心包裹。基金会接收100元捐款，在完成采购、支付邮寄等百分之十几的刚性成本之后，送到贫困地区孩子手里的包裹在当地的市场价竟然升到了180元。

同样，中国妇基会也已经开始"去行政化"这使它获得更大的活力。妇基会已从事业单位改为基金会，芦山地震接收捐物捐赠名列全国第三，个人捐款占捐赠款物的35%，在雅安地震中，个人捐款提升到67%。"郭美美"事件发生以后，筹资额在这五年并没有下降。

最后,徐永光总结了公募基金会创新的方向,就是要和民间公益组织共享公募权。虽然革故难,但是鼎新相对易。公募权唯有与民间公益组织分享,才真正具备价值,才能产生正能量。

四 互相依存的公益生态系统

综上所述,借由中华慈善大会提出的"携手慈善,共创和谐"思想,徐永光认为这不仅反映了政府和民间组织合作的共识,也揭示了中国社会组织发展的健康路径——合作:社会组织间的合作,社会组织与政府的合作,社会组织与企业的合作。三个部门的合作,可以产生能量裂变,增加社会资本,产生美妙和弦。选择合作路线,基金会才能发达,民间公益组织才能长大。

所以,基金会要摆脱做胡杨树永远面对无边沙漠的命运,转而成为热带雨林中的参天大树,为优秀的民间公益组织提供绿荫以滋养其成长,最终达到创立互相依存、共同繁荣发展的中国公益生态系统。

五 中国社会福利基金会联合劝募中心

(一)基金会介绍

中国社会福利基金会(China Social Welfare Foundation,CSWF,以下简称中国福基会)成立于2005年,原名中国社会福利教育基金会,2011年7月15日经民政部批准更名为"中国社会福利基金会"。是一家全国性的公募基金会,发起人、登记管理机关和业务主管单位皆为民政部。基金会秉承以民为本、关注民生、扶危济困、共享和谐的宗旨,在资助儿童、支持老年群体、帮扶贫困地区发展社会福利及国际交流等多个领域广泛开展项目活动。

在治理结构上,中国福基会现有理事会成员21位,其中7名女理事,男女比例为2:1。设理事长1名,由原中纪委驻民政部纪检组组长刘光和担任;副理事长9名,其中包括缪力和朱朝英2名女理事。监事会设监事3名。基金会还有两位名誉理事长,分别是顾秀莲女士和司马义·艾买提。

基金会实行理事长领导下的秘书长负责制。秘书长由副理事长缪力女士兼任。共19位工作人员。秘书处下设公共服务部门、项目管理部门及上海代表处三大部门。

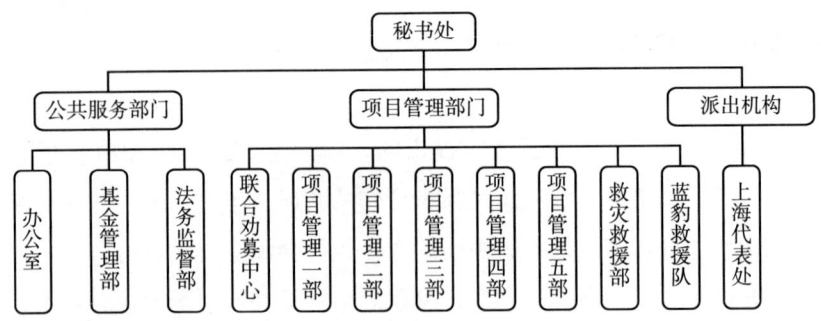

图3　中国社会福利基金会组织架构

资料来源：中国社会福利基金会官方网站。

在多年的发展中，基金会汇集了适龄孤儿职业技能培训项目、免费午餐基金、芒果V基金、关心下一代基金、瓷娃娃罕见病关爱基金、宝贝回家慈善基金、多背一公斤公益基金、随手公益基金等品牌项目。

目前，基金会开展的公益项目和公益活动达到70多项，捐赠、救助和帮助的人数规模超过十万人次，参加基金会各项公益活动的人数达到数百万人次。基金会开展的公益项目先后获得了"2011年度十大法治人物奖"、"2011中国教育年度十大公益品牌"、"2011年中国慈善推动者奖"、"2012优秀公益项目奖"、"2012年中国慈善推动者奖"、"2012年第二届中国社会创新奖"、"2013年中国慈善推动者奖"、2012年和2013年"中华慈善奖"。

在自律方面，中国福基会根据《基金会管理条例》和《基金会信息公布办法》的要求，积极地参与到行业自律当中来。雅安地震期间，中国福基会加入了基金会中心网倡导的"'4.20'救灾行动自律联盟"，并按要求在基金会官方微博中定期发布接收捐款和善款使用情况。

目前，中国福基会在中基透明指数FTI中得分101.87（满分107.20分），在全国所有基金会中排名第10位，高居全国2600多家基金会前列。

对于信息公开，基金会秘书长缪力表示："我们要求做到不仅透明结果，还要透明过程,让捐赠者感受到荣光,受赠者感受到尊严,老百姓可以放心,更能进一步推动普通大众对慈善的参与,激发整个社会的爱心传递,因此,可以达到多方共赢的局面。哪怕我们会犯错,会遇到各种社会问题,受到公众的质疑,我们也要认真剖析,详细解释,有则改之无则加勉,一往无前地为中国公益事业作出贡献。"

(二)项目介绍

根据资金基础、项目质量、团队专业度、可持续度和项目信息规范透明程度,中国福基会的所有项目被划分为四个类别,第一大项为公益慈善项目,其中包括适龄孤儿职业技能培训项目、灯塔行动、自闭症儿童救助项目等八个项目;第二大项为专项基金(100万元以上),包含自2009年以来设立的60个项目;第三大项为分支机构,包括免费午餐、芒果V基金、关心下一代基金、大学生创业基金、中民老龄事业发展基金及和平大使慈善基金;最后一大项为联合劝募平台的联合劝募基金,比如索玛花联合劝募基金等。(见图4)

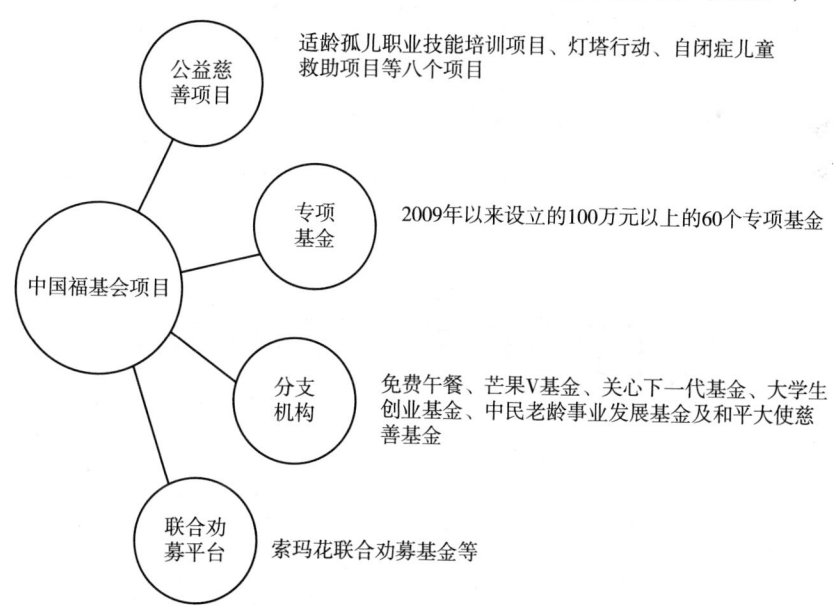

图4 中国福基会项目构成

资料来源:中国社会福利基金会。

(三)联合劝募平台——中国福基会联合劝募中心

国际上,联合劝募是在市场上统一筹款,并根据一定的规则合理分配给社会组织的大型劝募。联合劝募组织的优势在于节约资源、提高效率,可以减轻一些社区小型社会组织的筹款负担和压力,使它们能集中精力从事社会服务工作。

在中国,截至2011年底,全国共有登记注册的社会组织45.75万个。受困于双重管理体制的限制,大部分社会组织的性质为社团、民办非企业,或直接通过工商注册的方式开展业务,它们中的大多数不具备公募资格,甚至还需为募来的善款承担税收成本。社会组织具有迅速、高效、灵活、创新等相对优势,在公共服务、社会治理、社会关系重建等方面,能够有效弥补政府人力和财力的不足,发挥积极而有效的作用。然而受公募权限制,资金问题一直是困扰其生存和发展的难题。

社会组织相对优势:迅速、高效、创新、灵活等。在公共服务、社会治理、社会关系重建等方面,能够弥补政府人力和财力的不足,发挥积极有效的作用。

社会组织资金吃紧的关键:不能公募、缺乏募款能力、不能开具免税票据。资金问题是困扰其生存和发展的难题。

截至2011年底,全国共有登记注册的社会组织45.75万个。这一数字一直在不断增长中。

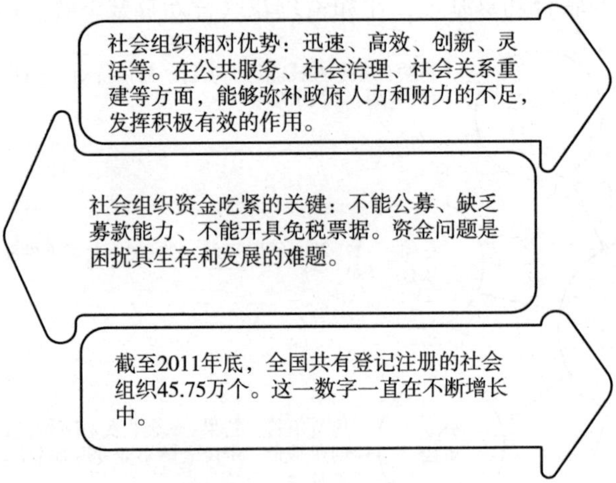

图5 公募基金会与社会组织合作背景

资料来源:中国社会福利基金会。

为解决上述问题,中国福基会在通过前期调研和论证后,于2013年5月28日正式成立"联合劝募中心",以降低准入门槛,通过项目合作将全国性公募平台向更多民间公益机构放开。中国福基会的联合劝募中心每个月由专家委员会评审,每月不超过5家民间公益组织入驻,并组织劝募培训,开展劝募活动。

根据中国福基会缪秘书长介绍,截至2013年底,已有四批15家民间公益组织进入了联劝中心。其中许多组织的负责人参加了2013年度的中国福基会专项基金负责人培训班,以互动的学习方式,系统学习了中国基金会发展历程、中国基金会法律法规、基金会项目确立、筹款和传播等相关专业知识和技能,对其机构在联劝中心的发展及和中国福基会进行更深层次的合作打下了坚实的基础。

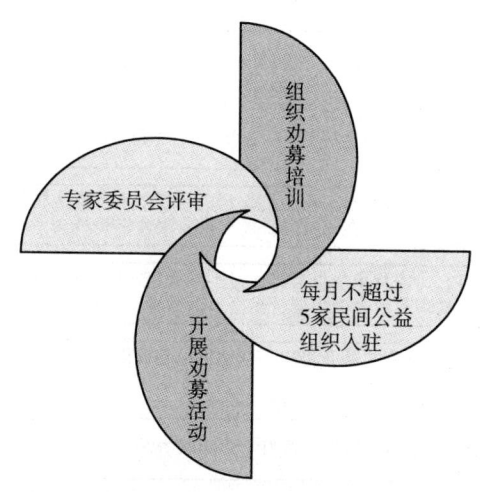

图6 中国福基会联合劝募中心模式

资料来源:中国社会福利基金会。

1. 联合劝募中心的运作模式

(1) 机构申请

联合劝募中心对入驻机构设置一定要求,确保公益资源在入驻的机构中发挥更大作用。

(2) 专家评审委员会

联合劝募中心设立专家评审委员会,其成员均是多年来关注、熟悉中国公益机构的社会贤达,来自高校、公益媒体、非公募基金会等多方面的专家学者,他们会对所有申请机构进行严格评估和审核。

联合劝募中心机构入驻申请要求
·申报机构必须为正式注册的法人机构（未注册机构可自行与注册机构协商捆绑申报）
·申报机构需正常开展工作一年以上，即在具体项目运作经验一年以上
·申报机构需有明确的章程、发展规划
·申报机构需有工作团队，至少有一人为全职工作人员
·申报机构需提供相关资料（根据评选细则）并在指定平台对外公示

图7　中国福基会联合劝募中心入驻申请要求

资料来源：中国福基会联合劝募中心官方网站。

一	·符合申请要求的公益机构联系中国福基会劝募中心索要申请表
二	·将申请表及要求提供的资料电子版发至官方邮箱lqzx2013@sina.com
三	·中国福基会联合劝募中心工作人员收到资料后初审（确认相关资料完整性、有效性等），初审合格资料在每月24日提交至专家评审委员会
四	·每月25~28日，专家评审委员会将通过不同渠道对申请机构进行评估（每月评审上限5家，以初审资料合格为准，超出申请顺延至下月评审）
五	·每月29日，专家评审委员会将向联合劝募中心提供评审结果（9位评审中有7人同意视为通过）
六	·次月中国社会福利基金会第一次驻会理事长办公会
七	·次月10日前公布该批次最终入驻联合劝募中心机构名单
八	·成立"中国社会福利基金会××联合劝募专项基金"，签署合作协议，对外开展相关业务

图8　中国福基会联合劝募中心入驻申请流程

资料来源：中国福基会联合劝募中心官方网站。

（3）入驻机构名单

截至2013年底，联合劝募中心已成功入驻2批共6家机构。

（4）传播足迹

截至9月11日联合劝募中心已举办了三次主题分享会，目的在于让更多

新趋势：基金会与民间公益组织的合作共赢

专家评审委员会	
・黄震	中央财经大学法学院教授、金融法研究所所长、中国银行研究会副秘书长
・贝晓超	新浪微博社会责任总监
・窦瑞刚	腾讯公益慈善基金会执行秘书长
・程刚	基金会中心网总裁
・刘敬文	《晶报公益周刊》主编，晶报阳光基金负责人
・亘将	恩派（NPI）公益组织发展中心督导
・郭敏	云南信息报本地新闻中心采访部主任
・刘佑平	中民慈善捐助信息中心副主任、中国公益慈善网总编辑、原公益时报总编辑

图 9 中国福基会联合劝募中心专家评审委员会

资料来源：中国福基会联合劝募中心官方网站。

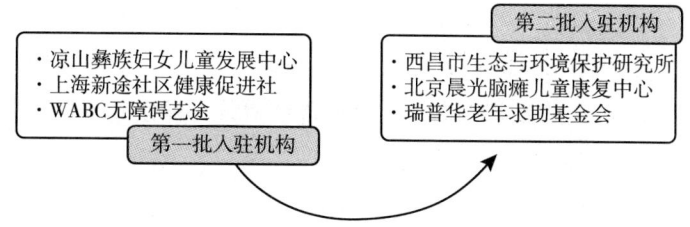

图 10 联劝中心已经入驻机构

的公益组织了解中国福基会联合劝募中心，解答关于联合劝募中心可以为公益伙伴提供什么、如何申请公益伙伴等问题。

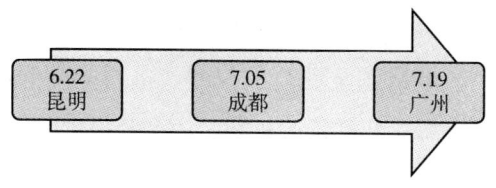

图 11 联劝中心分享会举行情况

联劝中心定位于民间公益组织孵化器的角色，对入驻联劝中心机构的未来发展，缪秘书长提到，许多社会组织做大做强之后肯定会面临着脱离基金会的情况。但是缪秘书长认为，对于做得优秀的民间组织，福基会采取"放飞"

的策略。秉承促进整个国家福利事业的发展理念,福基会希望社会组织在离开后,可以更好地发展,为整个社会作出更大的贡献。

(5) 入驻机构:凉山彝族妇女儿童发展中心索玛花基金项目

索玛花又名杜鹃花、映山红、马缨花,是中国三大天然名花之一。生长在西部高寒山区,盛开索玛花的地方是中国生物多样性和文化多样性最典型的地区,数十个民族世代栖居在这里。但是,长期推行的以牺牲生态环境和民族文化为代价的发展模式,对当地的生态造成严重破坏。国家公共投入的严重不足、社会分配的不合理、教育的缺失及毒品和艾滋病的肆虐,让当地陷于贫困和脆弱。

2013年6月,"凉山彝族妇女儿童发展中心"与一批学者、媒体精英、企业家和资深公益人士共同发起成立的索玛花基金成功入驻联合劝募中心。索玛花基金致力于把发达地方的资金、技术、信息和人才吸引到贫困山区,培育当地社会组织,建立乡村社工网络,形成公益产业链,探索基于民族文化和自然生态的可持续发展道路。

据中国福基会缪秘书长介绍,截止到2013年底,索玛花基金已一次性募集到30余万元善款用于项目运作,并取得了良好的项目成果。

A. 项目运作模式

索玛花基金借鉴香港乐施会等国际组织的经验,采用发展"固定捐赠人"(山客)的办法,募集社会资金,以支持在贫困山区推动的各项社会创新事业。山客每年捐赠365元(企业法人每年捐赠3650元)即可成为固定捐赠人,将拥有选举和被选举为基金理事或监事的权利、监督质询基金项目审批和资金使用情况的权利、申请基金项目的权利、参与基金开展的各项活动的权利、对基金的发展提出意见和建议的权利、为基金提供专业服务的权利。

B. 资助对象及方式

索玛花基金是一个资助型的基金,用募集的资金和吸纳的人才,支持当地社会组织和专业志愿服务机构在基层社区持续开展工作。通过赋权和能力建设,帮助脆弱人群提高自我发展能力,以获得经济和社会发展机会。最终依靠他们自身的努力,摆脱生存困境,恢复有尊严的生活。

索玛花基金通过筛选选择合作的公益伙伴,为其提供人员培训,提升基金管理和项目执行能力。在此基础上,针对当地最迫切的需求设计、论证公益项目,报基金管理委员会评审通过后执行。在资助项目的实施过程中,由专项基金的项目官员和山客代表负责现场督导检查。项目结束以后,聘请第三方作独立评估和财务审计,并将结果向社会公布。

六 中华少年儿童慈善救助基金会

(一)基金会介绍

目前我国有13.5亿人口,其中18岁以下的未成年人有2.8亿,由于我国经济发展不平衡,社会上还有一些处于困境的少年儿童,对社会的稳定与和谐社会建设构成潜在问题。为了解决这些问题,帮助困境中的少年儿童,中华少年儿童慈善救助基金会应运而生。

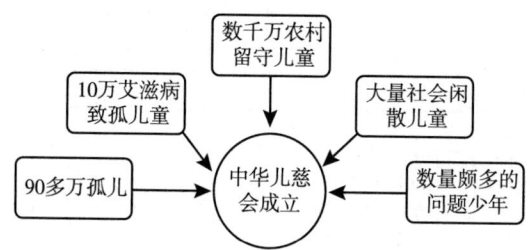

图 12 儿慈会成立背景

资料来源:中华少年儿童慈善救助基金会官方网站。

中华少年儿童慈善救助基金会(China Charities Aid Foundation for Children,以下简称儿慈会),成立于2009年9月10日,是民政部主管的公募基金会。儿慈会的业务范围包括创办"博爱儿童新村",建立抚养、培养和生活服务为一体的和家庭、学校、社区相结合的儿童村,帮助有困难的儿童生存、发展和健康成长;建立"少年儿童服务之家",对困难儿童进行收养、教育、培训和管理,组织开展有益于心身健康的活动,为其进入社会创造条件;设立学习"自强奖",对困难学生设立奖学金,鼓励

他们"好学上进，天天向上"，为社会培养优秀人才；调查研究；开展海内外慈善救助交流活动等。基金会宗旨是募集社会资金，开辟民间救助通道，对社会上无人监管抚养的孤儿、流浪儿童、辍学学生、问题少年和其他有特殊困难的少年儿童等进行救助。在救助活动中，传播慈善理念，弘扬慈善文化。

2012年，中华少年儿童慈善救助基金会一共有18名理事，设理事长一名，副理事长4名；监事会共有5位监事。理事会下设秘书处，秘书处下设有办公室、财务部、合作部、项目部、资产管理部共五个部门。

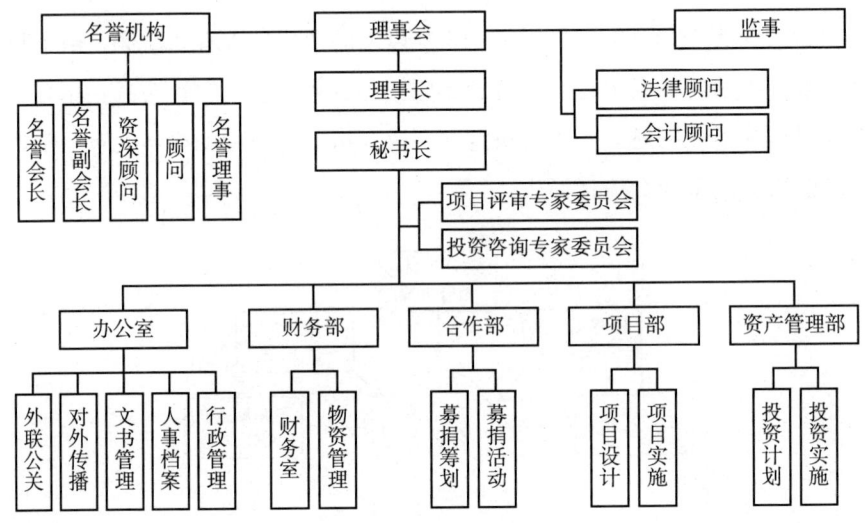

图13　儿慈会试行组织架构

资料来源：基金会中心网，中基透明指数FTI。

在透明公开方面，儿慈会在中基透明指数FTI排行中得分106.0（满分107.2分），在全国所有基金会中排名第2位。从儿慈会官网可以看到，截至2013年12月，儿慈会收到的捐款已达到3亿元，捐赠方可通过捐赠查询栏目来查询每一笔捐款的详细信息。其中，在每一笔捐款后都附录了捐赠人的留言信息，以便查询人可以很好地了解捐赠人的捐款设想及希望等内容。此外，在人员信息方面，除全职员工相关信息外，儿慈会官网还披露了所有参与项目的志愿者的信息，包括志愿者姓名、服务对象、服务时间和内容。最后，在年报披露方面，公布了自成立以来三年的详细审计报告，内容合规且详尽。

（二）项目介绍

儿慈会的机构项目包括四大项，第一项的自主项目包括9958紧急救助通道、童缘资助项目、孤儿成长项目、回家希望项目、爱心家园义工联项目、起点工程项目与《读者》光明行动项目；第二项的公共专项基金包含天使之家妈妈专项基金、太阳村专项基金、星星雨专项基金、一颗鸡蛋工程专项基金、西部儿童救助专项基金、青爱工程专项基金，其中的独立专项基金包含新湖专项基金、自立奋进专项基金、少儿健康专项基金，而筹建中的专项基金则包含海华专项基金、希望之履专项基金、华史专项基金、教育专项基金和星光专项基金；第三项为合作项目，其中包括给孩子加个菜项目、明天计划项目、春天阳光项目和给孩子送双运动鞋；最后一大项的慈善产业包括青海玉树州"新湖儿童村"和江西共青城市"共青儿童村"两个项目。

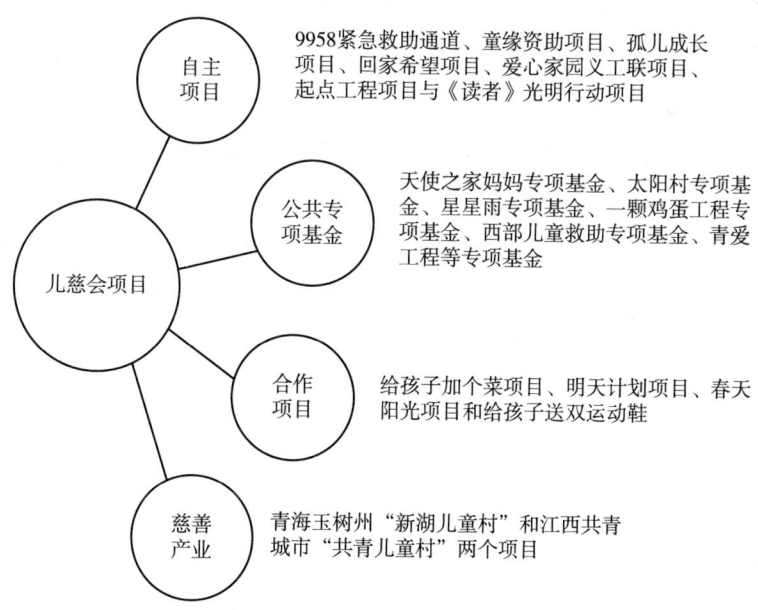

图14 儿慈会项目构成

资料来源：中华少年儿童慈善救助基金会。

儿慈会的运作项目分为生存救助、成长救助、技能救助、心理救助、医疗救助五个方面；其中基地建设是新增的救助项目，尚未进行相关领域的项目。项目的开展范围遍布全国，并且从多角度、全方位地展现了对少年儿童的关怀；儿慈会一直遵循"以慈为怀、从善如流、呵护未来、促进和谐"的理念，通过各项救助活动，弘扬慈善文化。

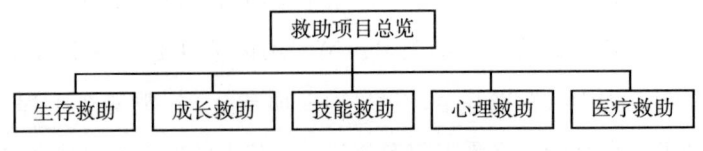

图15　儿慈会救助项目总览

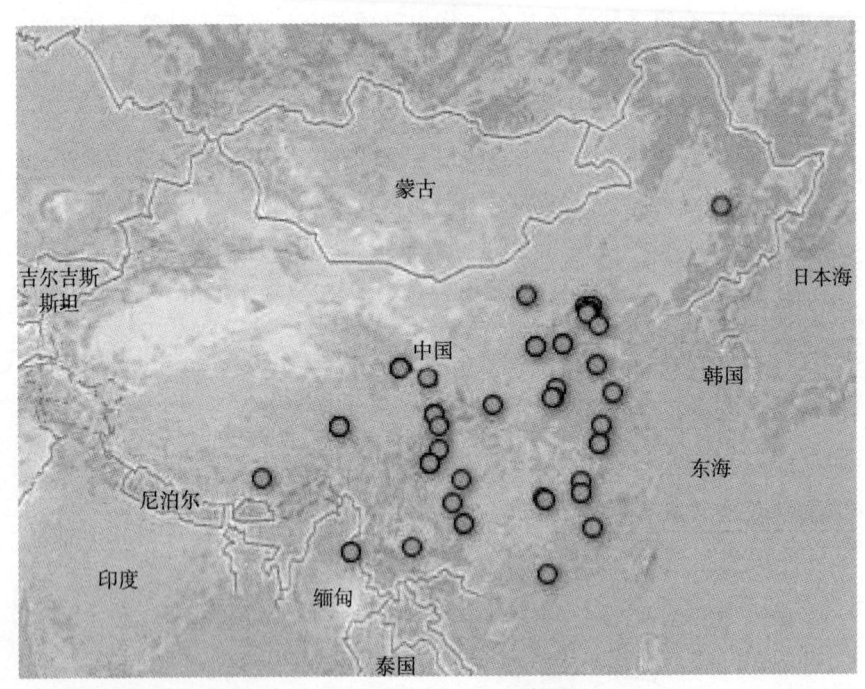

图16　儿慈会全国项目分布

资料来源：基金会中心网。

儿慈会在2010年和2011年两年的项目分布主要包括五大救助板块。从整体来看，2011年的运作项目的总数较2010年增加了7个，增长了38.9%。其中两年里成长救助项目数量相等,均为9个,但是2011年度该项目所占的百分比(36%)比2010年(50%)下降了28%;2011年医疗救助项目数量比2010年增加了5个,所占的比例也由2010年的11%增长到2011年的24%,增长了118.18%,足以说明儿慈会对医疗救助方面的投入是有较大提高的。生存救助、心理救助、技能救助在数量上均有所提高,在该年度所占的比例基本保持不变。

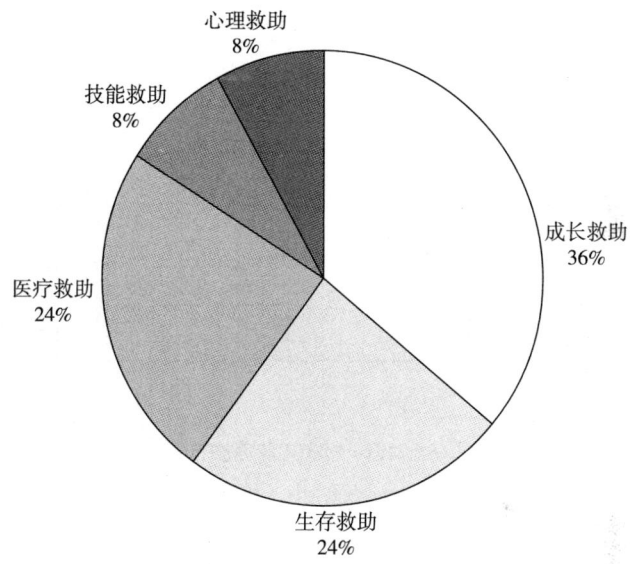

图17 2011年儿慈会项目分布

数据来源:《中华少年儿童慈善救助基金会年度报告》。

(三)财务状况分析

通过图18,可以明显看出,儿慈会自创立至今的三年中,其财务总量三项指标皆处于大幅上升趋势,因而在净资产方面,儿慈会在2012年相对于2011年增长了1700万元左右;在总收入方面,2012年与2011年同比只增长了19万元(见表1);然而,在支出方面,尤其是用于公益事业的支出却依旧有大幅度提升,这充分体现了儿慈会"募集社会资金,开辟民间救助渠道"的机构宗旨。

表1 中华儿慈会2010～2012年末净资产、总收入、总支出情况

单位：万元

年度	净资产	总收入	总支出
2010	5298	5045	1794
2011	8058	8727	5969
2012	9759	8746	7063

资料来源：基金会中心网，中基透明指数FTI，截止日期：2012年12月31日。

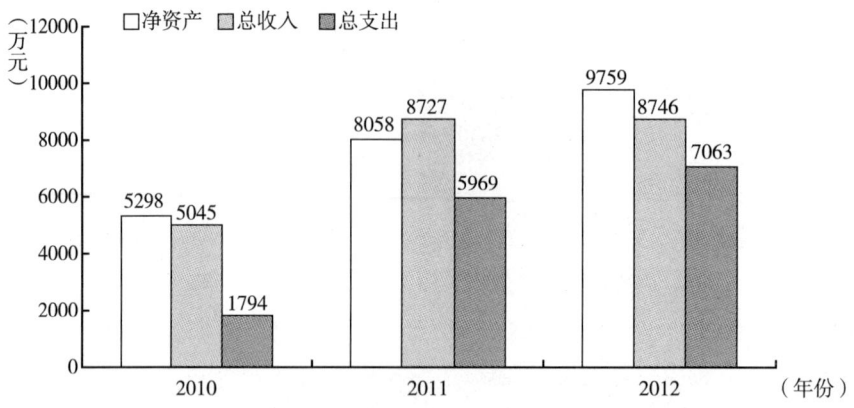

图18 中华儿慈会2010～2012年净资产及总收支趋势

资料来源：基金会中心网，中基透明指数FTI，截止日期：2012年12月31日。

（四）与民间公益组织的联合劝募之路

在国际上，联合劝募通过专业的、高度问责的方式将慈善资源按需分配给合格的公益组织，并且代替捐赠人监督善款的使用情况。联合劝募能缓解公益组织筹款压力，确保其开展社会服务的专业性，使社会捐赠得以高效使用。

为进一步推动民间公益组织开展救助活动，儿慈会充分应用现有的公募平台——让更多社会组织可以分享"公募权"，结合自身特色，扭转其劣势，在与儿慈会的合作中日臻进步，可以使社会组织在儿童救助领域中更好地发挥作用。儿慈会开展了"童缘"联合行动，并在此基础上组织部分公益组织成立了"童缘公益慈善联盟"，通过"童缘"资助的各民间公益组织之间的联系和交流，强化民间公益组织内部的管理和公益活动的开展。2012年"童缘公益慈善联盟"开展了"童缘·六一圆梦"、"童缘·携手"、"童缘·暖心包裹"等全国性公益活动和"童缘，好孩子"全国性评选互动活动，定期为童缘联盟各成员单位发送"童缘简报"、"童缘学习资料汇编"，为各成员单位订阅《慈善公益报》。在每期《慈善公益报》上刊登一个公益项目和介绍各成员具体救助活动的"童缘故事汇"。

1. "童缘"历年资助情况

"童缘"资助项目每年将斥巨资支持民间公益慈善组织开展各种类型的弱势儿童救助活动。根据中华儿慈会秘书长王林的介绍，"童缘"项目进行了三期项目资助，资助民间组织214个项目，并使已合作的组织形成一个初步的"劝募联盟"。此项目在全国范围内，重点关注弱势儿童救助，项目预算为每期1000万元，资助50个以上的公益组织开展儿童救助项目。资金用于资助民间公益慈善组织开展儿童救助项目。目前，此项目已实施三期，共资助214家民间组织。其中，西部及贫困地区占70%；县以下基层公益组织占70%；资助新的公益组织占70%。受益儿童达到约15万人。下一步，项目推进计划为每期资助50个以上的民间公益组织，其中，西部的占70%，县级以下的占

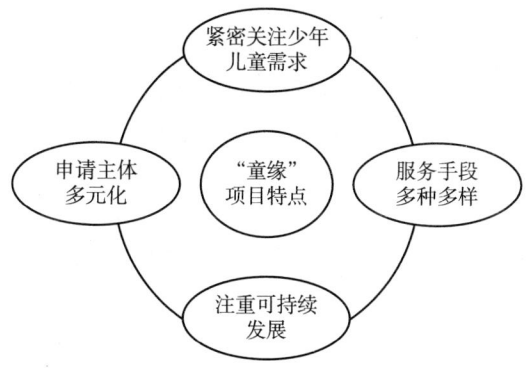

图19 "童缘"项目特点

70%，新资助的占70%。

2. "童缘"申请方式

凡是符合以下规定的民间组织都可以申请加入"童缘"项目。

项目目标符合儿慈会童缘联合劝募计划的合作范围和合作原则。重点在技能、教育、环保、心理、社区等领域开展针对少年儿童的公益项目。少年儿童的年龄界限为18岁以下。项目创新性强：创意地解决实际的社会问题；具有新闻价值。项目可行性强：执行方案细致清晰，项目结果可评估，机构执行力强。项目透明性强：项目在财务管理和执行上均有公开机制；接受民众、媒体、监督机构的监督；设置了有效的项目反馈和投诉系统。

据王林秘书长介绍，"童缘"的申请流程非常简单："无论民间组织的形式，是否注册，即使是个人都没关系，唯一需要的就是合法的银行账号。因为有时签署的捐赠协议是三方协议，哪怕被捐助方没有注册或是单纯的公益爱心人士，只要有可以为其接受捐款的合法账户即可。"童缘项目办公室会在收到《童缘联合劝募计划申请表》的一个月之内与申请者进行联系。童缘项目办公室将在最长不超过三个月的时间内决定是否批准申请的项目。一旦申请通过，童缘项目办公室将及时以书面形式进行通知。

为了促进"童缘"资助项目有效地开展，保证项目的透明度和公信力，在项目筛选中，儿慈会充分体现科学规范的"公开、公正、公平"原则。但是申请门槛并不高，只要其接受的善款是用来救助贫困儿童的就可以。全程通过网上报名，在网上进行第一轮的筛选；再由专家组经过初评、复评、面试程序；放到网上公示，公示后无异议，提交理事会；经过理事会同意后项目确立。

整个过程全部公开，此外，儿慈会委托瑞森德作为独立的第三方评估机构对"童缘"资助项目的实施和项目成果进行评估，对项目实施方案的经费进行审查和监管，以提升项目的透明度和公信力，使执行方、参与方、社会公众和媒体等能够避免干扰因素。支持项目顺利开展，更好地传播公益理念、倡导慈善文化。儿慈会的角色只是资金资助方。如此，就体现出运作、管理、监督三位一体并行的理念。

3. "童缘"项目成效

在现有申请合作的 200 多家社会组织中,有 1/3 都可以获得儿慈会的资助,捐助额在 10 万~20 万元。具体的项目资助过程是先支付总款额的 50%,中期支付 45%,最后结项时再划拨剩余的 5%。

在关于资助的风险问题上,儿慈会王林秘书长表示,与民间公益组织合作风险肯定存在。但是,由于中国公益慈善历史较短,需要在历练中逐步成长,因此对民间公益组织要有"宽容"的心态。当然,王秘书长也认同与草根合作是要"交学费",有代价的。但是,他认为慈善文化、慈善理念的接受是要逐步形成的。举例而言,在商业领域,经过几十年的发展,中国工商银行才刚刚建立"诚信档案"。因此,中国公益也同样需要一个"大浪淘沙"的过程。所以,王秘书长认为"掏点儿学费"是应该的,而且是可以接受的。但这并不意味着选择资助的程序和过程、执行中的监督可以马虎,儿慈会在这些方面都是非常严谨的。

在谈及儿慈会与其他基金会在搭建联合劝募平台方面的区别,儿慈会秘书长王林说道:"我们更'实际'——对于想报名参加联劝联盟的民间公益组织来说程序十分简单,而且经过报名筛选后,我们还对合格的组织给予一定指导。因而,现在民间公益组织加入联盟的积极性非常高。但是,不能忽视的是,由于民间公益组织财务、团队建设等不健全的事实大量存在,所以儿慈会做联劝的定位是'为民间公益组织服务',而非对申请加入的组织进行单独的审视和评估。总而言之,我们与民间公益组织是一种合作的关系,以便让它们有'一家人'的感觉。"此外,"童缘"项目负责人刘京韬也表示:"儿慈会组织的民间公益组织联合劝募更倾向于合作的形式,甄选出的项目也不会归属于儿慈会,这样可以充分保证组织的独立性。"

由于已与 200 多家组织进行了合作,儿慈会的项目无论在哪方面都更"接地气",项目也更有群众基础,因而即使在财务风波期间,个人捐款不降反增,体现了拥有群众信任、具有公信力的好处。由于项目的执行组织是最基层的组织,它们都是儿慈会功能的延伸,而且能保证执行效力可以直达民间。

4. 优秀案例展析

（1）没有围墙的孤儿院（Orphanage Without Wall，OWW）

此项目由中华儿慈会与香巴拉基金会合作执行。

在青海和甘肃的一些偏远地区，生活着一些非常贫困、孤苦的孩子，他们或因父母伤亡、病故，或因母亲未婚生子后远嫁，将他们留给祖父母或家里其他亲戚，或父母常年在外打工，而生活在物质和精神的极大空乏里，目前接受教育和未来前途堪忧。尽管义务教育是免费的，但交通、食宿以及学校收取的各种费用对他们来说仍难以承担。面对经济社会生活的巨变，他们已经不太可能像他们的祖辈那样守着土地，靠种田、放牧维生。

OWW项目强调人在公益事业中的关键作用，找寻扎根于现实和本土的长期的解决方案。项目不仅以资金和物质帮助孩子们上学，还通过家访、热线电话和青少年能力培训营等方式，启发孩子们的心智和情感，帮助他们成为身心健康，有知识、有技能、有信心、有梦想的人。

项目旨在帮助孤贫的儿童、青少年在正常的家庭环境里成长；帮助他们获得他们所能达到的最高的教育；帮助他们获得第一个有薪水的工作。

OWW项目建立在支持孤贫的孩子在正常的家庭环境，而不是在传统的孤儿院或类似的机构里成长的理念上，主要有3个理由：

①生活在一个没有完善的社会保障制度的社会环境里，拥有家庭关系至关重要，没有家庭关系的人非常脆弱无助。如果孩子在孤儿院里长大，会失去这

一重要的社会关系。

②孤儿院及类似机构多年的经验显示,在这样的环境里长大,会对孩子的心理造成损伤,产生心理和社会问题。这些孩子成人之后犯罪、暴力、心理疾病甚至自杀率都要比在正常环境里长大的孩子高出很多。在西方很多国家已经关闭孤儿院及类似机构,以家庭领养取而代之。

③建立、运转孤儿院资金耗费巨大。在今天的中国投资一家孤儿院平均每个孩子需要2500元,运营费每年每个孩子(包括工作人员的薪水、衣服、食物、设备、教育费等)至少要6500元,如果考虑到高中、大学或职业学校的教育每人还需增加1100元。OWW项目每年每人平均花费2500,还不到孤儿院经费的25%,并且其效果对于孩子、抚养他们的家庭及社会要好过孤儿院。

OWW项目向抚养孩子们的家庭提供一定的资助,包括孩子上学所需的各种费用、衣物、学习及生活用品,以减轻家庭负担,使孩子们能长期稳定地在那里生活成长。

(2)麦田少年社

此项目由儿慈会与麦田计划合作执行。

麦田计划成立于2005年6月16日。因为被大山、被那些渴望读书的孩子所感动,一名普通的志愿者——莫凡在国内发起"麦田计划"。这是一个民间助学组织,致力于改善中国贫困山区孩子的教育环境,包括为贫困山区中小学生提供读书资助、兴建校舍、成立图书室等项目。至今,麦田计划在北京、上海、南京、广东、四川、山东、湖南、湖北、浙江、江苏、云南、福建、天

津、河南、新疆、江西、广西等地区建立起麦田团队。麦田计划从成立至今，分别已在四川、云南、山东、湖南、湖北、安徽、青海、新疆、河南、江西、广西、贵州、河北、西藏建立了资助点。2010年10月1日，在广东省民政厅注册成立"麦田教育基金会"。

麦田计划的项目主要包括以下几个方面的内容。

①麦浪行动——小图书室

向社会各界征集新旧中、小学课外读物，以一间小学图书室500～2000本书为标准，帮助贫困山区小学成立"麦田图书室"，解决部分小学生没有课外读物的问题，充分利用社会闲置资源，响应国家"建设节约型社会"的号召。

②麦苗行动——我要上学

麦田计划志愿者的实地走访调查，收集贫困学生的资料，发布到麦田论坛，供有资助贫困孩子意愿的爱心人士选择，麦田计划统一接收资助汇款，统一安排发放和监督使用，并为有需要的资助人提供相应的发放凭证。

③麦想行动——麦田学校

凝聚全球爱心，汇集社会资源，为贫困山区的学童修建学校，为孩子们提供一个温暖的教室。

④麦香行动——大山脊梁

资助坚守在贫困地区教育战线上的低收入代课老师。

⑤麦言行动——关爱生命

成立麦言基金，为贫困山区患病及受到意外伤害的孩子提供医疗救助。

⑥麦爱行动——爱的礼物

麦田计划募集各种文具、体育器材、教具、课桌等适合小学生使用的物品。目前项目有：一人一课桌、一人一奶粉、一人一本书等。

⑦麦青行动——感动之旅

麦田计划在全国各大城市、社区、高校、中小学校开展《山那边的孩子》大型纪实摄影展及莫凡《麦客旅途》报告会，呼吁全社会关注。参与贫困地区教育建设，同时启迪青少年树立高尚品格和社会责任感，奉献爱心，服务社会。

⑧麦风行动——第二课堂

组织麦田志愿者、结合全国高校、社会的力量为山区孩子举办第二课堂活动，丰富山区学生课外生活，开阔学生视野，建立与山区孩子交流的平台。

5. 未来发展规划

未来，"童缘联合行动"会把已接受儿慈会资助优秀民间公益组织联合起来，成立类似"童缘民间公益组织合作联盟"的组织，目的是在紧急事件发生时可以及时行动。例如在灾害发生时，通过儿慈会的号召，可以达到迅速动员、及时机动参与到救灾行动中来的效果。同时，通过组织在当地的影响力，作为儿慈会在地方的"臂膀"，作为中坚力量参与到儿慈会的活动当中来。

王林秘书长还说明了成立联合劝募的初衷就是要力所能及地为民间公益组织服务，由于它们在公益行业中最为弱势，所以儿慈会希望尽一臂之力；从大的环境说，王秘书长认为："中国慈善事业未来必须是以民间的形式进行发展，因为'公益慈善'之所'公'，本身就属于民间，应充分发挥民间的力量，将会前途无量。这也必将是未来公募基金会生存的基础。"谈到具体联劝合作对象，王秘书长还提到倾向未来继续资助可持续发展的项目。由于以前的资助模式是儿慈会提供全部资金，以后希望慢慢地转变为以儿慈会资助为主，要求组织自身匹配一部分资金的合作形式。

G.10
智库基金会的挑战及出路

摘　要： 研究型基金会能够为国家公共政策的制定提供专业意见和实践方案。在全面深化改革的今天，研究型基金会以其独有政策研究与倡导方式，实现公益目的及国家政策的改变。另外，在全球化的背景下，研究型基金会可以有效推动跨国议题的政策研究，制定并引导国际舆论，实现国际合作。

关键词： 智库　基金会　研究

一　智库基金会概述

自《基金会管理条例》颁发以来，各类基金会呈爆炸式增长，其中智库基金会也随之增加。此外，十八届三中全会《决定》强调要"加强中国特色新型智库建设"，智库基金会在经济、社会中的作用也日益显著。据基金会中心的不完全统计，典型意义上的智库基金会从 2004 年的 19 家，上升到 2013 年的 34 家①，平均每年增加 1.6 家，年均增幅 8.7%。

从基金会类型上看，智库基金会既有公募基金会，也有非公募基金会，并且二者数量一致，均为 17 家。大部分的智库基金会位于北京，超过 80% 的智库基金会位于北、上、广三地，一方面与这些地区的经济发展因素有关；另一方面北京政治中心的优势吸引大量人才聚集，为研究提供了便利。

智库基金会的发展迥异于一般意义的慈善基金会，其运作模式、资金募

---

① 不包含高校基金会。

智库基金会的挑战及出路

集、管理方式等具有极大的特殊性，基本没有先例可循，也完全不同于西方国家的同类基金会，亟须对其面对的挑战和问题进行规律性的探索和总结。

中国的智库业发展经年，出现了官方智库、高校智库和民间智库三类形态。智库基金会是众多智库形态的一种。

官方智库基金会，指的是由国家或地方政府提供资金支持，为政府决策提供参考依据的智库。截至2012年底，中国的官方智库约为1500余家，包括国家智库40家，省级智库160家，地市级智库1300余家。中国社科院及各地方社科院是典型的官方智库，也有许多官方智库成立基金会，开展事务性强的政策研究。如中国发展研究基金会就是国务院发展研究中心下属的研究类基金会，基金会不仅每年举办中国发展论坛，邀请国际专家学者探讨中国发展问题，同时也开展儿童营养与早期教育方面的社会试验，并提出校餐补助等政策建议。官方智库的优点在于资金稳定，与决策层关系密切，有权威的信息来源，有有效的研究项目执行渠道和稳定的人才队伍。官方智库的缺点在于独立性不够，受制于部门利益和部门视角，影响公信力，实际的效率并不是很高。

高校智库基金会：中国现有高校2000余所，其中建有智库的约为700家。尽管高校智库已达到相当规模，然而高校基金会中进行智库研究的仍为少数。高校智库的优点在于有人才资源，基础研究能力强。缺点在于学院气较重，学科色彩强于政策研究色彩。

民间智库基金会：中国的民间智库近几年开始兴起，目前约为200多家。民间研究机构大体分为三类：咨询公司、研究机构、基金会。其中民间智库基金会更是凤毛麟角，仅有十几家。

民间智库基金会一般以其价值观鲜明、独立性强为基本特色。但其困扰因素也相当明显。一方面缺乏稳定的资金来源，难以形成规模；另一方面，人才缺乏，在个人职业发展上无法同高校和政府研究机构形成竞争性优势，难以提供稳定的保障。同时，由于这些智库基金会的民间背景，它们缺乏权威信息源，这导致它们对上缺乏直通政府的政策影响渠道，对下项目执行渠道狭窄，难以提供专业化的公共政策咨询。当然，民间智库基金会也受制于各种资助主体的利益诉求，难以专业化。

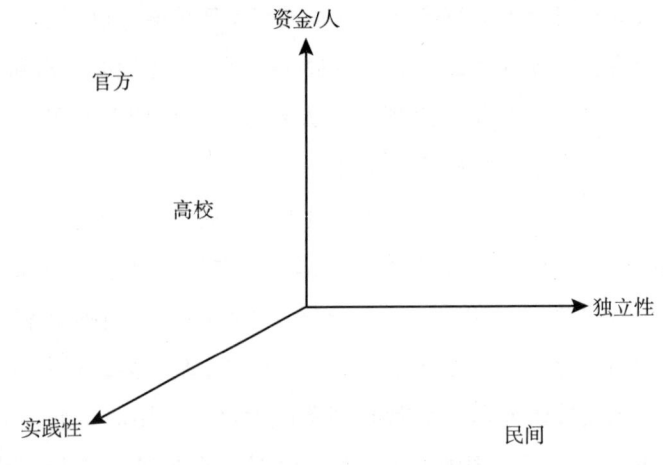

图 1　三类智库基金会特点比较

资料来源：基金会中心网，中基透明指数 FTI。

二　智库基金会的发展困境

1. 政治发展路径依赖

美国是智库业最发达的国家，这缘于美国竞争性的两党政治模式。为了影响政策，获取最大利益，利益集团和政党组织有必要通过智库影响公共政策。由此出现了一头联结资本、一头联结政府的智库。而中国是一党执政国家，虽然市场经济已导致利益诉求多元化，但公共政策研究仍然是体制内占主导。智库的发展，必然以竞争性的政策制定过程的形成为前提。

2. 市场经济发展程度低

智库基金会是市场经济发展到一定阶段的产物。市场经济带来利益分化，并导致社会利益主体日益多元化，各利益主体需要通过智库研究来表达自己的观点，并进而引导政策和舆论。中国虽然经过 30 多年的市场经济，各要素市场已高度发达，但政策研究的市场尚未形成。

3. 专业性制约

智库业是智力高度密集型行业，有相当的专业性，智库存在着一个学习、训练、竞争、成长的过程,这个过程目前刚刚开始。各智库基金会都处于成长阶段,难以形成规模化和体系化。

三 智库基金会的类型及未来发展

资助型智库基金会:同传统意义上的基金会类似,资助型智库基金以资助研究项目为主体业务,自己本身一般不做研究。例如,孙冶方经济科学基金会就以项目资助为主要方向。资助型智库基金会也会面临很多问题:首先与官方资助相比竞争优势不强。由于各种政府性的研究资助种类繁多,且金额巨大,民间基金会难以比肩,由此导致各种优质研究资源难以流向民间基金会。其次,资助型基金会项目管理难度大,不同于公益慈善性质的项目可以通过受益群体来进行项目管理和量化考核。智库基金会以哲学人文及社科类的项目为主,个性化特征强,难以量化管理,项目评估经常遭遇学术界的门户之争,无法客观准确评价。最后,智库基金会的品牌项目难以建立。项目成果一旦形成,经常被受助方作为宣传手段,而基金会则由于缺乏媒体资源等各种原因,难以借用项目成果确立品牌,这进而又影响到下一步的资源动员。

运作型智库基金会:这类基金会也类似开展公益项目的基金会,都以开展研究项目为主要发展模式。运作型基金会以自主研究为主,资助研究为辅。在发展过程中,运作型智库基金会面临着人才紧缺的困境,由于无法为人才提供体制内的个人成长路线保障,因此对优秀人才的吸引力也大打折扣。同时,这些基金会的民间背景导致它们缺乏权威的信息来源、有效的项目执行渠道和有效影响政策和舆论的渠道,这样研究项目的效用大打折扣。

当然,无论是资助型智库基金会还是运作型智库基金会,都面临缺乏稳定的资金支持和模糊的战略定位问题。不同于一般慈善基金会,智库类基金会无法以项目募资,它们或者建立强有力的理事会以保障稳定的资金支持,或者以投资方式获取增值资金。在经济发展不明朗、自身影响力还不够强大的时期,民间智库基金会遭遇极大的挑战。另外,智库类基金会处于刚起步阶段,对自身的战略方向和项目定位仍不清晰。一般而言,智库类基金会的战略定位不能过窄，学术领域的交叉性很强，多个学科的同时推进有时才能保证研究成果的独特性和丰富性。

四 从社会试验到政策倡导——中国发展研究基金会儿童发展之路

> 政策的改变需要有人发现问题，并提出解决方案。
>
> ——中国发展研究基金会秘书长 卢迈

2011年兴起了一场全民参与的学生营养餐运动，从免费午餐到爱心厨房，各类校餐项目在全国遍地开花。国务院每年160亿元财政拨款更是从根本上解决了农村贫困学生的营养改善问题。而在这场大规模的公众项目背后，离不开中国发展研究基金会长达5年的跟踪调研、社会试验，以及多次向中央领导提交政策建议的推动。

中国发展研究基金会成立于1997年11月，是由国务院发展研究中心发起成立的全国性公募基金会。它以支持政策研究、促进科学决策、服务中国发展为宗旨，开展了大量与经济、社会相关的研究与咨询服务。作为政策倡导类的基金会，中国发展研究基金会的主要项目包括政策研究、国际交流和培训三大部分。其中政策研究是基金会工作的重点方向，在基金会2012年的公益支出中，政策研究项目支出占比达42%[①]。这既包括每年的《中国发展报告》，也包括长期的社会试验及相关政策倡导。《中国发展报告》由中国发展研究基金会确定每年的研究主题，汇集社会各界成果，在综合分析国内外研究的基础上提出政策建议。报告集理论性与实践性于一体，为政府提供了政策参考。从2005年起已出版5册，涉及公平与发展、反贫困、社会福利、城市化、人口政策等多方面研究。社会试验与政策倡导则是基金会战略公益的一次成功探索。项目源于基金会的早期调研，在调研中发现贫困地区儿童青少年发展水平要远远落后于城市。2007年以来，基金会先后开展了贫困地区儿童早期营养

---

① 2012年基金会公益支出3737万元。

干预、山村幼儿园、农村义务教育学生营养餐改善研究与评估、流动儿童社会融合等方面的项目,并于 2012 年成立儿童发展中心,结合国际经验专门进行儿童反贫困的中国模式探索。

(一)贫困地区儿童早期发展项目(ECD)

> 儿童是我们的未来,为他们幼年的投资,实际上就是在为全球人类发展与经济发展投资。
>
> ——世界银行

教育和健康是人们发展的基本权利,也是人力资本的重要保障。由贫困导致的婴幼儿营养不良、生长迟缓,缺乏基本的早期启蒙教育,将对其一生的学习技能和心理发展造成负面影响,形成贫困的代际传递和恶性循环。我国西部贫困地区婴幼儿的营养水平远远低于城市和其他农村地区,幼儿学前教育严重缺乏。

为了探索解决贫困地区儿童早期发展问题的有效方案,中国发展研究基金会深入贫困地区实地调研,并在组织中国疾病预防控制中心、北京师范大学、北京大学等机构专家进行咨询论证的基础上,设计了"儿童早期营养干预"和"山村幼儿园"两部分项目,旨在实现"新生儿出生健康,婴幼儿营养正常,学前教育基本覆盖"的目标。项目分别于 2009 年 9 月和 2010 年 4 月在青海乐都县和云南寻甸县开展。基金会通过长期的调研和社会试验,对缩小贫困地区儿童与城市及其他经济发达地区儿童之间的发展差距,推动国家制定儿童早期发展政策,促进社会公平发展发挥了重要作用。

1. 儿童早期营养干预

生命最初的 1000 天的母婴营养状况是其身心发展的关键时期,保证营养健康对他们今后的发展有重要影响,并且这个过程是不可逆的。世界各国都着力于投资婴幼儿营养改善,提高国民素质。目前中国农村贫困地区儿童生长发育迟缓现象普遍,语言、认知发展远远低于同龄城市儿童。改善我国贫困地区儿童早期营养,缩小城乡儿童发展差距,是未来社会生产力和国家竞争力的重要保障。

中国发展研究基金会通过对青海、云南、广西等地进行实地调研，发现我国儿童早期发展政策的重点和难点是解决中、西部农村儿童早期营养不良等问题。基金会2009年开始儿童早期营养干预的社会试验。营养干预项目旨在为婴幼儿提供营养补充，针对不同人群分为两个执行阶段：（1）对孕妇免费提供微量营养素补充，即"营养片"，补充胎儿生长发育必需的蛋白质等微量营养素，保证新生儿的正常发育；设立"妈妈学校"，对孕妇和婴儿家长定期提供营养保健和知识培训。同时，基金会邀请营养、妇幼保健专家，每年对试点地区妇幼专干进行1～2次统一培训，再由妇幼专干为贫困山区孕妇及婴幼儿家长开展每月1～2次的培训。基金会还编写科学性、地方性和实用性的项目专用教材，为培训提供参考。（2）对6～24月龄的婴儿免费提供婴幼儿辅食营养补充，即"营养包"，并定期为婴幼儿进行体格检查，建立完整的婴幼儿健康档案。

截至2013年6月，儿童早期营养干预项目在青海乐都、云南寻甸两县19个乡镇开展，6529名婴幼儿和5329名孕妇受益。目前，在基金会的倡导下，国家卫生部门已启动"贫困地区儿童营养改善试点"，覆盖中西部地区300多个贫困县82.2万婴幼儿，随着项目的持续开展，试点范围将进一步扩大。基金会儿童发展研究中心将与诺贝尔经济学奖获得者、芝加哥大学经济学系海克曼教授带领的研究团队，以及哈佛大学儿童发展中心等研究机构开展国际合作，对这一国家重大妇幼公共卫生项目实施影响评估。

基金会通过调研，发现西部农村贫困地区儿童早期营养严重不足的问题，并以社会试验的方式成功探索出解决这一问题的有效通途。通过试验、政策倡导为政府大范围的项目试点提供有力可行的解决方案，有力地发挥了智库基金会的作用。

2. 山村幼儿园

学前教育对人的终身学习和技能发展具有关键影响。国际测算表明，学前教育每投入1美元可以获得高达17美元的社会回报，这要远远高于学校教育和职业教育。保证每一个儿童获得平等的学前教育机会，将从根本上消除贫困，促进社会公平发展。然而，当前我国西部农村贫困地区受经济发展水平和居住分散的限制，幼儿学前教育领域仍为空白。

为探索适合中西部山区的学前教育普及方式,中国发展研究基金会自2009年起,先后在青海、云南两地通过"山村幼儿园"方式对3~5岁山区幼儿进行启蒙教育。目前,项目已覆盖西部七省九县的贫困地区,为25279名山区幼儿提供早期教育机会。

"山村幼儿园"选取中西部地区的偏远县,由企业和个人捐资,基金会提供技术支持和监督指导,地方教育局组织具体实施。项目联合政府与社会力量共同普及偏远地区幼儿学前教育。在具体实施上,利用村小的富余校舍资源,在村级开办"山村幼儿园",实现幼儿就近入园;由县教育局负责招募幼教志愿者,配置必要教学设备,以"走教"形式提供学前教育服务。同时,为保证幼教质量,师生比例将控制在1:20。

经过2年的试点,对项目开展前、后试点幼儿各项能力的综合发展的评估表明,试点县幼儿早期发展状况较基线测试时取得显著进步,幼儿综合能力发展水平与城市同龄孩子基本接近。

"山村幼儿园"项目成功克服了中西部居住分散、交通闭塞等制约因素,为山区儿童提供学前教育机会,通过项目的示范、宣传,在全社会形成关爱中西部农村幼儿学前教育的共识。基金会的研究成果为发展学前教育、促进城乡教育均衡发展提供了重要参考。同时,该项目也是基金会整合企业、地方政府等多方资源,共同致力于推动中西部山区学前教育的一次成功尝试。

基金会自2009年在西部农村地区开展"贫困地区儿童早期发展"项目以来,充分利用农村基层现有的公共卫生、基础教育等资源,整合地方政府、乡村、学校、家庭等多方力量,有效改善了婴幼儿营养状况,促进学前教育的覆盖,缩小婴幼儿早期发展上的差距,为政策制定提供依据。

(二)农村义务教育学生营养餐改善研究与评估项目

中国儿童营养不良问题集中体现在农村地区,在寄宿制学校中,这一问题更加集中并引起基金会关注。2007年,中国发展研究基金会就开展了对农村寄宿制学校学生营养状况的调查和研究,发现贫困农村学生营养不良、发育迟缓等问题非常突出。在论证了试验的效性和可行性的基础上,基金会启动了"农村寄宿制学校营养改善项目"。通过基金会向企业募集资金,中国疾控中心提供指导和监督，地方政府具体执行的方式，为每位学生每天提供2.5~5元伙食补助。10个月的试验表明：学校供餐在改善学生营养、体质、体能、心理上的效果十分明显。

2008年4月，时任总理温家宝在基金会研究报告上批示："要增加政府对寄宿制学校贫困学生的补助力度，改善学生的营养状况。这件事关系国家的未来，也是扶贫事业的重要组成部分。"自2008年春季学期起，中央和地方财政出资132.8亿元，提高农村寄宿学生生活补助金额和覆盖率。中国发展研究基金会的社会试验已经让政府意识到改善农村学生营养问题的重要性。"改善农村学生营养"写入了党的十七届三中全会《关于推进农村改革发展若干重大问题的决定》，明确把改善农村学生营养状况，作为发展农村教育、促进城乡义务教育均衡发展的重要举措。

2010年，基金会对政府贫困地区寄宿制小学生活补贴政策进行评估，结果发现由于缺乏改善农村学生营养的制度保证，政府补贴资金的使用效率普遍较低，农村学生营养不良的情况仍然存在。基金会根据评估结果撰写《建立学校供餐机制，改善农村学生营养》，报送温家宝、李克强和刘延东等国家领导，农村学生营养问题再度引起重视。2011年2月，中央电视台连续五天报道"西部小餐桌"，带动社会各界的关注和投入。免费午餐、爱心厨房等大规模公众参与项目在全国遍地开花，参与人次达100万以上。

在此背景下，基金会于2011年4月召开西部农村学校供餐机制国际研讨会，教育、财政、卫生等部门及专家学者共同设计改善学生营养的合理、可持续制度模式。国务委员刘延东在基金会秘书长卢迈《关于西部农村学校供餐实行普惠制的建议》上批示："为西部农村义务教育学生提供营养保障势在必行，要精心筹划，周密部署，认真推行。"《国家中长期教育改革和发展规划纲要（2010~2020）》中提出要"改善学生营养状况，提高贫困地区农村学生营养水平"，并启动民族地区、贫困地区农村小学生营养改善计划。

持续三年的试点及跟踪研究表明：保障贫困地区儿童营养，能够改善他们的身体机能、提高他们的学习能力，是促进社会公平、防止贫困代际传递的重要途径。基金会在试点评估的基础上，结合国外实践经验，多次向国务院提交农村学生营养改善的政策建议。2011年11月国务院办公厅印发《关于实施农村义务教育学生营养改善计划的意见》(国办发〔2011〕54号)。中央财政将每年安排160亿元专项资金,为全国集中连片贫困地区680个试点县(市)的农村学生提供每天3元钱的营养膳食补助,受益学生达2600万人,占中西部农村义务教育阶段学生总人数的近30%。目前,我国营养改善计划覆盖目标群体数量居世界第三,仅次于印度与巴西,其补助标准与供餐质量则优于两国。基金会的探索和分析为国家相关政策的制定与实施提供了参考和依据。

2012年,受全国营养办委托,基金会启动"农村义务教育学生营养改善计划"评估项目,帮助地方总结成绩、推广经验。系统总结了营养改善计划实施一年来的计划实施情况、执行中的问题、建议和社会效应,并探讨了营养改善计划持续运行的有效途径。评估结果显示:营养改善计划目标受益群体基本实现全覆盖;中央营养膳食补助资金基本落实到位;多数县制定了制度管理办法,规范营养改善计划的执行;学生体质状况和学习效率明显改善和提升,营养改善计划得到学生及家长的一致好评;食堂供餐能最大限度地发挥资金使用率和营养效益,但需地方财政的大力支持;未来,由于物价上涨等因素,应适当提高膳食补助。

中国发展研究基金会农村学生营养改善计划项目,经历了从理论到实践再到政府制定政策以至最后执行效果评估的漫长渐进过程,中国农村学校供餐受益学生从最初2007年的2000人上升至目前超过2600万人。中国发展研究基金会正是充分发挥自身优势,从社会试验入手逐步提高政府认识、明确政府责任,最后从政策层面切实改善农村学生营养状况。

(三)流动儿童社会融合

近年来,随着城市化进程的加快,流动儿童数量急剧增加,目前全国约有3500多万流动儿童,他们大多居住在城中村社区,面临健康、教育、贫困和社会边缘化等问题。流动儿童的社会融合不仅关系到他们未来的发展,更与城市经济发展与社会稳定密切相关。2011年6月,中国发展研究基金会在昆明船坊社区开展了"关爱流动儿童,促进社会融合"社会试验,为当地流动儿童提供教育、健康等方面的支持,帮助他们顺利地融入城市社会生活。

"关爱流动儿童,促进社会融合"项目涵盖了3~24岁的城市流动儿童及青少年，通过早教、课外活动、社工辅导及职业培训及专题教育形成循环模式，促进他们的社会融合。项目实施两年来，基金会投入约130万元，开展了"公益幼儿园"、"课外辅导员"、"社区青少年工作站"、"免费职校"、"妈妈学校"5部分内容。项目直接受益儿童约2万人，间接受益的流动人口超过10万人。

为了鼓励社会各界关注流动儿童的社会融合，基金会还在全国举办了"关爱流动儿童社会融合公共服务竞赛"，通过项目资助10个基层社区、高校、研究所、社会组织等开展社区融合公共服务项目和研究，为其所在社区和学校的10000多名流动儿童提供公共服务，深度挖掘了有潜力、有价值的公益项目，为流动儿童社会融合相关政策的制定提供时间和研究参考。

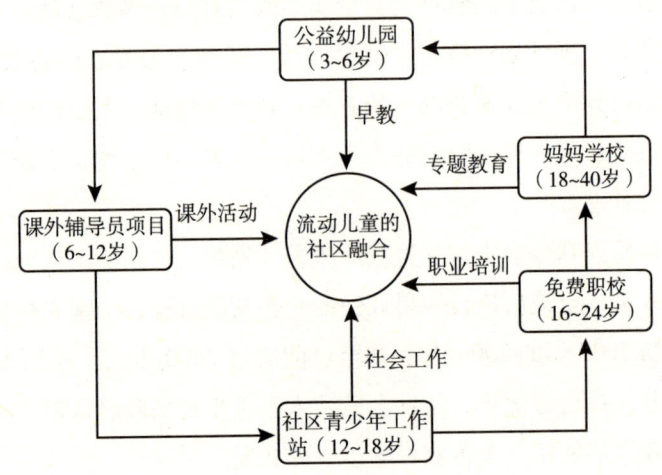

图2 流动儿童社会融合项目示意

资料来源：中国发展研究基金会。

1. 公益幼儿园

基金会资助成都船房社区的50户贫困家庭婴幼儿免费进入当地民办幼儿园接受早期教育。项目实施以来，接受资助的流动婴幼儿在认知、学习能力等方面都有大幅提升，并养成了良好的卫生习惯。

2. 社区青少年工作站项目

针对船房社区流动儿童缺乏公共活动场所和设施，"三失"青少年和未成年犯罪问题，基金会同当地派出所、居委会合作，租赁社区空间房屋建立以绿色网吧、免费书吧、心理辅导和法律咨询为主要内容的流动青少年工作站，为12~18岁社区青少年提供服务。通过项目的开展，培养了青少年的兴趣爱好，拓展其社会交往，对预防青少年犯罪发挥了积极作用。

3. 课外辅导员项目

为培养流动儿童的学习兴趣和发展综合能力，基金会从昆明高校聘请"课外辅导志愿者"为社区4所农民工子弟学校提供课外辅导服务，每周开展2~3次英语、绘画、书法、音乐、体育等课外兴趣小组。项目实施以来，先后有500人次志愿者为流动儿童提供服务超过2000人次。

4. 免费职业培训项目

针对当地社区流动青少年教育程度低、缺乏职业技能的特点，基金会资助10名流动青少年在西山职校开展长达3年的职业技能学习，同时联合微软公司在社区建立学习中心，免费为流动儿童及家长提供30课时的短期电脑培训。

5. 妈妈学校

针对船房社区流动人口中育龄妇女多、年轻家长多、孩子多的现状，基金会开设妈妈学校，讲授儿童早期营养、教育知识并开展职业技能培训。目前，妈妈学校已开展10期讲座，500多人次参加，有效改善了亲子关系，为流动儿童成长提供良好的家庭基础。

（四）儿童发展中心

为进一步整合资源，推动儿童发展研究工作的系统化、深入化，中国发展研究基金会于2012年10月成立"儿童发展中心"。中心秉持"优先儿童发展，促进社会公平"的理念，重点关注贫困儿童和弱势儿童的发展，以政策研究和倡导服务儿童的健康成长，推动儿童发展科学的进步。

儿童发展中心与各级政府部门、国际组织和研究机构合作，开展以政策实践研究为主的"儿童发展"科学研究，为政府决策提供科学依据；并通过组织学术交流、培育儿童工作者、普及知识等措施推动我国儿童的发展。中心聘请两位诺贝尔奖获得者詹姆斯·J. 海克曼（James J. Heckman）和阿马蒂亚·森（Amartya Sen）为高级顾问，共同开展相关领域的合作研究。

跟踪研究与评估

自成立以来，儿童发展中心在基金会儿童项目的基础上，进行以政策实践为主的"儿童发展"跨学科研究，开展贫困地区儿童早期发展项目、流动儿童社会融合项目等社会试验和农村义务教育学生营养改善评估，以及中等职业教育质量评估等项目。未来，儿童发展中心将与海客曼教授团队及哈佛大学儿童发展中心等研究机构合作，对儿童早期发展这一重大妇幼公共卫生项目开展评估，并以此建立中国贫困地区儿童发展研究的数据库，对贫困地区儿童的发展进行长期科学的跟踪研究和评估，推动《国家贫困地区儿童发展规划》的制定和实施，并通过更多社会试验项目探索儿童发展的最佳政策实践。

多方合作与国际交流

儿童发展中心与教育、卫生、财政、民政等多部门及各级政府合作，直接面对政策受益群体，开展各种政策试验，为政府和社会提供有效果的、可复制的行动模式。按照"小机构、大网络"的原则，协同世界银行、联合国儿基会、哈佛大学、芝加哥大学、北京大学等国内外知名研究机构，组织跨学科的综合研究及跨国比较研究，为政府决策提供有证据支撑的政策依据，丰富儿童发展领域的理论实践。

儿童发展中心还积极发挥平台作用，加强世界各国在儿童发展方面的交流。2013年11月中国发展研究基金会与美国布鲁金斯学会合作举办"中美儿童早期发展战略对话会"，在国际上推广中国政府的儿童早期发展政策实践经验。举办"反贫困与儿童发展国际研讨会"，邀请政府官员、基层工作者及各国专家学者参会，共同探讨促进儿童发展、消除贫困的议题，充分发挥儿童发展领域的国际交流、合作研究和知识分享平台作用。

五　修远基金会的文化重建之路

北京修远经济与社会研究基金会（以下简称"修远基金会"）的"修远"二字取自《楚辞·离骚》"路漫漫其修远兮，吾将上下而求索"。修远基金会是民间智库基金会的典型代表，发起人杨平是一位长期致力于公共政策研究与思想文化传播的学者。多年的经验使杨平意识到成立民间智库基金会是组织研究建立长期发展品牌、及时回应重大时代主题和社会焦点问题的有效方式。基金会自2009年成立以来，以文化重建为宗旨，探索中国近代以来不断凸显的文化连续性危机，以从根本上解决普遍的文化焦虑，建立中国社会的文化自主权、价值系统和话语体系；探索社会结构变迁中产生的新兴社会阶层的文化诉求及政治诉求，在社会建设中夯实文化建设的基础。

基金会的研究内容集中于道统重建、政统重建、民间伦理重建、社会结构变迁与新兴社会阶层研究四个宏观层面。具体来看，"道统重建"在于确立中国人的文化主体性意识，研究基于中国文化又适应现代世界的新的普遍性价值。1840年后，中国传承千年的道统信仰中断，目前一个根本性任务就是重建混乱的道统，这不仅适用于中国人，也是全人类通用的选择。"政统重建"则是创新发展执政党意识形态，再解释国家政治制度及法律形态，建构一个具有历史合理性、现代正当性又具备未来代表性的政制传统。道统下的政统，如共产党领导下的多党合作制度、人民代表大会制度、政治协商制度等，是我们所谓的道路、制度和理论自信的一部分，需要进一步定义和梳理它们的合理性。"民间伦理重建"继承中华传统，面向未来公民社会建设，为千千万万的普通民众提供安身立命的价值皈依。在道统混乱、民间伦理模糊不清、路有饿殍没人救助、老人跌倒没人敢扶的情况下，需要有一个价值重建过程来厘清人们的是非观。"社会结构变迁与新兴社会阶层研究"则是追踪社会力量和社会结构的变迁，探寻社会建设和社会管理的新方向。道统、政统、伦理价值必须以社会结构作为依托，传统的伦理道德基于村社，而现在是碎片化的社会，契约关系没有完全建立起来，新的社会结构需要我们探索，发现新的承载伦理价值的载体，这样社会建设、伦理建设和价值建设才有存在的依据。在修远基金会看来，价值重建和社会重建具有同等重要的位置。

（一）组织架构

修远基金会以《文化纵横》杂志及其他平台的影响力、议题设置能力，以及学术资源吸附能力，打造一家民间思想研究机构。

基于这样的一个定位，基金会建立了一批高素质的人才队伍。现有员工22人，其中，博士生、硕士生共15人，占总人数的70%。大部分员工具备在知名机构3年以上的从业经验，有扎实的理论基础和丰富的工作经验，这令团队具有较强的核心竞争力。在组织架构上，基金会设有理事会、秘书处和学术委员会。秘书处下设运营部、编辑部、研究部、发展部、网站和办公室六个部门。

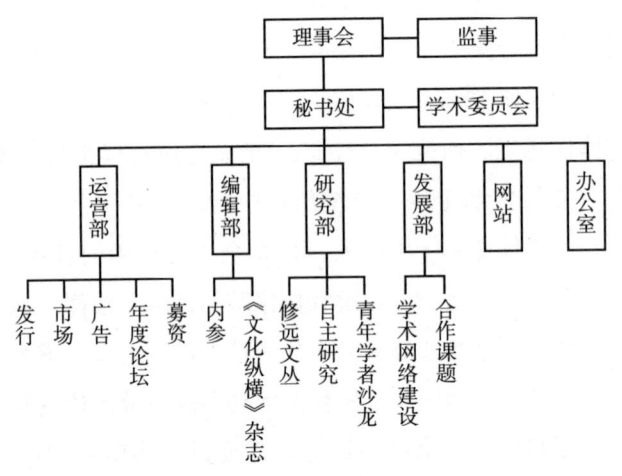

图3　修远基金会组织架构

资料来源：北京修远经济与社会研究基金会。

（二）《文化纵横》

《文化纵横》杂志是由修远基金会支持出版的国内高端的思想评论类杂志。《文化纵横》以"文化重建"为宗旨，致力于探索中华民族的文化重建和价值重生，在时代变迁和世界秩序变动中展现中国新的文化形象和自我认知，从文化价值的角度探索中国未来的发展道路与模式。

《文化纵横》杂志读者面向政府官员、企业高管、学者及媒体评论员。自创刊以来，出版34余期，刊发500多万字文章。围绕一系列政治、经济、社会和文化领域的重大命题，编辑团队策划了60多个大型专题。杂志从现实生活中发生的重大问题入手，从文化价值重建的角度进行思想评论，不仅关注观念层面的价值重建，同时也关注现实中政府、企业、民间社会的文化实践活动。

在内容设置上，《文化纵横》杂志通过"封面选题"及"笔谈"的形式，强有力地引导了思想文化界的视域和思考范畴。例如,"世界秩序的中国想象"选题,讨论在中国GDP居世界第二、资本输出已具备相当规模的情况下,由于对世界秩序建构的需求,而引起的对政治、法律、文化的想象力诉求,探讨未来中国人眼中的世界秩序。在"论中国模式:中国化马克思主义的历史道路"选题中,杂志站在中国共产党的角度,从马克思主义进入中国的历史、不断中国化的进程梳理中国的发展模式。"民主在东亚"选题走访了日本、韩国、泰国、印尼、新加坡、中国台湾五个国家一个地区,考察这些地方的政治转型、民主发生的机制和条件,并分析其优点和困境。另外还包括"风险中国"、"中国精英的困顿与责任"、"阶级的新面孔"、"80后的政治意识"、"政党的困境"、"儒家是否还有未来"、"人民儒学"、"到非洲去"、"当代中国的宗教复兴"等当代社会最重要,也是最敏感的话题,杂志每期选题都有很强的思想性,也产生了重大社会反响。

同时杂志还设立《在民间》、《地方》、《人物》等栏目,从中国千年传统价值、九十年的革命传承以及西方启蒙主义、自由主义近二百年的现代性价值的现实中,发掘那些在现实生活中不断生长着、背负中国传统又面向未来的活的文化实践,为文化重建提供生动的案例和样本。

> 我们不仅刊登大规模的思想性文章,也会去做采访。探寻古镇——乌镇的文化保护、中医目前的处境、庙会的复兴、大学国学班、汤池小镇的儒家伦理实践、西安世园会传统文化理念的实践等那些有思想深度和建设性的价值系统。①

为开阔文化视野,杂志还设立了《天下》、《世界观》、《历史观》、《经典重温》等栏目,从国际和历史两个维度,确立文化价值重建的国际比较视角和历史视角,并开设了"探索埃及革命"、"美国的民主和党主"、"冲绳问题"等热点话题。

2010年7月,《文化纵横》杂志的官方网站"文化纵横网"正式上线,

---

① 修远基金会理事长杨平。

"文化纵横网"以杂志内容为依托,秉承了杂志的一贯风格,成为国内一流的思想评论类网站。

自2008年创刊以来,基金会以杂志为平台,凝聚了500多位既富专业素养又有跨学科知识的专家学者,其中包括斯蒂格利茨、印度诺贝尔经济学奖获得者阿玛蒂亚·森、美国著名学者沃勒斯坦、英国学者佩里·安德森、韩国学者金容沃等具有国际影响力的专家,为基金会学术研究提供丰富资源。

(三)研究业务

作为智库型基金会,修远汇集了来自中国社会科学院政治学所、社会学所、新闻传播所,北京大学法治研究中心、马克思主义学院,清华大学人文学院,复旦大学思想史研究中心,华中科技大学乡村治理研究中心等国内多家知名研究机构,50多位研究专家,在思想、政治、社会、法学、媒介、可持续发展等多个领域开展研究项目。

1. 中国模式与马克思主义中国化研究

该项研究是基金会2009~2010年与复旦大学思想史研究中心合作开展的。课题以中国解释中国,以"中国化马克思主义"论述中国模式,将"马克思主义中国化"作为中国道路的关键词,以中国共产党的理论与实践作为中国模式论述的主线。《论中国模式:中国化马克思主义的历史道路》发表于求是理论网、《文化纵横》2010年10月号和上海市委宣传部主办的《马克思主义理论研究与建设工程专报》第19期。报告从文明史的高度,证明了"中国化马克思主义"是解释中国建设、发展与崛起的关键,将中国模式看做中华文明传统的现代表现。在此基础上,报告进一步将中国历史的特征概括为学习-创新型文明、大一统的国家和先进性团体。无论中华文明、国家形态如何变化,善于学习和创新的文明、大一统国家和以儒生、士大夫、共产党为代表的先进团体是中国历史永远不变的特征。报告还前瞻性地提出了中国化马克思主义的四大战略任务,即社会建设、长期执政、大国崛起和文明复兴。

2. 东亚五国一区政治发展研究

2009~2011年,基金会与中国社科院政治学所合作,用两年的时间,走访日本、韩国、中国台湾、新加坡、泰国、印度尼西亚五国一区,以它们的政治转型发展为研究对象，创造性地将实地考察与文献研究相结合，开展了一次大型政治转型比较研究。研究认为，东亚政治发展进程具有明显相似性，呈现从"自由民主体制"到"威权体制"再到"多元体制"发展的规律性特征。研究发现，早年中国从民国起就兴起多元政治，导致军阀混战进入蒋介石威权统治，最后到共产党领导的多党合作和政治协商制度。新加坡、韩国、泰国、日本、中国台湾都遵循这样一种模式。亚洲国家和地区普遍呈现的特点是早年向西方学习，走民主政治道路，在陷入混乱格局后逐渐变成一党执政或军人专政，在经过30多年的发展后都不约而同地走向多元民主道路。在这个过程中，新社会结构、新精英阶层形成与整合及新的社会保守意识形成，是"威权体制"向"多元体制"转变的三大条件。

报告的研究，影响了学界、政界精英对民主政治发展的一般规律的认识，揭示了地缘相接、经济发展水平相近的五国一区民主政治发展的一般规律，得出政治变化与社会结构高度相关的结论。研究结果虽然并非直接服务于政策决策，对影响政策研究和政策决策者的思维及认知结构却有重大意义。这项课题是五年来基金会开展的最有影响、最有价值的一次研究。《东亚政治发展研究报告》于2011年在社会科学文献出版社正式出版。

3. 基督教在中国农村的快速传播及其对宗教管理的重大挑战

2009年基金会与华中科技大学中国乡村治理研究中心合作，在全国11个省30多个村落搜集样本，分析改革开放尤其是20世纪90年代以来，各种形式的西方宗教在中国农村的传播情况，厘清民间宗教尤其是地下教会的传播机制，从而解释宗教发展的社会因素，并依次找到民间宗教的治理对策。这项研究对政府决策有重大影响，中央政策研究室专门根据研究内容召开研讨会，探讨农村宗教政策的调整。

研究系列报告发表于《文化纵横》，部分内容刊发于《人民日报·内部参阅》，引起高层领导重视。另外，在这项研究的基础上，基金会还开展了"三十来中国农村的代际关系变动与老年人自杀"的研究，为老年协会探讨当前老人问题提供政策建议。

基金会还创办理论内刊《观点访谈》，分析最新政治话题如"一国两制在香港面临考验"、"政党政治与群众路线的新形式"、"中国共产党走向权力交

替制度化之路"等。《观点访谈》服务理事成员及政、商、学界精英,为其提供决策咨询,充分整合基金会资源,获得很好的社会反响。

除了学术研究外,基金会还开展大量资源整合与动员工作。基金会通过课题合作,构建核心学术研究网络,紧密联系了50多位研究员;通过资助"新法学读书会"、"新史学读书会"等学术活动搭建研究网络;通过大学生暑期"菁英计划",训练大学生的战略意识,培养青年战略型学术人才。

(四)学术活动与学者资源库

基金会每年会举办形式多样的学术活动,如"中国的世界秩序想象与全球战略规划"邀请了40余位专家学者、企业家、政府官员从全球视角讨论中国未来的发展;"城市文化:城镇化的灵魂"邀请学术界、城市管理者及商业领域的20余位专家参会,共同探讨城镇化进程中城市文化问题的有效解决路径;"文化纵横进校园"系列活动,将文化领域前沿专家、学者请进校园,与青年学生面对面交流,先后在人民大学、北京大学等举办了多场活动,在青年学生群体中产生了广泛的社会影响。

为了最大化地整合基金会的各界资源,基金会专门成立了数据库小组,以"分散建设、统一检索、资源共享"的原则建立了拥有万条有效读者终端数据的大型数据库。其中包括:涵盖了北大、清华、复旦、香港大学等几十所知名高校的1700多位学者、1600多位商业翘楚和800多家媒体的详细资料,近万名读者及全国2000家图书馆的有效数据,为基金会整体运营与发展提供了强大的平台支持。

修远基金会在成立后的近五年时间里,完成了从一家高端思想评论类杂志走向高端民间智库的成功转型。目前基金会已基本具备自主研究能力及思想和知识的原创能力。未来,修远基金会将建设广泛的学术网络,形成紧密型的国内外学术合作网络,通过议题设置提升核心竞争力,前瞻性地发现社会问题,及时研究并提出解决方案,以思想及学术产品影响更多社会精英,建设成中国思想界最具影响力的民间智库。

G.11
行业自律：4.20自律救灾联盟

摘　要：

基金会的透明问题一直以来是公益事业最受关注的议题之一。特别是在2011年问责风暴之后，透明度成为社会关注的焦点。自20世纪90年代，基金会就已经开展了多种行业自律活动。二十多年来基金会自律探索经历了从松散的活动到成立"4.20自律联盟"的历史性跨越，通过自律和公信力建设推动了整个基金会行业的能力建设。

关键词：

基金会　自律　透明

一　自律对基金会行业发展的意义

（一）自律是必然要求

自律是基金会行业的关键词之一，在中国基金会行业起步阶段就进入人们的视野。基金会是政府、企业之外的非营利部门的重要组成部分。不追求营利、资金来源以捐赠为主、以解决特定社会问题为宗旨是非营利组织的共有特点。这样的特点也决定了，非营利组织必须与利益相关方保持良好关系。对基金会而言，政府、捐款人和受益方都是重要的利益相关方。要维护基金会与这些利益相关方的良好关系，加强自律非常重要，具体而言就是要不断提高机构专业水平、自觉披露信息、保持良好的透明度。可以说"透明自律"是现代慈善之魂。没有透明自律，善款的使用安全及效率就得不到保证；没有透明自律，现代慈善的公信力就得不到保障；没有透明自律，公众参与慈善的热情就

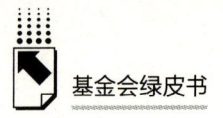

会受到挫伤，慈善事业发展的基础就丧失了。

> 公益组织必须如履薄冰，每笔捐赠都是负债，要用社会效益来偿还，因此必须自律。
>
> ——《友成基金会2008年年度报告》

基金会的资金来自个人或者机构的捐赠，必须对捐赠方负责。基金会的长久发展需要源源不断的捐赠和各种支持，这就要求基金会具有良好的公信力。南都公益基金会理事长徐永光曾说过："行业发展的钥匙在社会手里，在捐款人手里，在公众手里。捐款是我拿出来的，我要给谁，我有选择权、监督权，有不给你钱的权力。"自律对基金会自身和整个行业发展的重要作用可见一斑。行业自律问题是中国基金会行业建设的首要问题。如果行业要发展，没有行业自律根本做不到。所以，行业自律是基金会行业的一大领域。中国基金会行业面临着一个巨大的历史机遇和挑战，就是行业自律。

（二）自律的功能

1. 行业净化

行业自律有两大功能，一个是行业净化，一个是行业自我升级。政府的政策法规划定了基金会行业运作的最低标准。当基金会行业发展到一定的程度时，就会产生行业自律的问题。达不到政府规定标准的基金会将面临要求整改或被注销的命运，而运作良好、专业水平远高于政府标准的基金会之间也会产生竞争，这些基金会的竞争就需要行业自律。行业联合制定高于政府的标准，可以把达到标准的机构区分出来，形成联盟。联盟通过推广行业标准，以及发布运营指导方法，激励没达到标准的机构努力进入联盟。行业联盟制定更精细的标准后，可以让公众清楚地区分机构的优劣，最终促进行业内的优胜劣汰。有效的行业自律是采取准入、监督和排除的方法，在保持差别性的前提下实现行业自我净化。

2. 行业自我提升

自律也是对基金会专业能力的考验。自律要求基金会及时披露捐赠、项目等重要信息,怎样披露信息、何时批示披露信息、披露什么样的信息是对基金会的考验。而披露信息则是建立在日常工作中信息高效管理的基础上。基金会必须在两方面加强工作,一是要有外部公信力的建设过程,二是要有内部的问责制度。此外,行业自律不是最终目的,更主要的是通过行业自律来推动在行业组织能力的提升。在自律的过程中,行业自律联盟的标准可以发挥梯次的引领与驱动效应,参与的机构为了达到标准而不断改进自己的运作模式。在推动组织升级的运动中,机构的自治能力也会提升。单个机构的能力反映在自治水平、经营能力、管理能力、规划与应变能力等很多方面,这些能力的提升最终带来整个行业公信力的提升。

二 推动行业自律的历史

自 1981 年中国第一家基金会成立以来,基金会已经在中国有 30 多年的发展历史。随着社会经济的发展和相关政策的变化,基金会行业取得了长足的发展,同时也面临着更多的问题。基金会是公益领域的重要组成部分,资金来源于捐赠、用于有需要的人这一特点对基金会的运作提出更高的要求。基金会必须对每一笔捐赠负责,确保每一分钱用到实处。这也是美国基金会行业经过近一百年的发展得到的宝贵历史经验。行业自律问题很早就受到了重视。自 1990 年以来,很多行业自律活动不断展开。在这 20 多年里,基金会行业自律活动经历了下面几个阶段。

(一)第一阶段:松散活动期(1990~1995)

在中国基金会行业的起步阶段,很多有识之士就认识到了自律对行业的重要性,并开展了行业自律的初步探索。1990~1995 年,自律工作处于松散活动期。1990 年,第一次中国民间基金会会议在河北承德召开,14 个基金会参加。这是基金会行业第一次自发展开的行业自律探讨活动。1993 年,第二次中国民间基金会会议在北京召开,30 多个基金会和学术机构参加。参与机构范围进一步扩大,自律工作受到了更多的重视。1994 年,由 10 多家全国性基

金会联合倡议成立"中华基金会联合会筹备委员会",旨在推动交流合作和行业自律。这是行业自律工作的第一个里程碑。经过十年的发展,筹备委员会开始探索以组织服务促行业发展模式的前景,这标志着自律工作开始向直接服务和行动转变。

(二)第二阶段:松散联合期(1998~2005)

进入第二阶段后,基金会行业开始联合推动自律工作。1998年,"中国基金会与NPO信息网"亮相,这是中华慈善总会和17家基金会联合在互联网上注册的"虚拟"组织,致力于推动基金会等非营利组织的信息交流和公信力建设。这是基金会行业自律工作的重大进展。这一信息网成为正式的NPO行业信息服务平台,同时服务范围扩展到培训和直接服务等形式。尽管受到资金制约、无法人实体等条件的限制,该信息网还是为基金会行业发展提供了宝贵资源。这些基金会通过网络来交流信息,开展行业互助和发展协调,为基金会行业争取社会和公众的认可。

2001年,"中国基金会与NPO信息网"更名北京恩玖信息咨询中心(以下简称恩玖中心)并在北京市工商局登记成立,取得法人资格,商玉生任董事长。董事会成员都是支持基金会行业发展的领袖人物,包括徐永光、何道峰、杨团、朱传一等。恩玖中心成立之后,基金会行业自律工作进入更系统发展的阶段。恩玖中心在自律工作准则、行业能力建设等方面开展了多项工作。2002年,恩玖中心在北京召开"中国NPO诚信国际研讨会"。2003年,在时任中华慈善总会会长阎明复的推动和美国麦克里兰基金会的资助下,"NPO诚信培训工作会议"召开。2003年,由恩玖中心与美国麦克里兰基金会主持,国内外专家合作,开发了《公信力系列培训》教材系列,先后为1000多名非营利组织负责人提供了高质量的培训。2003年,在"跨国公司和公益组织国际高级论坛"上,由恩玖中心负责起草的《中国非营利组织(NPO)公信力标准》公布,数十名NPO负责人在上面签名。

恩玖中心的另一大关注领域是政府立法倡导工作。以完善整个非营利部门为使命,恩玖中心必须要进行立法改革倡导。作为业内长期的领头羊,它同鼓励和珍视其贡献的决策者和政府官员发展关系以讨论立法改革。恩玖中心董事长商先生将工作重点放在推动增加第三部门特别是基金会的相关立法上。恩玖中心利用培训和论坛作为倡导工作的平台,将"自律"这一议题作为争取有关NPO立法的手段。通过培训帮助NPO掌握提高自身公信力的技巧,是倡导工作至关重要的一部分。提高非营利组织的公信力能够提升全行业的公信力,对提升信心、推动立法改革非常重要。

同时,恩玖中心积极动员公众的关注和支持,多次举办公共论坛让公众了解其对非营利领域立法的倡导。2003年12月20日,恩玖中心举办了"基金会立法北京国际研讨会"。来自非营利组织、政府机关、私营企业和学术界的60多位代表参加了研讨会,围绕"基金会运作现状和相关法规的建议"进行了讨论,探讨了许多基金会的相关问题,如管理体系、财务管理和会计制度、政府对基金会的监督等。

2004年民政部颁布的《基金会管理条例》带来了基金会行业的改革,在一定程度上离不开包括商先生在内的众多行业领袖和立法倡导者的推动。

(三)第三阶段:联合行动期(2005~2009)

《基金会管理条例》的颁布带来了基金会行业的迅速发展,也让行业自律工作进入了更成熟的阶段。尤其是在2008年汶川地震之后,整个行业对自律工作做了更多推动和反思。

在2005年的中华慈善大会上,中国青少年发展基金会、中国扶贫基金会、爱德基金会和恩玖中心联合主办"NPO自律论坛",并发起"中国NPO自律行动"。中国扶贫基金会副会长何道峰担任自律行动指导委员会第一任轮值主席,恩玖中心为执行机构。"中国NPO自律行动"遵循"自愿"、"自律"、"自救"的原则,旨在通过建立自律准则,加强NPO行业的行为规范,提高社会公信力,促进我国公益性NPO的健康发展。2007年,由NPO自律行动指导委员会指导、恩玖中心起草的《中国公益性NPO自律准则》初步定稿。2008年4月,在中国人民大学"NGO问责国际研讨会"上,《中国公益性NPO自律准则》正式发布。这是中国非营利行业第一个自律准则,也是自律工作发展过程中的一大里程碑。

2009年1月，北京恩玖非营利组织发展研究中心在北京市民政局注册登记，何道峰任理事长。恩玖中心获得了民政法人资格，可以更方便地吸收各种捐赠来推动非营利部门的公信力和专业化提升。基金会数量增长和资产规模扩大迅速，逐渐成为非营利部门中最重要的组成部分。相比其他社会组织，基金会在吸收社会捐赠方面更有优势，掌握了大量的社会资源，对非营利部门的整体发展有重大影响。促进基金会的自律可以带来整个非营利部门的自律发展。因此，恩玖中心为基金会提供了很多针对性专业服务，同时也在争取基金会的联合行动。2009年7月，中国非公募基金会发展论坛召开，并发布了《中国非公募基金会自律宣言》。

（四）第四阶段：基金会中心网催生期（2009～2010）

基金会行业自律和透明度逐渐吸引了更多的关注。更多的行业领袖不断探讨促进基金会自律的有效方案。这也把基金会行业自律带入了新的发展阶段。在这期间，通过先进的互联网技术来推动信息披露，从而带来基金会透明度和公信力的提升，已成为行业共识，也是基金会中心网建立的思想基础。2009年10月，中国非公募基金会高层参访团赴美交流，最终参访团成员达成共识：基金会行业自律应从信息公开开始，成立中国基金会中心势在必行。2009年11月，NPO行业自律行动指导委员会在南京召开会议，同意与中国非公募基金会发展论坛一起联合发起基金会中心网，并将其作为下一步行业自律行动的重要目标来推动。2009年12月，由30多家基金会共同发起的基金会中心网筹建工作正式启动。南都公益基金会理事长徐永光、中国青少年发展基金会副理事长顾晓今、吴作人国际美术基金会理事长商玉生等人负责筹备召集，基金会中心网依托于北京恩玖非营利组织发展研究中心正式启动筹建工作。

2010年7月8日，经过近半年紧张而有序的筹备，恩玖中心举办"基金会中心网启动暨行业透明大会"，宣告中国的基金会中心网正式启动。基金会中心网以"建立基金会行业信息披露平台，提供行业发展所需的能力建设服务，促进行业自律机制形成和公信力提升，培育良性、透明的公益文化"为使命。基金会行业自律进入了更成熟的阶段。

（五）第五阶段：基金会中心网推动期（2010年以来）

依托行业信息平台，基金会中心网做了大量促进基金会自律和公信力建设的工作。这其中包括：推动基金会信息披露；维护和发展与民政部门的良好关系，创造更好的行业发展环境；开展各类行业交流培训活动，加强基金会之间的交流和机构能力建设。基金会中心网也在努力推动基金会行业自律的规范化。

2011年7月8日，在基金会中心网一周年大会上，来自全国各基金会的近300名负责人共同起立，缓慢、高声宣读了《公益基金会"晒账单"倡议书》："一，慎重对待每笔善款；二，规范信息披露机制；三，增强自身能力建设；四，全面接受社会监督。我们相信公信力建设始于公开透明，臻于能力建设。我们只有恪守诚信、注重自律、接受监督，才能在公益机构与捐赠者、受助者之间形成相互信任的关系。我们只有加强自身能力建设，共同守护好我们的灵魂和生命，才能为我国公益慈善事业的健康发展和实现社会互信作出贡献。"这是基金会行业自律工作的重大进展，信息披露对基金会行业的公信力提升带来很大影响。社会公众、媒体对基金会这样的集体自律工作反应热烈。

2011年12月，针对基金会行业出现的运作不规范、合作机构行为失当等事件，南都公益基金会、腾讯公益慈善基金会联合主办、资助"公益与商业合作研讨会"，就"公益与商业合作"相关的一系列问题进行研究和探讨。24家基金会率先声明愿意接受共同制定的《公益与商业合作九大行为准则》的规范，将在履行本组织决策程序后实施。《公益与商业合作九大行为准则》认为，公益与商业合作是既存现实，为公益慈善事业引入丰沛资源，有利于公益组织的生存与可持续发展。公益与商业合作应以"诚实信用、平等互利、合作共赢、交易公平、不损害公共利益"为原则。这是基金会行业自律工作取得的一大进展，基金会联合起来努力提高专业化水平的提升。

中国基金会行业自律工作20多年的历史发展为4.20自律联盟的出现积累了很多宝贵经验。基金会中心网通过两年多的工作，与全国很多基金会建立了良好的合作关系，也积累了推动行业自律工作的实践经验。这些都是4.20自律联盟实现的基础。

三 4.20自律联盟

(一) 发起动因

中国基金会行业面临着一系列挑战,这是4.20自律联盟出现的一大动因。自2011年以来,基金会行业先后受到公众对其公信力和专业水平的质疑。"郭美美"事件使公众对基金会的捐赠热情降温,导致公募基金会的捐赠收入大幅下降;"中非希望工程"则敲响了基金会与商业合作的警钟,这些事件都集中为对基金会公信力和专业化的考验。

4.20自律联盟出现的另一大动因是基金会行业对汶川地震后灾后救援和重建工作的反思。2008年汶川地震带来了中国基金会行业和志愿服务的大发展,被称为中国公益元年。大量基金会和公益组织参与了灾后救援和重建工作,基金会募集的资金达13.75亿元。在这一过程中,基金会也暴露出一些问题。一是基金会之间缺乏有效的信息沟通机制,没有对当地的实际需求和现有救援情况进行深入调查,在投入人力、物资后遇到了大量的挑战,出现部分地区受捐物资过剩,而其他地区缺乏关注的情况。另外,信息披露也存在问题,根据清华大学公共管理学院邓国胜教授团队的调查,在一年之后,仅有4.7%的捐赠者非常清楚捐赠资金的流向,而66.7%的公众明确表示不清楚捐赠资金的流向。无论在赈灾过程中还是赈灾后,政府相关部门颁布的关于信息披露相关的法律法规实施效果都不明显,这都直接影响了基金会的公信力,导致公众无从了解捐款的使用情况。

(二) 发起过程

1. 救灾过程的实时信息披露

2013年雅安地震发生后,基金会行业在参与救灾过程中出现了大量改变。一是基金会更积极地通过腾讯公益、微公益等在线平台进行筹款和信息分享;二是在行业倡导下政府政策发生变化,政府颁布法规,畅通了民间基金会参与救灾的渠道;三是基金会行业平台——基金会中心网反应迅速,推动了整个行业的救灾信息披露。

地震发生后，已有相当数量的基金会在第一时间奔赴灾区，参与紧急救援行动，将捐赠物资和善款购置的物资直接送给灾区群众。民政部《关于四川芦山7.0级强烈地震抗震救灾捐赠活动的公告》中要求已开展募捐活动的公益慈善组织和接收捐赠的单位进行信息公开，同时社会对善款落实情况也非常关注。为此，基金会中心网专门建立雅安地震善款募集和使用情况的独立信息披露栏目，向社会披露善款的使用情况，并保证信息可长期供公众查询和监督。所披露的信息包括：每家基金会在中基透明指数中的分数和排名、详细的收入和支出明细，以及剩余资金未来的使用方向等。

根据基金会中心网基于互联网数据信息的整理统计，全国共有219家基金会已参与地震救援和灾后重建工作，共募集善款和物资达17亿元人民币。其中深圳壹基金公益基金会募集款物合计3.8亿元、中国扶贫基金会募集2.7亿元、中国妇女发展基金会募集款物合计1.4亿元、中国青少年发展基金会募集款物合计1.2亿元、上海市慈善基金会募集款物合计1.1亿元、中国初级卫生保健基金会募集款物合计1亿元。详细的募捐、支出及一年来善款使用情况已在基金会中心网披露。

2. 中国基金会4.20自律联盟初步形成

雅安地震72小时后，为贯彻《民政部关于四川芦山7.0级强烈地震抗震救灾捐赠活动的公告》精神，响应中国慈善联合会《关于动员会员和社会各界救援雅安芦山地震灾区的紧急倡议》，基金会中心网即与多家基金会共同发起成立"中国基金会4.20救灾行动自律联盟"。自愿加入自律联盟的基金会成员已达42家，其中公募基金会29家，非公募基金会13家。自律联盟成员机构一致同意，由中国扶贫基金会常务副会长何道峰先生担任自律联盟临时召集人。联盟秘书处设立在基金会中心网。自律联盟起草了《中国基金会4.20救灾行动自律联盟公约》，公约内容对成员信息披露的内容、渠道、及时性、专业性、审计和问责及成员合作和退出机制等内容作出了明确阐述。

3. 中国基金会4.20自律联盟正式成立

2013年8月29日，在基金会透明暨基金会中心网三周年大会，中国基金会4.20救灾行动自律联盟启动暨签约仪式举行。42家基金会代表在联盟公约上签字。这代表着自律联盟正式成立。大会宣布中国扶贫基金会执行会长何道峰为自律联盟首任主席，42家基金会自律联盟成员承诺，将全程公布接受、拨付和使用捐款的情况，接受捐款人和社会监督，接受政府监管，承担一切相关的法律责任，用透明度来重拾公众对公益慈善组织的信心。

4.20自律联盟切中了基金会行业发展的关键议题。基金会发展的核心在于公信力的提升，4.20自律联盟就是要保卫公信力生命线。它也为基金会行业带来更多积极的变化。在雅安地震筹款过程中，获得较多捐赠的基金会均走在自律工作的前列，也是自律联盟的成员。这些基金会积极通过官网、社会化媒体等渠道披露相关信息，基金会带来了更多的资源。

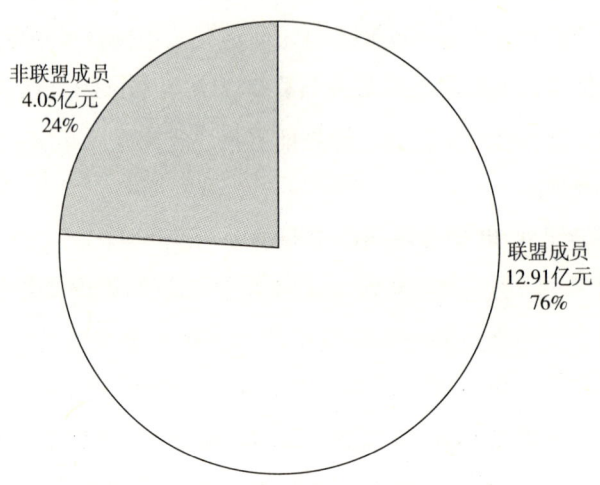

图1　雅安地震款物流向按是否为中国基金会4.20救灾行动自律联盟成员统计

资料来源：基金会中心网，中基透明指数FTI，截止日期：2014年4月20。

在雅安地震中，获得最多捐赠的是深圳壹基金公益基金会，这体现了民间基金会作用的凸显和公信力的影响。壹基金大部分捐赠都是通过在线募款获得，来源多为个人捐赠。在救灾工作进行2个月之后，壹基金发布了"关于雅安地震救援行动阶段性捐赠收入和支出的专项审计报告"。该报告由德勤会计师事务所审计,详细披露了捐赠的来源和截至本阶段的捐赠使用情况。

(三)中国基金会4.20自律联盟的意义和影响

4.20自律联盟的正式成立标志着中国基金会自律工作进入了新的阶段。自律联盟成员包括了在雅安地震救灾工作中发挥主要作用的全国各种类型基金会。

1. 《中国基金会4.20救灾行动自律联盟公约》

参加自律联盟的基金会订立以下公约,保证遵守,并接受社会监督。

一,根据基金会宗旨,发挥各自专业特长,在紧急救援、过渡安置和灾后重建中,根据灾民和灾区的需求提供救助和服务,要保存受益人记录,做到可供查询;

二,按照捐赠人的意愿,合理安排捐款使用,保证捐款使用准确、及时、有效;

三,遵守法律,参照政府规划和受助人的实际需求开展救助服务;

四,与联盟成员及相关公益慈善组织合作,共享信息,探索联盟成员间的合作新模式;在与其他慈善组织救灾项目合作上,坚持平等优选的原则;上规模并有条件的项目,可采取议标或者招标等方式,并严格合约管理;

五,通过机构网站、基金会中心网及其他传播手段公布捐赠信息、捐款使用情况,及时向捐赠人反馈,如实回答公众和媒体质询;

六,按民政部门的要求报告捐款接收和使用情况,接受国家和专业机构的审计,做公开透明的内控制度建设;

七,建立并逐步完善项目管理、财务管理及资金管理制度,建立救灾项目监测和评估流程。项目达到一定规模,尝试通过内部决策进行独立第三方监测评估,并进行公示;

八,在深入研究机构救助需求的基础上,招募、使用并管理好志愿者;

九,在接受捐赠、执行或委托执行,以及到达受益人的各个环节均应有合同或书面记录,并保留以备审计或社会问责查询。

2. 联盟成员基金会名单

中国基金会 4.20 自律联盟名单

基金会名称	类型	成立时间	注册地	中基透明指数 FTI 分数	中基透明指数 FTI 排名
黑龙江省青少年发展基金会	公募	1988	黑龙江	107.2	1
湖南省青少年发展基金会	公募	1992	湖南	107.2	1
上海宋庆龄基金会	公募	1993	上海	107.2	1
深圳壹基金公益基金会	公募	2010	广东	107.2	1
中国光华科技基金会	公募	1993	民政部	107.2	1
中国人口福利基金会	公募	1987	民政部	107.2	1
成都市残疾人福利基金会	公募	1986	四川	107.2	1
浙江省爱心事业基金会	公募	1995	浙江	107.2	1
中国扶贫基金会	公募	1989	民政部	107.2	1
中国红十字基金会	公募	1994	民政部	107.2	1
中华思源工程扶贫基金会	公募	2007	民政部	107.2	1
中国残疾人福利基金会	公募	1984	民政部	107.2	1
上海市慈善基金会	公募	1994	上海	107.2	1
中国妇女发展基金会	公募	1988	民政部	107.2	1
中国青少年发展基金会	公募	1989	民政部	107.2	1
中华环境保护基金会	公募	1993	民政部	107.2	1
中华少年儿童慈善救助基金会	公募	2009	民政部	106	3
上海公益事业发展基金会	公募	2009	上海	102.18	8
中国社会福利基金会	公募	2005	民政部	101.87	10
深圳市关爱行动公益基金会	公募	2011	广东	99.88	16
中国友好和平发展基金会	公募	1996	民政部	98.72	19
上海仁德基金会	公募	2011	上海	95.2	29
北京青少年发展基金会	公募	1994	北京	90.3	46
中国儿童少年基金会	公募	1981	民政部	87.75	61
北京联益慈善基金会	公募	2011	北京	70.22	175
四川省青少年发展基金会	公募	1988	四川	66.6	206
湖北省青少年发展基金会	公募	1992	湖北	63	250
中国宋庆龄基金会	公募	1982	民政部	55	386
北京万通公益基金会	非公募	2008	北京	107.2	1
友成企业家扶贫基金会	非公募	2007	民政部	107.2	1
北京市西部阳光农村发展基金会	非公募	2006	北京	107.2	1
湖南弘慧教育发展基金会	非公募	2008	湖南	107.2	1
华民慈善基金会	非公募	2008	民政部	107.2	1

续表

基金会名称	类型	成立时间	注册地	中基透明指数 FTI 分数	中基透明指数 FTI 排名
南都公益基金会	非公募	2007	民政部	107.2	1
北京市企业家环保基金会	非公募	2008	北京	95.18	30
天津市鹤童老年公益基金会	非公募	2007	天津	92.93	37
万科公益基金会	非公募	2008	民政部	87.49	63
北京市刘鸿儒金融教育基金会	非公募	2006	北京	86.84	66
腾讯公益慈善基金会	非公募	2007	民政部	84.4	82
北京百度公益基金会	非公募	2011	北京	60.46	287
北京韩红爱心慈善基金会	非公募	2012	北京	#N/A	#N/A

注：中基透明指数 FTI 收录 2012 年 1 月 1 日之前成立的基金会的透明度状况，2012 年 1 月 1 日之后成立的基金会暂不收录。

附　录
Appendix

G.12
2013年基金会大事记

一　政府政策

1. 各地开放非公募基金会登记审批权限

2013年,安徽省非公募基金会登记管理权限全面下放,明确规定非公募基金会及其分支机构和代表机构设立、变更、注销登记在市级民政主管部门就可进行,无须再到省民间组织管理局办理。2月20日,浙江省温州市鹿城社会组织发展基金会在温州市行政审批中心民政窗口获准审批,这是温州市民政局批准成立的首家基金会。3月1日,厦门市首次登记管理非公募基金会。5月3日,湖北试点下放非公募基金会登记权限。7月3日,广东下放非公募基金会登记权限。到2013年末,全国有18个省区下放非公募基金会登记审批权限至市、县级民政部门,包括安徽、广西、浙江、广东、福建、湖北、山东、江西、江苏10省区成立了市县级非公募基金会,促进了民间公益事业的发展。

2. 2012年度基金会评估等级结果公示

2013年6月10日,根据《社会组织评估管理办法》和《全国性社会组织评估实施办法》的规定，2012年度基金会、非内地居民担任法定代表人的基金会的评估等级，已经全国性社会组织评估委员会全体会议审议确定。确定中国扶贫基金会、中国红十字基金会、中国光华科技基金会、清华大学教育基金会、中华环境保护基金会、中国残疾人福利基金会、中国青少年发展基金会、中华慈善总会、中国儿童少年基金会、中国教育发展基金会、北京大学教育基金会此11家基金会获得5A级称号。

3. 云南省系列社会管理创新探索

2013年7月18日民政部和云南省政府共同举办"推进社会建设创新社会组织座谈会"，会上发布了《关于大力培育发展社会组织加快推进现代社会组织体制建设的意见》、《云南省公益慈善事业促进条例》、《政府向社会组织购买服务暂行条例》及《2013年省级政府购买社会组织服务目录》。社会管理改革在全国范围内开先河：除依据法律法规需前置行政审批及政治法律类、宗教类的社会组织外，其他均可直接向民政部门申请登记；云南政府部门将退出公益慈善募捐市场，除发生重大灾害外，政府不再参与社会募捐；现职公务员一律不得兼任行业协会商会、基金会、民办非企业单位负责人；不再限制基金会的工作人员工资福利和行政办公支出；在县级民政部门申请登记非公募基金会的，原始基金由200万元降至100万元，降低社会组织进入门槛。另外，"对于社会团体、基金会设立分支或代表机构，民政部门也不再审批备案"，对社会组织放权等走在部门前列。

二 基金会行动

1. 国内基金会数量超3500家

据基金会中心网最新数据，截至2013年12月底，全国基金会总数达3610家，其中公募基金会1416家，非公募基金会2194家。这是中国基金会发展的又一里程碑式时刻，中国的基金会发展正在进入与工业化、城镇化以及信息化同样高速成长的时代。

2. 崔永元成立无主管单位登记公募基金会

8月6日，由崔永元等发起成立的北京市永源公益基金会正式对外揭开面

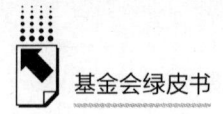

纱。北京市永源公益基金会是2013年国务院颁布四类组织机构登记新政后北京市第一家无主管单位登记的地方性公募基金会。该基金会主要集中于崔永元努力经营多年的口述历史、乡村教育支持等社会公益。

3. "自律·变革·发展——基金会透明暨基金会中心网三周年大会"召开

2013年8月29日,"自律·变革·发展——基金会透明暨基金会中心网三周年大会"在云南昆明举行。大会由基金会中心网主办,得到了云南省人民政府的特别支持和云南省青少年发展基金会、浙江敦和慈善基金会、赠予亚洲等机构的支持。本次大会邀请了政府、基金会、国际机构、民间公益组织、专家学者、企业、媒体等260余人汇聚春城,共同探讨政策改变与社会改革的大形势下慈善体制的变革方向,以及基金会及公益行业与之相适应的改革与发展路径;探讨在推动中国公益慈善事业改革中,基金会的公开透明所具有的意义和影响,以及如何推进基金会行业的专业与透明,重建公益领域的社会公信力。

会上,基金会中心网发布"中基透明指数FTI(下称FTI指数)一周年报告",报告显示,截至2013年8月26日,有1858家基金会在向民政部门提交的年检报告中按规定披露了资产负债表、业务活动表的财务数据,披露率达84%,比去年增加29%。基金会中心网总裁程刚表示,明年基金会中心网成立四周年之际,他们将推出关于基金会项目信息披露指标体系,以此推动中国公益行业自律并重建公益行业公信力。

4. 北京首个非公募基金会转"公募"发布会举行

10月30日,用自己的心去爱别人——北京新阳光慈善基金会"公募"发布会在北京大学光华管理学院顺利召开。新阳光历届理事、康复患者、白血病治疗专家、志愿者、捐款企业代表、公益伙伴等200余人共同见证了新阳光转为公募的重要时刻。

据了解,新阳光并非全国首例非公募基金会转为公募基金会的案例。例如,2011年1月18日,新疆红石基金会经民政厅审批,由"非公募"转为"公募",现由新疆维吾尔自治区民政厅、财政厅对其进行监管;2012年5月17日,成美慈善基金会经申请,通过海南省民政厅批准,就正式由"地方性非公募基金会"变更为"地方性公募基金会"。

5. 公益界精英齐聚京城，第五届非公募基金会论坛召开

11月14日，2013年第五届中国非公募基金会发展论坛年会将在北京湖南大厦召开。为期两天的论坛年会将围绕本次论坛年会的主题，"理性公益，多元发展——非公募基金会在社会建设中的角色和定位"展开深入对话与交流。中国非公募基金会发展论坛是由中国有志于追求机构卓越和行业发展的非公募基金会自愿发起设立的非正式网络，宗旨是加强中国非公募基金会之间的沟通与合作，搭建传播交流平台，促进中国非公募基金会和公益行业的发展。论坛以"研究"为特色，邀请了中国人民大学、公域合力管理咨询和中国社会科学院社会政策研究中心，北京大学法学院非营利组织法研究中心和北京工商大学经济学院财税研究中心组成两个研究团队发布了《非公募基金会在社会建设中的作用》和《中国非公募基金会税收政策研究报告》两份研究报告，并指出《中国非公募基金会税收优惠与征管制度实用指南》。

6. 原国家领导人成立基金会，开启现代慈善新篇章

2013年9月4日，由朱镕基同志发起设立的实事助学基金会项目启动暨签约仪式在湖南省吉首市举行。该基金会由朱镕基同志捐赠其全部著书版税设立，原始基金为2000万元，在民政部登记，以扶贫济困、助学育人为宗旨。但朱镕基同志并不是我国历史上首个投身公益事业的国家领导人，早在2004年，原政治局常委、政协主席李瑞环在天津创办了宝坻桑梓助学基金会，旨在帮扶品学兼优的特困大学生。2005年，在复旦大学百年校庆之际，原中共中央政治局常委、国务院副总理，复旦大学校友李岚清将个人的稿费全部捐赠给教育事业，发起成立了复旦管理学奖励基金会。基金会宗旨是奖励中国在管理学领域作出杰出贡献的工作者，推动中国管理学长远发展，提高中国管理学在国际上的学术地位和影响力。

作为原国家领导人参与慈善事业的制度化尝试，此类基金会的成立意味着中国现代慈善将进入崭新的阶段。

7. 自然之友转型非公募基金会

11月14日，北京自然之友公益基金会成立，这个在国内最早成立的民间环保组织，未来将以其非公募基金会的身份，继续推动中国环保事业的发展。1994年，自然之友挂靠在绿色文化书院社团，在全国开展环保活动。截至

2008年，自然之友累计发展会员一万余人，由自然之友会员发起创办的民间组织已有十余家。

三 民间参与

1. 第二届中国慈善项目交流展示会在深圳召开

2013年9月21日，上午9点，在上千名深圳市民的同声倒数声中，第二届中国慈善项目交流展示会正式开幕。展会的主题是"慈善，让中国更美丽"。

会上，壹基金联合USDO自律吧、南都公益基金会、北京市企业家环保基金会（SEE）、北京市西部阳光农村发展基金会、基金会中心网（CFC），共同面向中国民间公益组织发布了"中国民间公益透明指数"（China Grassroots Transparency Index，简称GTI），旨在推动民间公益组织有效透明，规范行业良性发展。

2. 新浪微博启动"微博益起来"，促进公益常态化

2013年10月17日，新浪微博启动"微博益起来"大型公益活动，通过微博平台强大的资源整合能力和微公益的品牌号召力，集结网友、名人明星、媒体企业等各方力量，通过如感恩话题、公益跟捐、公益转发等各种途径，选取公众信赖的公益项目推荐给爱心网友并制定成熟的用户公益参与激励体系，鼓励名人明星、媒体企业、网友的公益行为常态化。

四 学术研究报告

1. 社科院发布慈善蓝皮书：2012年全国基金会两极分化严重，地区间存巨大差异

2013年5月31日，慈善蓝皮书《中国慈善发展报告（2013）》发布暨中国慈善事业发展研讨会在北京举行。该蓝皮书提出，2012年全国基金会规模持续稳定增长，但两极分化严重，且地区之间存在巨大差异。到2012年底，民政部登记和江苏、广东、浙江、北京、湖南、福建、上海等东部和发达地区登记的基金会数量均达100个以上，且非公募基金会的数量均超过了公募基金会，而贵州、海南、广西、青海、西藏、新疆生产建设兵团等省份的基金会数量均在30家以下。

2.《中国公益慈善行业专业人才现状调查报告》在珠海发布

3月19日，由北京师范大学珠海分校和上海宋庆龄基金会、清华大学NGO研究所、基金会中心网共同主办，试图探讨公益慈善专业人才培养目标、规格与途径，促进尚处在萌芽阶段的中国公益慈善专业人才培养领域健康发展的中国公益慈善专业人才培养高层论坛，在珠海召开。论坛现场发布的《中国公益慈善行业专业人才现状调查报告》指出：晋升空间狭小是阻碍公益人才成长的最关键因素；价值认同、工作经验和外部交流被认为是最有利于公益人才专业度提升的三种方式；当前中国基金会公益人才的"专业从业经验非常不足"，基金会员工中工作经验在3年以下的占了近70%，工作经验在10年以上的仅占3.7%。

五 芦山地震专题

基金会中心网与多家基金会共同发起"中国基金会4.20救灾行动自律联盟"

2013年4月20日雅安地震发生后，为贯彻《民政部关于四川芦山7.0级强烈地震抗震救灾捐赠活动的公告》精神，响应中国慈善联合会《关于动员会员和社会各界救援雅安芦山地震灾区的紧急倡议》，基金会中心网已与多家基金会共同发起成立"中国基金会4.20救灾行动自律联盟"。该联盟由42家参与芦山地震救援、过渡安置和灾后重建的基金会自愿加入，联盟成员包括深圳壹基金公益基金会、中国青少年发展基金会、中国扶贫基金会、南都公益基金会等国内主要的公募、非公募基金会。参加自律联盟的基金会承诺将全程公布接受、拨付和使用捐款的情况，接受捐款人和社会监督，接受政府监管，承担一切相关的法律责任。

G.13
新法摘录

1. 国务院办公厅关于政府向社会力量购买服务的指导意见

党的十八大强调,要加强和创新社会管理,改进政府提供公共服务方式。新一届国务院对进一步转变政府职能、改善公共服务作出重大部署,明确要求在公共服务领域更多利用社会力量,加大政府购买服务力度。经国务院同意,现就政府向社会力量购买服务提出以下指导意见。

一、充分认识政府向社会力量购买服务的重要性

改革开放以来,我国公共服务体系和制度建设不断推进,公共服务提供主体和提供方式逐步多样化,初步形成了政府主导、社会参与、公办民办并举的公共服务供给模式。同时,与人民群众日益增长的公共服务需求相比,不少领域的公共服务存在质量效率不高、规模不足和发展不平衡等突出问题,迫切需要政府进一步强化公共服务职能,创新公共服务供给模式,有效动员社会力量,构建多层次、多方式的公共服务供给体系,提供更加方便、快捷、优质、高效的公共服务。政府向社会力量购买服务,就是通过发挥市场机制作用,把政府直接向社会公众提供的一部分公共服务事项,按照一定的方式和程序,交由具备条件的社会力量承担,并由政府根据服务数量和质量向其支付费用。近年来,一些地方立足实际,积极开展向社会力量购买服务的探索,取得了良好效果,在政策指导、经费保障、工作机制等方面积累了不少好的做法和经验。

实践证明,推行政府向社会力量购买服务是创新公共服务提供方式、加快服务业发展、引导有效需求的重要途径,对于深化社会领域改革,推动政府职能转变,整合利用社会资源,增强公众参与意识,激发经济社会活力,增加公共服务供给,提高公共服务水平和效率,都具有重要意义。地方各级人民政府要结合当地经济社会发展状况和人民群众的实际需求,因地制宜、积极稳妥地推进政府向社会力量购买服务工作,不断创新和完善公共服务供给模式,加快

建设服务型政府。

二、正确把握政府向社会力量购买服务的总体方向

（一）指导思想。

以邓小平理论、"三个代表"重要思想、科学发展观为指导，深入贯彻落实党的十八大精神，牢牢把握加快转变政府职能、推进政事分开和政社分开、在改善民生和创新管理中加强社会建设的要求，进一步放开公共服务市场准入，改革创新公共服务提供机制和方式，推动中国特色公共服务体系建设和发展，努力为广大人民群众提供优质高效的公共服务。

（二）基本原则。

——积极稳妥，有序实施。立足社会主义初级阶段基本国情，从各地实际出发，准确把握社会公共服务需求，充分发挥政府主导作用，有序引导社会力量参与服务供给，形成改善公共服务的合力。

——科学安排，注重实效。坚持精打细算，明确权利义务，切实提高财政资金使用效率，把有限的资金用在刀刃上，用到人民群众最需要的地方，确保取得实实在在的成效。

——公开择优，以事定费。按照公开、公平、公正原则，坚持费随事转，通过竞争择优的方式选择承接政府购买服务的社会力量，确保具备条件的社会力量平等参与竞争。加强监督检查和科学评估，建立优胜劣汰的动态调整机制。

——改革创新，完善机制。坚持与事业单位改革相衔接，推进政事分开、政社分开，放开市场准入，释放改革红利，凡社会能办好的，尽可能交给社会力量承担，有效解决一些领域公共服务产品短缺、质量和效率不高等问题。及时总结改革实践经验，借鉴国外有益成果，积极推动政府向社会力量购买服务的健康发展，加快形成公共服务提供新机制。

（三）目标任务。

"十二五"时期，政府向社会力量购买服务工作在各地逐步推开，统一有效的购买服务平台和机制初步形成，相关制度法规建设取得明显进展。到2020年，在全国基本建立比较完善的政府向社会力量购买服务制度，形成与经济社会发展相适应、高效合理的公共服务资源配置体系和供给体系，公共服

务水平和质量显著提高。

三、规范有序开展政府向社会力量购买服务工作

（一）购买主体。

政府向社会力量购买服务的主体是各级行政机关和参照公务员法管理、具有行政管理职能的事业单位。纳入行政编制管理且经费由财政负担的群团组织，也可根据实际需要，通过购买服务方式提供公共服务。

（二）承接主体。

承接政府购买服务的主体包括依法在民政部门登记成立或经国务院批准免予登记的社会组织，以及依法在工商管理或行业主管部门登记成立的企业、机构等社会力量。承接政府购买服务的主体应具有独立承担民事责任的能力，具备提供服务所必需的设施、人员和专业技术的能力，具有健全的内部治理结构、财务会计和资产管理制度，具有良好的社会和商业信誉，具有依法缴纳税收和社会保险的良好记录，并符合登记管理部门依法认定的其他条件。承接主体的具体条件由购买主体会同财政部门根据购买服务项目的性质和质量要求确定。

（三）购买内容。

政府向社会力量购买服务的内容为适合采取市场化方式提供、社会力量能够承担的公共服务，突出公共性和公益性。教育、就业、社保、医疗卫生、住房保障、文化体育及残疾人服务等基本公共服务领域，要逐步加大政府向社会力量购买服务的力度。非基本公共服务领域，要更多更好地发挥社会力量的作用，凡适合社会力量承担的，都可以通过委托、承包、采购等方式交给社会力量承担。对应当由政府直接提供、不适合社会力量承担的公共服务，以及不属于政府职责范围的服务项目，政府不得向社会力量购买。各地区、各有关部门要按照有利于转变政府职能，有利于降低服务成本，有利于提升服务质量水平和资金效益的原则，在充分听取社会各界意见基础上，研究制定政府向社会力量购买服务的指导性目录，明确政府购买的服务种类、性质和内容，并在总结试点经验基础上，及时进行动态调整。

（四）购买机制。

各地要按照公开、公平、公正原则，建立健全政府向社会力量购买服务机制,及时、充分向社会公布购买的服务项目、内容以及对承接主体的要求和绩效评价标准等信息,建立健全项目申报、预算编报、组织采购、项目监管、绩效评价的规范化流程。购买工作应按照政府采购法的有关规定,采用公开招标、邀请招标、竞争性谈判、单一来源、询价等方式确定承接主体,严禁转包行为。购买主体要按照合同管理要求,与承接主体签订合同,明确所购买服务的范围、标的、数量、质量要求,以及服务期限、资金支付方式、权利义务和违约责任等,按照合同要求支付资金,并加强对服务提供全过程的跟踪监管和对服务成果的检查验收。承接主体要严格履行合同义务,按时完成服务项目任务,保证服务数量、质量和效果。

(五)资金管理。

政府向社会力量购买服务所需资金在既有财政预算安排中统筹考虑。随着政府提供公共服务的发展所需增加的资金,应按照预算管理要求列入财政预算。要严格资金管理,确保公开、透明、规范、有效。

(六)绩效管理。

加强政府向社会力量购买服务的绩效管理,严格绩效评价机制。建立健全由购买主体、服务对象及第三方组成的综合性评审机制,对购买服务项目数量、质量和资金使用绩效等进行考核评价。评价结果向社会公布,并作为以后年度编制政府向社会力量购买服务预算和选择政府购买服务承接主体的重要参考依据。

四、扎实推进政府向社会力量购买服务工作

(一)加强组织领导。

推进政府向社会力量购买服务,事关人民群众切身利益,是保障和改善民生的一项重要工作。地方各级人民政府要把这项工作列入重要议事日程,加强统筹协调,立足当地实际认真制定并逐步完善政府向社会力量购买服务的政策措施和实施办法,并抄送上一级政府财政部门。财政部要会同有关部门加强对各地开展政府向社会力量购买服务工作的指导和监督,总结推广成功经验,积极推动相关制度法规建设。

(二)健全工作机制。

政府向社会力量购买服务,要按照政府主导、部门负责、社会参与、共同监督的要求,确保工作规范有序开展。地方各级人民政府可根据本地区实际情况,建立"政府统一领导,财政部门牵头,民政、工商管理以及行业主管部门协同,职能部门履职,监督部门保障"的工作机制,拟定购买服务目录,确定购买服务计划,指导监督购买服务工作。相关职能部门要加强协调沟通,做到各负其责、齐抓共管。

(三)严格监督管理。

各地区、各部门要严格遵守相关财政财务管理规定,确保政府向社会力量购买服务资金规范管理和使用,不得截留、挪用和滞留资金。购买主体应建立健全内部监督管理制度,按规定公开购买服务相关信息,自觉接受社会监督。承接主体应当健全财务报告制度,并由具有合法资质的注册会计师对财务报告进行审计。财政部门要加强对政府向社会力量购买服务实施工作的组织指导,严格资金监管,监察、审计等部门要加强监督,民政、工商管理以及行业主管部门要按照职能分工将承接政府购买服务行为纳入年检、评估、执法等监管体系。

(四)做好宣传引导。

地方各级人民政府和国务院有关部门要广泛宣传政府向社会力量购买服务工作的目的、意义、目标任务和相关要求,做好政策解读,加强舆论引导,主动回应群众关切,充分调动社会参与的积极性。

国务院办公厅
2013 年 9 月 26 日

2. 民政部关于四川芦山 7.0 级强烈地震抗震救灾捐赠活动的公告

4 月 20 日,四川芦山 7.0 级强烈地震发生后,党中央、国务院高度重视抗震救灾工作,部分公益慈善组织和单位自发开展了救灾募捐活动,支持灾区抗震救灾。为进一步规范救灾捐赠活动,现就有关问题公告如下:

一、捐赠渠道导向。个人、单位有向灾区捐赠意愿的,提倡通过依法登记、有救灾宗旨的公益慈善组织和灾区民政部门进行,捐赠以资金为主。有捐赠物资意愿的,应提前与灾区确认需求后再实施,避免资源浪费。

二、信息公开要求。已开展募捐活动的公益慈善组织和接收捐赠的单位,应按照《民政部关于规范基金会行为若干规定（试行）》（民发〔2012〕124号）、《民政部关于完善救灾捐赠导向机制的通知》（民发〔2012〕208号）的有关要求，向社会公布捐赠人权利义务、资金详细使用计划、成本预算；定期公布详细的收入和支出明细，包括捐赠收入、直接用于受助人的款物、与所开展的公益项目相关的各项直接运行费用等。信息发布以各自的网站作为主要渠道，并保证信息长期可查询。

三、资金使用导向。公益慈善组织接收的捐赠资金，要按照捐赠人的意愿、灾区应急救灾和恢复重建需求使用。应急救灾阶段应主要用于抢险救援和保障受灾群众生活需求；计划用于灾后恢复重建的，要在灾区重建规划框架内，统筹灾区需求和捐赠者意愿，承建或认建重建项目，将资金投向困难多、需求大的重灾地区。

中央部门、单位的捐款，可通过民政部转交四川省民政厅。非灾区地方党政机关、人民团体、企事业单位和社会组织的捐款，可通过同级民政部门逐级汇缴至省级民政部门，由省级民政部门转交四川省民政厅，及时用于抗震救灾工作。四川省民政厅要做好捐赠统计报送工作，定期公布资金管理使用情况，主动接受监察、审计部门和社会监督。

四、汇总统计要求。已接收捐赠的公益慈善组织要根据《救灾捐赠款物统计制度》，按照谁接收、谁统计和所在地统计汇总的原则，向同级民政部门报送统计数据。

各级民政部门定期在门户网站公布同级公益慈善组织的数据报送情况，加强指导和监管。

五、反馈监督要求。按照谁接收、谁反馈的原则，对于捐赠者的查询，公益慈善组织和其他接收单位，要及时反馈。重建阶段要定期公开重建项目的进展信息，主动接受捐赠者和社会的监督。

六、近期活动要求。鉴于目前灾区尚处于紧急救援阶段，且灾区交通、通信、住宿条件不便，近期公益慈善组织和志愿者不要自行前往灾区开展活动。

民政部
2013 年 4 月 21 日

3. 人力资源社会保障部、民政部关于鼓励社会团体、基金会和民办非企业单位建立企业年金有关问题的通知

近年来我国社会团体、基金会和民办非企业单位（以下简称社会组织）发展迅速，为提升社会管理和公共服务，促进文化繁荣发展发挥了积极的作用。为进一步推动社会组织健康发展，更好地保障社会组织工作人员退休后的生活，根据《企业年金试行办法》（劳动和社会保障部令第20号）、《企业年金基金管理办法》（人力资源和社会保障部令第11号）、《关于企业年金方案和基金管理合同备案有关问题的通知》（劳社部发〔2005〕35号）、《关于企业年金集合计划试点有关问题的通知》（人社部发〔2011〕58号）有关规定，现就社会组织建立企业年金有关问题通知如下：

一、已经依法参加企业职工基本养老保险并履行缴费义务的社会组织，可以建立企业年金。其中工作人员较少的社会组织可以参加企业年金集合计划。

二、社会组织建立企业年金，应当由社会组织与本单位工会或职工代表通过集体协商确定，并制定企业年金方案。企业年金方案草案应当提交职工大会或职工代表大会讨论通过，并由集体协商双方首席代表签字后，形成拟报备的企业年金方案。

三、社会组织建立企业年金所需费用由社会组织和工作人员共同缴纳。社会组织缴费每年不超过本单位上年度工作人员工资总额的十二分之一，列支渠道按国家有关规定执行。社会组织缴费和工作人员个人缴费合计一般不超过本单位上年度工作人员工资总额的六分之一，工作人员个人缴费可以由社会组织从工作人员个人工资中代扣。

四、社会组织的企业年金方案应规定社会组织缴费计入工作人员企业年金个人账户的比例，可以综合考虑工作人员个人贡献、年龄等因素确定不同的计入比例，但差距不宜过大。

五、社会组织的企业年金方案应当报送所在地区县级以上地方人力资源社会保障行政部门备案。全国性社会组织的企业年金方案，报送人力资源社会保障部备案。社会组织参加企业年金集合计划可以由集合计划受托人报人力资源社会保障行政部门备案。

六、社会组织的企业年金基金，应当按照《企业年金基金管理办法》的规定，签订受托管理合同和委托管理合同，委托具有企业年金基金管理资格的机构，实行市场化投资运营。受托管理合同和委托管理合同，应当按有关规定报人力资源社会保障行政部门备案。

七、为规范管理，本通知发布前已经建立补充养老保险的社会组织，可按照本通知要求，对原有计划进行调整，逐步将原补充养老保险存量资金纳入企业年金管理。

八、各级人力资源社会保障行政部门要做好社会组织企业年金方案及管理合同备案工作，并负责对社会组织加入企业年金计划后的实施情况进行监督检查。各级民政部门可将企业年金实施情况作为社会组织评估工作的考量指标之一。

境外非政府组织驻华代表机构建立企业年金参照本通知执行。

人力资源社会保障部　民政部
2013 年 7 月 15 日

4. 民政部关于加强医疗救助与慈善事业衔接的指导意见

各省、自治区、直辖市民政厅（局），各计划单列市民政局，新疆生产建设兵团民政局：

为切实解决困难群众医疗难题，充分发挥医疗救助和慈善事业的综合效益，保障困难群众基本医疗权益，根据《中共中央国务院关于深化医药卫生体制改革的意见》（中发〔2009〕6 号）、《国务院关于印发"十二五"期间深化医药卫生体制改革规划暨实施方案的通知》（国发〔2012〕11 号）等相关文件要求，现就加强医疗救助与慈善事业衔接提出以下意见。

一、充分认识加强医疗救助与慈善事业衔接的重要意义

当前，随着我国医疗保障制度不断完善，多层次的医疗保障体系日益健全，人民群众看病就医有了基本保障。但由于基本医疗保障水平相对偏低，当困难群众罹患重特大疾病时，现有的保障水平仍难以从根本上解决其医疗难题，由此导致因病致贫、因病返贫以及无力看病、放弃治疗等民生问题非常突出。此类情况不仅受到党中央、国务院的高度重视，也是慈善力量广泛关注的

重点。各类慈善力量通过动员社会资源,为困难群众提供形式多样的医疗援助,帮助其解决看病就医负担,成为多层次医疗保障体系的重要组成部分。加强医疗救助与慈善事业的有序衔接,形成协同合作、资源统筹、相互补充、各有侧重的机制,是促进医疗救助和慈善事业发展的重要方面,也是保障和改善基本民生的迫切需要。各地要充分认识加强医疗救助和慈善事业衔接的重要意义,坚持政府重点引导、社会广泛参与,从解决实际问题入手,探索加强体制机制建设,实现优势互补,促进社会公平正义。

二、积极探索建立医疗救助与慈善事业的衔接机制

(一)建立需求导向机制。各地要根据城镇居民基本医疗保险(新型农村合作医疗)、大病保险以及医疗救助和慈善事业的发展状况,认真研究设计慈善事业在医疗保障体系中的功能定位;要从困难群众医疗保障需求出发,探索建立医疗救助与慈善事业的衔接机制,使慈善资源作为医疗救助的重要补充,帮助困难群众解决个人自付医疗费用。各地要加强与慈善组织的沟通协调,以困难群众医疗保障需求为导向,引导他们在继续开展各项医疗救助的基础上,优先向医疗费用高、社会影响大、诊疗路径明确的重特大疾病领域拓展延伸,最大限度发挥综合救助的社会效益;要鼓励引导慈善组织开展补缺型和补充型医疗援助活动,一方面填补政府医疗救助政策的空白,另一方面弥补政府救助的不足,为困难群众提供更全面、更充分的医疗保障服务。

(二)建立信息共享机制。医疗救助对象需求信息和慈善资源供给信息的有效对接是医疗救助与慈善事业衔接的核心。各地民政部门要着力搜集、整理、分析医疗救助日常工作中产生的救助对象需求信息,并与相关部门和机构的医疗信息相整合,从而准确掌握困难群众的医疗需求以及看病就医后的保险补偿、医疗救助以及个人承担的医疗费用等情况;要在征得医疗救助对象同意的前提下,主动向慈善组织提供救助对象的慈善需求信息,帮助慈善组织减少查找环节,降低运行成本,提高工作效率;要规范完善转介流程,做到政府部门与慈善组织之间信息互通、资源共享,使医疗救助对象能够迅速获得慈善组织的补充援助,使慈善组织能够尽快找到援助对象。各地要进一步加强医疗救助信息化建设,充分利用现有社会救助信息系统和慈善信息平台,通过委托、合作等方式建立医疗救助慈善资源数据库,实现医疗救助与慈善资源信息共

享,确保供需各方的对接及时到位、高效便捷。

(三)建立统筹协调机制。建立健全民政与相关政府部门、慈善组织、医疗机构等共同参与的协调机制,共同研究医疗救助和慈善事业衔接工作中存在的问题,统筹开展慈善援助活动。通过分类梳理慈善组织的业务范围、擅长领域以及救助对象的需求信息等情况,引导慈善组织有序开展援助活动。要根据慈善组织的项目设置、目标人群、救助意愿、援助能力等因素,统筹规划不同组织的援助区域、援助范围和援助病种,形成分类、有序、全面的慈善医疗援助新格局,最大限度地提升援助效益,避免慈善组织扎堆无序开展援助活动,造成资源使用不均衡。要注重发挥中国慈善联合会等联合性、枢纽型社会组织在培育慈善项目、协调慈善资源、引导慈善行为等方面的功能,最大限度提高医疗援助效率。

(四)建立激励扶持机制。各地要通过政府委托、协商、奖励、补贴等方式,引导慈善组织开展灵活多样的慈善医疗援助项目。要完善政府购买服务的政策措施,通过招、投标等方式选择优质慈善组织承担医疗援助服务项目。各地开展的支持社会组织参与社会服务项目,要重点支持医疗援助领域。有条件的地区,要争取政府出资设立专项医疗救助基金,同时接收社会捐赠资金,形成多元筹资机制。要定期评估慈善组织开展的医疗援助项目,推广宣传管理规范、服务优良、团队专业、绩效突出的慈善组织,充分发挥其示范、引领作用。对于工作中表现突出的单位和个人,要给予适当激励和表彰。对在医疗援助领域做出突出贡献的慈善组织,列为"中华慈善奖"评选表彰候选对象。

三、切实做好医疗救助与慈善事业衔接的基础保障工作

(一)加强组织领导。各地要把加强医疗救助与慈善事业衔接作为完善社会救助体系的重要工作来抓,健全机制,完善模式,提升综合救助能力。要加强与慈善组织在日常工作中的联系、沟通和协调,形成多元参与、相互协作、共同发展的工作格局。要科学制定慈善组织参与医疗援助的项目规划和实施方案;指导慈善组织规范参与相关医疗援助项目;落实促进慈善组织发展的政策措施,并加强其开展慈善援助活动的监督管理。

(二)强化经费保障。各级民政部门要积极争取政府加大经费投入,或专项安排彩票公益金,在建立专项基金、建设信息共享平台以及工作经费保障等

方面给予必要的经费支持。鼓励公民、法人及其他组织为慈善组织提供捐赠、赞助等，支持其参与医疗援助活动。

（三）开展衔接试点。各地要根据自身实际，精心谋划、周密部署，在有一定工作基础的地方先行试点。可选择实力雄厚、社会公信力高的慈善组织，探索慈善资源援助重特大疾病贫困患者的路径、方法和程序，积累经验，逐步完善。有条件的地方，还可以针对困难群众的个性化服务需求，支持、引导慈善组织开展多样化的医疗援助服务项目，从多个方面为困难群众提供帮助。要以试点为抓手，健全完善衔接机制，逐步培育典型。要加强经验交流和分享，学习借鉴先进地区的成功经验，结合本地实际，不断推动医疗救助与慈善事业共同发展，提高综合救助服务水平。

（四）加大舆论宣传。各地要大力宣传中华民族乐善好施、扶危济困的传统美德，宣传诚信友爱、互帮互助的公益理念，形成社会各界广泛参与慈善医疗援助的良好氛围，引导社会各界关心关注、积极参与慈善医疗援助事业。

民政部
2013 年 8 月 12 日

5. 浙江省民政厅关于开展四类社会组织直接登记工作的通知

各市、县（市、区）人民政府，省政府直属各单位：

根据《国务院办公厅关于实施〈国务院机构改革和职能转变方案〉任务分工的通知》（国办发〔2013〕22号）和《浙江省人民政府办公厅关于印发2013年浙江省体制改革要点的通知》（浙政办发〔2013〕84号）要求，经省政府同意，决定于2013年9月18日起，在全省范围内开展行业协会商会类、科技类、公益慈善类、城乡社区服务类等四类社会组织直接向民政部门依法申请登记工作。现将有关事项通知如下：

一、直接登记的社会组织范围

（一）行业协会商会类。主要是指同一行业经济组织及其相关单位为维护和增进全体会员共同的合法利益而自愿组成的行业性社会团体，不含异地商会。

（二）科技类。主要是指专门从事科学研究与技术开发、科技咨询与服务、科技成果评估、科学技术知识交流与普及等业务的社会组织。

（三）公益慈善类。主要是指从事扶贫济困、救孤助残、助老扶弱、赈灾救援、助医助教、环境保护等公益服务活动的社会组织。

（四）城乡社区服务类。主要是指为城乡社区居民提供公益服务、慈善救助、文化娱乐、社区协同管理等服务的基层社会组织。

二、直接登记的程序和提交的材料

（一）名称预登记。社会组织申请直接登记，均应办理名称预登记。举办者须提交《浙江省直接登记社会组织名称预登记申请表》，并附成立组织的可行性报告、举办者简介和身份证明等相关资料。登记管理机关应做好名称预登记的审查工作，对符合直接登记类别范围和名称管理等有关规定的，及时核发名称预登记通知书。社会组织举办者可凭通知书办理银行开户和验资手续。

（二）成立登记。社会组织申请成立登记，所需材料仍按《社会团体登记管理条例》、《基金会管理条例》、《民办非企业单位登记管理暂行条例》等规定提交。各项材料均由登记管理机关直接审查，不再需要业务主管单位（部门）的审查同意。社会团体成立，仍按筹备和登记两个阶段办理。

（三）核发证书。经审查符合条件的社会组织，登记管理机关应当及时制发准予成立的许可文书和登记证书。许可文书由登记管理机关统一抄送职能相关的业务主管单位（部门）。登记证书仍应使用由民政部制订的标准式样，业务主管单位一栏标注"直接登记"字样。

社会组织经核准登记后，应当及时将有关情况报告职能相关的业务主管单位（部门），建立联系，接受指导，争取支持和帮助。

三、工作要求

（一）加强组织领导。开展社会组织直接登记工作，是转变政府职能，健全社会组织管理制度的重要举措。各地、各有关部门要提高思想认识，加强组织领导，调配力量，制订方案，扎实推进。

（二）做好服务管理。直接登记主要是简化注册登记环节的前置审批，不涉及后续服务管理过程中部门职责分工的调整。各地、各有关部门要密切配合，加强协作，按职能分工做好社会组织的服务管理工作。

(三)做好工作衔接。直接登记的社会组织,其变更登记、注销登记等涉及社会组织主体资格的行政审批行为均按直接登记的要求办理。此前已登记的社会组织,其后续的服务管理仍按原办法执行。温州市的社会组织直接登记工作,按照民政部和省政府《共建温州市民政综合改革试验区合作协议》及相关要求执行。对直接登记工作中出现的问题,各地应及时向我厅反映。

6. 浙江省民政厅、浙江省发展和改革委员会关于加强社会组织信用体系建设的通知

各市、县(市、区)民政局、发改委(局):

为切实加强社会组织信用体系建设,进一步推进社会组织评估工作,推动社会组织健康有序发展,根据民政部《社会组织评估管理办法》(第39号令)、省发改委《关于印发浙江省社会信用体系建设"十二五"规划的通知》(浙发改规划〔2012〕529号)、省民政厅《关于印发全省性社会组织评估实施办法的通知》(浙民民〔2009〕183号)等文件要求,现就有关事项通知如下:

一、充分认识社会组织信用体系建设的重要意义

党的十八大对推进社会体制改革、加快形成现代社会组织体制提出了明确要求,社会组织作为社会建设的重要主体,在经济社会发展中发挥着不可替代的作用。社会组织等级评估是社会组织综合监管机制的重要组成部分,进一步加强社会组织评估工作,对加强社会组织管理、提升社会组织能力、加快形成政社分开、权责明确、依法自治的现代社会组织体制具有重要意义。

社会组织等级评估是社会组织信用体系建设的重要内容。加强社会组织信用体系建设,不仅是提升社会组织透明度和公信力、促进社会组织持续健康发展的迫切需要,也是进一步加强社会信用体系建设的内在要求,更是促进政府、企业和社会组织互动合作、优化社会结构的重要举措。各地要从事关政治、经济、社会发展全局的高度,充分认识做好新形势下社会组织信用体系建设的重要意义。进一步加大工作力度,创新工作思路,改革工作举措,建立科学、高效的评估机制,健全公开、透明的信用环境,有效开展社会组织信用体系建设,引导社会组织健康有序发展。

二、积极推进社会组织信用信息平台建设

（一）建立全省社会组织信用信息平台。在省公共信用信息平台的架构内建立统一的全省社会组织信用平台，作为"信用浙江"网的"政府、企业、自然人、事业单位和社会组织五位一体"公共信用信息平台之一。省发改委与省民政厅共同制定社会组织信用信息收集、整理、入库和发布机制，研究完善数据信息全面性、准确性、安全性的具体措施。将于年底前初步构建全省社会组织信用信息平台。

（二）归集完善社会组织的信用信息。省发改委根据社会组织信用信息数据库需要，制定统一的信息标准和技术规范、数据比对方式、数据入库方式、数据报送形式，确保数据的准确性、及时性和权威性。省民政厅将现有的社会组织基本信息、监管信息、评估信息等，按照统一格式和标准，集中汇集到省公共信用信息平台。根据完善数据库信用信息的要求，与社会组织联系密切的业务部门，积极主动做好信用信息的收集与报送工作。社会组织信用信息的归集工作，于2013年10月份启动，12月中旬完成现有信息的归集并制定信息更新的措施。

（三）推进社会组织信用信息公开共享。本着"互联共享、方便查询、全面公布、积极应用"的要求，推进社会组织信用信息平台应用工作。坚持边建设、边公布，建立政府部门、金融机构、社会组织与信用平台之间互联互通、联建共享机制，提高应用的全面性和广泛性。社会组织信用评估报告经主管部门审核后，及时在"信用浙江"网上公示。做好快捷、方便的查询工作，提高社会组织信用信息使用的准确性、及时性和便捷性。

三、切实加强社会组织评估及成果应用

（一）加大社会组织评估工作力度。各级民政部门要进一步加强对社会组织评估工作的指导和监督，各相关业务主管部门要积极配合、协调推动社会组织积极参与评估，逐步建立民政牵头、部门协同、社会参与、专业指导的评估工作机制。争取明年全省社会组织总体参评率达到40%以上，其中基金会达到60%以上，民办非企业单位及行业协会类社会团体达到50%以上；到2015年，全省社会组织总体参评率达到60%以上，其中基金会达到100%，民办非企业单位及行业协会类社会团体达到70%以上。

（二）完善社会组织评估工作方法。各地要研究制定科学合理、公平公正的评估办法和评估指标体系，建立评估专业委员会和复核委员会，组织专业人员或委托第三方专业机构进行评估。各地可将社会组织评估工作纳入年度检查，作为年检的重要内容。各市、县（市、区）获得5A等级的社会组织要报省级社会组织登记管理机关复评，各县（市、区）获得4A等级的社会组织要报设区市社会组织登记管理机关复评。

（三）加强社会组织信用成果应用。各地要加大对社会组织信用成果的应用，在政府职能转移、项目招投标、委托代理、社会服务、评比表彰等方面，积极查询社会组织的信用记录，建立社会组织评估等级准入制度，对获得较高等级的社会组织给予相应优惠待遇。

1. 优先资金扶持。省级财政资金和福利彩票公益金优先对等级评估在3A级以上的社会组织承接公益项目予以资助。各级各部门要根据实际，制定出台相应的政策措施，对较高等级的社会组织予以奖励和扶持。

2. 优先承接职能。将政府事务性、适合由社会组织提供的公共管理和服务职能，优先向获得较高等级的社会组织转移。各级民政部门率先探索向社会组织转移相关公共服务职能的内容和程序，尽快制定出台政府职能转移目录表，加快推进政府职能转移和委托购买服务等措施。

3. 优先评先评优。在开展社会组织评比表彰时，对评估获得5A、4A等级的社会组织予以优先考虑，未参与等级评估的社会组织不予考虑。对获得5A、4A等级的社会组织，将简化年度检查程序和内容。

四、不断强化社会组织信用体系建设的保障措施

（一）加强组织协调。各地要将社会组织信用体系建设作为促进社会组织健康发展、完善社会信用体系、推动社会建设的一项重要工作来抓。各级民政、发改等有关部门要密切配合，形成合力，在社会组织评估、社会组织信用信息采集和公开、社会组织等级评估成果应用等方面加强沟通协调，推进任务落实，逐步构建较为完善的社会组织信用体系。

（二）加大保障力度。各地要将评估工作经费纳入各级财政预算，进一步加强社会组织评估工作队伍建设，为社会组织评估工作的有效开展提供资金、人员等方面的有力支持。

（三）积极宣传引导。充分利用各种渠道，向社会各界广泛宣传开展社会组织评估工作和社会组织信用体系建设的重要意义，提高对社会组织等级评估以及社会组织信用体系的认识，积极推进社会组织信用成果应用。

（四）强化监督管理。进一步加强对社会组织评估工作的组织实施和考核督查，做好评估知识培训工作，切实提高评估工作的质量和成效。要加快培育社会组织评估服务市场，加强对评估服务机构的指导和规范。

浙江省民政厅　浙江省发展和改革委员会

2013 年 9 月 20 日

7. 云南省慈善事业促进条例（公开征求意见稿）

第一章　总则

第一条　为了鼓励社会力量参与慈善事业，规范慈善活动，促进慈善事业健康发展，根据《中华人民共和国公益事业捐赠法》等法律、法规，结合本省实际，制定本条例。

第二条　在本省行政区域内从事慈善活动的，适用本条例。

第三条　本条例所称慈善活动，是指公民、法人和其他组织以捐赠财产、提供服务等方式，自愿、无偿开展的扶老、济困、助残、抚孤、赈灾、助医、助学等活动。

第四条　开展慈善活动应当坚持政府引导、民间运作、社会参与、规范透明的原则。

第五条　县级以上人民政府应当将慈善事业纳入国民经济和社会发展规划，制定促进慈善事业发展政策和措施，建立慈善事业发展信息统计制度和慈善项目库，并定期向社会公布，引导、扶持慈善事业发展。

第六条　鼓励企业开展慈善活动。企业应当将慈善事业纳入企业发展规划，并结合企业的资源和专业特长，制定慈善事业发展计划和实施方案。

第七条　县级以上人民政府民政部门负责本行政区域内慈善活动监督管理工作。

财政、税务、审计、工商、公安、住房城乡建设、教育、文化、卫生、体

育、人力资源和社会保障等行政部门在各自职责范围内，做好慈善事业有关工作。

<h2 style="text-align:center">第二章　慈善组织</h2>

第八条　慈善组织应当是依法成立、以开展慈善活动为宗旨的非营利性社会组织。包括以开展慈善活动为主的慈善会等公益性社会团体、基金会、民办非企业单位。

慈善组织由县级以上民政部门认定；慈善组织认定办法由省民政部门制定。

第九条　本省的慈善组织可以自行设立分支（代表）机构。

省外慈善组织在云南省行政区域内设立代表（办事）机构，应当向慈善项目主要活动地的县级民政部门备案。

第十条　慈善组织的资产及其增值为社会公共财产，受国家法律保护，不得私分、侵占、挪用和损毁。

慈善组织应当建立健全财务管理制度，设立独立账户，实行专户管理，设置会计账簿，独立核算，并接受审计监督。

第十一条　慈善组织应当每半年向准予其登记或者认定的民政部门报告其日常开支预算、决算和接受捐赠项目实施情况，并于每年4月1日前在民政部门指定的网站向社会公布下列信息，接受社会监督：

（一）法定代表人、理事会、监事会和办事机构的基本情况；

（二）慈善资产状况，慈善募捐和受赠财产以及增值部分的数量明细；

（三）慈善募捐、受赠财产使用明细；

（四）工作经费和工作人员工资列支明细；

（五）实施慈善项目以及开展其他重大活动的情况和效果；

（六）法律、法规规定的其他内容。

慈善组织应当在开展募捐活动结束后1个月内向备案机关报告，并向社会公告。

第十二条　政府有关部门和社会公众有权查询慈善组织开展慈善活动的情况。

对政府有关部门和社会公众请求查询的事项，慈善组织应当自收到查询申请之次日起10个工作日内予以答复；对答复有异议的，可以要求民政部门依法进行核查。

第十三条　慈善组织应当按照合法、安全、有效的原则实现资产保值增值。

慈善组织因决策不当，投资造成损失的，赞成投资的理事应当依法承担相应的赔偿责任。

第十四条　慈善组织开展慈善活动，可以根据国家和省的有关规定，列支必要的工作经费和工作人员的工资。

除依法列支的工作成本外，慈善组织的资产应当全部用于符合其宗旨的慈善事业。

第十五条　慈善组织管理人员及其近亲属不得与其所在的慈善组织有交易行为。

慈善组织在确定慈善项目和受益对象时，不得将与本组织及管理人员有利害关系的单位或者个人作为特定受助人。

第十六条　慈善组织终止，应当在相关部门指导下进行资产清算。清算后的剩余资产应当转赠与该组织宗旨相同或者相近的慈善组织，用于慈善事业，并由受赠组织向社会公告。

第三章　捐赠与募捐

第十七条　捐赠人可以指定其捐赠财产的使用方向、实施项目和受益人。受益人应当按照约定的用途使用捐赠财产。

第十八条　捐赠人捐赠的物品应当符合安全、卫生、环保等标准；捐赠批量产品的，应当提供产品质量检验证书或者相关证明材料。受捐组织应当自接受捐赠之日起15个工作日内向社会公布捐赠接收信息，捐赠使用情况应当在受益人接收之日起10个工作日内公布。

第十九条　捐赠房屋等不动产或者无形资产，可以根据捐赠人的要求对捐赠财产价值进行评估的，由受赠人与捐赠人协商委托专业评估机构评估；经捐赠人同意，受赠人对受赠的非货币所得，可以依法通过拍卖、转让等方式变现。

评估、拍卖、转让等产生的费用，可以根据捐赠人的意愿在其所捐赠的财

产中冲抵,或者在受赠人工作成本中列支;捐赠人愿意另行支付的,由其支付。

第二十条 捐赠国库券、股票、基金等有价证券的,应当以接受捐赠时有关部门公布的市价开具财政部门统一印制的社会捐赠收据。

第二十一条 捐赠人不能当场兑现捐赠的,受赠人可以与捐赠人订立捐赠协议,并可以申请公证。捐赠协议应当载明捐赠财产种类、质量、数量、用途和兑现时间等内容。

捐赠人应当及时履行捐赠协议,逾期不履行的,慈善组织和其他募捐组织可以采取书面或者在媒体上公告的方式催告履行。

第二十二条 慈善组织接受捐赠,应当按照有关规定,向捐赠人开具财政部门统一印制的社会捐赠收据。捐赠人放弃接受捐赠收据的,受赠人应当做好记录,并将开具的捐赠收据存档备查。

受益人接受捐赠的,应当向捐赠人出具合法有效凭证。

第二十三条 慈善组织使用捐赠所得援助受益人时,应当告知受益人有关捐赠来源和使用要求,并对其使用情况进行监督。

援助目的已经实现或者因特殊情况无法实现的,慈善组织应当终止援助;有剩余财产的,受益人或者其监护人应当及时退还援助组织。

第二十四条 慈善组织捐赠所得应当按照使用计划或者约定用途使用后仍有剩余的,应当在尊重捐赠人意愿的基础上,将剩余部分用于相应的慈善事业。

第二十五条 慈善组织对捐赠人的个人信息应当依法保密。捐赠人要求对其捐赠信息不予公开的,慈善组织应当尊重捐赠人的意愿。

第二十六条 慈善组织遗失或者损坏受赠财物的,应由其先行赔付,再向责任人追偿。

第二十七条 公募基金会和法律、行政法规规定可以开展慈善募捐活动的组织,应当在其宗旨、业务范围内开展募捐活动。

其他慈善组织开展募捐活动应当在主要活动地民政部门备案。

募捐组织以外的其它单位和个人,基于慈善目的,需要开展募捐活动的,应当与募捐组织协商,经募捐组织同意,由募捐组织依照本条例的规定组织开展。除捐赠人向受益人直接捐赠外，捐赠所得应入募捐组织账户，由参与募捐活动的募捐组织进行监管。

第二十八条　公民、法人或者其它组织可以在本单位等特定范围内为帮助特定对象开展互助性募捐活动。

第二十九条　申请开展募捐活动，应当提供下列材料：

（一）开展募捐活动的申请；

（二）法人登记证书；

（三）募捐活动方案，应当包括募捐活动的名称、目的、方式、时间、期限、地域范围、工作成本列支计划、使用计划。

以设置募捐箱方式募捐的，应当列明设置募捐箱的地点、数量。

申请材料不齐或者募捐方案的内容不符合规定的，民政部门应当自收到申请材料之日起5个工作日内提出意见，并指导督促申请组织修改完善。

民政部门应当自收到齐全、有效的申请材料之日起5个工作日内予以备案。

第三十条　开展慈善募捐活动的，应当在募捐场所悬挂或者摆放慈善组织和慈善募捐标识，并说明募捐组织名称、募捐活动的地域、期限等内容。

慈善组织应当根据民政部门备案的方案开展募捐活动，因客观原因确需作出调整或者变更的，应当报民政部门重新备案。

第三十一条　开展募捐活动应当遵循自愿原则，不得向任何单位和个人摊派或者变相摊派。

第三十二条　募捐组织可以通过下列方式募捐：

（一）在广播电台、电视台、报刊、互联网站等媒体上发布募捐信息；

（二）举行义演、义赛、义拍、义卖等；

（三）设置募捐箱；

（四）法律、法规规定的其他方式。

第三十三条　募捐组织以设置募捐箱方式募捐的，应当事先制定募捐箱管理制度，明确募捐箱的开启和钱款的清点、缴交等程序和行为要求。

开启募捐箱时，不得少于2名工作人员。

第三十四条　有下列情形之一的募捐组织，不得开展募捐活动：

（一）开展募捐活动的工作成本超过募捐所得总额10%以上的，或者以义演、义赛、义拍、义卖等方式开展募捐活动的工作成本超过所得总额20%以上的；

（二）未参加本年度年度检查的或者上年度年度检查不合格的；

（三）开展慈善活动出现因违背慈善宗旨、超出业务范围活动造成慈善资源较大浪费和损失、违反财务规定等受相关部门行政处罚的。

第四章 慈善服务

第三十五条 慈善组织开展慈善服务，应当明确慈善服务项目、服务对象的条件和服务标准、程序，并通过新闻媒体或者相关网站向社会公告。

慈善服务项目包括捐赠财产的使用和提供技术、劳务、智力都志愿服务。

慈善服务对象，可以向慈善组织申请慈善服务。对符合慈善服务条件的对象，慈善组织应当按照服务标准提供慈善服务，并建立救助档案。服务对象因为专业化需要的，应当聘用专业人才为其服务。

第三十六条 慈善组织应当建立项目管理制度，根据实际情况确定服务项目。

慈善组织应当制定年度慈善项目支出计划。每年慈善项目财务总支出，不得低于国家规定的标准和比例，但捐赠人就捐赠财产的使用范围、对象和期限有约定的除外。

第三十七条 对慈善事业做出较大贡献的公民，其本人或者家庭生活遇有困难时，可以向当地慈善组织提出救助申请，慈善组织可以优先提供救助服务。

第三十八条 慈善组织应当告知受益人关于募捐财产的使用要求，并对使用情况进行监督。受益人不按照使用要求使用的，慈善组织应当要求受益人改正；受益人拒不改正的，慈善组织可以终止服务，并要求还募捐财产。

慈善服务的目的已经实现或者因特殊情况无法实现时，慈善组织应当终止服务，受益人或者其财产管理人应当将剩余的募捐财产退回慈善组织。

慈善组织捐赠所得应当按照使用计划或者约定用途使用后仍有剩余的，应当在尊重捐赠人意愿的基础上，将剩余部分用于相应的慈善事业。

第三十九条 慈善组织应当制定突发事件应急响应预案。突发事件发生时，应当按照地方各级人民政府及其有关部门、应急指挥机构做好救助工作。

第四十条　慈善组织运用专业器材实施救助项目的，应当组织捐赠人或者生产、销售单位做好安装、调试和操作培训等后续服务工作。

第四十一条　慈善组织应当将受赠财产用于符合其宗旨或者募捐活动方案确定的用途。与捐赠人有约定的，应当按照约定的用途使用捐赠财产；确需改变用途的，应当征得捐赠人书面同意。

第四十二条　慈善组织和其他单位、个人应当尊重被救助人的人格尊严，保护被救助人的隐私。对涉及未成年人或他人隐私的受益人信息，有关组织和个人应当保密。

第四十三条　慈善组织对开展的慈善项目，应当实施跟踪监督，必要时对完成的慈善项目开展绩效评估。

与捐赠人有约定的项目实施后，慈善组织应当及时向捐赠人反馈结果。捐赠人有权查询其捐赠财产的使用情况，提出意见和建议；对于捐赠人的查询，慈善组织应当如实答复。

第四十四条　慈善组织以外的公民、法人和其他组织开展慈善服务活动，按照本章的有关规定执行。

第五章　促进措施

第四十五条　新闻出版、广播影视、文化宣传等单位应当做好慈善事业的宣传工作，普及慈善知识、传播慈善文化，为慈善组织发布公告或者年度检查报告等信息公开事项提供便利和优惠。

中介服务机构应当对慈善组织进行的公证、估计、拍卖、审计等的费用实行优惠。

第四十六条　居民委员会、村民委员会应当支持、协助开展慈善活动。

第四十七条　会展场所、体育场馆、公园、商场、广场、车站等公共场所，应当为开展慈善活动提供用地、用水、用电等便利，减免有关费用。

第四十八条　机关、企业、事业单位、人民团体和其他组织在同等条件下应当优先录用有从事慈善志愿服务经历者。

对慈善事业作出较大贡献的公民，其本人或者家庭生活遇有困难时，可以向当地慈善组织提出救助申请，慈善组织应当优先给予救助。

第四十九条　慈善组织、捐赠人、受赠人从事慈善事业依照法律、行政法规和有关政策的规定，享受税收优惠。

对慈善组织免税资格和捐赠人捐赠税前扣除资格申报，由省财政部门会同民政、国税、地税部门认定。申报认定每季度办理一次，有特殊情况可以随时办理。

企业通过取得公益性捐赠税前扣除资格的慈善组织，用于《中华人民共和国公益慈善事业捐赠法》规定的公益慈善事业的捐赠支出，不超过国家或者省规定的年度利润总额比例的部分，准予在计算应纳税所得额时扣除；超过国家或者省规定的年度利润总额比例的部分所缴纳的企业所得税地方分享部分，由财政全额奖励企业。

第五十条　逐步建立公共财政扶持慈善组织机制。在省、州（市）、县（市、区）级设立的社会组织培育发展专项资金中，重点扶持我省经济社会发展急需培育的慈善组织，对符合申请条件的慈善组织给予补助。

县级以上人民政府应当优先向慈善组织转移职能和购买服务。

全国性、省外地方性慈善组织可以申请本省内政府购买社会组织服务的项目。

第五十一条　省人民政府设立"云岭公益慈善奖"，每两年表彰一次。

州（市）、县（市、区）人民政府按照规定经批准，可以对为慈善事业作出突出贡献的单位和个人予以表彰。

第六章　法律责任

第五十二条　有下列情形之一的，由民政部门予以警告，责令改正，限期停止活动；有违法募集财产的，责令返还捐赠人。构成犯罪的，依法追究刑事责任：

（一）未按照募捐方案确定的时间、期限、地域范围、方式进行募捐的；

（二）向单位和个人摊派或者变相摊派捐赠任务的；

（三）未按规定公开捐赠信息的；

（四）未在规定时限内答复捐赠人对其捐赠财产使用情况信息查询要求的；

（五）泄露捐赠人、被救助人个人信息或者隐私，造成严重后果的。

第五十三条　受赠人未征得捐赠人的同意，擅自改变捐赠财产的性质、用途的，由县级以上人民政府民政部门责令改正，给予警告。拒不改正的，经征求捐赠人的意见，由县级以上人民政府将捐赠财产交由与其宗旨相同或者相似的慈善组织管理。

捐赠人有权向受赠人查询捐赠财产的使用、管理情况，并提出意见和建议。对于捐赠人的查询，受赠人应当及时如实答复。

受赠人违反捐赠协议使用捐赠财产的，捐赠人有权要求受赠人遵守捐赠协议或者向人民法院申请撤销捐赠行为、解除捐赠协议。

第五十四条 有下列情形之一的，由民政部门给予警告、责令停止活动、将违法募集所得归还捐赠人，并处5000元以上10000元以下罚款。构成犯罪的，依法追究刑事责任。

（一）擅自开展募捐活动的；

（二）公布虚假信息的；

（三）私分、挪用、侵占或者贪污募集财产及其增值的；

违法募集财产无法返还捐赠人的，由民政部门责令交由有关募捐组织管理、使用。

第五十五条 有下列行为之一的，由有关部门依法对直接负责的主管人员和其他直接责任人员给予行政处分；构成犯罪的，依法追究刑事责任：

（一）未按照本条例规定履行监管职责的；

（二）未按照本条例规定向社会公开有关募捐活动监督管理信息的；

（三）发现违法行为，未及时查处或者包庇、纵容违法行为的；

（四）对投诉、举报未及时进行核实、处理，并未将处理结果告知投诉人、举报人的；

（五）滥用职权、玩忽职守、徇私舞弊的其他行为。

第七章 附则

第五十六条 本条例自 年 月 日起施行。

8. 云南省社会组织登记办法（试行）

第一条 为深化社会组织登记管理体制改革，促进社会组织健康有序发展，根据《中华人民共和国行政许可法》、《社会团体登记管理条例》、《民办

非企业单位登记管理暂行条例》、《基金会管理条例》及《中共云南省委云南省人民政府关于大力培育发展社会组织加快推进现代社会组织体制建设的意见》的规定，结合实际，制定本办法。

第二条　除法律法规规定需前置审查及政治法律类、宗教类的社会组织外，其他社会团体、民办非企业单位、基金会可以直接向所在地县级以上民政部门申请登记。

第三条　成立社会组织，应当具备以下条件：

（一）有规范的名称、章程、组织机构以及与其开展活动相适应的专职工作人员；

（二）有固定的住所；

（三）有合法的财产和经费来源；

（四）能够独立承担民事责任；

社会团体应当有50个以上个人会员或者30个以上单位会员；个人会员单位会员混合组成的，会员总数不得少于50个；在县级民政部门登记的社会团体，会员总数不少于20个。

在县（市、区）民政部门登记的非公募基金会，原始基金不低于100万元人民币。

除法律法规规定的前置审批中有开办（注册）资金要求的外，在县级民政部门申请成立的社会团体、民办非企业单位，开办（注册）资金不少于1万元人民币。

在县级民政部门申请成立的公益慈善类、社会福利类、社会服务类社会团体、民办非企业单位的开办资金不作要求。

公务员不得兼任行业协会（商会）、基金会、民办非企业单位负责人。

第四条　申请社会组织注册登记应当提交以下材料：

（一）申请书；

（二）验资报告；

（三）住所使用权证明；

（四）发起人或举办者、拟任负责人的基本情况、身份证明；

（五）法人登记申请表；

（六）章程草案；

（七）法律法规、国务院决定规定的其他材料。

社会团体申请成立登记的，应当提交会员名册。

依据法律法规、国务院决定规定，社会组织登记前应经批准的，应当提交有关主管部门或者法定授权的组织批准核发的许可文件。

第五条 对材料齐全、符合法定申请条件的，民政部门自受理之日起 20 个工作日内，做出准予或不准予的决定。

准予登记的民办非企业单位、基金会分别颁发《民办非企业单位法人登记证书》和《基金会法人登记证书》。

准予登记的社会团体，应当自收到民政部门作出准予登记决定之日起 3 个月内召开会员（代表）大会，通过章程，选举产生组织机构和负责人，并向民政部门报送有关材料，申请领取《社会团体法人登记证书》。符合条件的，发给《社会团体法人登记证书》。

第六条 除法律法规、国务院决定规定的需要批准的外，社会组织登记事项需要变更的，按章程规定的决策程序作出决议 30 日内，向民政部门申请办理变更登记；社会组织注销的，清算完结 15 日内，向民政部门申请办理注销登记。对材料齐全、符合法定申请条件的，民政部门自受理之日起 20 个工作日内，做出准予或不准予的决定。

第七条 民政部门在审查社会组织成立、变更、注销登记的过程中，可以征求行业管理部门和其他有关部门的意见，或者进行听证、委托调查和评估。征求意见、进行听证、委托调查和评估的时间不计入审查时限内。

第八条 同一行政区域内，可以成立两个以上业务范围相同或者相似的社会组织。民办非企业单位可以某一服务品牌在其活动区域内形成连锁服务。

第九条 社会团体、基金会的分支（代表）机构、社会组织内设机构可由社会组织根据需要设立，不需要民政部门审批备案。

第十条 民政部门应当履行下列管理监督职责：

（一）负责社会组织的成立、变更、注销登记；

（二）对社会组织实施年度检查；

（三）对社会组织进行等级评估；

（四）对社会组织日常活动进行监督检查，对社会组织违法行为给予行政处罚。

第十一条 行业主管部门应当履行下列行业指导职责：

（一）指导社会组织遵守宪法、法律、法规和国家的政策，依据其章程开展活动；

（二）将社会组织纳入行业管理，制定社会组织在本行业的活动指南，通过提出建议、发布信息、制定导向性政策等方式，引导社会组织有序发展；

（三）通过职能转移、资金扶持、购买服务等方式支持社会组织发展；

（四）协助民政部门和其他有关部门查处社会组织的违法行为。

第十二条 相关职能部门按照各自职责范围履行对社会组织的管理监督责任。

第十三条 除政治法律类、宗教类社会组织外，各业务主管单位在2015年底前，继续履行对本办法实施前已登记的社会组织的管理监督职责。

第十四条 行业协会的登记按照《云南省行业协会条例》的规定执行。

第十五条 本办法自2014年2月1日起施行。

9. 云南省县级以上政府向社会组织购买服务暂行办法

第一条 为进一步转变政府职能，加快建设服务型政府，建立高效公共管理体制机制，提高政府购买社会组织公共服务效益，根据《中共云南省委云南省人民政府关于大力培育发展社会组织加快推进现代社会组织体制建设的意见》（云发〔2013〕12号）精神，制定本办法。

第二条 本省行政区域内政府向社会组织购买服务活动适用本办法。本办法所称社会组织，是指依法登记的社会团体、民办非企业单位、基金会等组织。

第三条 政府向社会组织购买服务遵循下列原则：

（一）权责明确，确保质量。

（二）竞争择优，公开透明。

（三）强化预算，注重绩效。

第四条 县级以上政府应当按照财权与事权配比原则，将向社会组织购买服务经费纳入同级财政预算。

第五条 县级以上政府有关部门按照职责分工,做好政府向社会组织购买服务工作:

(一)发展改革部门负责会同有关部门编制和实施政府投资计划,推动政府投资项目中的有关服务内容列入政府向社会组织购买服务计划。

(二)财政部门负责建立健全政府向社会组织购买服务制度,制定政府向社会组织购买服务目录,监督、指导购买主体依法开展购买服务工作,牵头做好政府向社会组织购买服务的采购管理、资金管理、监督检查和绩效评价等工作。

(三)社会组织登记管理机关定期在政府指定的信息发布媒体、网站公开依法登记的社会组织名单,参与政府向社会组织购买服务绩效评价。

(四)机构编制部门负责分期分批制定政府转移职能目录,参与政府向社会组织购买服务绩效评价。

(五)监察、审计部门负责监督政府向社会组织购买服务工作,参与政府向社会组织购买服务绩效评价。

第六条 政府向社会组织购买服务的主体(以下简称购买主体)为:纳入机构编制管理,经费由财政承担的各类机关、群团组织和事业单位。

第七条 下列事项应通过政府向社会组织购买服务方式,逐步转由社会组织承担:

(一)社会公共服务与管理事项。

1. 教育、科技、文化、卫生、体育、交通运输、住房保障、社会保障、公共就业等领域适宜由社会组织承担的部分基本公共服务事项;

2. 社区事务、养老助残、社会救助、法律援助、社工服务、社会福利、慈善救济、人民调解、社区矫正、安置帮教和宣传培训等领域适宜由社会组织承担的事项;

3. 辅助行业资格认定和准入审核、处理行业投诉等行业管理与协调事项;

4. 科研、行业规划、行业调查、行业统计分析、社会审计与资产评估、检验、检疫、检测等技术服务事项;

5. 按照政府转移职能要求实行购买服务的其他事项。

(二)履行职责所需的有关服务事项。

1. 法律服务、课题研究、政策调研、政策草拟、决策论证、监督评估、

绩效评价、材料整理、专家评审、会务服务、编制规划、规划评估等辅助性和技术性事务；

2. 按照政府转移职能要求实行购买服务的其他事项。法律法规另有规定，或涉及国家安全、保密事项以及司法审判、行政决策、行政许可、行政审批、行政执法、行政强制等事项，按照有关法律法规规定执行。

第八条 县级以上政府财政部门应会同有关部门拟订本级政府向社会组织购买服务的年度目录，报同级政府批准后实施。政府向社会组织购买服务目录应按照规定在政府指定的信息发布媒体向社会公布，情况有变化的，可根据实际进行调整。

第九条 参与政府购买服务的社会组织应具备以下条件：

（一）依法登记设立，能独立承担民事责任；

（二）治理结构健全，内部管理和监督制度完善；

（三）具有独立的财务会计核算和资产管理制度；

（四）具备提供公共服务所必需的设备和专业技术能力；

（五）行业管理部门有具体专业资质要求的，应具备相应资质要求；

（六）有依法缴纳税收和社会保障资金的良好记录；

（七）在参与政府购买服务竞争前 3 年内无重大违法违纪行为，最近 1 年年检合格，社会信誉良好；

（八）法律法规规定的其他条件。

第十条 购买主体应根据当年政府向社会组织购买服务目录，结合同级政府工作部署以及财政部门预算安排、本单位工作实际等因素，编制年度购买服务计划，经同级财政部门审核后，主动向社会公开所需购买服务项目的服务标准、购买预算、评价方法和服务要求等内容。

第十一条 政府向社会组织购买服务根据下列规定组织实施：

（一）编制采购预算。购买主体根据本单位实际需要，按照《中华人民共和国预算法》等有关规定，提出向社会组织购买服务的数量、规模、必要成本、质量和效果目标要求，在部门预算编制本年度政府向社会组织购买服务项目预算时报同级财政部门，财政部门根据采购需求及当年财力状况，审核安排项目预算。

（二）确定采购方式。政府购买服务目录中的项目均应当实施政府采购，购买主体应按照《中华人民共和国政府采购法》等有关规定，通过公开招标、邀请招标、竞争性谈判、单一来源等采购方式，委托有政府采购代理资质的政府采购代理机构组织实施。达到公开招标限额标准以上的服务项目，应当进入公共资源交易中心交易。

（三）签订购买合同。通过以上方式确定承接服务项目的社会组织后，购买主体应按照《中华人民共和国合同法》等有关规定及时与该社会组织签订购买服务合同，合同中除应明确购买服务的时间、范围、内容、服务要求、资金支付和违约责任等内容外，还应按照资金支付与服务质量挂钩原则明确支付方式。购买主体应将合同报同级财政部门备案。

第十二条　根据现行财政管理制度，购买主体购买服务所需资金，从其部门预算安排的公用经费或经批准使用的专项经费中解决。重大项目、重大民生事项或政府因工作需要临时确定的重要事项，按照财政专项资金管理规定和"一事一议"原则，专项研究确定购买服务资金规模和来源。

第十三条　购买服务所需资金从购买主体部门预算安排的公用经费或经批准使用的专项经费中解决的，由各部门依据购买服务合同，按照现行政府采购资金支付程序支付资金。

第十四条　购买主体应全面全程公开购买服务的有关信息，做到信息透明化，主动接受财政、监察、审计等部门的监督及社会监督。

第十五条　财政部门应会同审计、监察部门并引入第三方，对政府部门实施购买社会组织服务的绩效情况进行年度抽检和考评。评价范围包括购买主体购买服务的财政资金使用绩效和承接项目社会组织的服务绩效两个方面。评价结果作为以后年度预算安排及社会组织承接政府购买服务的重要参考依据。

第十六条　购买主体应建立健全内部监督管理制度。财政、监察、审计等部门应加强对购买服务的监督，对违法违规行为，按照规定，视情节轻重分别予以处罚、处分或移交司法机关处理。

第十七条　本办法自发文之日起施行。各州、市人民政府可根据本办法，结合本地实际，制定贯彻实施细则。

10. 福建省关于进一步培育发展和规范管理社会组织的意见

各市、县（区）党委和人民政府，平潭综合实验区党工委和管委会，省直各单位：

社会组织是指按规定在各级民政部门登记注册的社会团体、基金会和民办非企业单位。为深入贯彻党的十八大关于"加快形成政社分开、权责明确、依法自治的现代社会组织体制"的要求，经省委、省政府领导同志同意，现就进一步培育发展和规范管理我省社会组织提出如下意见。

一、改革登记管理制度

（一）实行直接登记。除依据法律法规需前置行政审批及政治法律类、宗教类、社科类的社会组织外，其他社会组织均可直接向登记管理机关申请登记。

（二）打破登记限制。打破行业协会商会一业一会的限制，引入行业协会商会竞争机制，放宽行业协会商会准入条件，允许一业多会，允许按国民经济行业分类的小类标准设立行业协会，允许按产业链各个环节、经营方式和服务类型设立行业协会。打破异地商会登记限制，将异地商会的登记范围从省扩大到县（市、区）。在我省同城化范围内，允许跨行政区域成立社会组织。

（三）下放登记权限。异地商会登记管理权限从省直接下放至县（市、区）民政部门。下放基金会登记管理权限，将非公募基金会的登记管理权限从省下放至社区的市民政部门，将公募基金会的登记管理权限从省下放至厦门市民政部门。

（四）允许登记备案。城乡基层社会组织符合登记条件的，由县（市、区）社会组织登记管理机关登记；暂不符合登记条件的，由街道办事处（乡、镇人民政府）备案。

二、确定培育发展重点

（一）行业协会商会。针对我省经济社会发展中的重点行业、支柱行业和潜力行业，有重点地培育和扶持一批有资质、有能力承接政府职能转移的行业协会商会，初步形成符合社会主义市场经济规律和国际惯例的行业协会商会准入、组建、发展、运作和退出机制。

（二）科技类社会组织。充分发挥科技类社会组织专家荟萃的特点和优势,开展学术研究,普及科学知识,提高全民科学素质,推动科技进步。

(三)公益慈善类社会组织。拓宽社会福利事业的资金筹集渠道,积极发展面向社会公众,具有社会性、保障性和非营利性特点的公益服务类社会组织,培育和发展一批志愿服务组织,建立覆盖全社会、与政府服务和市场服务相衔接的社会志愿服务体系。发挥公益服务类社会组织在扶贫济困、抢险救灾、化解矛盾、公益捐赠等方面的作用。

(四)社区服务类社会组织。重点培育和发展公益服务、文化、体育、家政、娱乐等以不营利为目的,满足居民多种需求的城乡社区服务类社会组织,建立结构合理、专业化程度高的社区社会组织体系。

三、优化管理服务机制

(一)加强党组织建设。完善社会组织党建工作管理体制,探索依托登记管理机关实行社会组织党建归口管理。完善党组织设置形式,扩大党组织在社会组织的覆盖面。探索社会组织中党组织负责人选拔培养方式。加强对社会组织党员的教育管理服务,激发党员保持先进性的内生动力。创新党组织活动内容的载体,充分发挥社会组织中党组织和党员的积极作用。

(二)健全等级评估体系。进一步完善分类评估指标体系,健全评估机制,统一评估标准,细化评估指标,提高评估工作的准确性和科学性。到2015年,全面完成对全省社会组织的评估工作。将评估结果作为政府向社会组织转移职能、购买服务的重要依据和条件,对于达到3A等级以上的社会组织,优先作为转移职能和购买服务的对象。等级评估经费由各级财政列入预算,不得以任何形式向受评对象收取费用。

(三)完善联合监管格局。民政、经贸、公安、司法、财政、审计、税务、工商、物价、工商联等单位和银行金融机构,要依法履行服务指导和监督管理职能,明确和落实相应管理责任,建立和完善统一登记、各司其职、协调配合、分级负责、依法监管的管理体制,形成登记审批、日常监管、违法审查、信息披露、行政处罚等各环节信息共享、沟通协作的工作机制。

(四)实行分类监管机制。根据社会组织的宗旨和业务范围,实施分类监管。对行业协会商会等工商经济类社会组织,侧重于维持市场经济秩序的监管;对社会服务类社会组织,侧重于提高服务质量的监管;对公益慈善类社会

组织，侧重于资金筹集使用情况的监管；对城乡基层社会组织，侧重于引导和服务的监管。

（五）建立有序退出渠道。健全社会组织负责人管理、资金管理、年度检查、查处退出等制度，对社会组织出现完成宗旨、自行解散、合并分立、无法按照章程规定的宗旨继续开展活动等情形的，应在进行财产清算后，办理注销手续。对活动不正常、运作能力弱和社会认可度低的社会组织，应引导其合并或注销。对组织机构不健全、管理混乱、超过一年未开展活动、符合注销条件但不办理注销手续的，连续两年或累计三年未年检的社会组织，实行有序退出。对社会组织的违法违规行为依法追究责任。

四、明确扶持政策措施

（一）向社会组织转移职能和购买服务。结合深化行政体制改革，政府各部门要对各自职能进行全面梳理，明确可以转移给社会组织的职能范围，逐步将能够由社会组织承担的有关行业管理职能、服务职能以及社会管理中的技术性、事务性、辅助性职能等，通过授权、委托及其他方式依法转移给有相应资质的社会组织承担。符合条件的，由政府向其购买服务，扶持社会组织发展。

（二）给予资金政策扶持。逐步建立公共财政对社会组织的扶持机制，综合考虑本地区经济社会发展的需要，培育发展一批社会需求度高、影响力大、品牌效果好的社会组织。鼓励社会力量在教育、科技、文化、卫生、体育、社会福利等领域兴办民办非企业单位。发挥民办非企业单位在扩大就业、培育人才、便民服务等方面的作用，使之成为政府管理与服务功能的有效延伸。落实国家有关社会组织的税收优惠政策。鼓励金融机构在加强风险控制的前提下为符合条件的社会组织提供信贷支持，拓宽社会组织筹集渠道。

（三）拓宽参政议政渠道。建立社会组织参政议政机制。各地可根据实际，适当增加社会组织代表在党代会、人大代表和政协委员中的比例。鼓励和引导社会组织以团体会员等形式加入工商联等人民团体，积极反映社情民意，有序参与政治生活和社会事务。社会组织代表的政治安排，应充分听取登记管理机关和业务指导单位的意见。各级政府在制定政策、进行重大决策等过程中，应加强与相关社会组织的信息沟通，听取意见；邀请社会组织代表参加相关听证会、论证会，提高社会组织对公共事务的参与度。政府各部门在行政管理过程中,应与相关社会组织建立日常联系制度,方便社会组织及时反映意见。

五、加强自身建设管理

(一)完善法人治理结构。建立健全社会组织内部治理结构和管理制度,科学合理设置理事会、常务理事会的规模和负责人的数量。完善内部制约机制,建立权责明确、协调运转、有效制衡的内部治理结构。严格执行《民间非营利组织会计制度》,设立独立财务账户,实行财务电算化,不得与行政机关合账或实行财务集中管理。开展自律与诚信建设,制定信息公开和承诺服务制度实施办法。尊重社会组织独立自主的法人地位,严格推进政社分开,不得与业务指导单位合署办公。现职公务人员不得在社会组织中兼任领导职务,特殊情况需兼职的,应严格按照干部管理权限进行审批。

(二)加强专职从业人员队伍的建设。制定社会组织专职从业人员管理办法,完善激励和退出机制,不断优化专职从业人员队伍结构;建立社会组织专职从业人员职业能力培训机制,鼓励参加社会工作职业资格考试;研究制定社会组织专职从业人员权益保障政策,完善人员招聘流动、户籍管理、档案管理、职称评定、社保、医保、住房保障等具体政策措施。

六、强化保障措施

(一)建立政府购买服务制度。由编制部门牵头,编制政府向社会组织转移职能目录。由财政部门牵头,研究制定政府向社会组织等购买公共服务的办法,编制相应的目录,明确政府购买服务的基本原则、实施范围和主题、承接对象和条件等。由民政部门牵头,编制社会组织目录,明确具有资质条件承接政府转移职能和购买服务的社会组织。相关部门要加强引导、扶持、管理和监督,强化标准化建设、资质审查、跟踪指导和绩效评估,推动政府购买服务经常化、规范化、制度化。

(二)建立长效工作机制。按照一手抓积极引导发展,一手抓严格依法管理的原则,建立健全促进社会组织培育发展和规范管理的法律法规政策。各级党委、政府领导牵头,组织、宣传、编制、经贸、公安、监察、民政、司法、财政、人力资源和社会保障、外事、法制、工商、税务、工商联等部门密切配合,建立齐抓共管的协调机制,统筹解决制约社会组织发展的困难和问题。

（三）加强登记管理机构队伍建设。省、市、县（区）要重视解决社会组织登记管理部门的人员、经费、执法等实际问题，加强人力、物力和财力的支持，配备必要的专职工作人员，建立定期培训机制，提高工作人员的能力和水平。

（四）建立责任考核制度。将社会组织培育发展和规范管理列入地方党委、政府社会建设绩效考核的重点内容，作为促进我省建设社会信用体系和市场监管体系的重要工作。完善考核评价指标体系，定期对地方社会组织培育发展和监督管理情况进行考核，并接受社会监督。

中共福建省委办公厅
福建省人民政府办公厅
2013 年 5 月 12 日

11. 安徽省关于加强和创新社会组织建设与管理的意见

为贯彻落实党的十八大精神，促进社会组织健康有序发展，加快形成政社分开、权责明确、依法自治的现代社会组织体制，现提出以下意见。

一、指导思想、基本原则和总体目标

1. 指导思想。以邓小平理论、"三个代表"重要思想、科学发展观为指导，坚持培育发展和管理监督并重，创新社会组织登记管理体制，完善社会组织培育扶持政策，提高社会组织建设质量，充分发挥社会组织在经济社会发展中的积极作用。

2. 基本原则。坚持解放思想、深化改革。巩固合芜蚌自主创新综合试验区、皖江城市带承接产业转移示范区社会组织改革创新成果，加大改革创新力度，在全省范围内全面推开。坚持分类指导、突出重点。以服务经济社会发展、满足人民群众物质文化需求为出发点，重点培育、优先发展行业协会商会类、科技类、公益慈善类、城乡社区服务类社会组织。坚持宽进严管、依法监督。以发展为主线，以规范为手段，一手抓数量，一手抓质量，实现在发展中规范，在规范中提高。

3. 总体目标。加快建立统一登记、各司其职、协调配合、分级负责、依法监管的社会组织管理体制。力争到2020年，形成与我省经济社会发展相适应，布局合理、结构优化、功能完善、作用明显的社会组织体系。

二、改革登记管理体制，推进社会组织社会化

4. 简化登记程序，实行直接登记。除政治法律类、宗教类社会组织和境外非政府组织在皖代表机构等外，其他各类社会组织按照分级负责的原则，由各级人民政府民政部门实行直接登记。登记管理机关、行业主管部门及相关职能部门在各自职责范围内依法对社会组织进行业务指导和管理服务。

5. 下放管理权限，创新组织形式。探索非公募基金会和异地商会按照分级负责的原则由市级以上人民政府民政部门直接，经依法选举后方可担任领导职务，登记。经市人民政府同意，市人民政府民政部门可委托外来投资企业较多的县级人民政府民政部门登记管理异地商会。继续实行城乡基层社会组织登记和备案并行的双轨制，探索建立城乡社区枢纽（联合）型社会组织，增强社区自治服务功能。

6. 实行政社分开，推进自主办会。支持社会组织依法按章、独立自主开展活动，切实解决行政化倾向严重等问题。行业协会商会和工商经济类的联合性社会团体，一般只吸收企业会员，秘书长可通过聘任或向社会公开招聘等方式产生。现职公务员和具有行政管理职能的事业单位工作人员不得在行业协会商会、工商经济类的联合性社会团体、民办非企业单位和基金会兼任领导职务；严格限制上述人员在其他类型社会组织兼任领导职务，确因工作需要兼任的，应按照干部管理权限从严审批。规范离退休人员在社会组织担任领导职务。政府及部门、企事业单位要从职能、机构、工作人员、资产和财务等方面与社会组织脱钩，实行政社、社企分开。

三、完善培育扶持政策，改善社会组织发展环境

7. 推进政府职能转移，建立购买服务机制。各级政府部门要全面梳理自身职能，逐步将政府的事务性管理工作、适合通过市场和社会组织提供的公共服务，以授权、委托等适当方式依法交给具有相应资质的社会组织承担。通过项目购买、项目补贴、项目奖励等方式，建立健全政府购买服务机制。

8. 加大资助和支持力度，落实税收优惠政策。建立完善资金保障方式，用足、用好公益性、福利性社会组织的税收减免政策，推进公共财政对社会组

织的资助、补贴和奖励,采取多种形式扶持社会组织发展。推动建立各级社会组织发展孵化基地,为初创期社会组织提供人力、物力和财力支持。完善福彩公益金资助社会组织开展公益服务等扶持政策,各地每年可从福彩公益金中安排资金资助基层社会组织开展公益服务活动。鼓励金融机构为符合条件的社会组织提供信贷支持,拓宽社会组织筹资渠道。

9. 发挥社会组织参政议政作用,拓展社会组织发展空间。各级政府及相关部门应加强与社会组织的信息沟通,在制定政策、实施重大决策等过程中,注重广泛听取社会组织的意见和建议,提高社会组织对公共事务的参与度。党的代表大会、人民代表大会可适当安排社会组织代表,在政协增加社会组织方面的委员。

四、优化结构布局,提高社会组织建设质量

10. 着眼经济社会发展需求,优化社会组织结构布局。民政部门编制社会组织设立指引,鼓励发展慈善组织、学术性组织、社会服务公益组织、新兴产业行业协会等。对行业性、专业性、自然科学学术性社会团体,可突破"一业一会"或适当细化分类设置,通过适度竞争提高服务质量。建立和完善退出机制,对活动不经常、作用不明显的社会组织,由民政部门督促整改;对违反有关法律法规的社会组织,依法予以查处;情节严重的,依法撤销登记。

11. 优化社会组织法人治理结构,提高社会组织建设质量。引导各类社会组织加强自身建设,建立健全以章程为核心的独立自主、权责明确、运转协调、有效制衡的法人治理结构。完善会员(会员代表)大会、理事会、监事会制度,实行决策、执行、监督分立。积极推行会长(理事长)兼任法定代表人制度,提高秘书长专业化、职业化水平。合理确定理事会、常务理事会规模和负责人数量,逐步推行差额提名和无记名投票表决的选举方式。每个社会组织均应配备与其业务相适应的专职工作人员。

12. 强化社会组织社会责任意识,加强社会组织人才队伍建设。引导和鼓励社会组织服务经济社会发展,投身社会互助和慈善事业,主动承担社会责任。加强社会组织诚信自律建设,严格规范社会组织评比达标表彰和收费行为。加大社会组织专业人才培育和引进力度,促进社会组织人才队伍职业化、专业化和年轻化。鼓励社会组织根据工作需要聘用持有职业水平证书的专业人才。按照国家有关规定，推动解决社会组织专职人员社会保险问题。

五、创新服务管理模式，提升社会组织服务管理水平

13. 加强社会组织党建工作，提高社会组织党组织覆盖率。逐步理顺社会组织党建管理体制，探索建立结合业务抓党建的工作机制。坚持"应建尽建、应派尽派"的原则，采取单建、联建、挂靠组建、区域或行业统建等形式，抓好社会组织组建党组织工作；选派党建工作指导员或联络员，指导社会组织开展党建工作。支持工会、共青团、妇联等人民团体在社会组织开展工作。

14. 推进社会组织法制建设，加快完善社会组织评估机制。加快推进社会组织法制建设，推动完善相关地方性法规、规章，强化法律监督，严格依法监管。按照政府指导、社会参与、独立运作的总体要求，建立社会组织评估指标体系，完善公开、公平、公正的评估制度，形成组织健全、程序完备、操作规范、运转协调的评估工作机制，发挥评估的导向、激励和约束作用，促进社会组织健康发展。制定社会组织行为规范和活动准则，推进信息公开，完善失信惩罚机制，提升社会组织公信力。

15. 加强社会组织登记管理力量，提升服务管理水平。进一步发挥各级党委领导下的社会组织管理工作领导小组的作用，切实加强对社会组织管理工作的领导。建立健全民政、财政、公安、司法行政、审计、税务、物价、质监、外事、金融等部门信息共享、齐抓共管的联动工作机制，形成各司其职、协调配合的工作局面。加强社会组织登记管理力量，建立与其业务相适应的登记管理机构，提供经费保障，配备必要的执法装备，建立管理信息平台，提升服务管理水平。

12. 山东省民政厅关于创新社会组织登记和管理工作的通知

根据党的十八大关于建立现代社会组织体制的部署，为认真贯彻国务院机构改革和职能转变方案、省政府关于推进政府职能转变简政放权减少行政许可的意见中有关改革社会组织登记和管理制度的要求，促进社会组织健康有序发展，现就加强和创新社会组织登记和管理工作通知如下：

一、推进社会组织登记制度改革

（一）实行直接登记。重点培育、优先发展行业协会商会类、科技类、公

益慈善类、城乡社区服务类社会组织，成立这些社会组织，直接向民政部门依法申请登记，不再需要业务主管单位审查同意。政治法律类、宗教类等社会组织和境外非政府组织在鲁代表机构仍需要经业务主管单位审查同意。上述社会组织依据法律法规需前置行政审批的，在申请注册登记时，要提供相关职能部门的行政许可法律文件。

行业协会商会类社会组织，指从事工业、农业、商业、服务业等经济类社会团体，包括异地商会。科技类社会组织，指自然科学、技术科学领域的学术性、科普性、综合性社会组织。公益慈善类社会组织，指从事社会福利、救灾救助、社会保障及社会事务的社会服务类社会组织和教育、卫生、文化、体育、生态环境等社会事业类社会组织。城乡社区服务类社会组织，指围绕城乡社区居民的多样化需求提供服务的社会组织。

（二）下放登记权限。将异地商会登记权限由省民政厅下放至设区的市民政部门，将非公募基金会的登记权限由省民政厅下放至设区的市和县（市、区）民政部门。

异地商会包括省际异地商会和省内市际异地商会。省际异地商会，指山东省外的其他省（自治区、直辖市）、市地的自然人和法人在山东省行政区域内登记注册的投资企业依法自愿发起组建、带有原籍地省（自治区、直辖市）、市地行政区域名称特征的社会团体法人。省内市际异地商会，指本省内设区的市的自然人和法人在另一设区的市行政区域内登记注册的投资企业依法自愿发起组建、带有原籍地设区的市行政区域名称特征的社会团体法人。异地商会的注册登记要坚持地域对等原则，发起人要具有代表性、广泛性。

非公募基金会不得面向公众募捐。设立基金会不能为特定个人或组织谋取利益，严禁变相进行筹资、洗钱以及违背公益准则的交易。发起人应具有良好的社会信誉。非公募基金会在申请注册登记时应提交捐资承诺书和资产证明。

（三）允许登记备案。大力培育发展城乡社区社会组织，降低登记门槛，简化登记程序。对符合登记条件的，依法予以注册登记；对暂不符合登记条件的，由县级民政部门或授权社区备案。

（四）探索一业多会。探索引入竞争机制，可按国民经济行业分类的小类标准设立行业协会商会，允许同一行业按产业链各个环节、经营方式和服务类型设立行业协会商会，允许成立跨区域性行业协会商会。

二、加强社会组织规范管理

按照建立"统一登记、各司其职、协调配合、分级负责、依法监管"的社会组织管理体制要求，加强与有关职能部门的协同配合，提升监管合力。

（一）加强日常监督管理。健全完善监督管理制度，扩大社会监督，落实社会组织信息公开、重大事项报告、换届报批等制度，规范社会组织评比达标表彰、举办研讨会庆典论坛和开展合作活动等行为；加强年度检查，实行年度财务审计制度，严格年检审查标准，督导社会组织认真履行章程和落实《民间非营利组织会计制度》，促进社会组织提高规范运作水平和社会公信力。

（二）推行行业协会商会与行政机关脱钩。积极推动行业协会商会和行政机关在人事、机构、职能、财务、资产等方面分开，禁止行政机关工作人员在行业协会商会兼职，禁止行业协会商会和行政机关合署办公，禁止行业协会商会的财务由行政机关直接管理，切实改变行业协会商会行政化倾向，增强其自主性和活力。

（三）督导社会组织完善法人治理结构。以促进规范运作为着力点，督导社会组织健全民主选举、民主决策、财务公开、人事管理、诚信自律等规章制度，建立权责明确、运转协调、制衡有效的法人治理结构，推进社会组织管理层的职业化和专业化，强化领导班子建设。

（四）加大执法监察力度。进一步完善执法制度，改善执法条件，严格执行执法规程，完善社会组织年度检查、查处退出机制，加大执法查处力度，严肃查处非法社会组织和社会组织的违法行为。

三、增强社会组织管理服务效能

（一）提升社会组织登记管理服务水平。认真落实社会组织登记、年检、执法服务规范，树立窗口意识，规范服务标准，强化岗位责任，提高登记效率和服务质量。

（二）加强社会组织管理服务信息化建设。充分利用山东社会组织门户网站这一信息平台，扩大社会组织影响，提升社会组织的形象。加快社会组织信息管理系统的应用进度，加强社会组织电子档案库、法人数据库建设，逐步实

现社会组织管理的办公自动化、信息数据化、管理网络化。

（三）开展社会组织评估。按照政府指导、社会参与、独立运作、第三方评估的要求，在全省范围内开展社会组织评估工作。建立科学合理的评估指标体系和公开、公平、公正的评估机制，发挥评估的导向和激励作用，不断提高社会组织建设水平和服务能力。

13. 宁夏社会组织登记暂行办法

第一章　总则

第一条　为适应社会主义经济发展，规范社会组织登记，结合宁夏实际，制定本办法。

第二条　本办法适用于宁夏范围内行业协会商会类、科技类、公益慈善类和城乡社区服务类社会组织（以下简称社会组织）的登记。

第三条　自治区民政厅是全区性社会组织的登记管理机关。各市、县（区）民政部门负责本行政区域内社会组织的登记管理工作。

县级以上人民政府有关职能部门和行业主管部门以及具有行政管理职能的其他单位，依法履行管理职责，规范社会团体行为，支持社会组织依法开展活动。

第四条　非公募性基金会、市级异地商会的登记审批权限下放至各地级市。

第五条　社会组织登记实行统一登记、各司其职、协调配合、分级负责、依法监管的管理体制。

第二章　成立登记

第六条　成立社会组织应当向所在地民政部门申请登记后，方能开展活动。

允许同一行业相同或相似的公益慈善类、社会福利类、社会服务类、文化体育类和行业类申请登记。

国家机关以及具有行政管理职能的事业单位不得发起或者加入社会团体。

第七条　成立社会组织，符合下列条件的，可以直接向所在地民政部门申请登记：

（一）属于社会团体的会员（包括个人会员和单位会员）不得少于30个。

全区性社会团体的会员要覆盖全区，地市级社会团体会员要覆盖全市；

（二）有规范的名称、章程和相应的组织机构；

（三）有与其业务活动相适应的专职工作人员和固定的办公场所；

（四）有合法的资产和经费来源。属于社会团体的，注册资金不得低于3万元人民币；属于基金会的，公募性基金会注册资金不得低于400万元人民币、非公募性基金会注册资金不得低于200万元人民币；属于民办非企业单位的，全区性的注册资金不得低于30万元人民币、地级市的注册资金不得低于10万元人民币、县（区）级的注册资金不得低于5万元人民币；属于城乡社区服务类社会组织的，可以免去注册资金。

（五）有独立承担民事责任的能力；

（六）法律、行政法规或者国务院决定规定成立社会团体须经批准的，应当在申请登记前依法办理审批手续。

第八条 成立政治法律类、宗教类、新闻传媒类等社会组织，应当在申请登记前经有关行业主管部门审查同意后，再向民政部门申请登记。

第九条 申请社会组织登记的，按照下列规定办理：

（一）发起人或者申报者向所在地民政部门提出成立社会组织的书面申请，民政部门应当自受理申请之日起，按照行政审批规定的时限，即：社会团体在45个工作日内、民办非企业单位和基金会在30个工作日内，对拟成立社会组织的名称做出同意或者不同意的批复；不同意的，应当书面说明理由；

（二）发起人或者申报者凭所在地民政部门同意拟成立社会组织名称的批复开展筹备工作，属于社会团体的社会组织，应当于六个月内完成筹备工作；属于基金会、民办非企业单位的社会组织，应当于一个月内完成筹备工作；

（三）发起人或者申报者向所在地民政部门提出社会组织登记书面申请，并按照规定提交相关文件；民政部门对申请文件进行审查，对符合规定的应当予以受理；对申请登记事项不符合法定条件或者文件不全的，应当予以一次性告知；

（四）民政部门应当自受理申请之日起按照行政审批规定的时限做出是否批准登记的决定，批准登记的，应当发给社会组织登记证书；不予批准的，应当书面说明理由。

登记管理机关审查社会组织成立登记、变更登记，可以根据需要征求有关部门意见、进行听证或者评估。

征求意见、听证和评估的时间不包括在行政审批规定的时限之内，但登记管理机关应当将有关事宜书面告知申请人。

第十条 申请社会组织登记应当提交以下文件：

（一）成立申请书；

（二）验资报告；

（三）办公场所使用证明；

（四）发起人或者申报者的基本情况、身份证明；

（五）拟任法定代表人的基本情况、身份证明；

（六）章程草案；

（七）社会团体、基金会、民办非企业单位的成立申请表；

（八）社会团体召开会员大会或会员代表大会的会议文件及会员名册；

（九）民办非企业单位登记时需要前置审批的民办学校要提供教育部门核发的办学许可证；培训机构要提供人力资源和社会保障部门核发的培训许可证；公益性医疗服务要提供卫生部门核发的医疗许可证；养老机构要提供民政部门核发的养老机构设立许可证；特种行业服务要提供特种行业的执业许可证。

（十）法律、行政法规规定的其他文件。

第十一条 社会组织有下列情形之一的，不予批准登记：

（一）申请成立的社会组织的宗旨、业务范围不符合法律、法规和规章规定的；

（二）申请人曾经受到剥夺政治权利的刑事处罚，或者不具有完全民事行为能力的；

（三）在申请登记或者备案登记时弄虚作假的；

（四）有法律、法规禁止的其他情形的；

（五）经征求意见、听证或者评估，认为没有必要成立的。

第十二条 社会组织凭法人登记证书申请刻制印章，开立银行账户，并将印章式样、银行账号、税务登记、组织机构代码证报送批准登记的民政部门备案。

第十三条 社会团体和基金会设立分支机构、代表机构的，应当及时向登记机关备案。

第十四条 新成立登记的社会组织试用期一年，在试用期期间，有以下情形之一的，登记管理机关将按有关规定撤销登记，撤销登记一年后允许其重新申请登记内容相近相似的社会组织。

（一）伪造或者涂改、出租、出借登记证书、印章的；

（二）对不按章程开展活动或超出章程规定宗旨和业务范围进行活动的；

（三）拒不接受监督检查，或者在接受监督检查时隐瞒真实情况、弄虚作假的；

（四）违反国家有关规定收取费用、筹集资金，或者接受、使用捐赠、资助的；

（五）侵占、私分、挪用社会团体财产的；

第十五条 社会组织有下列情形之一的，由登记管理机关给予警告，责令改正，可以限期停止活动，并可以撤换直接负责的主管人员；情节严重的，予以撤销登记：

（一）伪造或者涂改、出租、出借登记证书、印章的；

（二）社会组织不按照章程规定宗旨和业务范围开展活动的；

（三）拒不接受或者不按照规定接受监督检查，或者在接受监督检查时隐瞒真实情况、弄虚作假的；

（四）不按照规定办理变更登记、章程核准、人员备案，或者隐瞒真实情况、弄虚作假的；

（五）连续两年不参加年检、不主动履行社会责任的；

（六）基金会连续两年注册资金、公益支出和工作性支出不符合有关规定的；

（七）侵占、私分、挪用社会组织财产的；

（八）违反国家有关规定筹集资金、获取收入，或者接受、使用捐赠、资助的。

第三章　变更登记、注销登记

第十六条 社会组织的登记事项或者备案事项需要变更的，应当自变更之

日起30日内，向原登记或者备案登记的民政部门申请变更登记或者变更备案，社会组织申请变更登记或者变更备案的事项属于法律、法规规定需经有关部门或者法定授权的组织前置行政审批的，应当经有关部门或者法定授权的组织审批同意后方能申请变更登记或者变更备案。

第十七条　社会组织有下列情形之一的，应当向原登记或者备案登记的民政部门申请注销登记或者注销备案：

（一）完成社会组织章程规定的宗旨，或者章程规定的解散事由出现的；

（二）自行解散的；

（三）分立、合并的；

（四）法律、法规和规章规定应当注销的；

（五）由于其他原因终止的。

第十八条　社会组织在办理注销登记或者注销备案前，应当在原注册登记或者备案登记的民政部门及有关部门的指导下，成立清算组织，完成清算工作。清算期间，社会组织不得开展清算以外的活动。

第十九条　社会组织应当自清算结束之日起十五日内，向原登记或者备案登记的民政部门提交注销登记申请书或者注销备案申请书和清算报告书，办理注销手续。

原登记或者备案登记的民政部门准予社会组织注销登记或者注销备案的，应当发给注销证明文件，收缴该社会组织的登记证书、印章和财务凭证。

第二十条　本办法自2013年12月28日起试行。

14. 山西非公募基金会登记管理权限下延至县级的通知

为贯彻落实十八届三中全会关于重点培育和优先发展公益慈善类等社会组织的精神，促进公益事业发展，鼓励社会力量举办非公募基金会，创新社会管理，山西省民政厅1月2日决定下放非公募基金会登记管理权限。这是继该省下延异地商会登记管理权限后，社会组织登记管理权限的再一次下延。

下延的具体内容是：

一、各市、县、区民政部门可作为非公募基金会的登记管理机关，负责本行政区域内活动的非公募基金会的登记和管理。基金会的名称应当冠以所在地的市级或县级行政区划名称；冠以市辖区名称的，应当同时冠以市的名称。

二、非公募基金会在市、县两级民政部门注册登记后，其变更登记、注销登记、章程核准、年度检查，及其分支机构和代表机构的设立登记、变更登记、注销登记，在原登记管理机关办理。

三、经市级民政部门注册登记的非公募基金会，由市级政部门在登记后30日内，向省级民政部门备案。经县级民政部门注册登记的非公募基金会，由县级民政部门分别向省、市民政部门备案。备案的内容包括登记事项表、基金会章程、理事监事基本情况表和身份证明。登记事项发生变更的，应在批准变更日起30日内，由批准变更登记的机关向省或市级民政部门备案。

四、非公募基金会可向民政部门申请直接登记，无须经业务主管单位同意。

五、非公募基金会专职工作人员中有3名以上党员的，设有社会组织党工委的市应当指导其及时建立党支部，加强党的基层组织建设。

六、各地应严格按照《基金会管理条例》规定的条件和程序，依法履行登记管理职责。在登记和管理中遇到的问题，要及时反映。

15. 上海市社会组织信用信息记录、共享和使用管理暂行办法

第一条（目的依据）

为了构建社会组织综合监管体系，推进社会组织自律与诚信建设，推动社会组织健康有序发展，依据《关于进一步加强上海市社会信用体系建设的意见》、《上海市社会信用体系建设2013～2015年行动计划》，制定本办法。

第二条（范围定义）

本办法所称社会组织信用信息，是指本市各级社会组织登记管理机关，在依法履职过程中生成和获取的与社会组织信用状况有关的记录，以及有关评价社会组织活动情况的各项信息。

本办法所称社会组织是指在本市各级社会组织登记管理机关依法登记的社会团体、民办非企业单位和基金会。

第三条（管理主体）

市社会组织登记管理机关负责全市社会组织信用信息记录、共享和使用的综合管理工作，负责建立社会组织信用信息管理系统。市、区两级社会组织登记管理机关分别建立专门的社会组织信用信息档案库。

第四条（基本原则）

社会组织信用信息的记录、共享和使用应当合法、客观、公正、审慎，遵循以下原则：

（一）统一管理、分级负责，各司其职，协调配合；

（二）信用信息依法查询、部门共享、联合奖惩；

（三）信息记录完整、准确、真实、及时；

（四）秘密信息和隐私信息应予保护。

第五条（信息分类）

社会组织信用信息分为基本信息、失信信息、良好信息和其他信息。

第六条（基本信息）

社会组织基本信息是指在社会组织登记管理机关登记、备案的，反映社会组织基本情况的各项信息。主要记载：名称、住所（地址）、法定代表人、负责人、工作人员数、登记类型、注册资金、业务范围、组织机构代码证号、登记证号、分支代表机构情况等。

第七条（失信信息）

社会组织失信信息是指社会组织违反法律法规、章程及有关服务承诺等对社会组织信用状况产生负面影响的信息，分为严重失信信息和一般失信信息，具体见《上海社会组织失信行为记录标准》（附件）。社会组织失信信息应记载：名称、组织机构代码证号、登记证号、失信行为、处理情况、记录依据、记录机关、记录日期、记录人等。

对社会组织法定代表人、负责人在履职过程中发生的失信信息也应予以记录。应记载：姓名、身份证号、社会组织名称、担任职务、失信行为、处理情况、记录机关、记录日期、记录人等。

第八条（良好信息）

社会组织良好信息是指社会组织规范化建设评估等级、获得全国和市级各项荣誉以及其他认证和获奖等正面信息。良好信息应记载：社会组织名称、组织机构代码证号、登记证号、评估等级及有效期、获得荣誉名称、荣誉授予机构、荣誉授予日期及有效期、记录人等。

第九条 （其他信息）

社会组织其他信息是指其他与社会组织信用有关的信息，主要记载社会组织年检结论等内容。

第十条 （证明材料）

社会组织信用信息记录应有书面证明材料，包括：

（一）市级以上各类表彰奖励的证书或文件；

（二）已生效的判决书、行政处罚决定书、仲裁裁决书等法律文书；

（三）各级行政机关的通报文件；

（四）经媒体披露、投诉举报后，有关部门查实认定为失信行为的文书等；

（五）其他能够证明社会组织信用情况的书面材料。

第十一条 （记录责任）

对应予记录的社会组织信用信息，社会组织登记管理机关应当在15个工作日内，记录到社会组织信用信息管理系统。修改已记录信用信息内容的，应由记录该信用信息的社会组织登记管理机关负责。

第十二条 （信息共享）

社会组织信用信息记录统一归集到市法人信息库，并通过市法人信息库在有关部门间进行共享。

第十三条 （信息查询）

社会组织信用信息通过市公共信用信息服务平台对外提供查询，具体查询主体及查询办法按本市有关规定执行。

社会组织的基本信息、良好信息和年检结论等通过上海社会组织网主动公开。

第十四条 （有效期限）

社会组织失信信息有效期最长不超过信息产生之日起5年。对超过有效期限的社会组织失信信息，将不再提供查询、共享和使用，但失信信息记录将永久保存。

法律、法规、规章和上级文件对信息有效期有其他规定的，从其规定。

第十五条（异议处理）

社会组织对经市公共信用信息服务平台查询的自身信用信息有异议的，可以向市公共信用信息服务平台提出书面核实申请。核实处理程序从其规定。

第十六条（信用使用）

社会组织登记管理机关依据记录的社会组织信用信息，在有效期和职权范围内，对社会组织采取相应的奖励和处理措施。

对信用良好的社会组织，可采取如下激励措施：

（一）优先承接政府授权和委托事项；

（二）优先获得政府购买社会组织服务项目；

（三）优先获得资金资助和政策扶持；

（四）优先推荐获得各类表彰和奖励等。

对有失信行为记录的社会组织，根据有关规定，视其失信程度和后果等，可采取下列处理措施：

（一）在日常管理中列为重点监管对象，开展警示谈话，加大财务审计和行政检查的频次和力度；

（二）限制或取消其参加公益招投标和政府购买社会组织服务项目，承接政府授权或委托事项，获取专项资金资助和政策扶持等；

（三）取消其参加先进社会组织评选表彰和获得规范化建设评估3A及以上等级的资格；

（四）对其接受捐赠、开展对外交往、举办研讨会等重大事项进行严格监管；

社会组织登记管理机关协调配合相关部门，依据有关规定，在各自职权范围内，采取其他相应的奖励和处理措施。

第十七条（协调指导）

市信用管理部门会同社会组织登记管理机关，协调指导相关部门，共同做好社会组织信用信息的记录、共享和使用工作。

第十八条（施行日期及有效期）

本办法自2014年1月1日起施行，有效期至2015年12月31日。

G.14
基金会榜单

一 全国基金会榜单

1. 2012 年全国基金会总资产 Top100

排名	基金会名称	基金会类型	成立时间	注册地	总资产（万元）
1	河南省宋庆龄基金会	公募	1992	河南	287200
2	河仁慈善基金会	非公募	2010	民政部	262100
3	清华大学教育基金会	非公募	1994	民政部	240000
4	开明慈善基金会	非公募	2012	民政部	217700
5	陕西省神木县民生慈善基金会	非公募	2011	陕西	198700
6	上海市慈善基金会	公募	1994	上海	188500
7	北京大学教育基金会	非公募	1995	民政部	168900
8	中国扶贫基金会	公募	1989	民政部	156700
9	中国教育发展基金会	公募	2003	民政部	117900
10	浙江大学教育基金会	非公募	2006	民政部	97400
11	神华公益基金会	非公募	2010	民政部	91200
12	老牛基金会	非公募	2004	内蒙古	89000
13	上海市大学生科技创业基金会	公募	2006	上海	83500
14	上海民生艺术基金会	非公募	2010	上海	80600
15	中国残疾人福利基金会	公募	1984	民政部	78700
16	中华全国体育基金会	公募	1994	民政部	78600
17	南京大学教育发展基金会	非公募	2005	江苏	77800
18	上海交通大学教育发展基金会	非公募	2005	上海	71400
19	上海市拥军优属基金会	公募	1995	上海	61800
20	中国青少年发展基金会	公募	1989	民政部	61800
21	中国光华科技基金会	公募	1993	民政部	56700
22	中国红十字基金会	公募	1994	民政部	55600
23	中国海油海洋环境与生态保护公益基金会	非公募	2012	民政部	50200
24	上海宋庆龄基金会	公募	1993	上海	50100
25	山西省华安扶贫基金会	非公募	2011	山西	47000
26	中国儿童少年基金会	公募	1981	民政部	44900

续表

排名	基金会名称	基金会类型	成立时间	注册地	总资产(万元)
27	上海市体育发展基金会	公募	1992	上海	43100
28	北京市中国人民大学教育基金会	非公募	2004	北京	43000
29	中国癌症基金会	公募	1984	民政部	41000
30	四川省青少年发展基金会	公募	1988	四川	40500
31	中国妇女发展基金会	公募	1988	民政部	39200
32	苏州大学教育发展基金会	非公募	2006	江苏	37900
33	福建富闽基金会	公募	1993	福建	37800
34	中远慈善基金会	非公募	2005	民政部	36900
35	北京航空航天大学教育基金会	非公募	2005	民政部	36700
36	上海市老年基金会	公募	1992	上海	36200
37	上海汽车工业科技发展基金会	非公募	1996	上海	32900
38	中国宋庆龄基金会	公募	1982	民政部	32300
39	中国和平发展基金会	非公募	2011	民政部	31900
40	瀛公益基金会	非公募	2010	民政部	31300
41	南京航空航天大学教育发展基金会	非公募	2006	江苏	31100
42	北京师范大学教育基金会	非公募	2007	北京	29300
43	厦门大学教育发展基金会	非公募	2006	福建	29000
44	天津市华夏未来文化艺术基金会	公募	1993	天津	28800
45	爱德基金会	公募	1985	江苏	27600
46	广东省扶贫基金会	公募	1994	广东	25900
47	上海文化发展基金会	公募	1992	上海	25600
48	南京信息大学教育发展基金会	非公募	2005	江苏	25600
49	江苏元林慈善基金会	非公募	2012	江苏	25300
50	上海复旦大学教育发展基金会	非公募	2004	上海	25200
51	上海市教育发展基金会	公募	1994	上海	25100
52	江苏大学教育发展基金会	非公募	2007	江苏	24900
53	广州市番禺区教育基金会	公募	1993	广东	24500
54	慈济慈善事业基金会	非公募	2008	民政部	24400
55	哈尔滨市道里区慈善基金会	公募	2000	黑龙江	23900
56	南京工业大学教育发展基金会	非公募	2007	江苏	22000
57	上海工商界爱国建设特种基金会	非公募	1993	上海	21500
58	中国绿化基金会	公募	1985	民政部	21400
59	中国科学技术大学教育基金会	非公募	1996	安徽	20900
60	腾讯公益慈善基金会	非公募	2007	民政部	20900
61	陕西省府谷县城乡居民大病医疗救助基金会	非公募	2010	陕西	20300
62	福建省黄仲咸教育基金会	非公募	2004	福建	20300
63	深圳大运留学基金会	公募	2011	广东	20300

续表

排名	基金会名称	基金会类型	成立时间	注册地	总资产(万元)
64	泛海公益基金会	非公募	2010	民政部	20100
65	中国发展研究基金会	公募	1997	民政部	19900
66	紫金矿业慈善基金会	非公募	2012	民政部	19800
67	常州市见义勇为基金会	公募	1995	江苏	19600
68	深圳市警察基金会	公募	1995	广东	19100
69	中国公安民警英烈基金会	公募	2003	民政部	19000
70	中国光彩事业基金会	公募	2005	民政部	18900
71	北京交通大学教育基金会	非公募	2009	民政部	18800
72	上海唐君远教育基金会	非公募	1999	上海	18300
73	广州市教育基金会	公募	1989	广东	18300
74	广东省公安民警医疗救助基金会	公募	2005	广东	18200
75	中国绿色碳汇基金会	公募	2010	民政部	18000
76	友成企业家扶贫基金会	非公募	2007	民政部	17800
77	厦门市教育基金会	公募	1988	福建	17800
78	苏州市党员关爱暨帮扶困难群众基金会	公募	2012	江苏	17600
79	南京审计学院教育发展基金会	非公募	2006	江苏	17100
80	广州市交通建设管理基金会	公募	1993	广东	16900
81	南京林业大学教育发展基金会	非公募	2008	江苏	16600
82	南京师范大学教育发展基金会	非公募	2006	江苏	16500
83	中华农业科教基金会	公募	1995	民政部	16000
84	中国青年创业就业基金会	公募	2006	民政部	15900
85	中国法律援助基金会	公募	1997	民政部	15700
86	华阳慈善基金会	非公募	2009	民政部	15600
87	深圳市教育发展基金会	公募	1994	广东	15300
88	伊金霍洛旗人民教育基金会	公募	2009	内蒙古	15300
89	佛山市顺德区教育基金会	公募	1994	广东	15100
90	广东省中山大学教育发展基金会	非公募	2004	广东	15100
91	广东省华南理工大学教育发展基金会	非公募	2007	广东	14600
92	四川省教育基金会	公募	1992	四川	14600
93	中国人寿慈善基金会	非公募	2007	民政部	14600
94	上海公安金盾基金会	公募	2010	上海	14300
95	南京理工大学教育发展基金会	非公募	2006	江苏	14200
96	中南大学教育基金会	公募	2011	民政部	14200
97	湖南省教育基金会	公募	1990	湖南	14100
98	中国友好和平发展基金会	公募	1996	民政部	14100
99	瑞安市人民教育基金会	公募	2005	浙江	14000
100	福建华侨大学教育基金会	非公募	2006	福建	13700

2. 2012年全国基金会总收入 Top 100

排名	基金会名称	基金会类型	成立时间	注册地	总收入(万元)
1	中国癌症基金会	公募	1984	民政部	143800
2	中国教育发展基金会	公募	2003	民政部	114700
3	清华大学教育基金会	非公募	1994	民政部	91400
4	陕西省神木县民生慈善基金会	非公募	2011	陕西	80200
5	上海市慈善基金会	公募	1994	上海	69100
6	中国博士后科学基金会	公募	1990	民政部	67000
7	中国光华科技基金会	公募	1993	民政部	62800
8	北京大学教育基金会	非公募	1995	民政部	42900
9	中国儿童少年基金会	公募	1981	民政部	37800
10	中国残疾人福利基金会	公募	1984	民政部	35700
11	神华公益基金会	非公募	2010	民政部	35600
12	中国妇女发展基金会	公募	1988	民政部	34900
13	中国青少年发展基金会	公募	1989	民政部	34400
14	北京航空航天大学教育基金会	非公募	2005	民政部	34400
15	广东省扶贫基金会	公募	1994	广东	31800
16	北京市中国人民大学教育基金会	非公募	2004	北京	31300
17	中国扶贫基金会	公募	1989	民政部	30300
18	华阳慈善基金会	非公募	2009	民政部	29900
19	上海民生艺术基金会	非公募	2010	上海	29500
20	中国人口福利基金会	公募	1987	民政部	29300
21	江苏元林慈善基金会	非公募	2012	江苏	26100
22	南京大学教育发展基金会	非公募	2005	江苏	23700
23	浙江大学教育基金会	非公募	2006	民政部	23600
24	中国红十字基金会	公募	1994	民政部	23400
25	中国宋庆龄基金会	公募	1982	民政部	20600
26	紫金矿业慈善基金会	非公募	2012	民政部	20200
27	上海文化发展基金会	公募	1992	上海	19300
28	河南省宋庆龄基金会	公募	1992	河南	17200
29	福建富闽基金会	公募	1993	福建	16100
30	厦门大学教育发展基金会	非公募	2006	福建	15400
31	贵州省青少年发展基金会	公募	1991	贵州	15000
32	苏州大学教育发展基金会	非公募	2006	江苏	14200
33	大连慈善基金会	公募	2006	辽宁	14200
34	江苏大学教育发展基金会	非公募	2007	江苏	13800
35	上海交通大学教育发展基金会	非公募	2005	上海	13800
36	上海市大学生科技创业基金会	公募	2006	上海	13700

续表

排名	基金会名称	基金会类型	成立时间	注册地	总收入(万元)
37	重庆大学教育基金会	非公募	2007	重庆	13600
38	腾讯公益慈善基金会	非公募	2007	民政部	13300
39	中国社会福利基金会	公募	2005	民政部	13000
40	中国法律援助基金会	公募	1997	民政部	12900
41	中国光彩事业基金会	公募	2005	民政部	12700
42	福建新华都慈善基金会	非公募	2009	福建	12400
43	中国绿色碳汇基金会	公募	2010	民政部	11900
44	河仁慈善基金会	非公募	2010	民政部	11800
45	爱佑慈善基金会	非公募	2008	民政部	11500
46	中华思源工程扶贫基金会	公募	2007	民政部	11500
47	慈济慈善事业基金会	非公募	2008	民政部	11400
48	中国绿化基金会	公募	1985	民政部	11200
49	张家港市党员关爱暨帮扶困难群众基金会	公募	2012	江苏	11100
50	北京师范大学教育基金会	非公募	2007	北京	11100
51	华中科技大学教育发展基金会	非公募	2010	湖北	11000
52	中国初级卫生保健基金会	公募	1996	民政部	10900
53	上海复旦大学教育发展基金会	非公募	2004	上海	10900
54	广东省中山大学教育发展基金会	非公募	2004	广东	10800
55	张家港市慈善基金会	公募	2008	江苏	10700
56	江西省农村信用社百福慈善基金会	非公募	2012	江西	10600
57	昆山市党员关爱暨帮扶困难群众基金会	公募	2012	江苏	10400
58	中国文学艺术基金会	公募	1994	民政部	10300
59	河南省光彩事业基金会	公募	2007	河南	10300
60	浙江富中教育集团教育发展基金会	非公募	2012	浙江	10100
61	常熟市党员关爱暨帮扶困难群众基金会	公募	2012	江苏	10100
62	刘彪慈善基金会	非公募	2012	民政部	10000
63	南京航空航天大学教育发展基金会	非公募	2006	江苏	9800
64	爱德基金会	公募	1985	江苏	9800
65	中国志愿服务基金会	公募	2009	民政部	9700
66	上海市老年基金会	公募	1992	上海	9600
67	南京信息大学教育发展基金会	非公募	2005	江苏	9200
68	广东省岭南文化艺术促进基金会	非公募	2012	广东	9100
69	北京民生中国书法公益基金会	非公募	2012	北京	9000
70	南京林业大学教育发展基金会	非公募	2008	江苏	8900
71	云南省医疗扶贫基金会	公募	2009	云南	8900
72	吴江市慈善基金会	公募	2008	江苏	8800

续表

排名	基金会名称	基金会类型	成立时间	注册地	总收入(万元)
73	中华少年儿童慈善救助基金会	公募	2009	民政部	8700
74	合肥市公安民警基金会	公募	2012	安徽	8300
75	深圳市教育发展基金会	公募	1994	广东	8200
76	安徽省人口基金会	公募	2008	安徽	8200
77	扬州大学教育发展基金会	非公募	2008	江苏	7800
78	中国华文教育基金会	公募	2004	民政部	7600
79	常州市见义勇为基金会	公募	1995	江苏	7500
80	中国人权发展基金会	公募	1994	民政部	7500
81	山东省教育基金会	公募	2007	山东	7100
82	广东省青少年发展基金会	公募	1994	广东	7000
83	云南省青少年发展基金会	公募	1994	云南	6900
84	中国老龄事业发展基金会	公募	1986	民政部	6900
85	国家电网公益基金会	非公募	2009	民政部	6800
86	中远慈善基金会	非公募	2005	民政部	6700
87	四川大学教育基金会	非公募	2010	民政部	6700
88	中国下一代教育基金会	公募	2010	民政部	6700
89	北京中国政法大学教育基金会	非公募	2007	北京	6700
90	哈尔滨工业大学教育发展基金会	非公募	2009	黑龙江	6600
91	上海市拥军优属基金会	公募	1995	上海	6600
92	苍南县人民教育基金会	公募	2001	浙江	6500
93	厦门市教育基金会	公募	1988	福建	6500
94	北京交通大学教育基金会	非公募	2009	民政部	6400
95	南京理工大学教育发展基金会	非公募	2006	江苏	6400
96	南京工业大学教育发展基金会	非公募	2007	江苏	6400
97	山西省晋商文化基金会	非公募	2012	山西	6200
98	湖北省青少年发展基金会	公募	1992	湖北	6200
99	阿里巴巴公益基金会	非公募	2011	民政部	6200
100	泛海公益基金会	非公募	2010	民政部	6200

3. 2012 年全国基金会总支出 Top 100

排名	基金会名称	基金会类型	成立时间	注册地	总支出(万元)
1	中国癌症基金会	公募	1984	民政部	136600
2	中国教育发展基金会	公募	2003	民政部	95500
3	中国博士后科学基金会	公募	1990	民政部	66800
4	清华大学教育基金会	非公募	1994	民政部	64000

续表

排名	基金会名称	基金会类型	成立时间	注册地	总支出(万元)
5	上海市慈善基金会	公募	1994	上海	56000
6	中国光华科技基金会	公募	1993	民政部	54600
7	广东省扶贫基金会	公募	1994	广东	45400
8	河南省宋庆龄基金会	公募	1992	河南	37900
9	中国青少年发展基金会	公募	1989	民政部	35000
10	中国儿童少年基金会	公募	1981	民政部	33400
11	中国残疾人福利基金会	公募	1984	民政部	33200
12	中国妇女发展基金会	公募	1988	民政部	33000
13	中国红十字基金会	公募	1994	民政部	32400
14	中国扶贫基金会	公募	1989	民政部	31000
15	华阳慈善基金会	非公募	2009	民政部	30000
16	中国人口福利基金会	公募	1987	民政部	27800
17	神华公益基金会	非公募	2010	民政部	26900
18	北京大学教育基金会	非公募	1995	民政部	23400
19	江苏元林慈善基金会	非公募	2012	江苏	16600
20	中国宋庆龄基金会	公募	1982	民政部	16400
21	中国光彩事业基金会	公募	2005	民政部	15100
22	老牛基金会	非公募	2004	内蒙古	14700
23	中国绿化基金会	公募	1985	民政部	14700
24	中国法律援助基金会	公募	1997	民政部	12400
25	南京林业大学教育发展基金会	非公募	2008	江苏	12100
26	福建新华都慈善基金会	非公募	2009	福建	12000
27	厦门大学教育发展基金会	非公募	2006	福建	11700
28	重庆大学教育发展基金会	非公募	2007	重庆	11500
29	中国青年创业就业基金会	公募	2006	民政部	11300
30	贵州省青少年发展基金会	公募	1991	贵州	10600
31	中国初级卫生保健基金会	公募	1996	民政部	10100
32	南京大学教育发展基金会	非公募	2005	江苏	10100
33	中国志愿服务基金会	公募	2009	民政部	10000
34	河仁慈善基金会	非公募	2010	民政部	9400
35	上海文化发展基金会	公募	1992	上海	9300
36	云南省医疗扶贫基金会	公募	2009	云南	8900
37	苍南县人民教育基金会	公募	2001	浙江	8800
38	大连慈善基金会	公募	2006	辽宁	8800
39	苏州大学教育发展基金会	非公募	2006	江苏	8500
40	张家港市慈善基金会	公募	2008	江苏	8500

续表

排名	基金会名称	基金会类型	成立时间	注册地	总支出（万元）
41	爱佑慈善基金会	非公募	2008	民政部	8200
42	中国社会福利基金会	公募	2005	民政部	8200
43	爱德基金会	公募	1985	江苏	8100
44	上海市老年基金会	公募	1992	上海	7700
45	江苏大学教育发展基金会	非公募	2007	江苏	7700
46	北京市中国人民大学教育基金会	非公募	2004	北京	7600
47	上海交通大学教育发展基金会	非公募	2005	上海	7500
48	中华思源工程扶贫基金会	公募	2007	民政部	7500
49	中国文学艺术基金会	公募	1994	民政部	7300
50	国家电网公益基金会	非公募	2009	民政部	7300
51	中华少年儿童慈善救助基金会	公募	2009	民政部	7100
52	江南大学教育发展基金会	非公募	2007	江苏	7000
53	浙江大学教育基金会	非公募	2006	民政部	6900
54	扬州大学教育发展基金会	非公募	2008	江苏	6800
55	广东省中山大学教育发展基金会	非公募	2004	广东	6700
56	上海增爱基金会	非公募	2008	上海	6600
57	深圳壹基金公益基金会	公募	2010	广东	6600
58	安徽省人口基金会	公募	2008	安徽	6500
59	中国华文教育基金会	公募	2004	民政部	6500
60	吴江市慈善基金会	公募	2008	江苏	6400
61	泛海公益基金会	非公募	2010	民政部	6400
62	瑞安市人民教育基金会	公募	2005	浙江	6300
63	广东省青少年发展基金会	公募	1994	广东	6300
64	中国绿色碳汇基金会	公募	2010	民政部	6200
65	温岭市人民教育基金会	公募	2006	浙江	6100
66	上海民生艺术基金会	非公募	2010	上海	6100
67	吴阶平医学基金会	非公募	2002	民政部	6000
68	山东省教育基金会	公募	2007	山东	5900
69	武汉大学教育发展基金会	非公募	1995	湖北	5800
70	北京师范大学教育基金会	非公募	2007	北京	5800
71	云南省青少年发展基金会	公募	1994	云南	5800
72	南京审计学院教育发展基金会	非公募	2006	江苏	5800
73	腾讯公益慈善基金会	非公募	2007	民政部	5600
74	南京邮电大学教育发展基金会	非公募	2007	江苏	5400
75	浙江省新华爱心教育基金会	非公募	2007	浙江	5300
76	湖北省青少年发展基金会	公募	1992	湖北	5100

续表

排名	基金会名称	基金会类型	成立时间	注册地	总支出（万元）
77	南京工业大学教育发展基金会	非公募	2007	江苏	5100
78	湖北省扶贫基金会	公募	1994	湖北	5100
79	上海市拥军优属基金会	公募	1995	上海	5000
80	中国老龄事业发展基金会	公募	1986	民政部	4900
81	安利公益基金会	非公募	2011	民政部	4900
82	四川省青少年发展基金会	公募	1988	四川	4900
83	中国留学人才发展基金会	公募	2007	民政部	4800
84	桃源居公益事业发展基金会	非公募	2008	民政部	4800
85	上海市教育发展基金会	公募	1994	上海	4800
86	中国人权发展基金会	公募	1994	民政部	4600
87	上海复旦大学教育发展基金会	非公募	2004	上海	4600
88	温州市瓯海区人民教育基金会	公募	2005	浙江	4600
89	北京国际音乐节艺术基金会	非公募	2005	北京	4500
90	中国华侨公益基金会	公募	1998	民政部	4500
91	上海市民帮困互助基金会	公募	2003	上海	4500
92	南昌市教育基金会	公募	2009	江西	4500
93	中国下一代教育基金会	公募	2010	民政部	4400
94	江苏技术师范学院教育发展基金会	非公募	2006	江苏	4300
95	中国发展研究基金会	公募	1997	民政部	4300
96	中华环境保护基金会	公募	1993	民政部	4200
97	北京航空航天大学教育基金会	非公募	2005	民政部	4200
98	陕西省神木县民生慈善基金会	非公募	2011	陕西	4200
99	北京中国政法大学教育发展基金会	非公募	2007	北京	4200
100	广东省华南师范大学教育发展基金会	非公募	2011	广东	4200

4. 2012年全国基金会政府补助收入Top 50

排名	基金会名称	基金会类型	成立时间	注册地	政府补助收入（万元）
1	中国教育发展基金会	公募	2003	民政部	82800
2	中国博士后科学基金会	公募	1990	民政部	66000
3	陕西省神木县民生慈善基金会	非公募	2011	陕西	30000
4	上海市大学生科技创业基金会	公募	2006	上海	11800
5	上海文化发展基金会	公募	1992	上海	11400
6	中国法律援助基金会	公募	1997	民政部	10000
7	张家港市党员关爱暨帮扶困难群众基金会	公募	2012	江苏	10000

续表

排名	基金会名称	基金会类型	成立时间	注册地	政府补助收入（万元）
8	昆山市党员关爱暨帮扶困难群众基金会	公募	2012	江苏	10000
9	中国红十字基金会	公募	1994	民政部	8900
10	重庆大学教育基金会	非公募	2007	重庆	8000
11	中国文学艺术基金会	公募	1994	民政部	4000
12	上海市职工帮困基金会	公募	1992	上海	2900
13	北京国际音乐节艺术基金会	非公募	2005	北京	2800
14	上海市老年基金会	公募	1992	上海	2500
15	成都市锦江区社会组织发展基金会	公募	2011	四川	2300
16	上海市慈善基金会	公募	1994	上海	2200
17	通化市公安民警优抚基金会	非公募	2012	吉林	2000
18	重庆社会救助基金会	公募	2011	重庆	1700
19	赤峰绿化基金会	公募	2010	内蒙古	1300
20	江苏省残疾人福利基金会	公募	1988	江苏	1300
21	中国人口福利基金会	公募	1987	民政部	1200
22	吉林省老龄事业发展基金会	公募	1992	吉林	1000
23	北京志愿服务基金会	公募	2009	北京	1000
24	常州市新北区见义勇为基金会	公募	2008	江苏	1000
25	溧阳市见义勇为基金会	公募	2007	江苏	1000
26	湖南省文化艺术基金会	公募	2008	湖南	1000
27	中国志愿服务基金会	公募	2009	民政部	900
28	湖南省教育基金会	公募	1990	湖南	900
29	云南聂耳音乐基金会	公募	2005	云南	800
30	天津市华夏未来文化艺术基金会	公募	1993	天津	800
31	中国绿化基金会	公募	1985	民政部	800
32	湖南省新闻出版发展基金会	公募	2010	湖南	700
33	厦门市翔安区教育基金会	公募	2012	福建	700
34	深圳市社会公益基金会	公募	1992	广东	600
35	重庆市教育发展基金会	公募	2009	重庆	600
36	新疆维吾尔自治区送温暖工程基金会	公募	1993	新疆	600
37	浙江省台州市农业技术推广基金会	公募	2011	浙江	500
38	重庆市青年创新创业基金会	公募	2009	重庆	500
39	珠海市禁毒基金会	公募	2005	广东	500
40	河南省老区建设基金会	公募	1994	河南	500
41	常德市教师奖励基金会	公募	1992	湖南	500
42	山西省阳泉市矿区特困帮扶基金会	公募	2012	山西	500

续表

排名	基金会名称	基金会类型	成立时间	注册地	政府补助收入（万元）
43	贵州省黔东南州见义勇为基金会	公募	2012	贵州	500
44	中国残疾人福利基金会	公募	1984	民政部	500
45	贵州省妇女儿童发展基金会	公募	2012	贵州	500
46	韶关市教育基金会	公募	1992	广东	400
47	湖北省扶贫基金会	公募	1994	湖北	400
48	南京市下关区见义勇为基金会	公募	2009	江苏	400
49	中国京剧艺术基金会	公募	1992	民政部	400
50	浙江省老年事业发展基金会	公募	1989	浙江	400

5. 2012年全国基金会全职员工数量 Top 50

排名	基金会名称	基金会类型	成立时间	注册地	全职员工数量
1	中国扶贫基金会	公募	1989	民政部	116
2	湖南惠民农村留守儿童学前教育基金会	非公募	2012	湖南	100
3	中国青少年发展基金会	公募	1989	民政部	76
4	中国光华科技基金会	公募	1993	民政部	67
5	爱德基金会	公募	1985	江苏	66
6	上海市慈善基金会	公募	1994	上海	62
7	中国残疾人福利基金会	公募	1984	民政部	58
8	中国宋庆龄基金会	公募	1982	民政部	50
9	河南省宋庆龄基金会	公募	1992	河南	47
10	陕西省联谊贫困救助基金会	非公募	2005	陕西	45
11	四川省扶贫基金会	公募	1992	四川	43
12	中国妇女发展基金会	公募	1988	民政部	43
13	中国红十字基金会	公募	1994	民政部	40
14	清华大学教育基金会	非公募	1994	民政部	40
15	深圳壹基金公益基金会	公募	2010	广东	37
16	陕西法门寺慈善基金会	公募	2009	陕西	36
17	中国儿童少年基金会	公募	1981	民政部	34
18	友成企业家扶贫基金会	非公募	2007	民政部	34
19	海南三亚南山功德基金会	非公募	2005	海南	33
20	中国孔子基金会	公募	1984	民政部	31
21	北京市仁爱慈善基金会	非公募	2006	北京	31
22	河南省炎黄二帝公益基金会	公募	2007	河南	31
23	浙江大学教育基金会	非公募	2006	民政部	29

续表

排名	基金会名称	基金会类型	成立时间	注册地	全职员工数量
24	中华思源工程扶贫基金会	公募	2007	民政部	28
25	中国健康促进基金会	公募	2006	民政部	27
26	北京青少年发展基金会	公募	1994	北京	27
27	河北省卓达养老基金会	非公募	2009	河北	27
28	中国人口福利基金会	公募	1987	民政部	26
29	北京大学教育基金会	非公募	1995	民政部	26
30	中国法律援助基金会	公募	1997	民政部	25
31	中国发展研究基金会	公募	1997	民政部	25
32	北京市残疾人福利基金会	公募	2009	北京	25
33	中国人权发展基金会	公募	1994	民政部	24
34	北京文化发展基金会	公募	1996	北京	23
35	中华国际科学交流基金会	公募	1999	民政部	22
36	中国文学艺术基金会	公募	1994	民政部	21
37	上海真爱梦想公益基金会	非公募	2008	上海	21
38	慈济慈善事业基金会	非公募	2008	民政部	21
39	老牛基金会	非公募	2004	内蒙古	20
40	南京大学教育发展基金会	非公募	2005	江苏	20
41	中华环境保护基金会	公募	1993	民政部	20
42	援助西藏发展基金会	公募	1987	民政部	20
43	福建省黄仲咸教育基金会	非公募	2004	福建	20
44	江西省青少年发展基金会	公募	1991	江西	20
45	广东省卓如医疗慈善救助基金会	非公募	2011	广东	20
46	中国博士后科学基金会	公募	1990	民政部	19
47	中华社会救助基金会	公募	2009	民政部	19
48	中国社会福利基金会	公募	2005	民政部	19
49	中华文学基金会	公募	1986	民政部	19
50	河北省红十字基金会	公募	2009	河北	19

6. 2012 年全国基金会项目支出 Top 50

排名	项目名称	基金会名称	基金会类型	支出总额（万元）
1	赫赛汀患者援助项目	中国癌症基金会	公募	92011
2	中央专项彩票公益金教育助学项目	中国教育发展基金会	公募	65229
3	上海市各区县分会慈善项目	上海市慈善基金会	公募	46166
4	索坦患者援助项目	中国癌症基金会	公募	41647

续表

排名	项目名称	基金会名称	基金会类型	支出总额（万元）
5	博士后科学基金资助	中国博士后科学基金会	公募	34738
6	教育基金项目	清华大学教育基金会	非公募	34355
7	博士后日常经费	中国博士后科学基金会	公募	30500
8	光华公益书海工程	中国光华科技基金会	公募	28795
9	冯永康奖学金	上海市教育发展基金会	公募	26000
10	助教项目	中国教育发展基金会	公募	22945
11	妇女发展公益项目	中国妇女发展基金会	公募	20311
12	扶贫项目	广东省扶贫基金会	公募	20293
13	物华工程	中国光华科技基金会	公募	16882
14	生殖健康援助行动	中国人口福利基金会	公募	16810
15	上海女排比赛训练经费	上海市体育发展基金会	公募	15000
16	扶贫济困日活动	广东省扶贫基金会	公募	14020
17	小额信贷项目	中国扶贫基金会	公募	13558
18	希望工程学校资助项目	中国青少年发展基金会	公募	12103
19	基本建设补助	南京林业大学教育发展基金会	非公募	11895
20	教育项目	厦门大学教育发展基金会	非公募	11719
21	希望工程学生资助项目	中国青少年发展基金会	公募	11054
22	汶川地震灾后重建项目	中国红十字基金会	公募	10463
23	助听行动	中国残疾人福利基金会	公募	10370
24	爱满港城慈善募捐活动	张家港市慈善基金会	公募	10074
25	中央彩票公益金法律援助项目	中国法律援助基金会	公募	9881
26	学校基础建设	清华大学教育基金会	非公募	9628
27	红十字天使计划2012	中国红十字基金会	公募	9621
28	助困行动	中国残疾人福利基金会	公募	9193
29	绿化长江重庆行动	中国绿化基金会	公募	9020
30	"小天使基金"和"天使阳光基金"项目	中国红十字基金会	公募	8857
31	幸福工程项目	云南省医疗扶贫基金会	公募	8730
32	神华爱心行动	神华公益基金会	非公募	8478
33	教育研究项目	清华大学教育基金会	非公募	8106
34	春蕾计划	中国儿童少年基金会	公募	8064
35	资助办学	福建新华都慈善基金会	非公募	8000
36	教育发展项目	重庆大学教育发展基金会	非公募	8000
37	安康计划	中国儿童少年基金会	公募	7956
38	组织开展志愿服务活动	中国志愿服务基金会	公募	7928
39	社区市民综合帮扶	上海市帮困互助基金会	公募	7633

续表

排名	项目名称	基金会名称	基金会类型	支出总额（万元）
40	援青、援藏项目	神华公益基金会	非公募	7632
41	红十字博爱暖万家项目	赣州市红十字博爱基金会	公募	7340
42	内蒙古盛乐国际生态示范区项目	老牛基金会	非公募	7219
43	校园建设项目	北京大学教育基金会	非公募	7003
44	学科建设项目	北京大学教育基金会	非公募	6721
45	江阴老年大学项目	江苏元林慈善基金会	非公募	6525
46	资助扬州大学基本建设	扬州大学教育发展基金会	非公募	6452
47	希望工程配套建设项目	中国青少年发展基金会	公募	6284
48	基本建设补助	温岭市人民教育基金会	公募	6143
49	爱佑童心	爱佑慈善基金会	非公募	6081
50	日照儿童安康家园基金	中国儿童少年基金会	公募	6066

二 公募基金会榜单

1. 2012 年公募基金会净资产 Top 50

序号	基金会名称	成立时间	注册地	净资产（万元）	全国排名	中基透明指数FTI 排名
1	河南省宋庆龄基金会	1992	河南	285800	1	665
2	上海市慈善基金会	1994	上海	184500	5	1
3	中国教育发展基金会	2003	民政部	117800	7	6
4	上海市大学生科技创业基金会	2006	上海	83500	11	301
5	中华全国体育基金会	1994	民政部	78200	12	92
6	中国残疾人福利基金会	1984	民政部	77100	13	1
7	中国光华科技基金会	1993	民政部	56600	15	1
8	上海市拥军优属基金会	1995	上海	56200	17	445
9	中国青少年发展基金会	1989	民政部	56200	18	1
10	中国红十字基金会	1994	民政部	55200	19	1
11	上海宋庆龄基金会	1993	上海	49800	21	1
12	中国扶贫基金会	1989	民政部	47600	22	1
13	中国儿童少年基金会	1981	民政部	44900	24	61
14	上海市体育发展基金会	1992	上海	43100	25	76
15	中国癌症基金会	1984	民政部	40800	27	102

续表

序号	基金会名称	成立时间	注册地	净资产（万元）	全国排名	中基透明指数FTI排名
16	四川省青少年发展基金会	1988	四川	40500	28	206
17	中国妇女发展基金会	1988	民政部	39100	29	1
18	上海市老年基金会	1992	上海	35300	32	145
19	中国宋庆龄基金会	1982	民政部	32300	35	386
20	天津市华夏未来文化艺术基金会	1993	天津	27900	40	542
21	爱德基金会	1985	江苏	27500	41	1
22	中国博士后科学基金会	1990	民政部	27300	42	334
23	广东省扶贫基金会	1994	广东	25900	43	147
24	上海文化发展基金会	1992	上海	25500	45	329
25	广州市番禺区教育基金会	1993	广东	24300	48	534
26	哈尔滨市道里区慈善基金会	2000	黑龙江	23400	49	534
27	上海市教育发展基金会	1994	上海	22600	51	266
28	中国绿化基金会	1985	民政部	21200	53	32
29	福建富闽基金会	1993	福建	21000	54	511
30	中国科学技术大学教育基金会	1996	安徽	20900	55	804
31	深圳大运留学基金会	2011	广东	20300	58	443
32	常州市见义勇为基金会	1995	江苏	19600	63	539
33	深圳市警察基金会	1995	广东	19100	64	350
34	中国公安民警英烈基金会	2003	民政部	19000	65	470
35	中国光彩事业基金会	2005	民政部	18900	66	486
36	广东省公安民警医疗救助基金会	2005	广东	18200	69	534
37	广州市教育基金会	1989	广东	18200	70	136
38	中国发展研究基金会	1997	民政部	18100	71	130
39	中国绿色碳汇基金会	2010	民政部	18000	72	27
40	厦门市教育基金会	1988	福建	17700	74	267
41	广州市交通建设管理基金会	1993	广东	16300	79	534
42	中华农业科教基金会	1995	民政部	16000	80	285
43	中国青年创业就业基金会	2006	民政部	15700	81	355
44	中国法律援助基金会	1997	民政部	15700	82	222
45	佛山市顺德区教育基金会	1994	广东	15100	84	534
46	伊金霍洛旗人民教育基金会	2009	内蒙古	15100	85	693
47	深圳市教育发展基金会	1994	广东	14200	89	309
48	上海公安金盾基金会	2010	上海	14200	90	445
49	中国友好和平发展基金会	1996	民政部	13900	91	19
50	四川省教育基金会	1992	四川	13800	92	369

2. 2012年公募基金会捐赠收入 Top 50

序号	基金会名称	成立时间	注册地	捐赠收入（万元）	全国排名	中基透明指数 FTI 排名
1	中国癌症基金会	1984	民政部	141500	1	102
2	中国光华科技基金会	1993	民政部	62300	2	1
3	上海市慈善基金会	1994	上海	60400	3	1
4	中国儿童少年基金会	1981	民政部	37000	5	61
5	中国妇女发展基金会	1988	民政部	33900	6	1
6	中国残疾人福利基金会	1984	民政部	31800	7	1
7	广东省扶贫基金会	1994	广东	30900	8	147
8	中国教育发展基金会	2003	民政部	30800	9	6
9	中国青少年发展基金会	1989	民政部	29800	10	1
10	中国人口福利基金会	1987	民政部	27700	11	1
11	中国扶贫基金会	1989	民政部	27300	12	1
12	中国宋庆龄基金会	1982	民政部	19600	13	386
13	河南省宋庆龄基金会	1992	河南	17100	14	665
14	福建富闽基金会	1993	福建	15600	16	511
15	贵州省青少年发展基金会	1991	贵州	14300	20	322
16	大连慈善基金会	2006	辽宁	14100	21	417
17	中国社会福利基金会	2005	民政部	12600	23	10
18	中国光彩事业基金会	2005	民政部	12200	24	486
19	中国红十字基金会	1994	民政部	11700	29	1
20	中国绿色碳汇基金会	2010	民政部	11500	30	27
21	中华思源工程扶贫基金会	2007	民政部	11400	31	1
22	中国初级卫生保健基金会	1996	民政部	10800	33	12
23	张家港市慈善基金会	2008	江苏	10600	35	534
24	河南省光彩事业基金会	2007	河南	10300	36	363
25	中国绿化基金会	1985	民政部	10100	37	32
26	云南省医疗扶贫基金会	2009	云南	8900	38	334
27	中国志愿服务基金会	2009	民政部	8700	40	306
28	爱德基金会	1985	江苏	8700	42	1
29	吴江市慈善基金会	2008	江苏	8600	43	496
30	中华少年儿童慈善救助基金会	2009	民政部	8500	44	3
31	合肥市公安民警基金会	2012	安徽	8200	48	N/A
32	安徽省人口基金会	2008	安徽	7800	49	271
33	上海文化发展基金会	1992	上海	7500	51	329
34	中国华文教育基金会	2004	民政部	7500	57	286
35	中国人权发展基金会	1994	民政部	7500	58	386

续表

序号	基金会名称	成立时间	注册地	捐赠收入（万元）	全国排名	中基透明指数FTI排名
36	广东省青少年发展基金会	1994	广东	6800	59	77
37	云南省青少年发展基金会	1994	云南	6600	60	1
38	中国老龄事业发展基金会	1986	民政部	6600	62	156
39	中国下一代教育基金会	2010	民政部	6600	63	171
40	常州市见义勇为基金会	1995	江苏	6600	64	539
41	山东省教育基金会	2007	山东	6500	65	519
42	苍南县人民教育基金会	2001	浙江	6500	68	123
43	中国文学艺术基金会	1994	民政部	6100	71	4
44	湖北省青少年发展基金会	1992	湖北	5900	76	250
45	厦门市教育基金会	1988	福建	5700	78	267
46	上海市老年基金会	1992	上海	5600	79	145
47	贵州省人口福利基金会	2009	贵州	5500	80	512
48	湖北省扶贫基金会	1994	湖北	5000	82	617
49	上海市拥军优属基金会	1995	上海	5000	83	445
50	中华全国体育基金会	1994	民政部	4800	85	92

3. 2012年公募基金会公益事业支出Top 50

序号	基金会名称	成立时间	注册地	公益支出（万元）	全国排名	中基透明指数FTI排名
1	中国癌症基金会	1984	民政部	135064	1	102
2	中国教育发展基金会	2003	民政部	95271	2	6
3	中国博士后科学基金会	1990	民政部	66264	3	334
4	中国光华科技基金会	1993	民政部	53147	5	1
5	上海市慈善基金会	1994	上海	52913	6	1
6	广东省扶贫基金会	1994	广东	45307	7	147
7	河南省宋庆龄基金会	1992	河南	37586	8	665
8	中国青少年发展基金会	1989	民政部	33199	9	1
9	中国儿童少年基金会	1981	民政部	32479	10	61
10	中国妇女发展基金会	1988	民政部	32330	11	1
11	中国残疾人福利基金会	1984	民政部	32003	12	1
12	中国红十字基金会	1994	民政部	31294	13	1
13	中国扶贫基金会	1989	民政部	29215	15	1
14	中国人口福利基金会	1987	民政部	27250	16	1
15	中国宋庆龄基金会	1982	民政部	15723	20	386

续表

序号	基金会名称	成立时间	注册地	公益支出（万元）	全国排名	中基透明指数 FTI 排名
16	中国光彩事业基金会	2005	民政部	14966	21	486
17	中国绿化基金会	1985	民政部	14293	22	32
18	中国法律援助基金会	1997	民政部	12041	25	222
19	中国青年创业就业基金会	2006	民政部	11188	29	355
20	贵州省青少年发展基金会	1991	贵州	10270	30	322
21	中国志愿服务基金会	2009	民政部	9925	31	306
22	中国初级卫生保健基金会	1996	民政部	9809	33	12
23	云南省医疗扶贫基金会	2009	云南	8837	35	334
24	苍南县人民教育基金会	2001	浙江	8814	36	123
25	大连慈善基金会	2006	辽宁	8729	37	417
26	上海文化发展基金会	1992	上海	8644	38	329
27	张家港市慈善基金会	2008	江苏	8415	40	534
28	中国社会福利基金会	2005	民政部	7982	42	10
29	上海市老年基金会	1992	上海	7370	46	145
30	爱德基金会	1985	江苏	7351	47	1
31	中华思源工程扶贫基金会	2007	民政部	7185	49	1
32	中国文学艺术基金会	1994	民政部	6903	51	4
33	中华少年儿童慈善救助基金会	2009	民政部	6574	55	3
34	吴江市慈善基金会	2008	江苏	6387	57	496
35	瑞安市人民教育基金会	2005	浙江	6316	59	132
36	深圳壹基金公益基金会	2010	广东	6307	60	1
37	中国华文教育基金会	2004	民政部	6229	62	286
38	广东省青少年发展基金会	1994	广东	6213	63	77
39	温岭市人民教育基金会	2006	浙江	6143	64	103
40	中国绿色碳汇基金会	2010	民政部	5955	65	27
41	安徽省人口基金会	2008	安徽	5931	66	271
42	山东省教育基金会	2007	山东	5781	68	519
43	云南省青少年发展基金会	1994	云南	5610	71	1
44	湖北省扶贫基金会	1994	湖北	4953	77	617
45	湖北省青少年发展基金会	1992	湖北	4789	78	250
46	中国老龄事业发展基金会	1986	民政部	4731	80	156
47	四川省青少年发展基金会	1988	四川	4610	82	206
48	中国留学人才发展基金会	2007	民政部	4433	85	463
49	上海市民帮困互助基金会	2003	上海	4428	86	226
50	南昌市教育基金会	2009	江西	4415	87	460

4. 2012年公募基金会政府补助收入 Top 30

序号	基金会名称	成立时间	注册地	政府补助收入（万元）	政府补助收入占总收入比重(%)	全国排名	中基透明指数FTI排名
1	中国教育发展基金会	2003	民政部	82800	72	1	6
2	中国博士后科学基金会	1990	民政部	65960	98	2	334
3	上海市大学生科技创业基金会	2006	上海	11824	86	4	301
4	上海文化发展基金会	1992	上海	11359	59	5	329
5	中国法律援助基金会	1997	民政部	10000	78	6	222
6	张家港市党员关爱暨帮扶困难群众基金会	2012	江苏	10000	90	7	N/A
7	昆山市党员关爱暨帮扶困难群众基金会	2012	江苏	10000	96	8	N/A
8	中国红十字基金会	1994	民政部	8857	38	9	1
9	中国文学艺术基金会	1994	民政部	4000	39	11	4
10	上海市职工帮困基金会	1992	上海	2922	86	12	445
11	上海市老年基金会	1992	上海	2509	26	14	145
12	成都市锦江区社会组织发展基金会	2011	四川	2300	89	15	38
13	上海市慈善基金会	1994	上海	2245	3	16	1
14	重庆社会救助基金会	2011	重庆	1700	98	18	542
15	赤峰绿化基金会	2010	内蒙古	1300	94	19	534
16	江苏省残疾人福利基金会	1988	江苏	1253	24	20	343
17	中国人口福利基金会	1987	民政部	1190	4	21	1
18	吉林省老龄事业发展基金会	1992	吉林	1035	49	22	223
19	北京志愿服务基金会	2009	北京	1000	96	23	832
20	溧阳市见义勇为基金会	2007	江苏	1000	59	24	805
21	常州市新北区见义勇为基金会	2008	江苏	1000	47	25	805
22	湖南省文化艺术基金会	2008	湖南	953	90	26	289
23	中国志愿服务基金会	2009	民政部	922	9	27	306
24	湖南省教育基金会	1990	湖南	883	26	28	125
25	云南聂耳音乐基金会	2005	云南	837	100	29	534
26	天津市华夏未来文化艺术基金会	1993	天津	780	37	30	542
27	中国绿化基金会	1985	民政部	759	7	31	32
28	湖南省新闻出版发展基金会	2010	湖南	700	85	32	334
29	厦门市翔安区教育基金会	2012	福建	655	26	33	N/A
30	深圳市社会公益基金会	1992	广东	620	66	34	142

5. 2012年公募基金会投资收益 Top 30

序号	基金会名称	成立时间	注册地	投资收益（万元）	投资收益占总收入比重(%)	全国排名	中基透明指数FTI排名
1	深圳市教育发展基金会	1994	广东	7323	89	3	309
2	中国青少年发展基金会	1989	民政部	4622	13	4	1
3	上海市慈善基金会	1994	上海	4083	6	6	1
4	中国扶贫基金会	1989	民政部	2222	7	9	1
5	上海宋庆龄基金会	1993	上海	2126	35	10	1
6	中国青年创业就业基金会	2006	民政部	1999	35	11	355
7	中国残疾人福利基金会	1984	民政部	1598	4	15	1
8	上海市教育发展基金会	1994	上海	1512	45	16	266
9	上海市拥军优属基金会	1995	上海	1467	22	17	445
10	上海市老年基金会	1992	上海	1407	15	18	145
11	深圳市警察基金会	1995	广东	1382	53	19	350
12	广州市番禺区教育基金会	1993	广东	1372	99	20	534
13	深圳市见义勇为基金会	1991	广东	1369	86	21	598
14	上海市大学生科技创业基金会	2006	上海	1328	10	22	301
15	上海科技发展基金会	1992	上海	1180	72	26	274
16	爱德基金会	1985	江苏	990	10	30	1
17	浙江省农业技术推广基金会	1995	浙江	943	37	32	202
18	东莞市见义勇为基金会	2006	广东	938	100	33	534
19	常州市见义勇为基金会	1995	江苏	935	12	34	539
20	湖南省教育基金会	1990	湖南	861	25	37	125
21	中国宋庆龄基金会	1982	民政部	850	4	38	386
22	上海公安金盾基金会	2010	上海	817	35	39	445
23	厦门市教育基金会	1988	福建	808	13	40	267
24	中国航天基金会	1995	北京	734	16	44	20
25	湖南省公安民警基金会	1996	湖南	700	37	46	774
26	上海市中小学幼儿教师奖励基金会	2003	上海	653	86	47	229
27	云南省公安民警英烈基金会	2005	云南	638	29	49	534
28	广东省见义勇为基金会	1993	广东	636	100	51	534
29	鄂尔多斯东胜教育发展基金会	2004	内蒙古	559	80	57	534
30	江苏省法律援助基金会	2007	江苏	524	63	60	265

6. 2012年公募基金会工资福利支出 Top 30

序号	基金会名称	成立时间	注册地	工资福利支出(万元)	工资福利支出占总支出比重(%)	全国排名	中基透明指数FTI排名
1	中国青少年发展基金会	1989	民政部	1244	4	1	1
2	中国扶贫基金会	1989	民政部	1242	4	2	1
3	上海市慈善基金会	1994	上海	965	2	3	1
4	中国光华科技基金会	1993	民政部	754	1	5	1
5	中国社会福利基金会	2005	民政部	668	8	6	10
6	中国红十字基金会	1994	民政部	523	2	7	1
7	中国残疾人福利基金会	1984	民政部	512	2	8	1
8	中国儿童少年基金会	1981	民政部	510	2	9	61
9	爱德基金会	1985	江苏	504	6	10	1
10	深圳壹基金公益基金会	2010	广东	496	8	11	1
11	中国妇女发展基金会	1988	民政部	390	1	12	1
12	中国发展研究基金会	1997	民政部	361	8	13	130
13	中国人权发展基金会	1994	民政部	307	7	14	386
14	中国博士后科学基金会	1990	民政部	298	0	16	334
15	中国法律援助基金会	1997	民政部	296	2	17	222
16	中华思源工程扶贫基金会	2007	民政部	264	4	19	1
17	中国健康促进基金会	2006	民政部	263	6	20	344
18	中国人口福利基金会	1987	民政部	260	1	21	1
19	中华环境保护基金会	1993	民政部	250	6	22	1
20	中华少年儿童慈善救助基金会	2009	民政部	249	4	23	3
21	中国文学艺术基金会	1994	民政部	197	3	29	4
22	中华社会救助基金会	2009	民政部	196	6	30	149
23	上海市教育发展基金会	1994	上海	193	4	31	266
24	上海市拥军优属基金会	1995	上海	190	4	33	445
25	中国癌症基金会	1984	民政部	179	0	34	102
26	中国绿化基金会	1985	民政部	179	1	35	32
27	中国医药卫生事业发展基金会	2005	民政部	155	6	37	167
28	中国下一代教育基金会	2010	民政部	154	3	38	171
29	中国留学人才发展基金会	2007	民政部	153	3	39	463
30	上海市体育发展基金会	1992	上海	152	6	40	76

7. 2012年公募基金会全职员工数量 Top 30

排名	基金会名称	成立时间	注册地	全职员工数量	全国排名	中基透明指数FTI排名
1	中国扶贫基金会	1989	民政部	116	1	1
2	中国青少年发展基金会	1989	民政部	76	2	1
3	中国光华科技基金会	1993	民政部	67	3	1
4	爱德基金会	1985	江苏	66	4	1
5	上海市慈善基金会	1994	上海	62	5	1
6	中国残疾人福利基金会	1984	民政部	58	6	1
7	中国宋庆龄基金会	1982	民政部	50	7	386
8	河南省宋庆龄基金会	1992	河南	47	8	665
9	中国妇女发展基金会	1988	民政部	43	10	1
10	四川省扶贫基金会	1992	四川	43	11	179
11	中国红十字基金会	1994	民政部	40	13	1
12	深圳壹基金公益基金会	2010	广东	37	14	1
13	陕西法门寺慈善基金会	2009	陕西	36	15	720
14	中国儿童少年基金会	1981	民政部	34	16	61
15	中国孔子基金会	1984	民政部	31	19	562
16	河南省炎黄二帝公益基金会	2007	河南	31	21	878
17	中华思源工程扶贫基金会	2007	民政部	28	23	1
18	中国健康促进基金会	2006	民政部	27	24	344
19	北京青少年发展基金会	1994	北京	27	25	46
20	中国人口福利基金会	1987	民政部	26	28	1
21	中国发展研究基金会	1997	民政部	25	29	130
22	中国法律援助基金会	1997	民政部	25	30	222
23	北京市残疾人福利基金会	2009	北京	25	31	21
24	中国人权发展基金会	1994	民政部	24	32	386
25	北京文化发展基金会	1996	北京	23	34	504
26	中华国际科学交流基金会	1999	民政部	22	35	831
27	中国文学艺术基金会	1994	民政部	21	37	4
28	中华环境保护基金会	1993	民政部	20	39	1
29	江西省青少年发展基金会	1991	江西	20	44	1
30	援助西藏发展基金会	1987	民政部	20	45	

8. 2012 年公募基金会项目支出 Top 30

序号	项目简介	基金会名称	支出总额（万元）	全国排名	中基透明指数 FTI 排名
1	赫赛汀患者援助项目	中国癌症基金会	92011	1	102
2	中央专项彩票公益金教育助学项目	中国教育发展基金会	65229	2	6
3	上海市各区县分会慈善项目	上海市慈善基金会	46166	3	1
4	索坦患者援助项目	中国癌症基金会	41647	4	102
5	博士后科学基金资助	中国博士后科学基金会	34738	5	334
6	博士后日常经费	中国博士后科学基金会	30500	7	334
7	光华公益书海工程	中国光华科技基金会	28795	8	1
8	冯永康奖学金	上海市教育发展基金会	26000	9	266
9	助教项目	中国教育发展基金会	22945	10	6
10	妇女发展公益项目	中国妇女发展基金会	20311	11	1
11	扶贫项目	广东省扶贫基金会	20293	12	147
12	物华工程	中国光华科技基金会	16882	13	1
13	生殖健康援助行动	中国人口福利基金会	16810	14	1
14	上海女排比赛训练经费	上海市体育发展基金会	15000	15	76
15	扶贫济困日活动	广东省扶贫基金会	14020	16	147
16	小额信贷项目	中国扶贫基金会	13558	17	1
17	希望工程学校资助项目	中国青少年发展基金会	12103	18	1
18	希望工程学生资助项目	中国青少年发展基金会	11054	21	1
19	汶川地震灾后重建项目	中国红十字基金会	10463	22	1
20	助听行动	中国残疾人福利基金会	10370	23	1
21	爱满港城慈善募捐活动	张家港市慈善基金会	10074	24	534
22	中央彩票公益金法律援助项目	中国法律援助基金会	9881	25	222
23	红十字天使计划 2012	中国红十字基金会	9621	27	1
24	助困行动	中国残疾人福利基金会	9193	28	1
25	绿化长江重庆行动	中国绿化基金会	9020	29	32
26	"小天使基金"和"天使阳光基金"项目	中国红十字基金会	8857	30	1
27	幸福工程项目	云南省医疗扶贫基金会	8730	31	334
28	春蕾计划	中国儿童少年基金会	8064	34	61
29	安康计划	中国儿童少年基金会	7956	37	61
30	组织开展志愿服务活动	中国志愿服务基金会	7928	38	306

三 非公募基金会榜单

1. 2012年非公募基金会净资产 Top 50

排名	基金会名称	成立时间	注册地	净资产（万元）	全国排名	中基透明指数FTI排名
1	清华大学教育基金会	1994	民政部	229300	2	43
2	陕西省神木县民生慈善基金会	2011	陕西	198600	3	1
3	河仁慈善基金会	2010	民政部	185700	4	815
4	北京大学教育基金会	1995	民政部	167700	6	163
5	浙江大学教育基金会	2006	民政部	97300	8	91
6	神华公益基金会	2010	民政部	91200	9	70
7	老牛基金会	2004	内蒙古	89000	10	56
8	南京大学教育发展基金会	2005	江苏	76300	14	6
9	上海交通大学教育发展基金会	2005	上海	56300	16	303
10	中国海油海洋环境与生态保护公益基金会	2012	民政部	50200	20	N/A
11	上海民生艺术基金会	2010	上海	46600	23	511
12	北京市中国人民大学教育基金会	2004	北京	42700	26	234
13	苏州大学教育发展基金会	2006	江苏	37800	30	439
14	北京航空航天大学教育基金会	2005	民政部	36700	31	433
15	中远慈善基金会	2005	民政部	33000	33	1
16	上海汽车工业科技发展基金会	1996	上海	32900	34	319
17	中国和平发展基金会	2011	民政部	31900	36	217
18	瀛公益基金会	2010	民政部	31300	37	3
19	南京航空航天大学教育发展基金会	2006	江苏	31100	38	319
20	北京师范大学教育基金会	2007	北京	29100	39	671
21	南京信息大学教育发展基金会	2005	江苏	25600	44	521
22	江苏元林慈善基金会	2012	江苏	25300	46	N/A
23	上海复旦大学教育发展基金会	2004	上海	25200	47	88
24	江苏大学教育发展基金会	2007	江苏	23300	50	678
25	慈济慈善事业基金会	2008	民政部	21300	52	460
26	腾讯公益慈善基金会	2007	民政部	20800	56	82
27	陕西省府谷县城乡居民大病医疗救助基金会	2010	陕西	20300	57	511
28	泛海公益基金会	2010	民政部	20000	59	692
29	福建省黄仲咸教育基金会	2004	福建	19900	60	634
30	上海工商界爱国建设特种基金会	1993	上海	19800	61	710
31	紫金矿业慈善基金会	2012	民政部	19800	62	N/A

续表

排名	基金会名称	成立时间	注册地	净资产（万元）	全国排名	中基透明指数FTI排名
32	北京交通大学教育基金会	2009	民政部	18800	67	39
33	上海唐君远教育基金会	1999	上海	18300	68	194
34	友成企业家扶贫基金会	2007	民政部	17800	73	1
35	厦门大学教育发展基金会	2006	福建	17400	75	271
36	南京审计学院教育发展基金会	2006	江苏	17100	76	192
37	南京林业大学教育发展基金会	2008	江苏	16600	77	341
38	南京师范大学教育发展基金会	2006	江苏	16500	78	216
39	华阳慈善基金会	2009	民政部	15600	83	832
40	广东省中山大学教育发展基金会	2004	广东	15000	86	280
41	广东省华南理工大学教育发展基金会	2007	广东	14600	87	180
42	南京理工大学教育发展基金会	2006	江苏	14200	88	172
43	中南大学教育基金会	2011	民政部	13700	93	530
44	福建华侨大学教育基金会	2006	福建	13700	94	602
45	福建新华都慈善基金会	2009	福建	13700	96	262
46	北京景山教育基金会	1993	北京	12500	103	590
47	宁波大学教育发展基金会	2007	浙江	12300	107	123
48	爱佑慈善基金会	2008	民政部	12300	108	1
49	南京工业大学教育发展基金会	2007	江苏	12100	110	534
50	上海同济大学教育发展基金会	2006	上海	12000	112	381

2. 2012 年非公募基金会捐赠收入 Top 50

序号	基金会名称	成立时间	注册地	捐赠收入（万元）	全国排名	中基透明指数FTI排名
1	清华大学教育基金会	1994	民政部	80282	2	43
2	陕西省神木县民生慈善基金会	2011	陕西	41291	5	1
3	北京大学教育基金会	1995	民政部	38352	6	163
4	北京航空航天大学教育基金会	2005	民政部	34259	8	433
5	神华公益基金会	2010	民政部	31802	10	70
6	北京市中国人民大学教育基金会	2004	北京	30615	14	234
7	华阳慈善基金会	2009	民政部	29872	15	832
8	上海民生艺术基金会	2010	上海	29500	17	511
9	江苏元林慈善基金会	2012	江苏	25662	20	N/A
10	南京大学教育发展基金会	2005	江苏	21955	21	6
11	浙江大学教育基金会	2006	民政部	20586	22	91
12	紫金矿业慈善基金会	2012	民政部	20100	23	N/A

续表

序号	基金会名称	成立时间	注册地	捐赠收入（万元）	全国排名	中基透明指数FTI排名
13	厦门大学教育发展基金会	2006	福建	14987	27	271
14	苏州大学教育发展基金会	2006	江苏	13891	30	439
15	江苏大学教育发展基金会	2007	江苏	13720	31	678
16	腾讯公益慈善基金会	2007	民政部	12787	32	82
17	福建新华都慈善基金会	2009	福建	12000	35	262
18	上海交通大学教育发展基金会	2005	上海	11210	39	303
19	爱佑慈善基金会	2008	民政部	11153	40	1
20	华中科技大学教育发展基金会	2010	湖北	10945	41	65
21	慈济慈善事业基金会	2008	民政部	10890	42	460
22	广东省中山大学教育发展基金会	2004	广东	10667	44	280
23	上海复旦大学教育发展基金会	2004	上海	10106	48	88
24	江西省农村信用社百福慈善基金会	2012	江西	10000	49	N/A
25	刘彪慈善基金会	2012	民政部	10000	50	N/A
26	北京师范大学教育基金会	2007	北京	9927	51	671
27	南京航空航天大学教育发展基金会	2006	江苏	9813	52	319
28	浙江富中教育集团教育发展基金会	2012	浙江	9148	53	N/A
29	南京信息大学教育发展基金会	2005	江苏	9119	54	521
30	广东省岭南文化艺术促进基金会	2012	广东	9050	55	N/A
31	北京民生中国书法公益基金会	2012	北京	9000	56	N/A
32	南京林业大学教育发展基金会	2008	江苏	8412	62	341
33	扬州大学教育发展基金会	2008	江苏	7770	65	334
34	四川大学教育基金会	2010	民政部	6669	70	341
35	北京中国政法大学教育基金会	2007	北京	6653	71	552
36	哈尔滨工业大学教育发展基金会	2009	黑龙江	6474	78	203
37	国家电网公益基金会	2009	民政部	6433	79	412
38	南京工业大学教育发展基金会	2007	江苏	6308	80	534
39	阿里巴巴公益基金会	2011	民政部	6169	81	120
40	南京农业大学教育发展基金会	2007	江苏	6102	82	280
41	山西省晋商文化基金会	2012	山西	6100	83	N/A
42	南京理工大学教育发展基金会	2006	江苏	5983	85	172
43	北京交通大学教育基金会	2009	民政部	5913	86	39
44	苏州科技学院教育发展基金会	2007	江苏	5635	89	289
45	武汉大学教育发展基金会	1995	湖北	5609	90	146
46	上海同济大学教育发展基金会	2006	上海	5543	92	381
47	吴阶平医学基金会	2002	民政部	5531	93	327
48	浙江省新华爱心教育基金会	2007	浙江	5526	94	48
49	安利公益基金会	2011	民政部	5520	95	137
50	中远慈善基金会	2005	民政部	5446	97	1

3. 2012年非公募基金会公益事业支出 Top 50

序号	基金会名称	成立时间	注册地	公益支出（万元）	全国排名	中基透明指数 FTI 排名
1	清华大学教育基金会	1994	民政部	60845	2	43
2	华阳慈善基金会	2009	民政部	30040	5	832
3	神华公益基金会	2010	民政部	26894	6	70
4	北京大学教育基金会	1995	民政部	25921	8	163
5	江苏元林慈善基金会	2012	江苏	16456	10	N/A
6	老牛基金会	2004	内蒙古	14008	14	56
7	南京林业大学教育发展基金会	2008	江苏	12107	15	341
8	厦门大学教育发展基金会	2006	福建	11683	17	271
9	重庆大学教育基金会	2007	重庆	11328	20	199
10	福建新华都慈善基金会	2009	福建	11296	21	262
11	南京大学教育发展基金会	2005	江苏	9856	22	6
12	河仁慈善基金会	2010	民政部	9156	23	815
13	苏州大学教育发展基金会	2006	江苏	8517	27	439
14	爱佑慈善基金会	2008	民政部	8157	30	1
15	上海交通大学教育发展基金会	2005	上海	7887	31	303
16	江苏大学教育发展基金会	2007	江苏	7780	32	678
17	北京市中国人民大学教育基金会	2004	北京	7547	35	234
18	国家电网公益基金会	2009	民政部	7233	39	412
19	江南大学教育发展基金会	2007	江苏	6934	40	50
20	浙江大学教育基金会	2006	民政部	6872	41	91
21	扬州大学教育发展基金会	2008	江苏	6790	42	334
22	上海增爱基金会	2008	上海	6633	44	N/A
23	广东省中山大学教育发展基金会	2004	广东	6542	48	280
24	上海民生艺术基金会	2010	上海	6328	49	511
25	泛海公益基金会	2010	民政部	6250	50	692
26	武汉大学教育发展基金会	1995	湖北	5794	51	146
27	吴阶平医学基金会	2002	民政部	5773	52	327
28	南京审计学院教育发展基金会	2006	江苏	5759	53	192
29	北京师范大学教育基金会	2007	北京	5605	54	671
30	腾讯公益慈善基金会	2007	民政部	5467	55	82
31	南京邮电大学教育发展基金会	2007	江苏	5374	56	335
32	南京工业大学教育发展基金会	2007	江苏	5144	62	534
33	浙江省新华爱心教育基金会	2007	浙江	5070	65	48
34	安利公益基金会	2011	民政部	4787	70	137
35	桃源居公益事业发展基金会	2008	民政部	4704	71	198

续表

序号	基金会名称	成立时间	注册地	公益支出（万元）	全国排名	中基透明指数FTI排名
36	新奥公益慈善基金会	2005	河北	4463	78	502
37	上海复旦大学教育发展基金会	2004	上海	4435	79	88
38	江苏技术师范学院教育发展基金会	2006	江苏	4300	80	534
39	陕西省神木县民生慈善基金会	2011	陕西	4228	81	1
40	北京中国政法大学教育发展基金会	2007	北京	4212	82	552
41	北京航空航天大学教育基金会	2005	民政部	4196	83	433
42	广东省华南师范大学教育发展基金会	2011	广东	4175	85	534
43	北京国际音乐节艺术基金会	2005	北京	4160	86	424
44	北京医学奖励基金会	2002	北京	3544	89	399
45	上海同济大学教育发展基金会	2006	上海	3517	90	381
46	金陵科技学院教育发展基金会	2009	江苏	3445	92	534
47	凯风公益基金会	2007	民政部	3297	93	173
48	天津大学北洋教育发展基金会	1995	天津	3148	94	1
49	苏州科技学院教育发展基金会	2007	江苏	3118	95	289
50	山东省南山老龄事业发展基金会	2012	山东	3094	97	N/A

4. 2012年非公募基金会政府补助收入Top 30

序号	基金会名称	成立时间	注册地	政府补助收入（万元）	政府补助收入占总收入比重（%）	全国排名	中基透明指数FTI排名
1	陕西省神木县民生慈善基金会	2011	陕西	30000	37	3	1
2	重庆大学教育基金会	2007	重庆	8013	59	10	199
3	北京国际音乐节艺术基金会	2005	北京	2800	59	13	424
4	通化市公安民警优抚基金会	2012	吉林	2000	100	17	N/A
5	河北省青年就业创业基金会	2009	河北	516	71	38	586
6	安徽师范大学教育基金会	2011	安徽	300	53	68	344
7	江苏喻继高艺术基金会	2012	江苏	300	30	69	N/A
8	通辽市扶贫基金会	2010	内蒙古	300	100	70	805
9	南通市爱心帮困基金会	2008	江苏	292	73	76	534
10	上海巴斯德健康研究基金会	2007	上海	250	99	81	476
11	亨通慈善基金会	2011	民政部	225	16	85	658
12	四川广安中学教育发展基金会	2012	北京	210	53	89	N/A
13	香江社会救助基金会	2005	民政部	200	12	92	200
14	屏南县育才教育发展基金会	2012	福建	200	83	93	N/A

续表

序号	基金会名称	成立时间	注册地	政府补助收入（万元）	政府补助收入占总收入比重（%）	全国排名	中基透明指数FTI排名
15	四川西华师范大学教育发展基金会	2012	四川	200	87	94	N/A
16	四川省大熊猫保护基金会	2012	四川	200	18	96	N/A
17	罗定市泷州教育基金会	2010	广东	181	12	109	133
18	涟水县教育发展基金会	2011	江苏	176	45	111	531
19	淮安大众助保基金会	2006	江苏	160	79	120	763
20	爱佑慈善基金会	2008	民政部	150	1	126	1
21	华民慈善基金会	2008	民政部	150	99	127	1
22	云南启晨生命生存生活教育基金会	2011	云南	125	34	143	579
23	内蒙古清格尔泰蒙古语言文化基金会	2008	内蒙古	118	91	146	534
24	云南三益文化国防基金会	2010	云南	115	34	147	330
25	中远慈善基金会	2005	民政部	100	1	154	1
26	刘天华阿炳中国民族音乐基金会	2008	江苏	100	47	155	511
27	首都师范大学教育基金会	2011	北京	100	25	156	850
28	莫力达瓦达斡尔族自治旗达斡尔族教育基金会	2012	内蒙古	100	40	157	N/A
29	心平公益基金会	2008	民政部	100	4	158	31
30	宿迁公安大病特困救助基金会	2011	江苏	85	38	182	805

5. 2012年非公募基金会投资收益 Top 30

序号	基金会名称	成立时间	注册地	投资收益（万元）	投资收益占总收入比重（%）	全国排名	中基透明指数FTI排名
1	河仁慈善基金会	2010	民政部	11600	98	1	815
2	清华大学教育基金会	1994	民政部	10663	12	2	43
3	北京大学教育基金会	1995	民政部	4478	10	5	163
4	神华公益基金会	2010	民政部	3078	9	7	70
5	上海交通大学教育发展基金会	2005	上海	2452	18	8	303
6	中国和平发展基金会	2011	民政部	1899	44	12	217
7	浙江大学教育基金会	2006	民政部	1804	8	13	91
8	南京大学教育发展基金会	2005	江苏	1670	7	14	6
9	复旦管理学奖励基金会	2005	上海	1301	99	23	395
10	无锡公安大病特困救助基金会	2009	江苏	1228	32	24	580
11	泛海公益基金会	2010	民政部	1196	19	25	692
12	中远慈善基金会	2005	民政部	1146	17	27	1

续表

序号	基金会名称	成立时间	注册地	投资收益（万元）	投资收益占总收入比重(%)	全国排名	中基透明指数FTI排名
13	陕西省府谷县城乡居民大病医疗救助基金会	2010	陕西	1050	99	28	511
14	宁波鄞州银行公益基金会	2011	浙江	1005	95	29	1
15	浙江富中教育集团教育发展基金会	2012	浙江	960	9	31	N/A
16	纺织之光科技教育基金会	2008	民政部	908	67	35	127
17	陕西省神木县民生慈善基金会	2011	陕西	872	1	36	1
18	广东省易方达教育基金会	2007	广东	779	98	41	386
19	桃源居公益事业发展基金会	2008	民政部	769	15	42	198
20	德康博爱基金会	2011	民政部	755	92	43	529
21	山西省煤炭职业技术教育发展基金会	2006	山西	720	97	45	244
22	山西省华安扶贫基金会	2011	山西	650	98	48	534
23	上海工商界爱国建设特种基金会	1993	上海	636	98	50	710
24	安徽大学教育基金会	2008	安徽	612	28	52	219
25	中科院研究生教育基金会	2009	民政部	612	45	53	384
26	老牛基金会	2004	内蒙古	587	16	54	56
27	江西省农村信用社百福慈善基金会	2012	江西	581	5	55	N/A
28	江苏中南慈善基金会	2011	江苏	576	54	56	534
29	上海市促进科技成果转化基金会	2008	上海	540	99	58	511
30	宁波华茂教育基金会	2009	浙江	539	42	59	123

6. 非公募基金会工资福利支出 Top 30

序号	基金会名称	成立时间	注册地	工资福利支出（万元）	工资福利支出占总支出比重(%)	全国排名	中基透明指数FTI排名
1	清华大学教育基金会	1994	民政部	767	1	4	43
2	北京医学奖励基金会	2002	北京	302	8	15	399
3	北京大学教育基金会	1995	民政部	264	1	18	163
4	友成企业家扶贫基金会	2007	民政部	234	8	24	1
5	上海真爱梦想公益基金会	2008	上海	232	8	25	1
6	北京光华慈善基金会	2005	北京	230	45	26	1
7	瀛公益基金会	2010	民政部	220	11	27	3
8	北京国际音乐节艺术基金会	2005	北京	205	5	28	424
9	南都公益基金会	2007	民政部	192	8	32	1
10	华民慈善基金会	2008	民政部	166	7	36	1

续表

序号	基金会名称	成立时间	注册地	工资福利支出（万元）	工资福利支出占总支出比重（%）	全国排名	中基透明指数FTI排名
11	福建省青少年发展基金会	1993	福建	141	7	42	35
12	老牛基金会	2004	内蒙古	134	1	47	56
13	顶新公益基金会	2010	民政部	110	5	55	315
14	北京新阳光慈善基金会	2009	北京	108	9	57	1
15	福建省黄仲咸教育基金会	2004	福建	95	5	64	634
16	上海复旦大学教育发展基金会	2004	上海	93	2	65	88
17	吴阶平医学基金会	2002	民政部	82	1	75	327
18	河仁慈善基金会	2010	民政部	79	1	76	815
19	腾讯公益慈善基金会	2007	民政部	79	1	77	82
20	北京市企业家环保基金会	2008	北京	74	3	80	30
21	北京师范大学教育基金会	2007	北京	72	1	84	671
22	北京春苗儿童救助基金会	2010	北京	71	13	87	685
23	北京万通公益基金会	2008	北京	60	14	97	1
24	北京兴大助学基金会	2010	北京	59	6	100	765
25	广东省卓如医疗慈善救助基金会	2011	广东	57	5	103	208
26	威盛信望爱公益基金会	2009	民政部	57	5	104	382
27	浙江正泰公益基金会	2009	浙江	56	7	106	1
28	北京市西部阳光农村发展基金会	2006	北京	54	5	109	1
29	韬奋基金会	1986	民政部	53	3	112	247
30	浙江省新华爱心教育基金会	2007	浙江	51	1	115	48

7. 2012年非公募基金会全职员工数量Top 30

排名	基金会名称	成立时间	注册地	全职员工数量	全国排名	中基透明指数FTI排名
1	陕西省联谊贫困救助基金会	2005	陕西	45	9	832
2	清华大学教育基金会	1994	民政部	40	12	43
3	友成企业家扶贫基金会	2007	民政部	34	17	1
4	海南三亚南山功德基金会	2005	海南	33	18	802
5	北京市仁爱慈善基金会	2006	北京	31	20	160
6	浙江大学教育基金会	2006	民政部	29	22	91
7	河北省卓达养老基金会	2009	河北	27	26	534
8	北京大学教育基金会	1995	民政部	26	27	163
9	河北进德公益基金会	2011	河北	23	33	190

续表

排名	基金会名称	成立时间	注册地	全职员工数量	全国排名	中基透明指数FTI排名
10	上海真爱梦想公益基金会	2008	上海	21	36	1
11	慈济慈善事业基金会	2008	民政部	21	38	460
12	老牛基金会	2004	内蒙古	20	40	56
13	福建省黄仲咸教育基金会	2004	福建	20	41	634
14	广东省卓如医疗慈善救助基金会	2011	广东	20	42	208
15	南京大学教育发展基金会	2005	江苏	20	43	6
16	浙江省新华爱心教育基金会	2007	浙江	18	53	48
17	河南省慈鑫福利基金会	2009	河南	18	54	633
18	华民慈善基金会	2008	民政部	16	59	1
19	瀛公益基金会	2010	民政部	15	61	3
20	南都公益基金会	2007	民政部	15	62	1
21	北京新阳光慈善基金会	2009	北京	15	63	1
22	深圳市施惠零铅工程慈善基金会	2011	广东	15	66	294
23	安徽省徐悲鸿教育基金会	1990	安徽	15	69	887
24	北京光华慈善基金会	2005	北京	14	70	1
25	江苏喻继高艺术基金会	2012	江苏	14	78	N/A
26	涟水兆财帮困助学基金会	2012	江苏	14	79	N/A
27	顶新公益基金会	2010	民政部	13	80	315
28	山西省华安扶贫基金会	2011	山西	13	85	534
29	深圳市郑卫宁慈善基金会	2009	广东	13	91	1
30	四川大学教育基金会	2010	民政部	13	93	341

8. 2012年非公募基金会项目支出Top 30

序号	项目简介	基金会名称	支出总额（万元）	全国排名	中基透明指数FTI排名
1	教育基金项目	清华大学教育基金会	34355	6	43
2	基本建设补助	南京林业大学教育发展基金会	11895	19	341
3	教育项目	厦门大学教育发展基金会	11719	20	271
4	学校基础建设	清华大学教育基金会	9628	26	43
5	神华爱心行动	神华公益基金会	8478	32	70
6	教育研究项目	清华大学教育基金会	8106	33	43
7	资助办学	福建新华都慈善基金会	8000	35	262
8	教育发展项目	重庆大学教育基金会	8000	36	199

续表

序号	项目简介	基金会名称	支出总额（万元）	全国排名	中基透明指数FTI排名
9	援青、援藏项目	神华公益基金会	7632	40	70
10	内蒙古盛乐国际生态示范区项目	老牛基金会	7219	42	56
11	校园建设项目	北京大学教育基金会	7003	43	163
12	学科建设项目	北京大学教育基金会	6721	44	163
13	江阴老年大学项目	江苏元林慈善基金会	6525	45	N/A
14	资助扬州大学基本建设	扬州大学教育发展基金会	6452	46	334
15	爱佑童心	爱佑慈善基金会	6081	49	1
16	学校基础设施建设	南京大学教育发展基金会	5594	52	6
17	学生奖助项目	北京大学教育基金会	5114	56	163
18	靖江老年大学项目	江苏元林慈善基金会	5000	57	N/A
19	学校文科楼基建	南京工业大学教育发展基金会	5000	58	534
20	定向支持产业发展、企业管理等重大课题研究。	国家电网公益基金会	5000	59	412
21	韶山希望小镇	华润慈善基金会	5000	60	78
22	教师发展项目	北京大学教育基金会	4991	61	163
23	捐建移民学校及卫生院	宁夏燕宝慈善基金会	4867	63	323
24	内蒙古师范大学附属盛乐实验学校建设项目	老牛基金会	4782	64	56
25	捡回珍珠计划	浙江省新华爱心教育基金会	4369	70	48
26	重庆桃源公园及五大公益中心建设	桃源居公益事业发展基金会	4340	71	198
27	泰兴老年大学	江苏元林慈善基金会	4231	74	N/A
28	养老工程	陕西省神木县民生慈善基金会	4074	76	1
29	南京邮电大学新校区建设	南京邮电大学教育发展基金会	4000	78	335
30	北京民生现代美术馆场地建设	上海民生艺术基金会	3948	80	511

致　谢

2011年以来，基金会中心网连续出版了四本《中国基金会发展独立研究报告》，在依托翔实数据的基础上，全面总结年度基金会发展趋势，成为国内外了解基金会现状与趋势的重要渠道。

报告在撰写的过程中，得到了中国扶贫基金会、中国妇女发展基金会、爱佑慈善基金会、友成企业家扶贫基金会、华民慈善基金会、心平公益基金会、招商局慈善基金会、老牛基金会、吴作人国际美术基金会、中国社会福利基金会、中华少年儿童慈善救助基金会、中国发展研究基金会、北京修远经济与社会研究基金会及大量未提及的基金会的支持，包括信息资料的提供、个案访谈，以及提供诸多有价值的意见。感谢清华大学创新与社会责任研究中心主任邓国胜教授为本报告提供了至关重要的建议和观点。同时，感谢社会科学文献出版社社会政法分社社长王绯女士对报告出版给予的有力支持。报告的完成得益于他们每个人的投入和支持，在此一并致谢！

此外，特别感谢四年来一致关注和支持《中国基金会发展独立研究报告》的公益界同人和专家学者，以及关心基金会发展的公众、媒体及政府部门，正是他们的认可和鼓励，使我们看到了报告的真正价值，给了我们努力的动力。

最后，衷心地感谢清华大学教育基金会为本报告提供的支持与资金资助。

基金会中心网

Abstract

The development of foundations in China is moving into a new stage. The innovation of social management proposed at the Third Plenary Session of the 18th Central Committee of the Communist Party of China (CPC) has stimulated the vitality of social organizations and also paved the way for the development of foundations. Additionally, the authority for examination and approval of foundations is transferred to more local-level departments, which opens the door to the further development of foundations. With this good news, Chinese foundations per se are also constantly improving themselves, and have played an increasingly important role at the stage of economic and social development. Especially after the Lushan Earthquake, foundations, receiving the most donations, have gradually won widespread public trust and support through their good transparency.

This is the fourth independent research report regarding the development of Chinese foundations. In this volume, we review the developmental characteristics of Chinese foundations in the year of 2013. We find that 1) the number of foundations in China reached the highest historical record; 2) the focus areas were progressively expanding and; 3) assets and revenues began to take shape. However, problems also existed, including 1) the polarization of the geographical distribution, 2) the unbalance between supply and demand of professionals and, 3) the lack of innovation in programs. All of these impeded the progress of foundations. In sum, during the process of improvement, Chinese foundations should be aware of the gap between themselves and those foundations of international significance.

"Transformation" is the key word for Chinese public foundations in 2013. One after another, public foundations started transforming and looking for new opportunities. Facing the chance of development, non-public foundations demonstrated even more positive features. Although the 80/20 rule that governs the unbalance of this field still existed, more non-governmental organizations were rising in an amazing way. More social attentions have been paid to non-public funds which

have become the major growth point of foundations. Particularly in recent years, private entrepreneurs actively participating in philanthropy have instilled energy into non-public foundations, which leads to the diversification of these foundations.

In addition, targetting the hot issues in 2013, we summarize 1) the description and theoretical explanation regarding foundation transparency by Professor Guosheng Deng, 2) the elaboration of win-win cooperation between foundations and non-governmental organizations (NGO) by Mr. Yongguang Xu and, 3) the history of the development of the Chinese Foundations' Self-Discipline Alliance for Lushan Earthquake. By doing so, we hope to demonstrate the new trend of Chinese foundations development in 2013 from diverse aspects.

Contents

G I General Report

G. 1 Introduction to the Development of Foundation in 2013　　/ 001

 1. Number Reaches the Highest Historical Record, and Non-Public

  Foundations Become the Major Growth Point　　/ 001

 2. The Polarization of Geographical Distribution　　/ 005

 3. Assets Take Shape, but Gap Remains　　/ 014

 4. Government Grants Become the Second Most Important Source of

  Revenue, Call for Capacity to Maintain/Increase Value　　/ 024

 5. Unbalance between Supply and Demand of Professionals　　/ 032

 6. Focus on Traditional Programs, Innovation Needed　　/ 035

Abstract: Chinese foundations were in robust growth in 2013. The State Council's plan of institutional restructuring and function transformation, enacted in March 2013, dismantled many institutional barriers that impeded further development of Chinese foundations, and also released the expansion of the authority for examination and approval. In 2013, the number of Chinese foundations reached 3600, the highest historical record. Meanwhile, assets and revenues continually increased and respectively passed 100 billion and 40 billion, which also are the highest. Certainly, Chinese foundations will have a long way to go as the philanthropic ideas are not mature. For example, the severe polarization of geographical distribution, mechanism deficiencies on maintaining value, and the unbalance between supply and demand of professionals all impeded the healthy development of Chinese foundations.

Keywords: Chinese Foundations; Development; Innovation

G II Public Foundations: Transformation, Opportunities and Breakthroughs

G.2 Public Foundations in Transformation   / 037

Abstract: Public foundations are a critical power in the foundation field. During the thirty-year development, the public foundations have controlled more than 50% of philanthropic resources, and have significantly promoted the development of this field. They widely attract public participation in philanthropy, and they also develop many classic philanthropic programs, such as the Hope Project and the Love Package Project. In 2008, the Wenchuan Earthquake brought about the new development for public foundations, and the active volunteerism brought more investment of social resources. However, since 2011, scandals and doubts of accountability of public foundations have been disclosed gradually. These phenomena indicate the deficiencies in the development. Against this background, public foundations in China has begun exploring the new model for the further development. Thus "transformation" has become the hot issue for public foundations.

Keywords: Public Foundations; Transformation; Reform

G III Non-Public Foundations: The Power of Growth

G.3 Unbalance among Non-Public Foundations   / 068

Abstract: With the enactment of Regulations for the Management of Foundations, non-public foundations emerged in China. Until 2013, China has 2194 non-public foundations, 1.5 times as many as public foundations. The difference between non-public and public foundations in assets is becoming smaller. It is estimated that within the future 10 years, non-public foundations will become the major component of the foundation field through their absolute advantage in numbers and the size of funds. Although non-public foundations have achieved a remarkable progress, the problems accompanying the development should not be ignored. The unbalance of geographical distribution of funds, focus fields, and the size of assets has a great impact on the development of the non-public foundation as well as the whole foundation field.

Keywords: Non-public Foundations; Growth; Unbalance

G. 4　The Philanthropy Philosophy of Entrepreneurs　　　　／080

Abstract: In the United States, entrepreneurs started participating in philanthropy a hundred years ago. They have made great contribution to the development of philanthropy of the country through establishing foundations and donating to the society. In China, entrepreneurs have just stepped into the domain of philanthropy. Due to the high-speed development of economy that brings numerous social problems, Chinese entrepreneurs begin to be aware of the social meanings of participating in philanthropy. In recent years, foundations initiated by Chinese entrepreneurs have been established one after another. Chinese entrepreneurs realize their role shifting to philanthropists and they also bring new vitality to Chinese philanthropy through the combination of modern philanthropy and the modern enterprise management system with Chinese characteristics.

Keywords: Entrepreneurs; Philanthropy; Non-public Foundations

G. 5　"GrantCraf": Analysis of the Development
　　　of Grant-Making Foudantions　　　　／123

Abstract: Most Chinese Foundations have focused on both fundraising and program implementation. This actually deviates from the real sense of foundations, and has negative impacts on the professionalization. Located at the starting point of the resource chain of philanthropy, foundations should regard themselves as the social resource providers, who break the traditional pattern of the self-perating system, actively promote the "Go-Global" strategy, and cooperate with NGOs for all-win situation by endowment.

Keywords: Foundations; Grant Making; NGOs

G. 6　Sprout: Family Foundations in China　　　　　　　　/ 143

Abstract: The opportunities accompanying the rapid development of economy bring more fortune to Chinese families. In the more mature philanthropy field, a number of entrepreneurs have established non-public foundations to feedback the society and transfer family wealth. This is the embryo of Chinese family foundations. Different from those family foundations in western countries which have developed for decades or even centuries, Chinese family foundations are still at the stage of germination. The first generation of entrepreneurs, who are also the initiators of family foundations, are still active in philanthropy. With more family members participating in the management of foundations and the improvement in regulatory policy, Chinese family foundations will play a more critical role in the future of philanthropy.

Keywords: Foundations; Family; Philanthropy

G. 7　Diversity: The New Trend of the Development of
　　　　Non-Public Foundations　　　　　　　　　　　　/ 157

Abstract: Currently, diversity has been the new trend of the development of non-public foundations. On the one hand, non-public foundations have more diverse founders: eminent persons from all walks of life participate in philanthropy by establishing foundations; on the other hand, non-public foundations are expanding their focus areas from the traditional medical assistance to culture development, environment protection, and capacity building, etc.

Keywords: Foundations; Diversity; Focus Area

Contents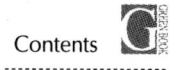

Gr IV Hot Issue Analysis

G. 8 Foundation Transparency: Changes and
　　　Theoretical Explanations　　　　　　　　　　　　　　/ 167

Abstract: Transparency is always the hot issue about foundations. Especially after a series of events doubting the accountability of foundations, transparency becomes the essential problem that impacts the whole field, and it widely attracts social attention from society. In the article, From Wenchuan to Ya'an: The Changes and Theoretical Explanation in Transparency of Foundations, written by Professor Guosheng Deng, the director of Center of Innovation and Social Responsibility at Tsinghua University, Professor Deng analyzes the change of levels in foundation transparency through the comparison of performance of foundations in Wenchuan Earthquake and Ya'an Earthquake. The author tries to explore the rationale and the law behind these changes, and provide references for foundations to establish credibility.

Keywords: Foundations; Transparency; Information Disclosure

G. 9 The New Trend: The Win-Win Cooperation
　　　between Foundations and NGOs　　　　　　　　　　/ 176

Abstract: Foundations have become the starting point of the resource chain in philanthropy. The cooperation between foundations and NGOs, the service providers, is an inevitable tendency. However, in a long period of time, the limits of capacities of NGOs, the lack of grant-making foundations, the lack of innovations among public foundations have led to numerous obstacles for the cooperation, which have negatively impacted the whole field. Given this situation, Yongguang Xu, the chairman of the board of Narada Foundation, suggests to clearly orient NGOs and foundations: 1) upgrade the professional capacities of NGOs; 2) promote foundations to innovation. The final goal is to establish an interdependent and all-win philanthropy ecosystem

Keywords: Foundations; NGOs; Cooperation

G. 10　Think Tank Foundations: Challenges and Oppotunities　/ 204

Abstract: Think tanks are able to provide consultations to the making of public policies. In the comprehensively deepened reform today, think tanks realize their philanthropic purpose and facilitate policy changes by their unique political researches and advocacies. In addition, think tanks efficiently promote the research and public-opinion guidance of international political issues and eventually realize the the international cooperation.

Keywords: Think Tank; Foundations; Research

G. 11　Self-Discipline: Chinese Foundations' Self-Regulation Alliance　/ 223

Abstract: Transparency of foundations has become one of the great concerns in philanthropy. After the accountability crisis in 2011, transparency became the public focus. Since the 1990s, foundations have launched various self-discipline activities. During the past 20 years, the exploration of self-discipline has experienced the great historical change from sporadic activities to the establishment of 4.20 Self-Discipline Alliance. This change promotes the improvement of capacity of the foundations by self-discipline and credibility.

Keywords: Foundations; Self-discipline; Transparency

Ⅴ　Appendix

G. 12　Key Events of Foundations in 2013　　　　　　　　　　　/ 236

G. 13　Abstract of New Laws　　　　　　　　　　　　　　　　/ 242

G. 14　Lists of Foundations　　　　　　　　　　　　　　　　　/ 291

Acknowledgement　　　　　　　　　　　　　　　　　　　　　/ 324

权威报告　热点资讯　海量资源

当代中国与世界发展的高端智库平台

皮书数据库　www.pishu.com.cn

　　皮书数据库是专业的人文社会科学综合学术资源总库,以大型连续性图书——皮书系列为基础,整合国内外相关资讯构建而成。该数据库包含七大子库,涵盖两百多个主题,囊括了近十几年间中国与世界经济社会发展报告,覆盖经济、社会、政治、文化、教育、国际问题等多个领域。

　　皮书数据库以篇章为基本单位,方便用户对皮书内容的阅读需求。用户可进行全文检索,也可对文献题目、内容提要、作者名称、作者单位、关键字等基本信息进行检索,还可对检索到的篇章再作二次筛选,进行在线阅读或下载阅读。智能多维度导航,可使用户根据自己熟知的分类标准进行分类导航筛选,使查找和检索更高效、便捷。

　　权威的研究报告、独特的调研数据、前沿的热点资讯,皮书数据库已发展成为国内最具影响力的关于中国与世界现实问题研究的成果库和资讯库。

皮书俱乐部会员服务指南

1. 谁能成为皮书俱乐部成员?

● 皮书作者自动成为俱乐部会员

● 购买了皮书产品（纸质皮书、电子书）的个人用户

2. 会员可以享受的增值服务

● 加入皮书俱乐部,免费获赠该纸质图书的电子书

● 免费获赠皮书数据库100元充值卡

● 免费定期获赠皮书电子期刊

● 优先参与各类皮书学术活动

● 优先享受皮书产品的最新优惠

3. 如何享受增值服务?

（1）加入皮书俱乐部,获赠该书的电子书

　　第1步　登录我社官网（www.ssap.com.cn）,注册账号;

　　第2步　登录并进入"会员中心"—"皮书俱乐部",提交加入皮书俱乐部申请;

　　第3步　审核通过后,自动进入俱乐部服务环节,填写相关购书信息即可自动兑换相应电子书。

（2）免费获赠皮书数据库100元充值卡

　　100元充值卡只能在皮书数据库中充值和使用

　　第1步　刮开附赠充值的涂层（左下）;

　　第2步　登录皮书数据库网站（www.pishu.com.cn）,注册账号;

　　第3步　登录并进入"会员中心"—"在线充值"—"充值卡充值",充值成功后即可使用。

4. 声明

　　解释权归社会科学文献出版社所有

皮书俱乐部会员可享受社会科学文献出版社其他相关免费增值服务,有任何疑问,均可与我们联系

联系电话：010-59367427　企业QQ：800045692　邮箱：pishuclub@ssap.cn

欢迎登录社会科学文献出版社官网（www.ssap.com.cn）和中国皮书网（www.pishu.cn）了解更多信息

法律声明

"皮书系列"(含蓝皮书、绿皮书、黄皮书)由社会科学文献出版社最早使用并对外推广,现已成为中国图书市场上流行的品牌,是社会科学文献出版社的品牌图书。社会科学文献出版社拥有该系列图书的专有出版权和网络传播权,其LOGO( )与"经济蓝皮书"、"社会蓝皮书"等皮书名称已在中华人民共和国工商行政管理总局商标局登记注册,社会科学文献出版社合法拥有其商标专用权。

未经社会科学文献出版社的授权和许可,任何复制、模仿或以其他方式侵害"皮书系列"和LOGO( )、"经济蓝皮书"、"社会蓝皮书"等皮书名称商标专用权的行为均属于侵权行为,社会科学文献出版社将采取法律手段追究其法律责任,维护合法权益。

欢迎社会各界人士对侵犯社会科学文献出版社上述权利的违法行为进行举报。电话:010-59367121,电子邮箱:fawubu@ssap.cn。

社会科学文献出版社